天津市社会科学规划资助项目

天津藝文志

韩嘉羊题

高洪钧 著

国家图书馆出版社

图书在版编目（CIP）数据

天津艺文志/高洪钧著 .-- 北京：国家图书馆出版社，2019.1

ISBN 978-7-5013-6577-7

Ⅰ．①天…　Ⅱ．①高…　Ⅲ．①艺文志－天津　Ⅳ．① Z812.221

中国版本图书馆 CIP 数据核字（2018）第 217513 号

书　　名	天津艺文志	
著　　者	高洪钧　著	
责任编辑	张慧霞	
责任校对	王　哲	
封面设计	麒麟轩	

出　　版	国家图书馆出版社（100034 北京市西城区文津街 7 号）	
	（原书目文献出版社　北京图书馆出版社）	
发　　行	010-66114536　66126153　66151313　66175620	
	66121706（传真）　66126156（门市部）	
E-mail	nlcpress@nlc.cn（邮购）	
Website	www.nlcpress.com →投稿中心	
经　　销	新华书店	
印　　装	河北三河弘翰印务有限公司	
版　　次	2019 年 1 月第 1 版　2019 年 1 月第 1 次印刷	

开　　本	850×1168（毫米）　1/32	
印　　张	26.5	
字　　数	594 千字	

书　　号	ISBN 978-7-5013-6577-7	
定　　价	260.00 元	

目　录

代　序
为《天津艺文志》呼吁

来新夏

　　《艺文志》是著录书籍以反映和传递文化的一种体裁，具有悠久的历史传统。从汉班固在《汉书》中创立《艺文志》而形成史志目录之体，后来两唐、宋、明诸史，以至于清，均设有《艺文志》以保存一代文化面貌。继而在地方志中亦设《艺文志》之类，以反映一地文化，如《浙江艺文志》久称名录，于征文考献、发扬地方文化颇具参考价值。中华人民共和国成立以来随着新编地方志之兴起，各地亦相继纂辑地方艺文志，如《江苏艺文志》已出版多年，为学术界所称道，而天津尚付阙如。

　　天津为北方一大都会，明、清以来，文化积淀丰富。自同治九年《续天津县志·艺文志》所载即有学人 115 人，著作近 200 种。继其后者，有《天津府志》《大清畿辅书征》、[民国]《天津县新志艺文》《天津志略》以至民国二十六年（1937）成书之《津人著述存目》已著录作者 400 人、著述近千种。天津之重视艺文，盖有年矣，其艺文内存，又何其丰富！但自民国二十六年（1937）以来，无人问津，未能汇集著录，延至日久，或将散失，是《天津艺文志》之亟待纂辑出版，已为津门学人所企盼。久闻津门高洪钧先生已有成稿，尚待字闺中，难以出版问世，为此特加推荐呼吁！

高洪钧先生国学根底深厚，从事古籍整理与研究数十年，著述谨严。有鉴于天津艺文著录之缺漏，为全面了解天津历史上乡人著述存佚情况，查清前贤文献资源储量，以便进行抢救整理及开发利用，并为宣传天津深厚的文化底蕴，激发津人爱乡之情，乃在原有著录基础上，广采博收，多方查访，认真甄别，详加考证，编成《天津艺文志》一稿。

《天津艺文志》共收录 1949 年以前津人著作 1500 种左右，作者 500 馀人。编纂者高洪钧先生采用"以年系人、以人系书"的编排方式，涵盖天津城郊及属县，各按作者所处时代先后顺序排列。每位作者先简介生平，然后将所著书，按经、史、子、集、丛次序，集中其名下。每种书则视具体情况，分别著录其版本、成书或出版时间、内容提要、存佚情况、著录依据、藏书单位等，使人与书紧密结合，便于知人论书，因书知人，相互印证。既可作作者专题研究，又可作一时代、一地区文化史看，从中获悉社会经济、民俗风情和道德意识等资料，有裨于宣传和研究天津。

《天津艺文志》是天津文献资源的信息库，内容丰富，搜罗较广，编纂有序，颇便于利用，不仅对了解天津有可资参证之处，更示人以治学门径，为学人辟治学通途。这样一部有内容、见功力、有益于人的著作，成书多年，却一直未能得到出版机会，获得面世。这不只使编纂者感叹无奈，也使许多关心天津文化的人士感到遗憾。"藏之名山"的时代已经过去，我真诚而负责地推荐《天津艺文志》，希望我们的出版家关注一下，用你们畅销书的馀沥，促成其事，适当出些有价值、高品位的长销书吧！

原载 2007 年 1 月 11 日天津《今晚报》副刊，后收入上海远东出版社出版的《邃谷师友》一书中

君為津門客，車是
荆溪人，地有南北
異，學無畛域兮一
卷藝文志，百世留
芳名

賀洪鈞兄《天津藝文志》出版

歲次庚寅仲秋劉尚恒題書

刘尚恒题词

前　言
关于《天津艺文志》的编写

高洪钧

　　天津作为国家历史文化名城，历史上究竟出了多少文化名人？他们都有些什么著作传世？这本是研究地方史的一个重要内容。传统方志学中有"艺文"一门，或录文，类于文征；或录目，类于书征。文征中大都收录一些有关本地民俗风情和历史掌故的单篇诗文，作者可以是外地人；书征则必须是本地人的成集著作，内容包括经、史、子、集，但单篇诗文不录。所以书征又称乡人著述书目，如《皖人书录》；一作地方经籍志，如《温州经籍志》。本书则题作《天津艺文志》，同新编《江苏艺文志》。

　　最早著录天津乡人著作的是清同治九年（1870）修《续天津县志》，其卷十九《艺文》里附录有此前天津乡人115位，著作196种。接着是在清光绪十年（1884），由当时直隶总督李鸿章领衔纂修的《畿辅通志》，其卷一百三十三至一百三十七《艺文略》里，也收录有天津人著作，只是按经、史、子、集四部，分散在所属府县中。光绪二十五年重修《天津府志》也因袭之。至民国初，"文治总统"徐世昌聘修《大清畿辅书征》，实际是《畿辅通志》里艺文部分的断代别录，只局限于清人著作。其中，"搜集天津人著作几达三百种，不为不多，但成书迫促，纰缪丛出，遂有百孔千疮之憾"（高凌雯《志馀随笔》语）。民国十二年（1923），高凌雯主役天津修志局，广为征集遗书，亲自编纂成［民国］《天津县新志艺文》二卷，累计收录明、清两代天津文人 277 位，著作 530 种：其中经部 58 种，存 36 种；史部 72 种，存 42 种；子部 51 种，存 32 种；集部 321 种，存 142 种。另外还有 28 种因原书早佚，不知本旨，无从分类，故别作存目。

此后不久，即民国二十年，大兴人宋蕴璞组织人编写了《天津志略》，其第十六编《文艺》里，除过录了［民国］《天津县新志艺文》"所载之著作"书名及著者外，又增加了"志书以后之著作" 75 种，作者 36 人。与此同时，又有天津金氏族人金大本者，因感"乡贤著述半皆待梓，其稿本之藏于家者固已秘不示人，而家业凌替者更不知流落何方？采访既已不易，购求更属维艰……乃就《新志艺文》重为排比，旁参诸志以及公私书目，再益以年来所见"，于民国二十六年编成《津人著述存目》上下二卷，上卷为书名目录，下卷为著者目录，包括一些丛书子目和译著论文在内，共得作者 400 人，著述近千种，较以前大有增加。

斗转星移，又六十年过去了。而今天津已发展成为包括旧时原天津府属天津县和静海县，以及原顺天府属蓟县、宝坻县、宁河县和武清县在内的省级中央直辖市，如要编修艺文志，范围就得扩及郊区县，时限要延至近现代。这期间，仅在二十世纪八十年代初，由天津图书馆等十个藏书单位联合编制了一部《天津地方史资料联合目录》，里面收录了不少各馆现藏的乡人著作，但对那些历史上已佚或散存在外地图书馆的天津人著作则未收，所以称不上是天津艺文志。而二十世纪初，由天津地方志编修委员会编辑出版的《天津通志·出版志》，后面虽也附有《津版古今图书选目》，那是在天津出版的古今图书的一部分，其中亦包括有外地人著作，但并不包括历史上曾有的，或至今未刊的稿本或抄本，以及在外地出版的天津人著作，更不用说有作者介绍了，所以也根本代替不了天津艺文志。

有鉴于此，为全面了解天津历史上的乡人著作及其存佚情况，查清前贤留下的文献资源储量，以便于抢救整理或开发利用；同时亦为向世人宣传天津历史上的文化成就，宣传其深厚的文化底蕴，激发起人们的爱乡之情，更好地服务于现代化精神文明建设，兹在以上诸多旧志艺文基础上，广采博收，多处查访，认真甄别，继往开来，增补和新编成了这一《天津艺文志》，虽不说为填补空白，起码亦可弥补些新修《天津通志》中的不足。

编写《天津艺文志》，并不是简单的过录旧志艺文所载，而要参阅众多书目，视藏书情况亲自查阅原书，就作者生平及其所著书逐个进行认真考核，纠正错误，补充缺漏。如 [民国]《天津县新志艺文》中收有明人蒋仪撰《医镜》和《药镜》二书，这本应是现存最早的天津人著作了。但据《全国中医图书联合目录》著录，《医镜》四卷为明人"王肯堂撰，张暎编，蒋仪校"，有崇祯十四年（1641）刻本；《药镜》四卷为蒋仪自撰，故作"崇祯十四年著者自刻本"。《四库全书总目提要·存目》说蒋仪是浙江嘉兴人，而 [民国]《天津县新志艺文》则说嘉兴"或为"

天津人蒋仪的"原籍",这就不对了。因为天津人蒋仪是明正德九年(1514)进士,怎会于百年后还撰有医书,并校刻了史称"精于医"的万历十七年(1589)进士王肯堂所著书呢? 显然彼蒋仪与此蒋仪是异地同名的隔代两人,《医镜》和《药镜》两书并非天津人蒋仪撰,故本志不再收录。又如《大清畿辅书征》卷四十一介绍《蕴仙诗草》作者张玉贞生平说:"玉贞字蕴仙,天津人……事父母以终,光绪九年卒。"实际上,张玉贞卒于清光绪十九年,光绪九年是其被旌表为孝女之年(见杨光仪《敬乡笔述》卷六《张贞孝女蕴仙附同乡官公禀和江西抚奏稿》)。而《清人诗文集总目提要》载其另著有《玉贞女士诗草》一卷。据查该书并非天津未婚之张玉贞撰,而是同姓名之外地已婚女,卒于清宣统元年(1909),故本志也不收。再如《续修四库全书总目提要》著录有清人梁宝常辑《营武备要》一卷,谓其"仕履里贯不详"。但〔民国〕《天津县新志人物》里载有梁宝常,字楚香,赐进士出身,官至两广总督,后被参在家。清咸丰三年(1853)奉命办团练,参与了对抗太平军北伐的稍直口之役,获清廷嘉奖。兵书《营武备要》,当为其训练团勇时抄辑,旧志艺文未载,这次便把它收作天津人著作了。

至于旧志艺文中所录非天津人著作,本志一概裁撤之。如山西蒲州人吴雯著《莲洋集》,浙江仁和(今杭州)人吴廷华著《漂榆集》等。因为天津是个移民城市,其居民十之八九来自外地,除当地居民和久已入籍者外,对那些晚年定居天津并在此繁衍生息的后人都应视作是天津人。但对那些短期在此寄寓,虽有著作传世,过后又离去了的,包括近人严复、梁启超等,他们的著作就不在收录之列。还有其他一些人的单篇论文,多见于《津人著述存目》,也不收录。

　　《天津艺文志》既是［民国］《天津县新志艺文》的续编，又是天津作为中央直辖市后第一次通志式新编，地域范围扩大了，时间跨度延长了，所以增加了不少新的内容。一是增加了所辖郊区县的乡人著作，主要采自原蓟县、宝坻、宁河、武清和静海诸县旧志艺文（一作"著作"），以及［光绪］《天津府志》和《顺天府志》，乃至《大清畿辅书征》所载，如有遗漏则补充之。如后魏蓟人高闾撰有《燕志》十卷，讲述燕国政事，属载记类，［光绪］《顺天府志·艺文》著录为"佚"，［民国］《蓟县志·著作》根本未载，但《中国丛书综录》著录有清人汤球辑本一卷存世，所以这里把它给补上了。二是补充进［民国］《天津县新志艺文》漏载部分。如现藏于天津图书馆的清道咸间人王崇绶辑《沽上梅花诗社存稿》二十卷，郝缙荣编《一门沆瀣集赋草》四卷，郝福森著《津门闻见录》八卷，内附周宝善撰《津门竹枝词》三百首等，都是很重要的历史文献，对我们研究天津文学，增补《津门诗抄》，以及研究太平军北伐和英法联军二次犯津，研究天津的历史和民俗风情等，都有极重要的参考价值。三是增加了民国间人的著作。因为［民国］《天津县新志》只纪事到清末，按照生人不入传原则，如早卒于清末的严智庸著《严叔敏遗文》一卷，《新志艺文》中有著录，而其父严修所著书则未收。严修卒于清后，故凡卒于民国间的乡人著作，这次也都给增入了，主要采自《津人著述存目》和《天津近代人物录》所示，参照《天津地方史资料联合目录》及其他一些馆藏目录核定之。

　　这样，本《天津艺文志》共收录卒于中华人民共和国成立前（个别延至中华人民共和国成立初期）的乡人著作1500种左右，作者600馀人，采用了"以年系人、以人系书"

的编排方式，分别天津市区（原天津县）和郊区县（原蓟县、宝坻、宁河、武清及静海），各按作者所处时代先后顺序排列。每位作者先简介生平，然后将所著书集中在其名下。每种书视具体情况，分别著录其版本、成书或出版时间、内容提要、存佚情况、著录依据（见某书目）、藏书单位等，以方便读者查找。这样做的好处是避免了过去分类排列、人书脱离，或人物介绍失之过简的缺点，使人与书紧密结合，便于"知人论书，因书知人"，相互印证；横向上可作单个作者专题研究，纵向上串联起来就是一个时代、一个地区的文化发展史，内含社会政治经济、民俗风情和道德意识等信息。

经过本《天津艺文志》的编写，基本上摸清了部分乡人著作的存佚情况及其收藏单位。如元时文望与赵孟頫相伯仲的蓟州人鲜于枢著有《困学斋集》一卷，[光绪]《顺天府志》和[民国]《蓟县志》都著录说已佚，但通过查找《中国丛书综录》，知其有丛书本传世。又如被梅成栋誉为清早期天津三诗家之一的"帆史"张霔，旧志艺文中载有《绿艳亭诗稿》八卷，但存佚不明。此次经查《北京图书馆善本书目》，知其有十五卷清抄足本藏彼处。再如曾被列入《四库存目》的天津人牟允中著《庸行篇》八卷，有清康熙三十一年（1692）刻本藏天津图书馆，但二十世纪初影印出版的《四库全书存目丛书》未收。而被列作清代禁毁书的宝坻人王瑛著《忆雪楼诗集》，新编影印的《四库禁毁书丛刊》采用的是清康熙三十五年王氏贞久堂刻二卷本。而其稿本为七卷，现藏浙江绍兴鲁迅图书馆；另有稿本《南村居士集》十一卷，藏浙江省图书馆。其他如天津人查彬撰《小息舫诗抄》清抄八卷足本，上海图书馆藏；静海人萧重撰《剖瓠存稿》二十卷，中国科学院图书馆藏；宝坻人王殊洽撰《寤厓诗草》一卷，安徽省图书馆藏；宁河人廉兆纶撰《廉琴舫集》七种，中国科学院图书馆藏，等等。另外如天津张梦元纂类书《原始汇抄》和华光甫撰随笔《脞录》等，也都在北京图书馆找着了。至于民国间人李士珍、王守恂、张克家、赵元礼、赵苇等乡贤著作，藏于天津各大图书馆。而严修的未刊书稿除藏天津图书馆外，河北大学图书馆也藏有《严范孙往来手札》十三册。今年夏，天津图书馆的同志又从北京运回了寄存在外多年的金钺刻《屏庐丛刻》等乡人著作板片，这是前人留下的宝贵精神财富和实物见证，需要我们去珍惜爱护，妥加处理。

另外在编写《天津艺文志》时，还注意到了流散在民间的一些乡人著作。如清人樊彬撰《问青阁诗集》，已刊有十卷本和十四卷本。其晚年所作底稿本竹纸十册，为中国书店收购得，见《中国书店三十年所收善本书目》著录。又如今年十一月二日在天津古旧书竞买会上，展出有宁河人高赓恩撰《思贻斋古近体诗》二十一卷。据《清人别集总目》和《清人诗文集总目提要》载，此书目前只有中国科学院图书馆藏清光绪十三年（1887）刻本，作十五卷；国家图书馆藏清宣统三年（1911）刻本，其卷一及卷十九以下原缺。而此次展出的是清光绪间刻足本，展品目录单上说："是书颇为罕见，又为天津人著作，且书品极佳，极具收藏价值。"同期还展出有清吴人骥校《孙子十家注》十三卷，清刻六册。吴人骥也是天津人，清乾隆三十一年（1766）进士，官至山东莱州知府，有风流太守之称。工书画，善词曲，所著《念湖集》已毁于火。生前喜刻前贤著作，如阎若璩《古文尚书疏证》、惠栋《后汉书训纂》等，被誉为是"汲古主人"。这《孙子十家注》是他和孙星衍同校的，《中国丛书综录》有著录，但未见载［民国］《天津县新志艺文》。

如此等等，足见天津的文化底蕴是丰厚的。但由于种种原因，还有很多乡人著作未能流传下来。早年高凌雯在《志馀随笔》卷五里曾感叹说：天津"当明中叶后，士子由科甲起家，如张公愚，官至巡抚，著有《蕴古书屋诗文集》；刘公焘，位至总督经略，著有《浙西海防稿》《奏议》《晴川馀稿》。当日文功武治，必有可观，不知何以至今无存？然则非作者无人，乃传之者无人也"。到了清代，郭师泰在《津门古文所见录》序里说："国朝定鼎二年为顺治乙酉科，贾君廷琠举于乡，旋以次年成进士。厥后春秋两闱，登科甲者不胜屈指。而古文家如朱雪沽、王介山、孙又深、谢信符诸前辈，皆奋发于其时。若人文之盛，又有张氏遂闲堂、查氏于斯堂，大江南北，知名之士聚集于斯者踵相接，津沽文名，遂甲一郡。"到了近代，更有清季最后一位状元公刘春霖为天津人赵元礼的《藏斋随笔》作序云："百馀年来，河北（此指河北省）文风之盛，以天津为之冠；天津名士，以藏斋（即赵元礼）为之魁。藏斋性伉爽，精书法，自幼喜为诗，名章隽句，常在人口。一时名流，咸与游处。故其所记述，无穷出清新，盖此邦文献尽在于是。"

天津文风盛，读书人多，科举教育成绩显著，据陈垲编《津门选举录》载，单有清一代，天津考中进士者即达133人，这在北方是少有的。天津的人文环境好，得益于天津的地理位置优越：九河下梢，腹地广阔；濒临渤海，极富鱼盐之利。又是政治首都北京的门户，由东北入关南下的必经之途，军事地位重要；南北运河于此交汇，漕运事业发达。所以自明永乐二年

（1404）建城设卫以来，一些下野的官员、退役的军人、经商的大贾、水上的船民，都看好了这块风水宝地，纷纷来此安家落户谋发展。抚宁的张氏，宛平的查氏，江浙的华氏、金氏等，都是靠业盐起家的；原来的官籍、军籍、商籍和灶籍，都转成了当地的民籍，移民城市于是形成。

经济的繁荣促进了文化教育事业发展，良好的文化氛围造就了众多人才。水西庄吸引了南北文人学士，梅花社实现了诗界中兴；辅仁书院书声琅琅，城南诗社群英荟萃。龙东溟的诗作有屈子遗风，王又朴的古文宗桐城方苞；查为仁结花影庵经历有似唐解元，金玉冈游众山水生平好比徐霞客。杨一昆不泥古说《教子遵经求通》，郭师泰辑俗文学成《遣怀集四种》。沈兆霆《篷窗吟》后掌书院山长，杨光仪关注民生执骚坛牛耳。徐士銮仿《世说》纂《宋人艳荟》（即《宋艳》），李庆辰学《聊斋》著《醉茶志怪》。他们的成就都一一记进了本《天津艺文志》中。更有民国初期的"文治总统"徐世昌，不仅诗书画全能，且喜藏书，还组织有"徐东海编书处"，编辑出版了《清儒学案》《颜李丛书》《晚晴簃诗汇》《大清畿辅先哲传》《大清畿辅书征》等大部头书，在学术界颇有影响，至今尚无替代者。

所以说，天津作为历史文化名城，历史上文人辈出。其中有 200 多位古代文人，不见于笔者参与编写的《天津古代人物录》（天津人民出版社 1993 年版），或可补漏。他们喝着海河水长大，或工诗古文辞，或深于经史学研究，在文化领域的各个方面，包括文学创作、书画艺术和学术研究等，均取得了卓越成就，有的还声名远扬到了海外。如清咸丰十年（1860）进士王维珍，官至通政司副使，为谗言中伤居家后，有许多朝鲜人"特来仰晋风裁，拜候起居"，并自称诗弟子，向他求教问学。

王维珍在其所著《莲西诗抄》中有《答朝鲜某》云："可怜热血尚盈腔，击楫雄心付大江；高卧自惭闭北牖，虚名何幸播东邦。读书事业来前席（原注：亦有愿为诗弟子之语），坐话秋宵冷壁缸。京洛才游忆壮岁，当年国士愧无双。"诗弟子、朝鲜贡使曹荷江称誉他的诗比唐人王勃、字如晋人王羲之，寄诗云："竹窗藤架惬幽期，中有一人野鹤姿；缟带绛衣开府句，比邻海内子安诗。"又："以金掷地声唯大，如玉立朝涅不缁；世世王家传八法，笼鹅风味即吾师。"这些情况，都是在编撰《天津艺文志》时因查阅原书而得知的。

艺文志是文献资源信息库，属目录学范畴。目录学是给人以读书治学门径的。本书原系笔者在天津师范大学工作时获准立项的科研课题，退休后专心致志，历时三年初稿草成。在编写过程中，得到了天津图书馆历史文献部同志给予的方便和热情支持，在此谨表谢意。但终因能力有限，加之近年腰腿不爽，有些在外地的书未能亲去查阅，只能借助二次文献，故书中疏误定然不少，敬请方家批评指正。有道是"书山有路勤为径，学海无涯苦作舟"。但愿此书能给天津地方史研究、天津地方文献整理和天津文学史编写以裨益；同时宣传介绍天津的人文历史和文化成就，在改革开放的今天，对促进天津的经济建设和人文社会科学研究也是大有积极意义的。谨以此书，献给关心和热爱天津建设的人们，献给天津建城六百周年纪念。

本文原题："《天津艺文志》与天津历史文化名人——写在《天津艺文志》（初稿）编后"，写于 2003 年 12 月 31 日，原载《天津成人高等学校联合学报》2004 年第 4 期，2006 年《天津史志》第 1 期全文转载

编辑说明

一、为纪念天津设卫建城六百周年，以全面了解天津历史上的乡人著述及其存佚情况，摸清前贤留下的文献资源储量，方便于抢救整理和开发利用；同时亦为弥补新修《天津通志》中的不足，向世人宣传天津历史上的文化成就及其深厚的文化底蕴，以激发起人们的爱乡之情，更好地服务于现代化精神文明建设和人文社会科学研究，特编定本《天津艺文志》。

二、本志收录天津原住民和由他方移籍天津的乡人成集著作。地域范围涵盖今天津市区及其所属郊区、县，亦即包括原天津府属天津县、静海县，和原顺天府属蓟县、宝坻县、宁河县、武清县；时限起自有纪载以来，止于1949年中华人民共和国成立，个别的延至中华人民共和国成立后，即有著作在此前出版者，包括一些随大军进城后卒于天津之文教工作者。短期寓居者和单篇诗文不录。

三、本志采取"以年系人、以人系书"的编排方式，即以作者为主目，分地区，按时序，先简介作者生平，移籍者注明原籍；后著录其所著书（包括后人整理出版者，以反映其一生成就）。作者排列以其生年先后为序，生年不详者参考津邑历科选举录，同年友视其交游情况互相随；亲属或妻妾随夫、子女随父兄。书目著录包括书名卷数、成书版本、内容提要、存佚情况、著录依据、藏书单位等，酌情而定，以方便读者查找和做进一步研究参考。新中国成立后出版者只列书名和出版时间、出版单位，其他从略。

　　四、本志正文后附有《天津地区氏族家谱目录》和《所见清代津人朱卷目录》两种，这是了解天津地区居民形成和受教育情况以及作者生年的依据。书后附有书名和著者索引，甚方便实用。

　　五、本志既是［民国］《天津县新志艺文》及各旧县志艺文著作的续编，又是天津作为省级中央直辖市后第一次通志式新编，由于书目原则上止于中华人民共和国成立，这在全国范围内或许还是首例（旧志一般都只至清末），可供书目文献整理者和地方史研究者参考。但因编者精力有限，目力所及，多有遗漏或讹误，祈盼识者不吝补正！

2003 年编者识

著者目次

天津市区

张　愚（1500—1552）

愚字若斋，明天津左卫军籍。嘉靖十年（1531）举人，次年联捷成进士，授户部主事。出为山西按察司佥事，分巡口北道。擢都察院佥都御史，巡抚延绥。二十九年（1550）庚戌之变，蒙古贵族率军进围北京，愚简精锐入卫立功，晋右副都御史，巡抚延绥如故。后以劳卒于官。

蕴古书屋诗文集

张愚撰。［民国］《天津县新志》卷二十三《艺文》（有与同书卷二十一《人物》先行合刻之《天津县新志人物艺文》单行本，以下省作［民国］《天津县新志艺文》）著录。佚。《津门诗抄》卷一存诗一首。

汪　来

来字君复，号北津，明天津卫人。嘉靖十三年（1534）举人，二十年（1541）成进士。历任刑部山西司主事，出为陕西庆阳知府。后授山东按察司副使，整饬密云兵备。史称居官严毅，不避权贵，豪姓闻风敛迹。

北地纪

汪来撰。[民国]《天津县新志艺文》著录："是书列入四库存目，其提要（按即《四库全书总目提要》）略云：来官庆阳知府，庆阳为汉北地郡，故以名书。不分门目，惟以时代先后为序，采事迹诗文之有庆阳者，得八十一人，以后稷居首，次以淳维，而自附其名于末。其前三卷题来名，而卷四独标北地举人孙俏撰，盖末卷皆来之文章，嫌于自炫，故托之俏云。"书已佚，仅"存目"，故二十世纪末，由齐鲁书社编辑影印出版的《四库存目丛书》未见收。

刘　焘（1511—1597）

焘字丕冒，又字仁甫，号带川，一作尚载，明直隶天津左卫军籍。嘉靖十六年（1537）举人，十七年成进士，授济南府推官。后历升浙江按察使、福建巡抚、两广总督，至都察院左都御史兼兵部左侍郎，所至皆有惠声。年近六十，辞呈归里，以耕读课子弟。生平撰述甚夥，惜多亡佚。

浙西海防稿

刘焘撰。[民国]《天津县新志艺文》著录，转引自《浙江通志》谓："嘉靖间尝因寇警，起焘副使，兵备浙西。焘精奇门风角之术，既至郡，按图视险，选将募兵，屡告大捷，乃汇辑当时军书为一编，梓以行世。"惜不传。

刘总宪奏议

刘焘撰。[民国]《天津县新志艺文》著录。未见。或即下书。

蓟辽奏议

刘焘撰。此书不知共若干卷，北京图书馆（今中国国家图书馆，下同）藏有残本三至六卷计四册，见馆藏目录。明嘉靖四十二年（1563），俺答寇边，刘焘任蓟辽总督，败之，故有是刻。此或即前书之异名。

晴川馀稿

刘焘撰。[民国]《天津县新志艺文》著录。佚。《津门诗抄》卷一存其诗三首。

王绍庆

绍庆字无考，明天津诸生。馀不详。

嘉言编八卷

王绍庆辑。[民国]《天津县新志艺文》著录。高凌雯《志馀随笔》卷五谓："绍庆笃于天性，重伦常，必能以善助人。此书当是古人格言之属。"或已佚。未见。

倪光荐

光荐字相如，天津人。明倪尚质之子，天启元年（1621）恩贡生。入清后累官通州坐粮厅太仆寺卿。诗古文辞皆能自出机杼，与古人不相上下。公馀之暇，日手一编，不辍吟咏。后告归造庐，请谒者屡相错，士论归之。

倪相如诗集

倪光荐撰。《大清畿辅书征》和《续修四库全书总目提要》著录有清刻本，谓是集古今体诗凡数十首。卷端有高恒懋序云："相如文之沈雄博大，为唐宋而不为六朝；诗之高华典贵，为北地而不为竟陵。风格苍老，神味淡远。"未见。《津门诗抄》卷一存其诗一首。

郭允昌（1611-1659）

允昌字绳绳，号芦崖，明末天津丰财场人。崇祯十二年（1639）己卯科举人。入清后官至福建延平知府。嗜古好学。

［顺治］延平府志二十二卷

郭允昌修。《中国地方志联合目录》作（清）孔自洙、杜汝用等纂修，顺治十七年（1660）刻本，注在日本内阁文库。北京图书馆藏康熙十一年（1672）续修本，题（清）郭允昌修，萧来鸾续修，见馆藏目录著录。

诗真

郭允昌撰。［民国］《天津县新志艺文》著录。佚。

李真福

生平不详。

道源集

李真福撰。最早见于［同治］《续天津县志·艺文》著录，谓原有曹溶序。此后［民国］《天津县新志艺文》和《津人著述存目》沿录之。未见，或已失传。

牛射斗

射斗字见垣。先世山西洪洞，后徙静海，分支入卫籍，遂居天津。明末以贡生官内宏文院中书舍人，迁尚宝司司丞。入清后从经略洪承畴督理军饷有功，又随征江南，卒于芜湖。

述言

述行

家训易解

牛射斗撰以上三书，《津人著述存目》卷下增补著录。未见。

朱承命

承命字雪沽，清初天津卫人。顺治五年（1648）举人，次年成进士。历山东邹县、浙江定海知县，升云南安宁知州，迁户部广西司员外郎。自幼酷爱学习，曾于端午节读书楼上，家仆进食，置羹于砚侧，承命误以为墨汁，竟以毛笔来蘸。

邹县志三卷

朱承命纂修。[民国]《天津县新志艺文》著录。是书修于康熙十一年（1672），因是年诏修《大清一统志》，命直省各州县缮治志乘。而邹县屡遭兵燹，旧志无存。承命适宰是邑，乃杂采史传，遍搜当代记载，补残订伪，列目凡二十有二，书成刊行焉。康熙十二年（1673）刻本，宁波天一阁等处藏，另有缩微胶卷，见《中国地方志联合目录》著录。又有《天一阁地方志丛刊》本，上海古籍出版社影印出版。

徐兆庆

兆庆字章芸，号易斋，原籍大兴（今属北京市），而家居天津。清顺治五年（1648）举人，荐举博学鸿词。官山西潞安府推官。后为忌者所中，罢官归家。工书法。

拙庵文稿

纪游集

徐兆庆撰以上二书，[民国]《天津县新志艺文》著录。已佚。《津门诗抄》卷一存其诗四首。梅成栋评云：兆庆"诗规盛唐，气骨沈雄，英姿飒爽，有褒鄂飞动之势，非窃袭面目者比"。

张鸣阳

鸣阳字雕鸣，清天津人。顺治十一年（1654）选拔贡生，官山东青城县知县。

四书引经义释一卷

张鸣阳撰。[民国]《天津县新志艺文》著录。高凌雯谓："是书先列四书所引经文于前，再列全经文于后，各以己意疏解之。前释引经之义，后释本经之义，使学者互证而得其旨。脱稿于顺治五年（1648），卷首自署'芹部散士'，盖犹在贡选以前。虽为授徒治举业而作，要不失为义理之学也。"抄本。未见。

张　昕

昕字暹之，号嵋采，清直隶天津人。顺治间诸生。

绿肥轩诗稿不分卷

张昕撰。《清人别集总目》和《清人诗文集总目提要》著录。是集乃其曾孙受长辑，收五七言古诗百馀首，有受长序。乾隆三十九年（1774）张氏世德堂刻，北京图书馆藏。[民国]《天津县新志艺文》漏载。

停霞诗抄一卷

张昕撰。《清人诗文集总目提要》和《中国丛书综录》著录。有程川辑《名集丛抄》本存世，清乾隆中刻本，上海图书馆藏。[民国]《天津县新志艺文》漏载。

释世高（1621-1700）

世高佚其名，清康熙间主天津大悲院。晚名所居曰"退居"。喜延接名士，与张霔契分最深。

退居诗

释世高撰。[民国]《天津县新志艺文》著录,谓张霔尝汇其诗稿而刊之。未见。《津门诗抄》卷三十录存虎卧老人诗二十八首,此或即释世高。梅成栋按云:"老人占仙,不署名字,自称五百岁,与张笨山先生唱和最多,故人黄藕村寿占藏有老人诗一卷,后卒于都门,不知流落何所?"

李友太（1632- ？ ）

友太字仲白,号大拙,明清之际天津人。入清时年十三,自署"逸民",隐身于道士之列,不肯与清廷官吏来往。为人拘迂而正直,行为决不违背礼法。生平博览书史,善作诗。又善画人物山水。尤精于鉴别古物。

瓮虚斋观帖录

旷真精舍观画录

李友太撰以上二书,最早见自[同治]《续天津县志·艺文志》著录。此后[民国]《天津县新志艺文》和《津人著述存目》均沿袭之。未见。

沈支炳

支炳一作文炳,清天津人。康熙五年（1666）举人,十五年成进士。

嘉莲阁文集

沈支炳撰。[同治]《续天津县志·艺文志》著录。[光绪]《重修天津府志·著述》作沈文炳撰。[民国]《天津县新志艺文》漏载。是书未见,或已佚失。

徐孙森

孙森字亭玉，清天津人。康熙十九年（1680）选任山东长青县知县。连岁水灾，出俸赈给之。在任三载，民爱之若父母。后官江南河道同知。

摇鞭草

徐孙森撰。《大清畿辅书征》著录。转引《徐氏家谱》载："亭玉公所著《摇鞭草》，备纪其去任时百姓攀辕遮道，合邑绅士赴省请留之实迹，略言长邑遭从未有之奇灾，遇从未有之贤令，清则真清，慈则真慈。"是书未见。

牟允中

允中字叔庸，清天津人。

庸行篇八卷

牟允中补辑。《大清畿辅书征》和［民国］《天津县新志艺文》著录。转引《四库全书总目（存目）提要》谓：是书"因扬州史典《愿体集》而参补之，皆先正格言，分门编辑，自《达观》以至《警醒》，凡三十三类，每类采辑数十则，大都取其明白显易，可以训俗化愚。其《立教》类，有允中自著读书之法，兼论及时文，并引八股讲论数条，盖以训其家塾弟子者"。清康熙三十一年（1692）刻本，天津图书馆藏。按：新编影印出版的《四库存目丛书》未见收。

顾永年（1639—1708）

永年字九恒，号桐村，原籍浙江仁和（今杭州市）。清康熙二十四年（1685）进士，官甘肃华亭知县。后移家天津。

梅东草堂诗集九卷

顾永年撰。［民国］《天津县新志艺文》著录作《梅东草堂诗稿》四卷，且谓"是集板既零散，庚子（1900）兵劫，书亦遗失。今惟旧志存诗二首"。不确。2000年由北京出版社影印出版的《四库未收书辑刊》第八辑中，即收有顾撰《梅东草堂诗集》九卷，前有清康熙四十七年（1708）"愚表弟"翁嵩年所撰《序》和顾氏自撰《凡例》数款。诗作起自康熙十七年（1678），至于康熙四十七年戊子。卷中有《壬申七月十三津门旅舍生一子善长口占》和《舟次天津病作，喜遇同乡景胎志以药见投稍痊奉谢》两首，即［同治］《续天津县志》所录存者，时在康熙三十一年（1692）。北京大学图书馆藏康熙四十七年澡雪轩刻增修本，天津图书馆购藏有《四库未收书辑刊》本。

金　平（1643–1726）

平字子升，号惺园，原籍浙江山阴，于清初游天津，遂家焉。以业盐致富。礼贤右士，与张霖、查日乾同时以风雅相高。起岭南轩，拓园亭，以馆南北往来之彦。轻财好施，间里高之。

致远堂集四卷附金氏家训一卷

金平撰。［民国］《天津县新志艺文》著录，谓"金平原籍会稽，尝携先人旅榇返葬家山，长途濡滞，累月始达。既抵乡里，叙离别之情，修任恤之谊，与夫山居况味，一一形诸咏歌。故集中南游之诗多而居津所作者转少。末附文《游盘山记》一篇，词数十阕，家训数则。家训有刘铎注释。铎字鸣远，以孝行著"。原抄本现藏天津图书馆。另外，民国九年（1920）其八世孙金钺辑刻之《金氏家集四种》收作《致远堂集》三卷，前

二卷录诗二百二十首，末卷录词十四首。金恭寿编《金氏家集》
卷一仅收诗六十一首附词十四首。天津各大图书馆均有收藏。

黄　谦（1644-1692）

谦字六吉，号麓碛，又号抑庵，清天津人。诸生。性旷达，
好为诗；与张霔、梁洪、僧世高等结草堂社，被推主盟。禧王
闻其名，聘之往教世子。为人笃友谊，张国隽赴四川名山县
做官，谦送至沧州仍不忍别，竟一同前往。能为人所难，世
称高士。

路史

画史

黄谦撰以上两书，见［民国］《天津县新志艺文》著录。
谓"俱失，其名见张霔文集。盖谦随张国隽入蜀时纪游之作。
故霔谓山水花鸟之奇，人情风俗之异，余虽不得亲见，可于六
吉之书见之矣"。

桃源日记

黄谦撰。《大清畿辅书征》和［民国］《天津县新志艺文》
著录，后者作存目。原书已佚。

历下吟一卷

太行行草一卷

黄谦撰以上两书，见［民国］《天津县新志艺文》著录。
高凌雯谓："是集在乾隆初修志时云已无存。迨梅成栋辑《津
门诗抄》，就访于其家，乃出此二卷，皆有张霔评点，大喜过望，
遂编录入集，即今《津门诗抄》所存之三十九首也。今华氏藏
其诗一卷，较成栋所辑多八首，皆客山左时之作，前后有成栋
跋识，盖即当日抄录之本，但不知为谦完稿否也。"未见。

龙　震（1657—1726）

震字文雷，号东溟，又号由甲，清天津人。世业盐，已复弃去。康熙二十九年（1690）乡试不第，遂不复仕进，独居一室，绝宾客往来。独与张霆善，诗酒倡酬无虚日，人以狂生目之。曾一游山东，再游江南，所至喜与僧道交。香林院道士王聪与其过从甚密。晚年筑别业"老夫村"，称所居为"枣邨"。年七十卒，无子。

龙氏家谱一卷

龙震撰。《贩书偶记》著录，附于《玉红草堂集》后。清康熙间刻，天津图书馆藏，见下。

玉红草堂集十六卷

龙震撰。［民国］《天津县新志艺文》著录作《玉红草堂诗集》十六卷，别题《龙东溟稿》。按是集录其分体诗五卷，编年诗八卷，南游日记及山水诗各一卷，杂文一卷；后又附《龙氏家谱》一卷。文安陈仪谓："震不得志于世，郁而为诗。其遇穷故其音悲，其痛深故其词婉，其刺冷故其指微，温柔而敦厚，缠绵而悱恻，庶几屈子之遗焉。"自清康熙三十二年（1693）至五十二年（1713），凡得诗四千馀首。《贩书偶记》著录作康熙壬辰至癸巳刊。《天津地方史资料联合目录》著录，天津图书馆和天津社会科学院（以下简称为天津社科院）图书馆藏。另《清人诗文集总目提要》著录有清雍正十三年（1735）刻本，作《玉红草堂集》三十卷，诗作数相同，末附文四十二首，北京图书馆藏。

玉红草堂后集散录二卷

龙震撰。［民国］《天津县新志艺文》著录作《东溟又存稿》，

谓"震自刻集后再有作随手弃去，久之乃从弟子请，以其所为游
历诗汇为一帙，题曰《又存稿》。嘉兴陈群为之序"。《贩书偶记
续编》著录作为《玉红草堂集》十六卷后继刻之十七、十八两卷。
收清康熙五十二年（1713）后诗四百馀首。《天津地方史资料联
合目录》著录，天津图书馆藏，康熙五十八年（1719）己亥刻。

金 濬

一作金璿，又作金璇，字子衡，清天津人。与龙震同以工
诗著称。

子衡诗集

金濬撰。《大清畿辅书征》著录，[民国]《天津县新志艺文》
漏载。是书已佚。《津门诗抄》卷三存其诗二十八首。梅成栋
评其诗"纯以趣胜，而笔力足以副之，骨力在龙山人之右，是
善学坡公者，后学惟赵雪萝得续其踪"云。

张 霖（1658—1713）

霖字汝作，号鲁庵，晚自号卧松老衲。其先抚宁人。父明
宇，于清顺治间行盐长芦，遂迁家天津。霖由岁贡官工部管缮
司主事，历兵部车驾司郎中，出为陕西驿传道。康熙三十四年
（1695）升安徽按察使，迁福建布政使。后署云南巡抚，因事
落职，被抄家。靠其行盐所得厚利，曾筑遂闲堂、一亩园、问
津园、思源庄、篆水楼等园林名胜，时为天津第一。南北名士
如姜宸英、梅文鼎、赵执信、吴雯、朱彝尊、徐兰、方苞等皆
曾前来做客，文酒之宴无虚日。

[康熙] 石门县志三卷

张霖纂修。清康熙二十二年（1683）刻本。《中国地方志

联合目录》著录，北京图书馆藏。另有康熙四十八年（1709）许湄续修增补刻本，天津图书馆藏。

遂闲堂稿

张霖撰。［民国］《天津县新志艺文》著录，谓是集自其家被籍时已散失。其元孙张虎士编辑《家集》仅存诗一首。梅成栋复于《弋虫轩诗集》中得其诗二首，同录入《津门诗抄》卷五。

张　霨（1659—1704）

霨字念艺，号笨山，一作笨仙，别号秋水道人，清天津人。张霖之从弟。幼敏悟，工书。由贡生官中书舍人。累举不第，遂杜门著书。筑小室于三岔河旁，其居近水，额曰"欸乃书屋"。每见樯帆往来，爱之，因又号"帆史"，复名其屋曰"帆斋"。曾西游秦中，南逾大江，喜与名士交，尤与龙震情谊最深。作诗万馀首，尝畏火劫，凿石匣藏之。

绿艳亭诗文稿八卷

张霨撰。［民国］《天津县新志艺文》著录，谓"张霨于康熙甲子（1684）以前诗稿悉毁于火，虽有追忆，所存亦尠。盖存诗最多者莫过斯集。梅宝璐、杨光仪各有选辑，将以付梓，事阻未果。集中辛未年（1691）所作亦名《诗星阁集》，张弓为之序。自己巳（1689）以后又名《泣萱楼集》，蔡酬为之序。'绿艳亭'殆其总名也"。抄本。未见。或即下书的一部分。

绿艳亭稿十五卷

张霨撰。清抄本。《清人诗文集总目题要》著录，谓［民国］《天津县新志艺文》载作《绿艳亭诗文稿》八卷，称自康熙二十三年迄三十年所作诗文分年编录，年各一卷。今北京图书馆藏此稿清抄本，则多达十五卷，有张锦题词。

绿艳亭甲寅诗稿

张霔撰。盖集清康熙十三年（1674）所作。抄本，一册，不分卷。清华大学图书馆藏，见该馆馆藏古籍目录著录。

诗星阁集一卷

张霔撰。见《绿艳亭诗文稿》条。

泣萱楼集一卷

张霔撰。见《绿艳亭诗文稿》条。

弋虫轩诗一卷

张霔撰。［民国］《天津县新志艺文》著录："是集曩为陈鼎元所藏，名曰《弋虫轩焚诗重录略》，梅成栋犹及见之。后杨光仪复见之于栾氏家，今不知所在矣。"

欸乃书屋诗集二卷附录一卷

张霔撰。［民国］《天津县新志艺文》著录：原抄本为徐大镛所藏。其族弟徐士銮取以付梓，录张霔于康熙三十三年（1694）所作诗二百馀首，有史梦兰、杨光仪序和徐士銮跋。清光绪二十一年（1895）天津徐氏蝶园刻本，《天津地方史资料联合目录》著录：天津图书馆藏。

欸乃书屋乙亥诗集一卷

张霔撰。《天津地方史资料联合目录》著录。是集乃霔康熙三十四年（1695）之诗，共得二百七十六首，外杂感五首，散句数联。道光六年（1826）天津华长卿氏得此稿，每卷以月所得诗为限，依次编录，而总标名曰"乙亥诗"。民国十三年（1924）天津志局高凌雯将之辑入《天津诗人小集》，二十五年由天津金氏刊刻。天津各大图书馆均有收藏。

秦游诗一卷

张霆撰。［民国］《天津县新志艺文》著录，谓"霆甲戌年诗已编入《欸乃书屋集》。是年冬省兄陕西，得诗一卷，题曰《秦游》。时蒲州吴雯亦客关中，遂相欢聚，为序其集。今集虽已佚，而西征登华诸作，见诸家集尚存二十首"。

帆斋逸稿

张霆撰。［民国］《天津县新志艺文》著录，谓"是集屡见记载，但书已佚，为诗为文，无由考知，姑附此"。

读晋书绝句二卷

张霆撰。［同治］《续天津县志》附《著述》著录为《晋史集》。此据［民国］《天津县新志艺文》著录，谓"霆以读书太易，往往过而辄忘。故于《晋书》每读一传，必涵泳史文，纪以歌咏。积久得绝句三百八十馀首，汇为一集。霆尚有《读汉书绝句》，没后俱佚。光绪初，李其光得此集于书肆，徐士銮借抄刊行之，梅宝璐为之序"。清光绪十一年（1885）天津徐氏蝶园刻本，《天津地方史资料联合目录》著录，天津图书馆藏。南开大学和清华大学图书馆也藏有此书，见各馆藏目录。

读汉书绝句

张霆撰。《津人著述存目》著录，转引自［民国］《天津县新志人物》本传。上文亦提及，"霆尚有《读汉书绝句》，没后俱佚"。

王　聪

聪字玉笈，号野鹤，清康雍间人。初为天津天妃宫道徒。后随其师创建河北香林院，遂为香林院道士。

香林史略

王聪撰。[民国]《天津县新志艺文》著录。是书历述缔造香林院之维艰，守成之不易，冀使世世传藏，共相惕励。龙震与聪结契最早，老而弥笃。书成，故为之序。未见。

王野鹤诗

王聪撰。[民国]《天津县新志艺文》著录，谓"聪好读书，工吟咏，沽上诗人多喜与之游。于香林院西侧辟小屋数椽，栽花种竹，诸名士过从者拈韵倡和，诗笺粘户壁间殆遍，人称'诗厂'。张霔尝为序其集"。未见。《津门诗抄》卷三十存其诗七首。

胡　捷

捷字象三，祖籍浙江会稽（即今绍兴），清康熙元年（1662）随父移家天津。诸生。十岁能诗，有神童之称。又工书善画，与查为仁为同学，交谊颇深。其诗格律秀整，为姜编修西溟所赏。博学强记，撰述极多。年四十，无疾终。

历代纪原

胡捷撰。[民国]《天津县新志艺文》著录。是书先纪历代帝王世系，所有传袭位次、禅篡废立，罔不表而出之，爽若列眉。而于建元改元、建都迁都、庙谥陵寝，以及即位之甲子，享国之历数，后妃之姓氏，尤加详焉。又以先王开物成务、制器尚象，皆有造始之端，即皆有关于治乱兴衰之道。故凡一事一器，必标明始作之因，起于何代何帝，使读者执是以为纲领，庶沿革兴亡之迹，可以心目了然也。书不见传。《津门文抄》卷二存有其《历代纪原自序》。

读书舫笔记二卷

胡捷撰。胡氏家抄本，有魏尚宾序。《津门选举录》附《著述》著录。未见。

读书舫文抄一卷

胡捷撰。[民国]《天津县新志艺文》著录。是集存文二十三篇，清同治间其裔孙柄泰求序于沈兆沄、赵新而刊行之。兆沄序谓"酝酿经史，独抒心得于显微阐幽，表彰忠孝，尤三致意焉"。赵新亦谓"捷文有关世道人心，虽少卒不可废。捷，顺天诸生，而家天津，其自署稽山者，不忘祖籍也"。《天津地方史资料联合目录》和《清人诗文集总目提要》均著录为清同治四年（1865）胡承勋刻本，分别见藏于天津社科院和中国科学院图书馆。另外南开大学图书馆藏《读书舫文稿》抄本一卷，见馆藏目录。

读书舫诗抄

胡捷撰。[民国]《天津县新志艺文》著录为抄本一卷，言是书为其裔孙承勋所录，欲刊行而未果；诗仅一百二十六首，而析为数集，甚有一集只一题者。计分《壮游草》《读画编》《鸿雪山房集》《薤露集》《薤露遗音》《读书舫未定稿》《补遗》等。后辑入《天津诗人小集十二种》中，故《续修四库提要》和《清人诗文集总目提要》均著录有民国二十五年（1936）天津志局刻本，一作金氏刻本，有高凌雯序，后有金钺跋，天津各大图书馆有藏。另有民国间鄦楼精抄本，内容同此，天津图书馆藏。

江上吟一卷

胡捷撰。[民国]《天津县新志艺文》著录为抄本，提要云："康熙壬寅（1722），捷尝挈友南游，由河入淮，渡大江，揽金、焦、北固之胜，止于吴郡，探太湖两洞庭之巨观。又尝沂江抵金陵，六朝遗迹，恣其眺览，兴之所至，遂有歌咏，凡得诗百篇，都为一集。自序谓因贫而游，游而仍贫，大率感慨抑郁，多思亲忆远之作，非壮游愉快之音也"。此书不见传。《津门诗抄》卷二存有其诗四首。

薤露集

薤露遗音

日下旧闻录

胡捷撰以上三书，《津人著述存目》著录，转引自《读书舫文抄》胡承勋跋。前二种已收入刻本《读书舫诗抄》中，后一种未见。

吉光片羽集

胡捷撰。［民国］《天津县新志艺文》作存目，不知原书本旨。未见。

读书舫诗馀

胡捷撰。［民国］《天津县新志艺文》著录。未见。

少陵诗话纂一卷

胡捷纂辑。［民国］《天津县新志艺文》著录，谓："杜诗传诵，古今往往有所论赞，然皆散见宋以来诸家诗文集中，不相附属。捷搜辑得百七十二条，裒为一帙。自序云：'其间议论，反复释疑正伪，或独出己见，或互相推究，片语只字，不容轻过，而非拘泥章句，肆其穿凿，必会其神理，论其时势，庶精深活泼，两得之矣。'"书不见传。《自序》见载《天津文抄》卷二。

梁　洪

洪字崇此，号芰梁，祖籍山西大同，后移家天津。清诸生。性孤洁，不乐仕进。家有七十二沽草堂，兄弟皆能吟咏。与龙震、黄谦、大悲院僧世高、香林院道士王聪，同为遂闲堂张氏上客。赵秋谷、汪退谷两先生咸推重之。书法宗苏长公，诗格近韦苏州。

啸竹轩诗草

梁洪撰。[民国]《天津县新志艺文》著录。未见。《津门诗抄》卷一存其诗十七首，梅成栋云：梁"诗多散逸……后复读《盘山志》，得先生数诗，存之"。

悦志堂诗抄

梁洪撰。《津人著述存目》著录，转引自[同治]《续天津县志·人物》本传。未见。

童葵园

葵园字兰风，清天津人。居直沽南（即今佟楼之讹名），购有负郭田数亩，取风人之意，以"闲闲"名其斋。日事吟咏，与龙震同以工诗著称。

闲闲斋集

童葵园撰。[民国]《天津县新志艺文》著录，此书已佚。《津门诗抄》卷三存其诗九首。梅成栋云：会稽玉笋山人傅玉露曾为之序。

沈起麟

起麟字苑游，别号苑游山人，清天津人。沈鹏鸣之子。热心公益事业如其父。受学于乃祖沈支柄，但屡试不举，遂专力作诗，以布衣终老。

诵芬堂诗三卷

沈起麟撰。[民国]《天津县新志艺文》著录，谓是集有沈双龙、江鲲书后。双龙谓起麟少受业于其祖支柄，累举不第，

遂弃举业，一肆力于诗。鲲谓其春容大雅，音节和畅，蔼然如
睹其人，洵诗家正则也。清刻本，北京图书馆藏，见馆藏目录。

诵芬堂诗馀一卷

沈起麟撰。[民国]《天津县新志艺文》著录。高凌雯云：
"是集有姜森跋，谓起麟淡薄寡营，惟耽心有韵之文，而诗
馀一道尤所神解。著有数种，已付梨枣。今复填《忆江南》
小令十二阕，备述田园之乐。盖与余尚炳所跋之村居诗异曲
同工者也。"清刻本，附《诵芬堂诗》后。北京图书馆藏，
见馆藏目录。

王文雄（1662-1723）

文雄字毅庵，原籍顺天大兴（今属北京）。清康熙二十二
年（1683）随提督施琅进军台湾，又参加征伐噶尔丹之役，
俱有功。官至广东水路提督，后又出征西藏。晚年寓居天
津卒。

提黔八阵图

王文雄撰。《津人著述存目》著录，转引自[同治]《续天
津县志·人物》和[民国]《天津县新志·人物》本传。未见。

于　开

开字敬符，号敬斋。于京（1615-1684）之三子。清雍
正四年（1726）由静海改籍天津，岁贡生。好学深思，长于
音韵。

家礼通宜

四书话

四音韵谱

四字小学笺注

经纬字汇

于开撰以上五书，[民国]《天津县新志艺文》著录，或作存目。民国初于春林十修之天津静海《于氏族谱》中所载亦同，唯《四音韵谱》作《音韵谱》，且谓"因艰工费，尚未刊"。此等原稿本亦未见。

金大中（约 1666-？）

大中字驭东，号名山，清天津人。金平（1643-1726）长子。河间府学生。性豪迈忼爽，能急人难。尤工诗古文，为世所传。系查为仁岳丈。

可亭集四卷

金大中撰。《大清畿辅书征》和［民国]《天津县新志艺文》著录。已佚。《津门诗抄》卷九和《金氏家集》卷一同存其诗一首。

查日乾（1667-1741）

日乾字天行，一字惕人，号慕园，原籍顺天宛平（今属北京）。少孤，随母寄居江南姨家。及长，迁天津。初家贫，以行盐致富；善于经营，为同辈所尊崇。生平好交游，水西庄宾客之盛绵延数十年，其为开创者。曾因事入狱，后获释。读书不为章句，于史事尤精。

春秋臆说二卷

查日乾撰。《大清畿辅书征》著录，谓据《天津府志》。《宛平查氏家谱》亦作如是说。未见。

左传臆说四卷

查日乾撰。［民国]《天津县新志艺文》著录。高凌雯谓是书盖其读《左》时意有所得，随笔录存，其体类于札记。长沙陈鹏年尝为之序。其子礼复加校录刻之于广西。卷末跋识谓："日乾少失学，年二十馀始读书，俱能成诵。生平最嗜左氏传。此书论断多古人所未发，览者当自得之。"刻本。未见。

史脵四卷

查日乾撰。［民国］《天津县新志艺文》著录。《大清畿辅书征》作二卷。高凌雯谓："日乾中年迭遭患难，每当郁悒之际，辄览书史以自宽。其于二十一史见有忠义孝友廉节卓卓表见者，手自录掌，积久成帙。自序谓：'历代制度文献之大，有"三通"诸书揽其全；若摘藻捒英，则《史》《汉》《南北史》又皆有选摘之本。兹编虽不足语于著述，而雷同之病幸而获免，存之家塾，用训后昆。'盖其编辑时，年已七十三矣。"是书或未刊，未见传本。

查氏七烈编三卷词一卷

查日乾辑，清乾隆五年（1740）宛平查氏刻本，三册。北京图书馆和中国科学院图书馆藏，见馆藏目录。

程　钥

钥字北坚，晚年更字果庵，清浙江山阴（今绍兴）人。年十六北迁来津。少孤。曾游历南北。后客死金陵（今南京）。生前勤于撰述。

班管录

程钥撰。《津人著述存目》著录，转引自［乾隆］《天津县志》和［民国］《天津县新志·人物》本传。未见。

豹隐斋诗文集

程钥撰。《津人著述存目》著录，转引自［乾隆］《天津县志》和［民国］《天津县新志·人物》本传。未见。

程德辉

程钥女，幼聪慧好学，长适津人孙泓。泓病故，德辉自经殉节，年三十三。生平作诗甚多，死前一日尽焚之。

焚馀诗草

程德辉撰。《津人著述存目》和《历代妇女著述考》著录，转引自《大清畿辅书征》卷四十一。《津门诗抄》卷二十存其诗二首。

查　曦（1674-　？　）

曦字汉客，清天津人。工诗善医。家本寒素，年二十始就学。曾拜张霔为师，以文字与朱函夏、周焯相友。同时代的南北文人亦多所交结。中年于各处谋生，奔走燕、赵、齐、魏间。曾南浮大河，东出榆关，横渡鸭绿江，虽行旅仓皇，不忘作诗；而阅历之广，使之襟怀开朗，诗境更妙。

珠凤阁诗草六卷续集一卷

查曦撰。［民国］《天津县新志艺文》著录。曦生平客游所至，最喜款接名流，临眺风景，时以清词丽句写其幽逸之怀。其续集为朱函夏及嘉兴许王猷所选定，务约而精，故仅存一卷。清雍正五年（1727）刊，天津历史博物馆和山西大学、吉林大学图书馆藏，见各馆藏目录。

东荒薄游草

查曦撰。《津人著述存目》著录。见《珠凤阁诗草》第五卷，专录榆关至东北绝塞之作，每诗详注其事，探幽历险，志怪述奇，读之等于风土记。清雍正五年（1727）刊，收藏单位同上

查为政

为政字汉公，清天津人。曦弟，亲疏莫考。家贫，以教读糊口。周焯谓其无儋石之储，而吟哦自若，正所谓穷而后工也。

兰亭诗抄一卷

查为政撰。《大清畿辅书征》和［民国］《天津县新志艺文》著录。《续修四库全书总目提要》作清道光年间刻本。王又朴序略云："查子出其诗百馀篇，长吟短咏，多自写其胸臆，声调高朗，无不入格。"梅瑾序略云："余与汉公素以笔墨交相切磋。汉公性躭诗，偶有所作，就余商订。将易箦前，自谓其生平呕出心血，欲付剞劂。予删摘其诗，颇多骨力清峭之句，又有一种从容淡远之致，亦足以见其性情矣。"另有张廷枚、周焯、朱函夏等人序。书不见传。《津门诗抄》卷七选录其诗五首。

陈　玠（1675- ？ ）

玠字实人，一字辑五，晚号石汀，又号拙诚老人，清天津人。岁贡生。与同乡先辈李友太等相交游，以善书法著称。亦工诗，每自书其诗，人并重之。《津门诗抄》卷二存其诗三首。

书法偶集一卷

陈玠撰。［民国］《天津县新志艺文》著录。是书摘取古今论书之语，及己有所见，随笔条记，凡得一百馀则。其有书家故事不专论八法者，亦附及之。原系抄本。今有民国十三年（1924）天津金氏《屏庐丛刻》本，各大图书馆藏。

张　坦（天津）

坦字逸峰，号眉州散人，更号青雨，清天津人。张霖子。

性好学，于书无所不读。幼学诗于王士禛，学书于赵执信，其渊源有自。康熙三十二年（1693）举人，官内阁中书。

履阁诗集二卷

张坦撰。《贩书偶记续编》著录，谓清康熙间精刻，梁份为之序。未见。今存清乾隆刻本，天津图书馆藏，收诗二百馀首，末有孙默庵题记。另有一卷本，辑入《天津诗人小集》十二种，民国二十五年（1936）金氏刻，凡诗约八十首，各大图书馆有藏。又有《南游杂诗》一卷，康熙三十年（1691）刻。未见。

唤鱼亭诗文集

张坦撰。［民国］《天津县新志艺文》著录。未见。今存张虎士辑《遂闲堂张氏诗草》中，收其南游诗三十馀首，皆少作，姜宸英序谓：坦诗飘渺隽宕，绝类太白。另《津门诗抄》卷六存其诗二十二首，或与前有重出者。

二张子合稿文集

张壎、张坦撰。《津人著述存目》著录，转引自［同治］《续天津县志》和［民国］《天津县新志》人物本传。未见。

张　壎

壎字声百，清天津人。张霖子。康熙三十二年（1693），与兄坦同中举人，又同授内阁中书，时谓"一门双凤"。善草书，亦工诗。

秦游草一卷

张壎撰。［民国］《天津县新志艺文》著录。为壎自燕至秦（时父官陕西驿传道）所作诗，凡六十四首。前有姜宸英序谓壎诗"辞义飘渺恍惚，若不可测"，所述多古今兴替与名宦硕儒隐逸诡怪之迹。初有单刻本，已不传。民国二十五年（1936）高凌雯辑入《天津诗人小集》，天津金氏刻，各大图书馆有藏。另《津门诗抄》卷六存其诗七首。

二张子合稿文集

张壎、张坦撰。《津人著述存目》著录，转引自［同治］《续天津县志》和［民国］《天津县新志·人物》本传著录。未见。

周　焯（？ －1750）

焯字月东，晚得七峰小铜印，因号七峰，清天津人。雍正十三年（1735）拔贡生，累举不第。工诗，精小篆八分及摹印法。喜收藏。曾游城西海潮庵，于污泥中得宋人谢文节公枋之小方砚，额镌"桥亭卜卦砚"五字，背有元人程文海铭，珍之若性命，因名其所居曰"卜砚山房"。以授徒终生。

卜砚山房诗抄一卷后集一卷

周焯撰。《大清畿辅书征》和［民国］《天津县新志艺文》以及《续修四库全书总目提要》著录。清乾隆间精刻。前卷有诗友吴廷华、朱函夏、汪沆序；后卷有英廉、吴廷华、李锴、朱函夏所撰序及传略，谓"焯四十以前诗涉笔婆娑，貌妍致隽，而真意不必尽副。五旬后蕴情宛约，比物属辞，理趣蠕动于含吐之表"。可见其存者皆佳构。《清人诗文集总目提要》著录，中国科学院图书馆、天津图书馆皆有原刻本收藏，北京大学图书馆藏本还有刘位坦跋。民国二十五年（1936）又有天津志局《天津诗人小集十二种》金钺刻本，有高凌雯跋，天津各大图书馆都有收藏。另外，广东中山图书馆藏有《后集》清抄本，其中《傅青主书》《题高青畴印谱》，皆涉艺苑故实。周焯诗自抒性情，一洗模仿造作之习。《津门诗抄》卷二选有其诗三十七首。

朱函夏（1679-？）

函夏字乾驭，号陆槎，别号谷斋，清天津人。朱同邑之子。乾隆十五年（1750）恩贡生。为人严厉，读书必求其解，培养后进甚多。幼年随祖父朱承命宦游外地，遍览名山大川，胸怀开拓。曾登黄鹤楼与诸名士饮，酒酣赋诗，使举座叹绝。

谷斋集四卷残存二卷

朱函夏撰。一作《朱谷斋遗诗》,《大清畿辅书征》、[民国]《天津县新志艺文》、《续修四库全书总目提要》均有著录。略谓："函夏没后，子孙式微，诗文散失。越二三十年，吴人骥始得此稿，庄写成帙，俾周人麒序以行之。其诗间有悲愁激楚之音，而情深韵远，时遇钱、刘佳句。至其郁勃淋漓，妥帖排奡，亦兼有杜、韩，傥所谓穷而后工者耶。"《津门诗抄》卷一选其诗三十八首，盖犹及其此集。今天津图书馆残存其集清抄本二卷，高凌雯校，有金钺跋。馀佚。

观海集一卷

朱函夏撰。[民国]《天津县新志艺文》著录，《朱谷斋遗诗》提要谓："其后华鼎元从书肆中检得函夏《欢海集》一卷，存诗六十首。"其集今下落不明。

王又朴（1681-1763）

又朴字从先，号介山，清天津人。少以古文受知于桐城方苞。雍正元年（1723）进士，授编修，出为河东运同，两权盐运司。中以事被劾，补陕西凤翔府通判，告病归。乾隆四年（1739）再至陕，权西安同知，补汉中通判。后调江南，历官泰州运判，庐州同知，又权知池州、徽州等府，所至皆有政声，尤明于水刊。晚年回归乡里，请于官，兴复三取书院，延师训课，且精于易学，著述甚富。卒年七十一。

易翼述信十二卷

王又朴撰。《大清畿辅书征》作十六卷，误。是编经传次序悉依王弼旧本，而冠以读《易》之法。终以所集诸儒杂论，大旨专以象象文言诸传解释经义，自谓笃信十翼，述之为书，故名《易翼述信》。而以朱子所云不可，便以孔子之说为文王之说者为非。其征引诸家，独李光地之言为最伙。而于本义亦时有异同。至其注释，各卦每爻必取变气，盖即之卦之遗法。其于河图洛书，及先天后天，皆不列图，而叙其说于杂论之末，特为有识。其后《唐鉴纂》《国朝学案小识》，以又朴列入编内所叙学派，殆即本此。有《四库全书》原抄本及影印文渊阁本，另有《诗礼堂全集》本，各大图书馆一般都有收藏。

春秋繁露求雨止雨篇考定一卷

王又朴撰。［民国］《天津县新志艺文》著录为子部，今从《中国丛书综录·子目》为经部。是篇从江宁周榘校本摘出加以考证，附《诗礼堂集》内。又朴在关中，见有以董子之法求雨止雨辄应。及来江南，于无为及徽州行之者三，亦俱有验。乃上书江督尹继善，力陈其益，复刻此以冀人踵行之。又以无为江坝屡圮，推演《繁露》之意，建土星祠与支水，亦有效，详列其说及祠记附诸后。有《诗礼堂全集》本行世。

大学原本说略一卷读法一卷

王又朴撰。《大清畿辅书征》和［民国］《天津县新志艺文》著录，《续修四库全书总目提要》著录为清乾隆十二年（1747）刊。自《大学》从《礼记》析出单行，宋儒意为窜易遂多，改本世所通行者，出自朱子者也。又朴读朱子之书，又见阳明有古本之刻，心有所疑，辄为论著，然犹未遽摈紫阳。迨后得《西河集》，读其《大学》证文，乃信己见之未谬，而亦不尽以毛说为然。自是反复研求，无地无时不取，所谓家国天下，身心意知，一一体察而称量之，自髫年以至于老，觉此书原本本自完密一贯，而所为《说略》乃敢确然自信，与所著书中，可与《易翼》同为惬意之作。其不曰古本而曰原本者，对改本而言，并无所谓今本为之配偶也。前有自序。见《四库》本和《诗礼堂全集》本。

中庸总说一卷读法一卷

王又朴撰。《大清畿辅书征》和［民国］《天津县新志艺文》著录。《续修四库全书总目提要》著录为清乾隆十二年（1747）刊。《中庸》为孔子言性与天道之书，世苦难读。自朱子厘为三十章，已失首尾一贯之旧。宋明理学家解释意义，又骛为幽渺之论，末流所极，遂至儒释莫分。又朴所为《总说》，融会贯通，悉由涵泳白文而来，自谓一篇直如一句，其不为章节所拘可知。又谓读书在身心上、伦理上领会，自觉近里切实，其不为虚无之说，又可知《总说》属稿于通籍以前，迨再仕关中，犹时有商榷，已竭半生之力矣。《读法》则于朱子所著九条外，复广以己见，亦间引他家以证之。前有自序。见《四库》本和《诗礼堂全集》本。

论语广义

王又朴撰。［民国］《天津县新志艺文》和《中国丛书综录·子目》著录。不分卷，有《四库》本和《诗礼堂全集》本行世。

孟子读法十五卷

王又朴撰。《大清畿辅书征》和［民国］《天津县新志艺文》著录。《续修四库全书总目提要》著录为清乾隆十二年（1747）

刻。是书简名《读孟》。又朴少时见坊行苏批《孟子》，尝取而读之，病其疏舛，谓为伪托老泉，乃自以所见，著为《读法》。厥后服官庐州，分防无为，政暇与士子论文，辄举此以为言濡。人喜其说，因以锓板焉。书中先列经文，而标明义法；于后复为顺说，以畅其旨。其末卷为附录，盖援引故实，驳正朱注，参用毛奇龄之说为多。故《大清畿辅书征》著录作《孟子读法》十四卷附录一卷。有《四库》本和《诗礼堂全集》本。

史记七篇读法二卷

王又朴撰。《大清畿辅书征》和 [民国]《天津县新志艺文》著录。《续修四库全书总目提要》著录为诗礼堂刻本。又朴以世儒每谓史公能文，而不知道著为此编，以见道即在文。史公才识俱高。班固重货殖、轻仁义之言未为笃论。七篇者项羽本记、外戚、萧相国、曹相国各世家，淮阴侯李将军、魏其武安侯各列传也。其独取此七篇者，以后学多误解，特为标其义旨，举此以概其馀也。又朴初执赘于方苞。苞为讲萧、曹二世家义法，则此著殆亦衍师传耳。前有自序。有《四库全书》本和《诗礼堂全集》本。

介山自订年谱一卷

王又朴撰。[民国]《天津县新志艺文》和《续修四库全书总目提要》著录。又朴因世俗士大夫家往往好为行状，以表扬其亲，而不知誉之过甚适以自诬，乃诠次生平行事，自订年谱，以示子孙，美恶并书，虽极过失亦不隐饰，以为世无无过之人，既能改焉，尚何不可告人耶？有《诗礼堂全集》本和《屏庐丛刻》本。

继配冯恭人实录一卷

王又朴撰。《中国丛书综录》著录。有《诗礼堂全集》本。

河东盐法志十二卷

王又朴撰。《大清畿辅书征》和［民国］《天津县新志艺文》著录。是书修于清雍正四年（1726）。时又朴官河东运同，自序谓："前志有四，大率以群邑志例，志运司未免失体。汇纂一书，多可采录，然运治篇亦阑入星野疆域，而盐政之要，及河东之制特异者，转不之及，亦乖志盐体例。乃稽旧牍，参时政，补略考伪，手自订正，逾年而书成。时盐运使杨梦琰吹索敛财，与又朴意见龃龉，诬以移款修志，被弹劾罢官"。北京图书馆藏有清雍正间刻本，题《初修河东盐法志》十二卷，清觉罗在麟等修，见馆藏目录。

泰州纤堤说略一卷

王又朴撰。《中国丛书综录》著录。有《诗礼堂全集》本。

圣谕广训衍一卷

王又朴撰。《中国丛书综录》著录。［民国］《天津县新志艺文》作《圣谕广训衍》十六条，刻本，存。谓："又朴佐运河东时，方颁行圣谕广训，朔望宣讲，著为功令。惟乡氓未谙文理，往往称名指物，闻者茫然。又朴乃以俚语方言推衍其义，使人易晓。脱稿于清雍正四年（1726），距颁行不过两载，成书最早。后来凡有以白话解演者，大率就此稿而修饰之。"有《诗礼堂全集》本行世。

诗礼堂杂纂二卷

王又朴撰。《大清畿辅书征》和［民国］《天津县新志艺文》著录。是书随笔条记，未加诠次，然所载如经说史论、语录格言、故事小说，以及格致考订之学，殆无不备，既采成说，亦抒己见。又朴一生学术，洎通籍以后，见知于方苞、朱轼、沈近思、孙喜淦、尹继善辈，师友渊源，约略见之。《续修四库全书总目提要》著录为清乾隆原刻本，或即天津历史博物馆所藏之诗礼堂刻本。其它则有《诗礼堂全集》本和《屏庐丛刻》本。

诗礼堂古文五卷

王又朴撰。《大清畿辅书征》和［民国］《天津县新志艺文》著录。此书又题《王介山古文》。又朴未达时即已能治古文辞。既成进士，以所为文谒方苞京师，执弟子礼。苞曰"古文非苟焉而作"，因示以义法，举《史记》萧、曹二世家为例。又朴大悟，尽出旧稿焚之，遂不轻易为文。迨后筮仕吴中，苞亦退老金陵，因得时时请业。一日见其稿诧曰："二十年来何寥寥也？"又尝报书又朴，谓其文"识高笔健，直追古人"。今集中所存大半苞所点定，亦有为陈祖范所评者。祖范为又朴同年友。书分五卷，卷一读经，卷二读史，卷三论事，卷四杂著，卷五传记、杂说，多释褐后之作。前有自序。单行本有清乾隆十九年（1754）天津诗礼堂刻方望溪先生鉴定本，天津师范大学图书馆和首都图书馆藏，其它则见之于丛书《诗礼堂全集》本。

诗礼堂杂咏七卷

王又朴撰。《大清畿辅书征》和［民国］《天津县新艺志文》著录。《续修四库全书总目提要》著录为清乾隆间刻本。是书收编年诗四百八十七首，分《寒蛩集》《皷吟集》《歌熏集》《关柝集》《呻吟集》《击壤集》，每集数年，集各一卷，皆晚年自定。其中《击壤集》仅有中卷，则以锓版时适止于斯也。又朴在词馆日，值青海平定，制铙歌鼓吹曲以进；方苞谓之曰"此东南未有才也"。又朴闻而以文为贽，遂请业焉。李斗《扬州画舫录》谓：又朴为河工县丞，以诗学受知于卢见曾。按：又朴所历官并无县丞，集内亦无与见曾投赠之诗。《诗礼堂杂著》叙师友渊源甚详，而不及此。华鼎元据以篡入《征献诗》，盖失考耳。

此书为清乾隆十九年诗礼堂刊，天津图书馆藏。又有清光绪元年辅仁书院刻本，北京图书馆藏。

介山时文三卷

王又朴撰。《中国丛书综录》著录。有《诗礼堂全集》本

王又朴乡会试朱卷一卷

王又朴撰。《中国丛书综录》著录。有《诗礼堂全集》本。另有单刻本，北京图书馆藏，见馆藏目录。

诗礼堂全集

王又朴撰。此为作者上述诸书（除《河东盐法志》外）的合集，一名《王介山先生全集》，属丛书类。《中国丛书综录》著录为清刻本。《天津地方史资料联合目录》著录为清乾隆十九年（1754）刻本，天津图书馆和天津师范大学图书馆藏。另据《津人著述存目》著录，有清光绪元年（1875）辅仁书院补刻本，北京图书馆藏。

洪天锡

天锡一名体仁，字吉人，别号尚友山人，清天津人。岁贡生。自幼勤学，文名甚高。与同乡王又朴、周焌等相互切磋学问，交甚厚。精医术。

五经解

洪天锡撰。［民国］《天津县新志艺文》著录。未见。

四书论文十二卷

洪天锡撰。是书取四子书而论其章法、句法、字法，使人知载道之文，即以文论，亦自高出千古。盖士子就学，既求道，复学为文，其用心纷而不专，惟四子书为人人所诵习，就求道之书，悟为文之法，一兴起而两得之。且孔子赞《易》曰："其

旨远，其辞文。"左氏述孔子之言曰："言之无文，其行不远。"可见道非圣人不能明，而明道者舍文莫属。然则读经而论及文字，固无嫌于亵经也。[民国]《天津县新志艺文》著录为刻本，存。未见。现仅见：

洪吉人先生论文三卷

洪天锡撰。清苫蕗山房刻本，天津图书馆藏，见馆藏目录。

素问解

灵枢解

洪天锡撰以上两医书，[民国]《天津县新志艺文》著录。未见。王又朴尝谓其所著书，能自出手眼，不拾前人牙慧。见《诗礼堂集》。

补注瘟疫论四卷

洪天锡撰。《大清畿辅书征》和[民国]《天津县新志艺文》著录。前有邑人周人骥序略云：吉人于医术神明变通，所投辄效。先是吉人之兄殒于庸医，伤感脊鸰，殚经医术。而于瘟疫毫厘一差，即谬千里。爰据吴又可《瘟疫论》，详加批注，博引诸家，兼抒己见。其明前人所未发，实导后人所未问，洵一时之绝技也。有民国十五年（1926）天津金氏刻本，《天津地方史资料联合目录》著录，天津图书馆藏。另据《全国中医图书联合目录》载有：清乾隆四十九年（1784）晚翠堂刻本，天津中医学院图书馆藏；清道光四年（1824）孝友堂刻本，天津医药技术情报站藏；清咸丰四年（1854）刻本，天津图书馆藏；清光绪二十九年（1903）天津宝森堂修补晚翠堂刻本，天津中医学院图书馆藏；光绪三十三年（1907）天津大公报馆铅印本，天津医科大学和天津卫生职工医学院图书馆藏。今有《天津中医药珍本集成》点校整理本，中国文史出版社 2008 年出版。

渔村讲授

洪天锡撰。《津门选举录》附《著述》著录。未见。

曹云升（1681—1755）

云升字慕庭，一字芳谷，号履平，清顺天通州（今北京通县）人，入赘天津徐氏。雍正四年（1726）中举，乾隆二年（1737）成进士，出张廷玉之门。归班需次天津，讲学授徒，一时名人多出门下。十二年授湖南安化知县，十六年调保靖；建书院，兼收苗民子弟，当地苗人入学登第即自此始。后卒于任。

芳谷诗草一卷

曹云升撰。《大清畿辅书征》和［民国］《天津县新志艺文》著录。未见。《津门诗抄》卷十三录有其诗一首。

碧梧堂诗集

课塾养正汇编

曹云升撰以上二书，《津人著述存目》卷下增补著录。未见。

赵　松

松字泰瞻，号云圃，清天津人。岁贡生。

偶存草堂集

赵松撰。《大清畿辅书征》和［民国］《天津县新志艺文》著录。不见传本。《津门诗抄》卷十二存其诗五首。

周人龙（1682—1745）

人龙字云上，号跃沧，清天津人，世居城东泥古村。康熙四十八年（1709）进士。授山西屯留知县，调清源。历升忻州知州、蒲州知府。息晋陕民隔河争地案，又定丁粮归地之议，政迹斐然。后擢江西督粮道告归，卒年六十四。

［乾隆］忻州志六卷

周人龙原本，窦谷邃增订，清乾隆十二年（1747）刻本。《中国地方志联合目录》著录，北京图书馆和天津图书馆藏。

跃沧制义

周人龙撰。《津人著述存目》著录，转引自《津门古文所见录》卷一周人麒撰《从兄跃沧制义序》。是书未见。

居易堂时艺

周人龙撰。《津人著述存目》著录，转引自《津门古文所见录发凡》。是书未见。

居易堂诗稿一卷

周人龙撰。《大清畿辅书征》和《续修四库全书总目提要》作《居易堂三周诗稿》，不确。此为周人龙一人撰，收五七言近体绝句凡三十馀首。卷端有栾立本识云："表伯周跃沧先生，由江西粮道谢病回籍，易簀时出其所作诗稿一编，属先君子代为选择，将为锓刻计。先君子受而存之，阅数岁校毕，付其嗣君冰叔谋鸠匹氏。而冰叔突遭奇疾，竟付祝融。今二十年矣。乾隆癸巳（1773），予有《津门诗汇》之选，每慨先生之作不传，向冰叔之子戚宾言。戚宾谓其母石及其姑黄有能记诵者，归录数十首寄余，剞劂成一册。因叹先生之诗毁于其子而传于其媳其女，亦仅事也。今取之著录，以传其人而已矣。"清乾隆二十六年（1761）精刻本，天津图书馆藏；另有清抄本，一册。见馆藏目录。

居易堂三周文稿

周人龙等合撰。［同治］《续天津县志·艺文》附《著述》

著录。未见。

安　岐（1683－1746）

岐字仪周，号麓村，先世本朝鲜人，入籍奉天（今辽宁）。其父安尚义以行盐寓天津，日久遂移家焉。好施予。雍正三年（1725），因见天津城墙倾圮，父子乃捐资修葺。安岐精于鉴赏，曾得唐孙虔礼《书谱》，重摹上石，自署"松泉老人"，以晚年得有元吴镇《松泉图》而号之。所居沽水草堂，斋名古香书屋。

墨缘汇观

安岐辑著。是书为安麓村一生从事收藏、鉴赏书画的结晶，集录晋至明法书二卷、名画二卷，并各有续录数页，用双行小字附注条下。而续录卷端及书口均不题卷数，故该书通常著录为四卷（见《津人著述存目》），间有著录为六卷者（见《续修四库全书总目提要》）。书成于清乾隆七年（1742）七月，长期以抄本传世。直至清光绪元年（1875）才有《粤雅堂丛书》刻本。此后翻刻者颇多。今天津社科院图书馆藏有清光绪二十六年（1900）铅印本六册和宣统元年（1909）端方刻本四册二种，见《天津地方史资料联合目录》著录。

书谱二卷

安岐辑著。麓村家富资财，有鉴别之识，天下名书画多归之。清康熙四十五年（1706），得唐孙过庭《书谱》墨迹，属陈奕禧为作释文。五十年，延请吴中摹勒高手顾嘉颖、顾锡韩父子至津门，先行木刻，而后上石，至五十五年始告成。此后覆刻者颇多。《书谱》自宋时已无全本，其序存而谱亡。过庭既善书，故于书学之甘苦得失，剖析入微。唐人论书之作，惟窦泉《述书赋》可与抗衡。窦《赋》详于古今书人，此则详于学书门径，更足津逮后学。得此安氏初拓，几与宋帖比重。《续修四库全书总目提要》著录。天津图书馆藏，见馆藏目录。

释成衡

成衡字湘南，清浙江嘉兴钱氏子。幼耽禅悦，薙发后，力参上乘。康熙四十五年（1706），天津总兵蓝理建普陀寺于城南，延衡为主持。五十八年，康熙御书匾额"海光寺"，恩渥甚深。成衡书画俱佳，写诗有数千百。晚年归天童以终。

海光寺志八卷

一笠吟集

释成衡撰以上两书，见［民国］《天津县新志艺文》著录，均已失传。《津门诗抄》卷三十存其诗四首。

释元宏

元宏字石庭，清浙江会稽人，俗姓姚，晚号杜鹃和尚。康熙四十六年（1707）挂瓢天津海光寺，与释成衡键关结厦，笺疏《楞严》全部。精于书画，尤工诗。与天津查莲坡唱和投赠最多。又号"红姜老人"。寻以不乐尘坌，归老高云。

杜鹃集不分卷

释元宏撰。［光绪］《天津府志》卷三十七著录，《清人诗文集总目提要》著录有清抄本，中国科学院图书馆藏。《津门诗抄》卷三十存其诗六首。

于扬献（约 1693- ？ ）

扬献字尤峰，号擢溪，清天津人。于开之子。诸生。性慷慨好义，热心公益事。工诗。《雨汀诗话》谓其诗"具见魄力"，惜书多不传，仅《津门诗抄》卷十一存诗一首。

燕平存草

于扬献撰。[民国]《天津县新志艺文》著录。未见。

闽游集

于扬献撰。[同治]《续天津县志艺文》著录。《大清畿辅书征》卷二十二作《闽游记》。未见。

津门食品诗

于扬献撰。《津人著述存目》著录，转引自《津门古文所见录》卷四于扬献自撰《津门食品诗序》。扬献久客他方，思津门食品，归里后因作是集，并自为之序。是书未见，或已失传。

朱　岷（？－1759）

岷字导江，一字仑仲，号七桥，又号客亭，原籍江苏武进（一作无锡），清康雍间应查为仁之邀，就读水西庄，遂迁居天津。性恬淡。工隶书。善画，以手指画钟馗，意态如生。精于鉴赏，金石图轴收藏者皆稀世之珍。后占籍天津。

怀南草堂诗稿

朱岷撰。[民国]《天津县新志艺文》著录，谓朱氏北迁后，再传而替，诗稿已佚。今查为仁集中存十首，《津门诗抄》卷二十七存五首。

田盘纪游诗抄

朱岷撰。《津人著述存目》著录，转引自[同治]《续天津县志·人物》本传。未见。

查为仁（1694－1749）

为仁一名成苏，字心谷，号蔗塘，又号莲坡，别号花海翁，原籍宛平（今属北京）。日乾子。家豪于财，性嗜书。清康熙五十年（1711）中顺天乡试第一，时年十八，为人所讦，系狱八载始得白。获释后，自念不幸遭世网，遂绝意仕进，人谓清之唐子畏。辟园于天津城西三里水西庄，大江南北名人往来皆寄住其家，诗酒唱酬无虚日。袁枚称其诗深得初白老人之教。年五十五卒。

蔗塘未定稿总十七卷

查为仁撰。是书为总集名，《大清畿辅书征》著录，内分《蔗塘未定稿》八卷、《押廉词》一卷、《蔗塘外集》八卷，共十七卷。《贩书偶记》著录，清乾隆间精刻，有厉鹗、陈鹏年、查慎行、王霖、符曾、万光泰、汪沆、张照等人序。《清人诗文集总目提要》著录，北京图书馆和天津图书馆藏。

蔗塘未定稿八卷

查为仁撰。此为《蔗塘未定稿》的正集，收为仁自入狱至乾隆六年（1741）所作诗。内含《花影集》二卷、《无题诗》二卷，皆狱中作；康熙五十九年三月出狱归里后，至六十一年所作诗编为《是梦集》一卷；放废以后，息影水西，锄花莳竹，日与园父畦丁相灌溉，自雍正元年（1723）至十三年诗，编为《抱瓮集》一卷；乾隆元年至四年，闲居澹宜书屋，时汪西灏、陈江皋下塌其中，日相酬唱，编为《竹林花坞集》一卷；乾隆五、六年，游盘山及西山诸胜，得诗若干首，裒为《小游集》一卷。以上《蔗塘未定稿》八卷，有清乾隆八年（1743）写刻本，南开大学图书馆藏。也有附以《押廉词》一卷，作《蔗塘未定稿》九卷的，见《津人著述存目》著录，谓"乾隆八年癸亥刻本"。

押帘词一卷

查为仁撰。为仁在西曹花影庵中时，与高云填词倡和，然不多作。迨放归沽上，同人结消寒社，掐韵斗奇，遂赓续得若干阕，合以旧制，共成斯集。其题曰押帘者，取宋人张先"帘押卷花影"句，与所居斋额适有合。是集附《蔗塘未定稿》后，清乾隆间精刻本。

蔗塘外集八卷

查为仁撰。是编为《蔗塘未定稿》外集，含《赏菊唱和诗》一卷、《花影庵杂记》二卷、《芸书阁剩稿》一卷、《游盘日记》一卷、《莲坡诗话》三卷，大多为与友人包括其妻金氏的唱和作。除乾隆间精刻本外，原稿本今存上海师范大学图书馆，见《清人诗文集总目提要》著录。

昨非斋草一卷

查为仁撰。又名《怅然吟》，仅一卷，当是五十岁以后所作。清乾隆四十三年（1778）戊戌精刻，《贩书偶记》著录。北京图书馆藏，见馆藏目录。

旧雨兼新雨初集

查为仁辑。清康熙间查氏昨非斋抄本，一册。北京大学图书馆藏，见馆藏目录。

沽上题襟集一卷

查为仁撰。为仁弟学礼编有《沽上题襟集》八卷，汇选水西庄宾主倡酬之作，作者八人，人各一卷。为仁为其中之一。有清乾隆五年（1740）庚申宛平查氏刻本，中国科学院图书馆藏，《清人诗文集总目提要》著录。

绝妙好词笺七卷

查为仁笺。是书收入《四库全书》，其提要略云："宋周密编南宋歌词凡一百三十二家，最为善本。为仁采摭诸书，以为之笺，各详其里居出处。或因词而考证其本来，或因人而附载其佚闻，以及诸家评论之语，与其人之名篇秀句不见于此集者，咸附录之。会厉鹗亦方笺此集，适游天津，见为仁所笺，悉举以付之。删复补漏，合为一书。今简端并题二人之名，不没其助成之力也"。是书有多种版本，除《四库全书》本外，还有《袖珍古书读本》《四部备要》本等。天津师范大学图书馆藏有清道光八年（1828）杭州爱日轩刻本和清同治十一年（1872）会稽章氏重刻本等。1956年又有文学古籍刊行社排印的董叔明校本。

拟乐部补题一卷

查为仁辑。是书亦名《蔗塘外集》，而实在《外集》之外。为仁自序略谓："赋物词以宋人乐府补题为极诣，浙西六家多和之。此绝唱不当和也。樊榭、南香诸君，即其词别拟一题，织绡泉底，抒轴自我。予结习未忘，颇有继声之作，因并付开雕。其所拟题有五，倡酬者为仁与厉鹗、陆培等凡十人。"［民国］《天津县新志艺文》著录。清乾隆十三年（1748）刻《蔗塘外集》本，北京图书馆和中国科学院图书馆藏，见各馆藏目录。

莲坡诗话三卷

查为仁撰。是书载乾隆间原刻《蔗塘外集》。自清开国以来迄于乾隆初年，其间騒人墨客凡以诗学名家者莫不甄录及之。至如赵执信，姜宸英、吴廷华、汪沆、钱陈群、厉鹗、杭世骏辈，则皆为仁契友，或以吟筒往还，或寓居水西别墅，日相酬畣，故所录尤多。自序所谓得于闻者二三，得于见者七八也。另有《屏庐丛刻》本、《龙威秘书》本、《昭代丛书》本及《清诗话》本等。单行本有天津历史博物馆藏民国十二年（1923）十二月金钺铅印本，见《天津地方史联合目录》著录。

金至元（1696—1721）

至元字载振，一字含英。清天津诸生金大中女，解元查为仁妻，诰赠恭人。幼读书，通大义，颖慧绝人。女红之外，书算琴管，无不精妙入神。尤工于诗。其诗清拔孤秀，不染粉黛习气。

芸书阁剩稿一卷

金至元撰。《大清畿辅书征》和《续修四库全书总目提要》分作《芸书阁集》二卷和《松陵集》一卷，并说有宛平查氏家刻本。今从［民国］《天津县新志艺文》和《清人诗文集总目提要》著录，谓是集于其亡后搜得遗诗二十四首，故云《剩稿》。盖以查为仁倡和诗共为一卷，附《蔗塘外集》。北京图书馆藏清雍正间刻本；中国科学院图书馆藏清乾隆八年（1743）《蔗塘未定稿》附录本；首都图书馆藏民国十七年（1928）天津金氏刻本。另外，《中国丛书综录》著录有《天津金氏家集》本。民国间刻本前有陈鹏年撰小传，又赵执信、王时、胡捷、查为仁序；后有金钺跋。

佟赵氏

赵氏，清扬州人。年二十六，夫佟镇卒于广西乐平知府任，扶榇送葬京师，依兄佟铉居天津，抚孤课读成进士。赵氏生性聪慧，六岁即懂行吟诗；生平作诗甚多而不轻易示人，晚号残梦主人。

残梦楼诗草

佟赵氏撰。[民国]《天津县新志艺文》著录。《津门诗抄》卷二十存其诗二首。

宋贞娘

贞娘字草亭，清天津人。查为仁侍女。能诗。

草亭诗草

宋贞娘撰。《津人著述存目》著录，转引自《大清畿辅书征》卷四十一。无单刻本传世。《津门诗抄》卷二十存诗二首。梅成栋谓："以上诗俱见《澹宜书屋六咏诗册》，友人王存庵所收藏。"现见存天津历史博物馆。

栾　樟（1695－1759）

樟字树堂，号绿起，清天津人。诸生。工诗，好游名山大川；三楚百粤，足迹所至，皆有诗。妻王氏，亦工吟咏，有唱和之乐。

客况游踪

栾樟撰。《津人著述存目》著录，转引自[同治]《续天津县志·艺文》。未见。

粤游草一卷

栾樟撰。《大清畿辅书征》和《续修四库全书总目提要》著录。是集乃其游粤所作，有诗数十首，传抄本。未见。

栾树堂遗诗

栾樟撰。[民国]《天津县新志艺文》著录。其子立宽所辑，请序于中表周人麒，刊以行之。樟性最孝，人麒谓集中念母诸诗，言言血泪，可以追配蓼莪。《津门诗抄》卷四存诗五首，惟客途之作。其小传谓樟著有《粤游草》，盖梅成栋所见尚非全稿。此书亦未见传。

栾王氏（1708-1780）

清静海副榜贡生王麟女，年长适天津武庠生栾樟。性宽厚，喜读书，通义理，善女红，且工诗。生子立本。

南游草一卷

栾王氏撰。《大清畿辅书征》和［民国］《天津县新志艺文》著录。王氏素工吟咏，未尝以之示人，即樟初亦不知其能诗也；尝谓操觚染翰，与文人学士争名，岂妇道无成之义耶？子立敬领运兴武卫时，随任往来南北。是集皆其舟中得句；又有咏事诗若干首，为子立本所存，与此俱载入所著《悫思录》中。见清乾隆五十五年（1790）刻本，天津社科院图书馆藏。另见《屏庐丛刊》本。《津门诗抄》卷二十存诗五首。

周人骥（1696-1763）

人骥字芷襄，号莲峰，清天津泥古村人。人龙弟。清雍正五年（1727）进士。历官礼部主事，四川学政，福建乡试副主考，贵州道监察御史，吏科给事中，广西右江道，陕西、湖南布政使，浙江、广东巡抚。史称其清刚廉介，不为身谋，所至有政声；且善射工诗，精于书法，人得其片纸只字，争宝贵之。

枭楚摘案

周人骥撰。《津人著述存目》著录，据自《津门古文所见录》卷二牛坤撰《周莲峰中丞传》，谓其官湖南按察使时，清积狱二百案，汇而成帙名之。未见。

莲峰宦稿

周人骥撰。［民国］《天津县新志艺文》著录。见附《香远堂诗抄》后，清乾隆十二年（1747）刻本。赵世然跋云："莲峰舅氏诗古文辞不屑规仿古人，而佳处率与暗合……十馀年间积满囊箧。丙寅（1746），世然在湖南臬署编校宦稿诗集，次第开雕，因并刊古文，搜箧中散佚殆尽，存者才数首，用附诗集之后。"天津图书馆藏，见馆藏目录。

香远堂诗抄八卷杂著一卷

周人骥撰。［民国］《天津县新志艺文》著录。是集为其甥赵世然编校刊行。其诗始于游晋，迨通籍后督学四川，典试八闽，及以御史巡视南漕，王事贤劳，不辍吟咏。莅湘稍久，篇什较多。然集亦止于此。厥后迭掌封圻，罢归田里，不无续作，而稿之存佚不可知矣。人骥有文数首，以不足成帙，遂附诗后。清乾隆十二年（1747）精刻本，有近人邱学士题识，天津图书馆藏，见馆藏目录。

居易堂三周文稿

周人骥等合撰。《大清畿辅书征》卷二十一著录，周人骥为其作者之一。未见。今《津门古文所见录》和《津门文抄》共存其文七篇。

张如轼

如轼字彝伯，号兰谷，清天津人。雍正四年（1726）举人，官正定府武邑县教谕。工诗善书，书学欧阳，率更体格，盖传自同县梁洪云。

兰谷诗草

张如轼撰。《大清畿辅书征》和［民国］《天津县新志艺文》

著录。未见传本。《津门诗抄》存其诗二首。

余　峥

峥字符平，号高妙，原籍浙江山阴（即今绍兴）。清乾隆元年（1736）举博学鸿词后侨居天津，至孙辈大炜入津籍。

清风草堂诗抄八卷

余峥撰。［民国］《天津县新志艺文》著录。峥自乾隆初举博学鸿词，后往来南北，诗名甚震。初有《兼葭亭刻稿》，板毁于火。是集多追录旧诗，续以晚年之作，由其子杰编辑而藏于家。迨道光间，曾孙堂官广东，始以堂子作恭手抄工楷本付诸剞劂。前有查礼、梅成栋各序。盖峥居天津，与礼兄为仁相识，为水西庄宾客；成栋则与堂最称莫逆，其《津门诗抄》即是堂官广东佛山时为之刊行的。清道光四年（1824）广东康简书斋精刻本，《清人诗文集总目提要》著录，北京大学图书馆、首都图书馆、天津图书馆藏。另天津图书馆还藏有其书六卷清稿本，有查礼、钱萃恒题识，并钤有"余峥"印。《津门诗抄》卷二十七录其诗四首。

查为义（1700-1763）

为义字履方，号集堂，又号砥斋，清天津人。日乾子，刘恭人出。为仁弟。八岁能文，长益深研经史。值用兵西陲，乃投笔转饷，因功授安徽太平府通判。在任八年，后因父丧归家，遂不再出。为义工诗善画，其所作兰竹，为人所重。乾隆十六年（1751），盐运使卢见曾首建问津书院，苦无地址，为义乃捐旧居改为之。

集堂诗草

查为义撰。［民国］《天津县新志艺文》和《宛平查氏支谱》

著录。未见。《津门诗抄》卷七存诗二首。梅成栋谓为义虽席丰履厚，有山人林下之致，故诗情闲旷可爱。

牛　琳

琳字琢庵，清天津人。乾隆元年（1736）举人，次年联捷成进士。庶吉士。官山东历城知县。

杏砚斋诗集一卷

牛琳撰。［民国］《天津县新志艺文》著录，谓"是集但录其乾隆十年、十一年宰山东沂水时，由县至郡，及往来省会之作。至告养解组而止。琳自乾隆二年（1737）通籍，历官至历城令，当不只此一卷。《津门诗抄》不载其诗，盖当时此卷未出。至杨光仪续纂《津门诗抄》，始物色得之。惜又不见传"。抄本。未见。

曹景绂

景绂字方山，清天津人。云升（1681-1755）子。诸生。

奇字备览二卷

曹景绂撰。［民国］《天津县新志艺文》著录"抄本，存"。是书以学僮入塾，每因音读不正，坐误终身。乃就乡音之失师传之讹者，详为考正。其分卷，前以经史子集为类，后以天文地舆、人名官名为类。虽未能遍及，而简显易知，可为读书之助。未见。

周人麒（1705-1784）

人麒字次游，号晴岳，别号衣亭，清天津人。人龙、人骐之从弟。少受业于洪天锡，工文章。乾隆三年（1738）举人，次年成进士。改翰林院庶吉士，授检讨，充《大清一统志》纂修官。以疾告归。后应同年友顺德知府金文淳之聘，主讲顺德龙冈书院，以经术训士成名者多。四十七年辞归，教授于故乡。殚心经学，著述甚伙。年八十卒。

尚书简明录

毛诗简明录

礼记纂言

四书大全拾遗（一作保积堂四书制艺）

左传辑评

史记约录评解

昭明文选约录

检定唐宋文录解

唐诗类疏

保积堂馆课诗赋

周人麒撰以上诸书，分别见自［同治］《续天津县志·艺文》附"著述"、《大清畿辅书征》和［民国］《天津县新志艺文》著录，均不明卷数、版本和存佚情况，恐已不存。下面为见存者：

孟子读法附记十四卷

周人麒撰。［民国］《天津县新志艺文》著录："人麒幼受业洪天锡之门，天锡为之讲《孟子》文法，心有所契，自是留心搜辑，凡古今诸儒论及《孟子》文法者，罔不录存，积六十年之力编次成书。中录天锡及王又朴之言较多于他家，而己有所见亦附于后，故曰《附记》。人麒尝主讲顺德书院，其门弟子请以付梓，人麒不可。越十年，卒醵金为之刊行。"是书有清乾隆四十九年（1784）保积堂刻本行世，天津图书馆藏。今被影印辑入《四库未收书辑刊》第四辑。

周衣亭先生谭易不分卷

周人麒撰。清抄本，天津图书馆藏，见馆藏目录。

周衣亭先生礼记精选四卷

周人麒撰。清光绪十八年（1892）李氏抄本，二册。天津图书馆藏，见馆藏目录。此或即前述之《礼记纂言》。

保积堂诗文全集

周人麒撰。此书别题《衣亭文集》,《大清畿辅书征》则分作《衣亭文集》和《衣亭诗集》。今从［民国］《天津县新志艺文》著录，并谓："人麒诗文俱有定本，惜未刊行。今《津门古文所见录》存文十五首,《津门诗抄》存诗十四首。"

保积堂诗稿一卷杂著一卷

周人麒撰。此或即上书"定本"，清抄本，二册，有金钺、邱学士题识。天津图书馆藏，见馆藏目录。

居易堂三周文稿

此书为人龙、人骐、人麒三兄弟合稿，［同治］《续天津县志·艺文》附"著述"和《大清畿辅书征》卷二十一著录。未见。

金文淳（1706-1748？）

文淳字质甫，号金门，原籍浙江仁和（今杭州市），与北迁天津金氏同宗不同祖，天津金氏《金氏家集》卷首《金氏世系表》把他列作"谱系待考者"。清乾隆中试鸿博未用。第进士，改庶吉士，历知奉天锦州、直隶顺德和天津知府。曾任翰林院编修，参与修订二十一史，唐令狐德撰《周书》五十卷后即附其《考征》。

蛾子录

读史卮言

金文淳撰以上二书,《中国人名大辞典》小传记载。未见。

吴山伍公庙志六卷首一卷

金文淳纂修、沈永青增辑。清光绪二年(1876)刻本。北京图书馆和北京大学、南开大学图书馆藏,见各馆藏目录。

埕进斋诗草

金文淳撰。《金氏家集》卷首《金氏世系表·谱系待考者》著录,卷四收其诗十六首,中有《题芳舟(芥舟公金玉冈胞弟)九弟小照》和《乾隆乙亥(1755)五月初七日五十初度诗》等,于此可知其生年和与天津金氏的关系,当属金氏第八世孙,与金玉冈同辈。

金玉冈(1711-1773)

玉冈字西昆,号芥舟,晚号黄竹老人,清天津人。平孙大中子。性高淡,慕陶宏景、林和靖为人。工诗善书画,有三绝之誉。筑杞园,结黄竹山房,与诸名士联吟其中。性好游,足迹几遍全国,遇名山水,辄有诗。后游罗浮,卒于邑人郑熊佳电白署中。

黄竹山房诗抄三十卷

金玉冈撰。最早见自梅成栋《津门诗抄》提及。《续修四库全书总目提要》著录,谓是集收乐府歌行、五七言古近体诗凡二千馀首,备极云林潇洒之致;一丘一壑,俱含天趣,可谓诗中画、画中诗,玉冈兼之。王希曾序云:"先生之画,功力深厚如痴,神味淡远如迂。诗则追踪涪、放二翁之间。模山范水,胎息柳州。写一时情事,又得坡翁海外趣。昔人云,乾坤清气得来难,先生胸无点尘,视世之骛于我利者,若将浼焉。"

此玉冈之吟咏与其性情也。清光绪年间刻本。足本未见。

黄竹山房诗抄十二卷

金玉冈撰。是书原为梅成栋选定，[民国]《天津县新志艺文》著录。梅成栋谓玉冈诗骨之清如冰壶玉椀，不着尘氛；又谓天然清气，独往独来，与张舍人霍遥遥相接。原选稿正本旋遗失。此为其族曾孙金溁官南河通判时以副本付梓，清道光二十六年（1846）恒素轩刻本，题"金玉冈著，梅成栋选勘"。《天津地方史资料联合目录》著录，天津图书馆藏。另外，梅成栋还选其诗一百五十七首，编入了《津门诗抄》卷九和卷十。

黄竹山房诗抄六卷补一卷附田盘纪游一卷

金玉冈撰。玉冈诗卷甚富，分年编录，各为小集，统名黄竹山房者盖梅成栋选录时所定。后各小集散藏于家。是书即其六世孙金钺选刻，录诗千馀首。《中国丛书综录》著录有《天津金氏家集》本，民国间刊。另外，民国七年（1918）致远堂刻《金氏家集》卷二，收玉冈所作诗一百八十五首，下注云："公有诗集行世，此编皆集外诗"。《天津地方史资料联合目录》著录，天津图书馆和天津师范大学图书馆藏。

天台雁荡纪游一卷

金玉冈撰。是书逐日纪程，分段写景，以文为主，附之以诗。前有许佩璜、高纲、王杬诸序，皆赏其叙述之工，盖游记体也。梅成栋辑《津门诗抄》选雁荡诗，而系各记于后。迨金溁镌《黄竹山房诗抄》，更并诗后各记别为一卷，弃取分合，旧制全非。自此编失而复得，始睹庐山真面。[民国]《天津县新志艺文》著录作抄本。民国十三年（1924），金钺将之辑入《屏庐丛刻》，《中国丛书综录》著录。天津社科院图书馆和天津师范大学图书馆也有入藏。

田盘纪游一卷

金玉冈撰。是书为著者于清乾隆十八年（1753）游盘山之作，体制与前书相同。但天台雁荡为其初游，故纪载较详。此则为第六次游盘，其所入录者逸一时情景耳。然饷蔬拾橡，赠画题诗，处处与僧衲为缘，尤具出尘之致。［民国］《天津县新志艺文》著录作抄本，今有《天津金氏家集》丛书本行世，见前《黄竹山房诗抄补》附，民国二十三年（1934）天津金钺辑刊，《中国丛书综录》著录。天津社科院图书馆和天津师范大学图书馆也有入藏。

粤东草一卷

金玉冈撰。是书当为其游寓广东时作，广东一作岭南，故又别题《岭南集》者。前有王履谦序云："先生行谊至高，以笔墨自娱，不乐仕进，好游名山胜水，凡岩壑之幽邃，云霞之绮丽，与夫竹石花鸟之争奇斗妍，收入胸襟，发为歌咏。故其语语天成，意境迥超尘表。复观其画亦如诗，盖意主高淡，不屑作俗家涂饰态，其性然也。"《续修四库全书总目提要》著录为清刻本。未见。

岭南集一卷

浮槎集一卷

金玉冈撰以上二书，均见《津人著述存目》著录，转引自《天津文抄》卷四梅成栋撰《金芥舟先生传》。未见。

岭海酬唱集一卷

此为金玉冈与邑人郑熊佳在广东五年间的唱和之作。熊佳号蓬山，玉冈号芥舟，故是书又名《山舟集》，附于郑熊佳著《蓬山诗存》后，别作一卷。清咸丰元年（1851）华长卿南京刻本。《天津地方史资料联合目录》著录，天津图书馆和天津历史博物馆藏。

于豹文（1713-1762）

豹文字虹亭，号南冈，清天津人。于扬献之侄。乾隆三年（1738）举人，十七年成进士。身短貌陋，但天资聪敏。博考古今，借人书一览即归之，终身成诵。后病膝而殁，人皆惜其才未竟，有名士青山之恨。

南冈诗草十六卷

于豹文撰。抄本，[民国]《天津县新志艺文》著录。高凌雯云："豹文生平喜吟咏，虽当病榻缠绵，未尝搁笔。临卒时，嘱托族弟于巨澍编录成书，存诗一千五百四首。"该抄本现藏天津图书馆，见《清人别集总目》著录。于巨澍序略称："先生之诗凡数变，而清峻遥深，一归于情性之正。"梅成栋亦谓天津诗人能自成家者三，豹文居其一；诗律清坚，选才宏富。《津门诗抄》选录甚多，达一百五十五首。其《咏明史》绝句一百首，全帙录入，未尝去一也。今有《天津图书馆孤本秘籍丛书》影印本。

王　纬

纬字象州，一作象文，号澹园，清直隶天津籍，辽宁沈阳人。乾隆六年（1741）举人，十四年成进士，历官陕西麟游县、河南原武县知县。壮年往来粤西、三楚、吴越、齐鲁、燕赵间，每有所触，辄引申而为诗。

湖山杂咏一卷

王纬撰。《清人别集总目》著录，清乾隆十年（1745）刻本，山东图书馆和南京图书馆藏。

湖山杂咏一卷附录一卷

王纬撰。《清人别集总目》著录，有清光绪二十年（1894）嘉惠堂丁氏重刻《武林掌故丛编》本。

澹园诗删十卷

王纬撰。《清人别集总目》和《清人诗文集总目提要》著录，选存诗九百八十首，清乾隆十八年（1753）刻。前有沈德潜、陈兆仑、桑调元序及自序。桑序作于乾隆己丑，当是梓后补作。诗多记山川名胜。沈序称其"写山川则清峻遥深，道士风则淳和恺悌。小而写物极貌，无不穷力追新"。时人以廉吏兼诗人誉之。北京图书馆藏。

查　礼（1715-1783）

礼原名为礼，又名学礼，字恂叔，一字鲁存，号俭堂，又号榕巢，别作铁桥，清顺天宛平（今属北京）籍，后随父来津。幼从其兄为仁读书水西庄，遍交海内名士，以善为诗文著称，且工画墨梅。乾隆十三年（1748）由监生授户部主事，历官广西庆远府理苗同知、太平府知府，松茂兵备道和川北兵备道；迁四川按察使布政使。终湖南巡抚。

查氏一门烈女编一卷

查礼撰。记明崇祯十七年（1644）三月十七日李自成进北京时，其三世祖母周氏偕娣姒依次九人殉难事。清嘉庆二年（1797）京口重刻本，天津师范大学图书馆藏。又清光绪十五年（1889）活字印本，天津图书馆藏。均见各馆藏目录。

海阳山湘漓水源记一种

查礼撰。清乾隆十九年（1754）秋，粤督杨应琚有疏凿湘漓之道，修复南北诸陂之役，檄礼往勘陂门之圮败，探江源之巨细。礼之斯记，仅明湘漓二水之源，至修复灵渠之事，另有记详始末。《续修四库全书总目提要》著录，有《铜鼓书堂遗稿》本。见后。

题上方二山纪游一卷

查礼撰。《中国丛书综录》著录，有《昭代丛书》道光本和《小方壶斋舆地丛抄》本。另有清乾隆十二年（1747）查氏自刻本，《清人诗文集总目提要》著录，北京图书馆和北京大学图书馆藏。

安南纪略二卷

查礼撰。抄本，一册，北京图书馆藏，见馆藏目录。

画梅题记一卷

查礼撰。一作《题画梅》，又作《画梅题跋》。《中国丛书综录》著录，有《屏庐丛刻》本、《画论丛刊》本、《花近楼丛书补遗》本和《美术丛书》本等。另见《天津地方史资料联合目录》著录，天津师范大学图书馆藏民国十二年（1923）刊《屏庐丛刻》零种《铜鼓书堂词话》附《画梅题记》一卷。

铜鼓书堂藏印四卷

查礼辑。查礼生平喜藏秦汉铜印，积多至六百有奇。子淳复增益之，乃视时代之先后，官爵之崇卑，姓名字数之多寡，排比成谱。官印自侯将军督以及蛮夷之属，私印自朱文小印，以至殳篆日利龙虎虫鸟诸文，靡不备焉。丹徒王文治，大兴翁方纲各为之序。《续修四库全书总目提要》和［民国］《天津县新志艺文》著录，有清嘉庆四年（1799）铅印本。天津图书馆藏，见馆藏目录。

铜鼓书堂遗稿三十二卷

查礼撰。此为查礼生前所作诗文总集，[民国]《天津县新志艺文》著录，凡为诗二十四卷，录古今体诗二千首；词三卷，收词一百四十八阕；杂文四卷，词话一卷。杭世骏序谓此书与查慎行《敬业堂集》"齐观并轨"。末有其子查淳跋云："府君少好学问，老而弥笃，虽戎马倥偬，簿书填委，未尝一日废书，于军国机宜、民生利病，讲求最悉。其温柔敦厚、慈祥恺恻之意，往往见于歌诗。在军遗失旧稿一箧，数年来访诸故人，远近搜罗，不及十之二三。然自甲寅（1674）以迄壬寅（1722），四十九年之作，虽多寡不同，计年竟无间断。乃附以诗馀及杂文，编为三十二卷。《清人诗文集总目提要》著录，有清乾隆五十七年（1792）查淳刻本，首都图书馆和天津图书馆藏；清咸丰九年（1859）刻本，湖南省图书馆藏。原稿本残存卷十九至二十一，中国科学院图书馆藏。近年又有新编《续修四库全书》影印本出版。

铜鼓书堂遗稿二十四卷

查礼撰。此为《铜鼓书堂遗稿》的诗作部分，收诗二千首，清乾隆五十七年（1792）刊。《天津地方史资料联合目录》著录，天津图书馆和天津社科院图书馆、天津师范大学图书馆，以及天津历史博物馆等处都有收藏。

铜鼓书堂词话一卷

查礼撰。《铜鼓书堂遗稿》里的一种，别题《榕巢词话》。《中国丛书综录》著录，有《屏庐丛刻》本、《词话丛编》本和《花近楼丛书补遗》本等。另见《天津地方史资料联合目录》著录，天津社科院图书馆和天津师范大学图书馆也有《屏庐丛刻》本收藏。

咸熙录

查礼编,《津人著述存目》著录,清乾隆四十二年(1777)刻本。未见。

经案茶铛集

查礼撰。《津人著述存目》著录,转引自《津门古文所见录》卷四查礼撰《不寐赋》后郭师泰跋。《宛平查氏支谱》也有著录。未见。

卜砚集二卷

查礼编,收同时诸家咏宋文节卜砚诗二十七首,分为二卷:卷上为陈兆仑、金文淳、钱载、纪复亨、钱大昕、王昶、彭元端、戴策元、刘芬、毕沅、吴璥、陆锡熊、吴省钦、刘炳、程晋芳、吴省兰、管世铭诗;卷下为万光泰、赵文哲、严长明、洪亮吉、姚汝金、郑王臣、吴钥文、赵秉渊、汪照、刘光绪诗,并一时知名之士。各诗均有所指,不仅为砚纪,且以钦谢枋得节也。《续修四库全书总目提要》著录,有清乾隆四十九年(1784)初刻本和道光元年(1821)重刻本。首都图书馆藏清道光元年(1821)重刻本,见馆藏目录。

沽上题襟集八卷

查礼选辑。是集汇选水西庄宾主唱酬之作,作者八人,包括查礼在内,人各一卷。清乾隆六年(1741)查氏写刻本,《清人诗文集总目提要》著录,中国科学院图书馆和天津图书馆藏。

嘉佑石经考
皇朝摹印可传录
味古庐箴铭文小集
桂海随笔

查礼撰以上四种书,《宛平查氏支谱》著录。未见原书。

恂叔随笔

查礼撰。清抄本，山东图书馆藏。

查恂叔集

查礼辑。抄本，七册，内含《升庵雅集》《韫玉怀珠集》《榕巢词话》《北征续集》等，北京图书馆藏，见馆藏目录。

李　钦（1715—1745）

钦字安媛，原籍山西。清人黄州通判李秉乾女，查礼妻。解诗词，嗜书史，助夫收藏书籍，有归熙甫夫妇之风。卒年三十一。

清机小舍遗稿

李钦撰。《历代妇女著作考》转引《大清畿辅书征》著录。未见。

胡睿烈

睿烈字文锡，号炅斋，清天津人。诸生。工诗，纳交查氏，往来水西别墅，与诸名士游。

炅斋诗一卷

胡睿烈撰。[民国]《天津县新志艺文》著录，谓睿烈与查氏论交最契，故查礼所辑《沽上题襟集》有其诗一卷，凡六十八首。清乾隆六年（1741）写刻本，天津图书馆藏。又有《天津诗人小集十二种》本，高凌雯辑，民国二十四年（1935）天津金氏刻，各大图书馆有藏。另外《津门诗抄》卷四存诗六首，其中有三题为《题襟集》所无，可知礼所录尚非睿烈全稿。

丁时显（？ –1745）

时显字名扬，号鹏搏，别号青蜺居士，清天津人。少负诗才，有"青帘杨柳市、黄蝶菜花天"之句，以此得名，人呼为"丁黄蝶"。乾隆九年（1744）举人，次年成进士，以殿试名列后，愤懑致疾，卒于京中。

青蜺居士集

丁时显撰。《大清畿辅书征》和［民国］《天津县新志艺文》及《续修四库全书总目提要》著录。是集存诗百馀首，有民国二十五年（1936）天津志局刻《天津诗人小集十二种》本行世，天津各大图书馆都有收藏。梅成栋谓其古体学李贺，近体学刘长卿，天才峭拔，无制不工。《津门诗抄》卷四录其诗十九首。

毕怀图

怀图字花江，清天津人。乾隆十二年（1747）举人，与解秉智同年。官景州学正。

唐诗约编一卷

毕怀图选。［民国］《天津县新志艺文》著录，谓是集专录五言八韵。沈士煋序称唐人诗无不可诵者，惟试帖每不快人意。是选质厚而词丽，皆佳制也。抄本。未见。

李　湜（1715–？ ）

湜字怀芳，清天津人。乾隆十七年（1752）举人，历官抚宁县教谕和河南阌乡县知县。

海天书屋诗草一卷

李湜撰。《大清畿辅书征》和［民国］《天津县新志艺文》

著录。未见。《津门诗抄》卷十三存其诗五首。中有《六十有一骊城初度》诗云："才作元亭吏，重逢乙未秋；又开新甲子，渐少旧朋俦。"据此推知，他当生于清康熙五十四年（1715）"乙未秋"。又自署门联云："天津卫八十三龄铁汉子，侯家后五百馀载旧人家。"可见他至嘉庆三年（1798）尚在世。

徐金楷（1718–1744）

金楷字端叔，号春卿，清天津人。少年英俊，文名推一时。乾隆三年（1738）中副贡，愤惋而卒。无子，以侄辉为嗣。金楷与邑人丁时显为文字至交，俱早折，士论惜之。

步青草堂馀草

徐金楷撰。《大清畿辅书征》和［民国］《天津县新志艺文》著录。未见。《津门诗抄》卷十二存其诗四首。

殷维玠（1721–1778）

维玠字尔锡，号宪南，清天津人。殷尚质九世孙。性豪迈，尚义气。官南河邳宿通判，修筑林子湖堤以御水患，甚为民利，被称为"殷公堤"。及解组归里，赡戚友济贫乏，慷慨施与，不惜倾资，里人重之。

和乐堂文集

殷维玠撰。《大清畿辅书征》和［民国］《天津县新志艺文》著录。《天津地方史资料联合目录》题作《和乐堂时文汇稿》，殷维玠等著，殷嘉树辑，清道光三十年（1850）刻本，天津社科院图书馆藏。

石香诗草

殷维玠撰。《津人著述存目》著录，转引自［同治］《续天津县志·艺文》。未见。

宋良弼

良弼字六一，清天津人，生平不详。

医方小品二卷

宋良弼撰。《津人著述存目》卷下增补著录。为搜辑各书有关治病偏方并注明出处而成。如治消渴谓："鲫鱼一枚，去肠留鳞，以松茶填满纸包煨熟，食之不过数枚即愈。见《吴氏心镜》。又方：兔系子煎汁，任竟饮之，以止为度。见《事林广记》。"天津图书馆藏刻本。后见《津门选举录》附《著述》作四卷。

汪　舟（？－1776）

舟字楫之，号木堂，清天津人，世居永丰屯。乾隆十五年（1750）举人。为童子时，以"柳岸才登惊白鸟，花村欲入问红桥"句知名，与同里张湘、纪春有"永丰屯三小才子"之称。受诗学于朱函夏。四十年大挑，以知县分陕西安塞，在任一年而卒。

桐阴山房稿

汪舟撰。《大清畿辅书征》和［民国］《天津县新志艺文》著录。未见。《津门诗抄》卷十三存其诗四首。今见《天津文史丛刊》第八期载文谓有《桐阴小筑》手抄本存世。

张　湘

湘字楚三，又号础珊，清天津人，居城西之永丰屯。少有文名，书法尤冠一时，与村人汪舟、纪春有三小才子之称。乾隆十八年（1753）举人，次年成进士。官江西余干知县。性倜侻疏狂，不畏强御。郡守某求其书不得，反为所诟辱，以此罢官。归时囊无一钱，所携仅一竹床。后改授新城县教谕，在任数年而卒。

大雅堂诗草一卷

张湘撰。《大清畿辅书征》作《大雅堂诗集》。[民国]《天津县新志艺文》著录为"嘉庆十九年甲戌（1814），其孙岩以湘遗诗属梅成栋编次。成栋谓其古体诗奇气奔放，发源青莲，读之经月，不能释手。既而岩卒，家人客中州，文籍荡失。至道光九年己丑（1829）刊此集，复求序于成栋。成栋再读之，则较昔之所见，不过十存二三矣。"《续修四库全书总目提要》著录清嘉庆年间刻本。未见。《津门诗抄》卷十二存诗二十首。

孙鸣铎（1725-？）

鸣铎字木斋，清天津人。诸生。与弟鸣銮俱以诗名。年登大耋，八十四岁时尚有诗作，自号木斋老人。

木斋小草

孙鸣铎撰。《大清畿辅书征》和[民国]《天津县新志艺文》著录。未见传本。《津门诗抄》卷十五存其诗十五首。中有《丁巳（1797）除夕》诗注云，"时年（嘉庆二年）七十有三"，于此推知，他当生于清雍正三年（1725）。又有《八十述怀》《戊辰书怀》诸作，说明他八十四时尚在世。

陈万胜（1727-1819）

万胜字月舫，清天津人。贡生，屡赴乡试不第，尝从娄杰官陕西，幕游十载，及归囊橐萧然。性和蔼，好施予，手自和药不靳取求。又尝董育婴堂事。生平通内典，喜诵经习静，至老不衰，嘉庆二十四年（1819）年九十有三卒。

金刚般若波罗密多心经述义一卷

金刚般若波罗密经述义一卷

陈万胜撰以上二书，均为清乾隆六十年（1795）刻本，《津人著述存目》著录。《津门选举录》附《著述》作《金刚经述义》一卷，均未见。

郑熊佳

熊佳字南翔，号蓬山，清天津人。乾隆二十一年（1756）举人，二十五年成进士。历知广东惠来、电白、琼山、乐昌诸县，多惠政。学识渊博，工诗，笃交游。金玉冈死，经纪其丧，几数千金，人皆义之。

蓬山诗存二卷附一卷

郑熊佳撰。《大清畿辅书征》和［民国］《天津县新志艺文》著录。卷一《南翔集》，为其未第以前及仕粤所作；卷二《出岭集》，为罢官北还后诗，仿坡公出峡之意。末附《岭海唱酬集》一卷，别题《山舟草》，见下。是书有清乾隆四十年乙未（1775）张德洄刻本，山西大学图书馆藏；《续修四库全书总目提要》著录有清道光年间郑氏家刻本，未见；又有清咸丰元年（1851）华长卿南京刻本，首都图书馆和天津图书馆、南开大学图书馆藏。前有同里梅成栋所撰传及沈兆沄、梅成栋、华长卿序。

山舟草一卷

郑熊佳撰。是集为郑熊佳与金玉冈在广东倡和之作。熊佳号蓬山，玉冈号芥舟，故以为书名。其附《蓬山诗存》后者亦曰《岭海酬唱集》，见［民国］《天津县新志艺文》著录，版本和收藏单位同上。

赵仲英

仲英字和六，清天津人。乾隆二十一年（1756）举人，官遵化州学正。

赵和六遗集

赵仲英撰。［民国］《天津县新志艺文》著录。未见。

金观智

观智字若水，清天津布衣，金氏第十世孙。寒而有骨。家沽上三十年，与查昌业、周自邰及从兄子铨为竹林之游，诗多散亡。

沽上羁游草一卷

金观智撰。《大清畿辅书征》和［民国］《天津县新志艺文》著录。原为其孙朴亭所藏，今不知下落。《津门诗抄》卷十存诗三首。《金氏家集》卷三存其诗八首，中有《秋日过查次斋小饮》和《大迂吟老以方竹杖命题勉成一律》，可见其交游一斑。

金　铨（1728－1804）

铨字汝衡，一作钧衡，号野田，清天津人。观智侄，金氏第十一世孙。诸生。精书法，善奕，工诗。年七十七卒。李符清赠之以诗云："沽上知名士，如君第一流。六书褚登善，五字韦苏州。有道贫何病，无田菊是秋。我怀风励意，文字订交游。"此足当一生小传。

野田印宗

金铨撰。［民国］《天津县新志艺文》著录，谓见自汪启淑《续印人传》。此或即下书。

善吾庐印谱（一作印存）

金铨篆刻。《天津地方史资料联合目录》著录，民国八年
（1919）铅印本，有金铨小传和金钺跋，天津图书馆藏。

野田存草

金铨撰。《大清畿辅书征》和［民国］《天津县新志艺文》
著录，谓梅成栋辑《津门诗抄》时，是集已散佚，故仅存诗
七首（见卷十）。《书征》且有传略云："诗宗陶阮古淡之旨，
绝烟火气。"

善吾庐诗存一卷

金铨撰。《津人著述存目》和《清人诗文集总目提要》著
录，谓此集录诗五十首，前有像，后附同邑十五人题诗，民国
九年（1920）刻，首都图书馆藏。又有民国二十一年《金氏家
集》四种本，天津图书馆藏。另附录一卷，收诗七首，已辑入
民国八年（1919）天津致远堂刻总集《金氏家集》内（见卷三），
同《津门诗抄》。

查善长（1729-1798）

善长字树初，号篆槎，又号铁云，清天津人。为仁长子，
曹恭人出。禀生。乾隆十八年（1753）举人，十九年成进士。
历官刑部贵州司员外，礼部主客司郎中，湖广道监察御史，刑
科掌印给事中，巡视天津爪仪漕务。

铁云诗稿

查善长撰。《宛平查氏支谱》和［民国］《天津县新志艺文》
著录。未见。《津门诗抄》卷八存其诗四首。

严月瑶（1724-1785）

月瑶字阆娟，江苏长洲（今苏州）人。天津查善长之妻，诰赠恭人。无出。诗尤工绝。

阆娟诗草

严月瑶撰。《津人著述存目》著录，转引自《大清畿辅书征》卷四十一。《宛平查氏支谱》作《歔兰阁诗抄》，天津历史博物馆藏有原稿残页。另《津门诗抄》卷二十存其诗二首，另见《澹宜书屋六咏诗册》，天津历史博物馆藏。

查调凤

调凤字鸣祥，清天津人。查为仁次女，张宜人出。适云南顺宁府知府、长洲宋惠绥。

鸣祥诗草

查调凤撰。《津人著述存目》著录，转引自《大清畿辅书征》卷四十一。无刻本传世。《津门诗抄》卷二十存其诗二首。梅成栋按云："于斯堂查氏，一门风雅，累业缥缃。闺阁之秀，咸工文翰。自含英金夫人提倡于先，以后兰房嗣响，率多咏絮之风，他族罕有及者。"另见《澹宜书屋六咏诗册》，天津历史博物馆藏。

查容端

容端字淑正，清天津人。查为仁第三女，刘恭人出。适诰赠奉直大夫山西曲沃斐升文。

淑正诗稿

查容端撰。《津人著述存目》著录，转引自《大清畿辅书征》卷四十一。无刻本传世。《津门诗抄》卷二十存其诗二首。另见《澹宜书屋六咏诗册》，天津历史博物馆藏。

查绮文

绮文字丽言，清天津人。查为仁第五女，刘恭人出。适国学生仁和杭守宸。

丽言诗草

查绮文撰。《津人著述存目》著录，转引自《大清畿辅书征》卷四十一。无刻本传世。《津门诗抄》卷二十存其诗二首。另见《澹宜书屋六咏诗册》，天津历史博物馆藏。

吴日圻（1728-1780）

日圻字耤田，一字萝村，清天津人。士俊祖。清乾隆四十三年（1778）岁贡生。乡居授徒，不慕荣利，惟时与汪舟、张映斗辈雅集思源庄，为觞咏之乐。

萝村杂体诗存不分卷

吴日圻撰。[民国]《天津县新志艺文》著录，谓日圻生平所为诗，不自留稿。是集为其子彰从故交搜得，由其孙士俊补缀刊行。《清人诗文集总目提要》著录，有清道光间刻本，山西大学图书馆藏。

金世熊（1730-1810）

世熊字康侯，号立农，一作力农，清天津人。金相（1706-？）之子。乾隆十五年（1750）举人。善草书，工诗。官河南襄城知县，平反冤狱无算。为上司不满，改蓟州学正（一作乐亭教谕）。嘉庆十五年（1810）重宴鹿鸣。晚号竹坡，家苦贫，终年八十馀岁，几无资治葬。

竹坡存稿

金世熊撰。《大清畿辅书征》和［民国］《天津县新志艺文》著录，诗文多散失。《津门诗抄》卷四存其诗四首，谓得之于表侄汤厚田家。《金氏家集》卷四收诗四首同，中有《留别李怀芳》和《甲子秋日怀表侄汤厚田、星如昆季，时应京兆试二首》。李怀芳即李湜，清康熙五十四年（1715）生人，乾隆十七年（1752）举人（见上）；甲子年为清嘉庆九年（1804）。

周自郘

自郘字景洛，号大迁，清天津人。诸生。幼年学诗于同乡周焯，格律以唐人王维为宗。与同乡康尧衡、金玉冈、查昌业等相倡和。晚年好提拔后进，庆云崔旭曾从之受诗法。

草龛诗集

周自郘撰。《天津畿辅书征》和［民国］《天津县新志艺文》著录。不见传。《天津诗抄》卷十五选有其诗五首。

趋是集

周自郘辑。［民国］《天津县新志艺文》著录。高凌雯谓："是集选示后学，以唐杜甫、王维、孟浩然，明高启四家为宗。"未见。

查昌业

昌业字立功，号次斋，别号松亭，清乾隆间人，祖籍浙江海宁，以事谴戍济南，遇赦家天津。金玉冈之甥。少负隽才，与征君万光泰、余懋檞驰逐文坛，为相国英廉所推许。其诗格调近渔洋而较凄咽，式微自伤故也。

林於馆诗集二卷

查昌业撰。《大清畿辅书征》和［民国］《天津县新志艺
文》著录。收五七言律诗各一卷。原抄本现存天津图书馆，有
高凌雯、孙默厂题识。后被辑入《天津诗人小集十二种》，民
国十三年（1924）天津志局刊，天津各大图书馆有藏。另《津
门诗抄》卷八存诗五十四首，大多为与其舅金玉冈唱和之作。

林於馆诗草八卷

查昌业撰。此为昌业诗作全稿，计诗抄七卷，诗馀一卷，
清乾隆四十二年（1777）海昌查氏抄本。《清人诗文集总目提
要》著录，北京大学图书馆藏。

金　胜

胜字岭云，清天津人。玉冈从兄子。工山水，得家传，绕
于气韵。官甘肃古浪县尉，尝驰驱营垒之间，军书旁午，不废
诗画。

田盘记一卷
陇头小草一卷

金胜撰以上二种，均见《金氏家集》世系表和［民国］《天
津县新志艺文》著录。前者为游田盘之作，后者当作于官甘肃
时，故以名集。原书未见。《津门诗抄》存其诗五首。《金氏家
集》卷三收诗二十一首，中有《将游田盘留别查次斋表兄》一
诗，说明其比查次斋小，故排于查昌业后。

金　昶

昶字永和，号莲塘，清天津人。玉冈次子。性孝，父死粤
东，只身走万里，奉柩旋里。画得其父遗意，能写溪山小景，

有逸态。以布衣终。

归与草堂集

金昶撰。《金氏家集·世系表》和《大清畿辅书征》以及[民国]《天津县新志艺文》著录。全书未见。《津门诗抄》卷十存诗二首。《金氏家集》卷三收诗二首同。同卷存其胞兄勉之公讳方诗三十三首，未结集题名，备查。

查善和（1733-1800）

善和字用咸，号介仲，又号东轩。查为仁次子，刘恭人出。庠生。候选盐场大使，例赠奉政大夫。查氏故雄于赀，至是中衰。善和重振其业，富甲一郡，然善自韬晦，布衣脱粟，好吟咏；善陶石篑体，所著甚多，后遭散逸。

二十一史然疑必识

查善和撰。《宛平查氏支谱》谓善和著述未付梓者有三十六种，此或为其一。[民国]《天津县新志艺文》作"存目"。未见。

东轩诗草

查善和撰。《大清畿辅书征》和[民国]《天津县新志艺文》著录。《宛平查氏支谱》作《东轩诗稿》。高凌雯谓："善和没后，诗集散逸，其戚马世榘藏近体数首。"《长芦盐法志》存古体二首。《津门诗抄》卷八集存八首。

静善草堂杂咏不分卷

查善和撰。不见书目著录，清抄本，一册，天津图书馆藏。是书分二部分，一为《丙申杂记》，一为《东轩自述》。原稿书写草率，次序凌乱。自述部分已经邱学士整理成《东轩年谱》，起六、七龄，增补至五十六岁。被收入李世瑜著《社会历史学文集》，天津古籍出版社 2007 年出版。

查　淳（1734-1822）

淳字厚之，号篆仙，又号梅舫，清天津人。查礼之长子。太学生，历官四川南江南部县、宜宾县知县，云南赵州知州，武定直隶州、福建龙岩直隶州知州，广西平乐府、桂林府知府，江苏常镇通道，贵州、江西按察使布政使，大理寺少卿。工诗，又善画墨，绰有父风。

灵渠纪略三卷

查淳撰。《大清畿辅书征》著录，为从其父查礼仕粤西时，讲求水利之作。未见。

梅舫诗抄

查淳撰。《宛平查氏支谱》和查乘汉《乡试朱卷》著录。未见。

湘漓合稿
蜀游诗抄

查淳撰以上二书，《宛平查氏支谱》和查乘汉《乡试朱卷》均著录为已梓者。未见。

王禄朋

禄朋字翼云，号秋坪，清天津人。乾隆二十四年（1759）举人，三十四年成进士。历官兵部员外郎，山东登州、兖州，江西饶州知府，终云南迤东道。少与吴人骥同负才名，工行楷篆隶，能左手书，为翁方纲所称。诗主晚唐。

秋坪吟草

王禄朋撰。《大清畿辅书征》著录。[民国]《天津县新志艺文》作《秋坪学吟草》二卷，略谓："昔梅成栋求禄朋诗集，其家秘之不可得。庆云崔旭尝从其子借抄数首，匆匆索去。《津门诗抄》所录（见卷十三存诗九首）殆即旭所诒者。原稿固未尝见。是集今仍藏王氏家，惟两册纸墨新旧不同，且多伪脱，似是散佚之后复行搜辑者。"今亦不见存。

王贞女

王禄朋女，清天津人，许配长芦盐运司运同庄士宽之子澄鉴，将嫁，澄鉴卒，女誓不另字，归庄守志，寻卒。

王贞女诗

王贞女撰。《津人著述存目》著录，转引自《天津文抄》卷二张树之撰《王贞女诗跋》。未见。

高　喆

喆字浚谷，号琅村，清天津人。乾隆二十五年（1760）举人，二十六年联捷成进士，官宣化府教授。目偏渺，流览绝速，过辄不忘，与邵晋涵齐名。晚主三取书院，裁成后进，必以法度，学者宗仰。卒后诸子相继亡，著作遂多散佚。

琅村稿

高喆撰。《大清畿辅书征》著录，[民国]《天津县新志艺文》漏载。《津门古文所见录》卷二存其遗文一篇《跋沈青来印谱册子》，《津门诗抄》卷十三存诗四首。有文谓，至清同治间始搜得遗文加以刊行。此或即下书。

琅村制艺不分卷

高喆撰。此或即上书的选刻本，不见书目著录。原稿有文二百馀篇，经沈兆沄筛选后"仅刊五十二篇，文足传世，不在多也"。中收《大学》六篇、《论语》二十五篇、《中庸》五篇、《孟子》十六篇。前有"同里后学"沈兆沄撰《高琅村四书文序》和《高琅村先生小传》。《序》中谓:"天津自设县迄今,涵濡教泽,争自濯磨,二百馀年,工四书文者甚伙,而卓然成家者有五:曰王介山又朴、洪吉人天锡、高琅村喆、徐鞠圃通复、杨无怪一昆。"后有沈兆沄识语和高喆之曾孙尚志所撰跋。清同治十三年(1874)刻本,一册。天津图书馆藏,见馆藏目录。

王希曾(1735-?)

希曾字省三,号愚山,晚年更号勤斋,清天津人。乾隆二十五年(1760)恩科举人,授河南武安知县。历官湖北蕲州知州、广西象州知府,所治有政绩。后卒于任。

一梧斋诗草五卷

王希曾撰。《大清畿辅书征》和〔民国〕《天津县新志艺文》著录,无卷数和版本。《续修四库全书总目提要》作五卷,清嘉庆十三年(1808)刻,凡诗三百馀首,各体皆备。诗味视古略近,风雅兼之。字句平淡,而意境甚精,实得唐人之佳处。希曾官湖北时曾手植一梧桐于江城(今武汉)之寓庐,题名"一梧斋"。《津门诗抄》卷十四选其诗二十三首。中有《甲寅九月六十初度》一诗,故推知其生于清雍正十三年(1735)。是书未见。

于峨文(1735-?)

峨文字雪峰,号震川,清天津人。豹文从弟。乾隆二十五年(1760)恩科举人。历任山东嘉祥县、鱼台县知县。终直隶蠡县教谕。

雉翔斋诗草二卷

于峨文撰。[民国]《天津县新志艺文》著录。《津门诗抄》卷十一《于豹文》后梅成栋按语中亦提及。书未见传。

余　杰

杰字千子，号松崖。清人余峥子。原籍浙江山阴（今绍兴），少随父北来，缔姻徐氏，遂家津门。树品清洁，力敦古处。

梦里吟诗抄一卷

余杰撰。[民国]《天津县新志艺文》著录："集中多旅居思乡之作。晚年尝主徐浩家，与金玉冈、徐汝槐、周自郇，浙人刘文煊往来酬答。其末章为恭遇千叟宴纪恩。虽存诗无多，实全集也。"集后附其子大炜诗十一首。抄本。未见。《津门诗抄》卷二十七存诗四首。

牛克敬

克敬字聚堂，号眠云山人，清天津人。牛琳子。诸生。半生侘傺，见之于诗，盛年以殁。

眠云山人诗稿四卷

牛克敬撰。《大清畿辅书征》和[民国]《天津县新志艺文》著录。《续修四库全书总目提要》著录有清同治年间刻本："是编四卷，分为四集，一曰《临风集》，一曰《坐花集》，一曰《听雪集》，一曰《玩月集》，诗共八百馀首，而以七言近体为最多。其诗沈酣汉魏，枕藉三唐，是善学大历十子者。"未见。《津门诗抄》卷十四有其诗十八首。

释智方（1737-1802）

智方俗名龙雨樵，别号雪笠山人，原籍浙江嘉兴，后出家为天津海光寺僧，并圆寂于此。

雪笠山人诗集一卷

释智方撰。[民国]《天津县新志艺文》著录。高凌雯云："是集前为《禅余八居吟》，未知作于何时？其后则名《莲喻阁诗草》，盖驻锡以后之作，多与津人倡和。"《天津地方史资料联合目录》著录，清道光四年（1824）海光寺刻本，天津图书馆和天津社科院图书馆藏。另《津门诗抄》卷三十录其诗五首，并引蓬莱张振德序云："智方上人夙归净果，独证元言。即遁迹于桑门，犹春情于艺苑，经行之暇，浩唱为歌。"

殷希文（1738-1800）

希文字郁堂，一字宪之，号兰亭，清天津人。乾隆二十七年（1762）举人。官清丰、鸡泽二县教谕。偃仰冷署二十馀年，而性喜吟咏。五十九岁时始擢山西长治知县。为政宽简，不喜纷更，民便之。未久，以病去官，卒。

和乐堂诗抄五卷

殷希文撰。《大清畿辅书征》和[民国]《天津县新志艺文》著录。郑炯撰传略云："先生诗初瓣香白乐天，所著不下千首。甫脱稿，即弃置。挂冠后，属余编次，存诗二百二十馀首，不假刻雕，自然意远。"是集系其子秉镛付梓以行世，末有幕友吴飞翰跋。清嘉庆二十一年（1816）刻本，《清人诗文集总目提要》著录，首都图书馆和天津社科院图书馆藏。天津图书馆亦藏，见馆藏善本书目。《续修四库全书总目提要》著录又有

清咸丰八年（1858）刻本。未见。《津门诗抄》卷十四录其诗
十五首。是书封面题作《兰亭诗抄》，是为同书异名。

兰亭诗抄

殷希文撰。《津人著述存目》著录，转引自［同治］《续天
津县志·艺文》。此即《和乐堂诗抄》，系同书异名。见上。

吴人骥

人骥字念湖，自号铜研，清天津人。乾隆三十年（1765）
举人，次年联捷成进士。官至山东莱州知府。性倜傥，工画竹，
旁及词曲，人称"风流太守"。喜刻前贤著作，曾刻阎若璩《古
文尚书疏证》和惠栋《后汉书训纂》，有"汲古主人"之誉。
当世名流洪亮吉、孙星衍、桂馥等皆与之交。收藏名画甚富，
惜毁于火。即其诗文集，亦荡然无存。

孙子十家注十三卷

吉天保辑，吴人骥与孙星衍同校。《中国丛书综录》著录，
有《岱南阁丛书》本和《四部备要》本等存世。

念湖集

吴人骥撰。《大清畿辅书征》著录，已毁于火。《津门诗抄》
卷十三存其诗五首。

珊瑚鞭

吴人骥撰。传奇作品。［民国］《天津县新志艺文》著录作
存目，恐已早佚。

王　昭

昭字建中，号鹿野。清天津人。诸生。少负文声，工填词，
善度曲，与吴人骥并有风流之目。金樽檀板之场，跌宕自喜。

数困京兆，绝意进取；远游肆览，有江湖之乐。

卧隐斋诗草

王昭撰。《大清畿辅书征》和［民国］《天津县新志艺文》著录。未见。《津门诗抄》卷十七存诗三首。

戴思灏

思灏字虚舟，清天津人。布衣，年八十馀，应童子试，终未中。爱吟咏，诗效中晚唐，佳句甚多。

虚舟草一卷

戴思灏撰。《大清畿辅书征》和［民国］《天津县新志艺文》著录。蒋玉虹曾藏其集。已佚。《津门诗抄》卷十六存诗三首。

鲁　锷

锷字健庵，号泓如，清天津人。布衣。尝请学诗于黄竹老人，以"冷烟瘦锁孤僧寺，春草寒依远客槎"句得名。为金玉冈弟子。

耕心堂删馀草一卷

鲁锷撰。《大清畿辅书征》和［民国］《天津县新志艺文》著录。不见传。《津门诗抄》卷十六存诗二首，《国朝畿辅诗传》卷五十三存诗一首。

康尧衢（1741-1802）

尧衢字道平，号达夫，晚年自号海上樵人，清天津人。贡生，屡试不中，遂弃举业。性通脱不羁，嗜饮工诗。乾隆末年，津门诗学中衰，尧衢起而振之，有继绝之功。其为人耿直，好面折人过。遇戚友困乏，不惜倾囊资助，而自己所居不过破屋数椽而已。终年六十二岁。

海上樵人稿十二卷

康尧衢撰。《大清畿辅书征》和［民国］《天津县新志艺文》著录，谓不见传。《津门诗抄》卷十五存诗十五首。梅成栋谓其诗沉郁顿挫中能具凌云出尘之致。庆云崔旭亦谓声色臭味俱好。

春及生诗草不分卷

康尧衢撰。此或即《海上樵人稿》别名，或其中一部分。史乐善《雨汀诗话》采录多为此集所有。抄本，四册。《天津地方史资料联合目录》著录，天津社会科学院图书馆藏。

蕉石山房诗草一卷

康尧衢撰。《大清畿辅书征》和［民国］《天津县新志艺文》著录。是集存古近体诗一百五十五首。中有周自邰、查昌业诸人倡酬之作。其《迎銮词》云"两年恩跸临兹地"，则此集脱稿当在乾隆中叶其三十岁以前。《海上樵人稿》今已不见，此为其集外诗抑即十二卷之一，无得而知。原为抄本，后被辑入《天津诗人小集十二种》，民国二十五年（1936）天津金氏刻。各大图书馆都有收藏。

津门风物诗四卷

康尧衢撰。《续修四库全书总目提要》著录，有清道光年间刻本。未见。

云构诗谈四卷

康尧衢撰。《大清畿辅书征》著录，［民国］《天津县新志艺文》作存目，或已佚。

节录女诫一卷

康尧衢撰。《大清畿辅书征》著录。不见传。

发硎集三卷

康尧衢撰。[民国]《天津县新志艺文》著录。尧衢以课子授徒，必使兼习诗赋，为辑是集，示之法程。凡选六朝人古赋一卷，近人律赋一卷，唐人试律及五七言近体咏物诗共一卷。自序谓，非以诗赋遂尽乎此。由此求之，跬步千里，亦行远者之一助尔。抄本。未见。

郝　仁

仁字寿朋，号石矑，清天津人。诸生。奉亲至孝。诗以乐府擅长，与康达夫、金野田、周大迁诸公同社，抱志未遂，教子延年成进士，宰河南汤阴县，迎养署中，寿八十馀卒。

杖履草
南游草
秦中草

郝仁撰以上三书，[民国]《天津县新志艺文》著录。未见传。《津门诗抄》卷十五存诗七首。

乔耿甫

耿甫原名树声，字默公，号五桥，又号沽上侨樵。清天津诸生。善草书，也有"金乔"之目，金铨专摹颜柳，耿甫则神于淳化阁帖，肆放之中，含秀绝之致，能以绵濡墨作擘窠大字，人以为奇，名驰闽粤间，海外人争购之。性疏狂，不拘行检。年六十馀，贫瘠以死。无嗣。

侨樵稿

乔耿甫撰。《大清畿辅书征》和[民国]《天津县新志艺文》著录。已佚。《津门诗抄》卷十七存其诗十二首。

乔树勋

树勋字六桥，清天津人。诸生。耿甫弟。与其兄均有才名，有"二乔"之称。耿甫以书，树勋以诗。须眉古逸，人戏谓之写意山水，言面貌仿佛也。嗜酒，往往醉不知人，睡卧河干大木上，霜华满髭，见者笑之自若也。诗多散失。

六桥诗抄

乔树勋撰。《大清畿辅书征》和［民国］《天津县新志艺文》著录。已佚。《津门诗抄》卷十七存其诗五首。

陈大年

大年原名永龄，号松崖，一号莱峰子，清天津人。布衣。须眉苍古，诗朴老如其人。善画松石人物，得吴小仙、张平山遗意。久游甘陕，缒幽蹈险，寄兴云山。归老津门，以医自给。歌筵酒垒，清兴未尝少衰。年七十馀纳姬，生一子。

闲情集一卷

松崖集一卷

陈大年撰以上两书，《大清畿辅书征》和［民国］《天津县新志艺文》著录。未见传本。《津门诗抄》卷十五存其诗七首。

杨辉祖

辉祖字玉堂，号拙渔，清天津人。乾隆三十三年（1768）举人，官河北隆平县教谕。

学半塾吟稿二卷

杨辉祖撰。［民国］《天津县新志艺文》著录有"抄本"，为其少作，凡诗四百馀首，没后失去。华光甫得之于城东旧书肆，介梅宝璐以原本归其孙慎恭，而摘其佳句载入所著《脞录》中。原稿现已不知下落。另从郭师泰辑《涤襟楼遗怀集》中，得见其所撰鼓词三篇和唱段四折，均为俗文学曲艺创作，见藏天津图书馆。

张虎拜（1742—1794）

虎拜字锡山，一字召臣，号啸崖，清天津人。映斗子。乾隆三十三年（1768）举人，次年联捷成进士。历官内阁中书、宗人府主事、河南学政，曾任江西乡试副考官，又两充顺天乡试同考官。工诗善楷书，大学士阿桂雅重之。年五十三卒。

妙香阁诗集

张虎拜撰。《大清畿辅书征》和 [民国]《天津县新志艺文》著录。未见传本。《津门诗抄》卷六存其诗三首。另《遂闲堂张氏诗抄》存其诗十二首，见藏天津图书馆。

周光裕

光裕字启人，一字衣谷，号春帆，清天津人。乾隆三十五年（1770）举人。授陕西大荔等县知县。嘉庆元年（1796）升商州知州。后擢湖北按察使、山西布政使。官至鸿胪寺卿。道光八年（1828）重宴鹿鸣。

绿猗山房诗草一卷

周光裕撰。《大清畿辅书征》和 [民国]《天津县新志艺文》著录有清刻本，录诗七十馀首，多纪事诗，盖择有关身世者。未见传本。《津门诗抄》卷十四存其诗四首。

公馀偶记

周光裕撰。《津门选举录》附《著述》和《津人著述存目》

卷下增补著录。未见。

徐　澜

澜字东川，清天津人。徐永鉴之子。乾隆三十五年（1770）举人，四十五年成进士。官刑部广东司主事。升云南司员外郎、山东司郎中。史称为官廉静不苟；案牍山积，而处之从容。生平重桑梓之谊，凡乡人至京师，无不热情招待。后以劳卒于官。

砚北草

徐澜撰。《大清畿辅书征》和［民国］《天津县新志艺文》著录。未见。《津门诗抄》卷十四存其诗二首。

沈　峄（1742–1791）

峄字东岩，号简庵，清天津人。年三十始读书，文名噪一时。清癯善病，有东阳之目。乾隆五十一年（1786）举于乡，尝以"桂树小山招隐士，桃花流水忆秦人"二句得名。早卒。

嘤鸣集一卷

沈峄撰。《大清畿辅书征》和［民国］《天津县新志艺文》著录。其从子沈兆沄谓"斯集已久佚"。《津门诗抄》卷十五存其诗二十首。

虚白斋诗抄

沈峄撰。《津人著述存目》著录，转引自［同治］《续天津县志·人物》本传。未见。

沈　峻（1744–1818）

峻初名挥，字丹崖，号筌浦，一号存圃，清天津人。峄弟。

乾隆三十九年（1774）副榜贡生，官广东吴川知县。五十七年，以失察私盐案遣戍新疆。嘉庆二年（1797）归里，授徒讲学至终。工诗，精书法。

存圃手订年谱一卷

沈峻撰。［民国］《天津县新志艺文》著录，谓峻卒于清嘉庆二十三年（1818），而其自著年谱即于是年脱稿，盖书成遂为绝笔焉。子兆沄略记卒前行事，辑注刊行。《贩书偶记》著录为清道光十五年（1835）刊，今南开大学图书馆有藏。又清咸丰四年（1854）重刻本，附《欣遇斋诗集》后。

资镜录二卷

沈峻撰。《大清畿辅书征》和［民国］《天津县新志艺文》著录，前者作一卷。谓峻年二十时，随宦广丰，读先正格言，随笔抄录，取备考镜，积久成帙，其子兆沄为之校刊，奉为规训。有清道光十六年（1836）刻本，附《欣遇斋诗集》后，南开大学图书馆藏。

灶妪解一卷

沈峻撰。《大清畿辅书征》和［民国］《天津县新志艺文》著录，谓峻归里后，辑是编以训诸子者。所录皆先正格言，浅近易晓，而生平阅历所得亦附之。《天津地方史资料联合目录》著录，有《屏庐丛刻》本，民国十三年（1924）天津金氏刻，天津社科院图书馆和天津师范大学图书馆藏。

［乾隆］吴川县志十卷

沈峻撰。是书峻于清乾隆五十二年（1787）知吴川县时纂修，《续修四库全书总目提要》著录，有乾隆五十五年（1790）刻本。故宫博物院图书馆和上海图书馆藏，见《中国地方志联合目录》著录。

边陲风土记

沈峻撰。《津人著述存目》著录，转引自《津门古文所见录》卷三自撰《怀音小草序》提及。未见。

问石山房墨刻

沈峻撰。《津人著述存目》著录，转引自［同治］《续天津县志·人物》本传。未见。

存圃文集一卷

沈峻撰。［同治］《续天津县志·艺文》作《存圃文抄》，今从［民国］《天津县新志艺文》著录。未见。

怀音小草

沈峻撰。《津人著述存目》著录，转引自《津门古文所见录》卷三自撰《怀音小草序》。未见。

塞外诗集

沈峻撰。《津人著述存目》著录，转引自［同治］《续天津县志·艺文》。未见。

研北集一卷

沈峻撰。《津人著述存目》著录，是书已辑入《欣遇斋诗集》内，见《欣遇斋诗集》卷七。

粤游诗草二卷

沈峻撰。清乾隆五十六年（1791）析津沈氏刻本，一册，北京图书馆藏，见馆藏目录。

欣遇斋诗集十六卷

沈峻撰。《大清畿辅书征》和［民国］《天津县新志艺文》著录，谓峻年十五，已学为诗，与兄峄倡和。时方随父宦豫章，间游黔中，因得纵观山川风物之美。厥后筮仕吴川，遭戍塞外，凡所遭际，往往形诸歌啸，积诗至三千馀首。还里后，手自编订。兹集所录，淘汰过半，然生平学行，略见于斯矣。《续修四库全书总目提要》著录说：是集为峻自编，前有序例，每卷皆以事迹而题名：卷一曰《东屋集》，卷二曰《黔行草》，卷三曰《研北集》，卷四曰《蠹轩集》，卷五宦游诗曰《粤游集》，卷六曰《半城集》，卷七塞外诗曰《巾车集》，卷八曰《幻云集》，卷九曰《瓠馀集》，卷十曰《倦游集》，卷十一曰《阅耕集》，卷十二曰《独笑集》，卷十三归田诗曰《沜馀集》，卷十四曰《鸿影集》，卷十五曰《味外集》，卷十六曰《补遗》。今按峻之诗学渊明，不以格律自拘，唐宋大家，皆所不取。是编起乾隆三十三年戊子（1768），止嘉庆十八年癸酉（1813），录诗千馀首。其流放新疆所作，可考乾嘉间流人开发西北之功。《清人诗文集总目提要》著录，有清道光十一年（1831）其子兆沄刻本，北京图书馆藏；清咸丰四年（1854）重刻本，中国社科院文学所和天津图书馆、南开大学图书馆藏。

沈存圃书札诗翰

沈峻撰。稿本，二册，北京图书馆藏，见馆藏目录。

寿世仁术四卷

金元明诗抄

骚赋约选

唐诗宗

李杜精馓集

沈峻撰辑以上五种，《津门选举录》附《著述》著录。未见。

陈居敬

居敬字惺园，清天津人。乾隆四十二年（1777）举人，历官江南奉贤知县。

映奎堂稿

陈居敬撰。《大清畿辅书征》和［民国］《天津县新志艺文》著录。未见。《津门诗抄》卷十四存其诗三首。

齐嘉绍

嘉绍字秋帆，清天津人。乾隆四十四年（1779）恩科举人，五十五年成进士，历内阁中书，充军机章京，官至江西盐法道。

药翘书屋存稿二卷

齐嘉绍撰。清道光二十七年（1847）精刻本，新编《天津通志·出版志》提及。未见。南开大学图书馆藏道光二十七年重刻本，题作《筠翘书屋试律存稿》二卷或即是。

黄成彦

成彦字硕人，一字子筠，号约斋，清天津人。黄佑之子。乾隆四十五年（1780）举人，授直隶冀州训导。莅官未一年，即告归奉母，以孝著称。教授生徒甚众，言行不苟，被乡里奉为楷模。嘉庆二十三年（1818）尚在世，作有诗。终年七十一岁。

约斋诗存一卷

黄成彦撰。［民国］《天津县新志艺文》著录，谓是集由搜辑而得，存诗无多。益以《津门诗抄》所载（见卷二，存诗十一首），仅得三十七首。其附编三十馀首，多为应酬之作。抄本。未见。

冯　智

智字坤三，号前村，又号野梅，清天津人。乾隆四十五年（1780）举人。与康达夫、周大迁、金野田诸君为同社友，唱和之章最多，振武前贤，诗风一振，论者以为犹有七峰、陆槎老辈遗绪云。

梅墅吟存一卷

冯智撰。《大清畿辅书征》和［民国］《天津县新志艺文》著录。《续修四库全书总目提要》著录有清嘉庆二十五年庚辰（1820）刻本，谓"是集古今绝律凡数十首；怀人赠友、游览诸作，恬畅闲远，淡而不槁，柔而不烂"。未见。《津门诗抄》卷十六存其诗九首。

冯　晋

晋字锡三，号西庄，清天津人。智弟，国子监生。修髯伟干，善谈论，能说前辈遗事，有晋人风。

梦陶山人学吟稿

冯晋撰。《大清畿辅书征》和［民国］《天津县新志艺文》著录。未见。《津门诗抄》卷十六存诗一首。

张虎士

虎士字环极，号卫臣，清天津人。映辰子，虎拜从弟。诸生。官奉天承德县（今属河北）典史。告养归里，遭母丧，擗踊哀毁卒。

遂闲堂张氏诗草二卷附录诗星阁笔记八则

张虎士辑。［民国］《天津县新志艺文》著录，高凌雯云：

"张氏代有诗人，既罹家难，复毁于火，稿帙散失，存者几无。虎士搜访得之于宗族亲故，虽残编断简，俱加珍袭，积久编为家集，复手录一通，凡数十万字。集中所收凡五世九人。虎士已作亦附于未。"另附有诗星阁笔记八则。前有梅成栋等人序。抄本。天津图书馆藏，见馆藏目录。

徐　炌（1747-1795）

炌字仲晦，号朗斋，清天津人。徐炘从兄。乾隆四十八年（1783）副榜贡生。聪明好学，善为古文辞，渊雅闳肆，与沈峻齐名。屡考举人不中，终年四十九岁。

朗斋诗文集

徐炌撰。《大清畿辅书征》和［民国］《天津县新志艺文》著录，谓其诗词旨风雅，古文杂体亦皆擅长。今集已不存。

华　兰（1749-1792）

兰字省香，号春浦，先世居江苏无锡，后入籍天津。清乾隆四十五年（1780）举人，充四库全书馆誊录、武英殿校录，获读内府藏书，学益宏富。历署全椒、含山知县，改权五河。擢摄安庆府江防同知。后回全椒，卒于任所，年四十有四。兰工书善画，旁及金石篆隶。

左癖膏肓

华兰撰。《大清畿辅书征》著录。未见。

皖城集一卷

华兰撰。《大清畿辅书征》和［民国］《天津县新志艺文》以及《续修四库全书总目提要》著录。原系抄本，收诗三十六首，为其孙华长卿所辑。陶梁评云，其诗"清拔朗逸，屏绝藻绘"，遂采入《国朝畿辅诗传》。《津门诗抄》卷十六亦录其诗十二首。清光绪九年（1883），其元孙铎孙辑《华氏家集》，以此集居首，为天津华氏刻本，天津图书馆藏，见馆藏目录。

栾立本

立本字飞泉，清天津人。栾樟子。乾隆四十八年（1783）举人。工诗能文；教授乡里，门徒甚多。早年丧父，生平学问得于母教者最多。

等韵述古

栾立本撰。[民国]《天津县新志艺文》著录。未见。

左史世系图考

栾立本撰。[民国]《天津县新志艺文》著录。未见。

悫思录一卷

栾立本撰。《大清畿辅书征》和[民国]《天津县新志艺文》著录。高凌雯云："立本一生学行，得诸母教者居多。既失怙，哀思不已，乃得其母生前言训及行事，为《言行纪略》，都六十六条。举凡事尊章、相夫子、睦姻族、御仆婢，以及莅事之明敏，待人之慈祥，琐细不遗，隐微必达。附以《南游草》，共为一卷，统名《悫思录》。母贤子孝，得此并彰矣。"《天津地方史资料联合目录》著录，有清乾隆五十五年（1790）刻本，天津社科院图书馆藏。又有民国十三年（1924）天津金氏刻《屏庐丛刻》本，天津社科院图书馆和天津师范大学图书馆藏。

群书集腋

栾立本撰。[民国]《天津县新志艺文》著录。未见。

法门集鉴

栾立本撰。《津人著述存目》著录，转引自[同治]《续天津县志·艺文》。未见。

诗律范金

六朝统镜

栾立本撰以上二书，《津人著述存目》著录，[民国]《天津县新志艺文》也作"存目"。未见。

蔗香诗草

栾立本撰。[民国]《天津县新志艺文》著录。未见。《津门诗抄》卷四存其《悫思录题词》九首。

津门诗汇五卷

栾立本辑。《大清畿辅书征》和[民国]《天津县新志艺文》著录。略谓："天津诗人向无总集，立本留心风雅，搜辑成编，其后梅成栋《津门诗抄》刊行，而此集遂无传本。究之成栋博采广蓄，不过因其所有而踵行之，则此书实其先导也。"《续修四库全书总目提要》著录有五卷清抄本，依时代先后编次，起于元明，至乾隆初而止，是为后人传抄，且残过半，惟目录尚存，可窥其大体。此传抄本，也已不见下落。

徐通复

通复字体诚，清天津人。乾隆五十一年（1786）举人。家雄于资而性尚高逸，授中书舍人不仕。艺菊盈亩，无种不备。花时招集同人于酿秋书屋，赌酒吟诗，因自号菊圃。平生乐善好施与，尝独力捐修府学，立恤嫠会，义举多为人所称。卒年六十一。

菊圃诗草

徐通复撰。[民国]《天津县新志艺文》著录。不见传。《津门诗抄》卷十六存其诗六首。

酿秋书屋文稿二卷

徐通复撰。《大清畿辅书征》和《续修四库全书总目提要》著录，清道光年间刻本。沈兆沄序略云："先生为文，瘦而不枯，淡而弥永，刊落浮华，独标苍秀，超然于尘埃之外，真意盎乐，有令人咀之不尽者也。"未见。

樊宗清

宗清字印山，号荫珊，一号湘川，清天津人。乾隆五十一年（1786）副贡，官四川蒲江知县。

留馀山房诗集二卷

樊宗清撰。《大清畿辅书征》和［民国］《天津县新志艺文》著录。转引齐嘉绍序云："湘川操履端淳，宅衷醇粹，性落落难合，间以吟咏自娱。所为诗率皆随境挥洒，流露自然，不为藻采浮声，而志凝声远，渊乎可思。"《续修四库全书总目提要》著录有清道光年间刻本，全编收诗百二十馀首。未见。《国朝畿辅诗传》卷四十九存其诗六首。

樊宗澄

宗澄字鉴塘，清天津人。宗清弟。廪膳生。

寒竽集

樊宗澄撰。《大清畿辅书征》和［民国］《天津县新志艺文》著录。未见。《津门诗抄》卷十七存其诗一首。

樊宗浩

宗浩字涵辉，号晓斋，清天津人。宗清从弟。与宗清同为乾隆五十一年（1786）副贡。候选州判。早卒。

砚圃山房遗稿一卷

樊宗浩撰。《大清畿辅书征》和［民国］《天津县新志艺文》著录。高凌雯曾见有抄本，谓宗浩卒后，子彬辑其客豫及行役之作，得诗一卷，宗清为之序。是书今已不传。《津门诗抄》卷十七存其诗二首。

晓斋杂记

樊宗浩撰。［民国］《天津县新志艺文》作"存目"。或已佚。

查　诚（1752-1812）

诚榜名维城，字卫中，一字静岩，号海沤。查为仁之孙，善和之长子。清乾隆四十二年（1777）举人，候选郎中。平淡简易，诗酒自娱，有其祖遗风。其父善和卒后，筑小园，垒石莳花，积书万卷，故其所作有卷轴之色，甚为华贵。工画兰竹花卉，兼写意山水。然不事生产，使其家业再次衰落。

天游阁诗集

查诚撰。一作诗稿，又作诗抄，《大清畿辅书征》和［民国］《天津县新志艺文》著录。未见。《津门诗抄》卷八作《海沤诗抄》，存诗十三首。

天游阁杂著

查诚撰。［民国］《天津县新志艺文》作"存目"。未见。

天游阁诗集十九卷文集十四卷

查诚撰。清抄本，中国科学院图书馆藏，见馆藏目录。此或即上两书的合集。

杨一昆（1753-1807）

一昆字二愚，号无怪，清天津人。乾隆五十三年（1788）

举人。经史子集诸书无不读，学自成一家言；凡所著述，训诂义理并重，不偏袒宋儒，对朱熹多所批评。亦擅长制艺，但屡应会试不中。居家授徒起凤楼书社，造就人才甚众，一时学者称之。

说诗求似一卷

杨一昆撰。[民国]《天津县新志艺文》著录。是书因朱子说诗不遵《小序》，所为辨说，诋《国风》尤力。其实春秋时季札观乐，《邶》《墉》《卫》俱入歌章，燕飨赋诗，不废蔓草，褰裳诸什可见，《郑》《卫》不皆里巷狭邪之作。而《集传》废序，其失未可袒也。乃取诗序与《诗传》《诗说》，参互考证，不尽驳朱，亦不尽依古训，各撷所长。自序谓"不必其是，唯求其似"耳。至《诗传》《诗说》，俱出伪托，而一昆此著，意在集众说以证经，但论义之纯驳，不问书之真赝，与墨守一家者，固异也。是书系抄本，高凌雯著录"存"。未见。

读左类编十卷

杨一昆撰。《大清畿辅书征》著录，[民国]《天津县新志艺文》作《左传类编》。是书以春秋各国为篇，而析《左传》之文分隶之。凡为国十有一，周、鲁、郑、宋、卫、齐、楚外，晋与秦、吴与越皆同为一篇。每篇隶事先后，仍以鲁十二公纪年为序，俾学者读一国之传，即可以知一国兴亡之故。《公》《谷》《国语》可资补缀或有所考证者，亦采之。抄本，高凌雯著录"存"。未见。

左国悉事不分卷

杨一昆撰。《续修四库全书总目提要》著录，东方图书馆藏原稿本。未见。

四书教子尊经求通录四卷

杨一昆撰。《大清畿辅书征》著录作抄本，无卷数。［民国］《天津县新志艺文》著录作四卷，《续修四库全书总目提要》作八卷，均题清嘉庆七年壬戌（1802）天津杨氏刻本，盖或以册次论之。是书与其所著《说诗求似》体例相类。以孔孟之言悉本情理，诸家解释，汉儒或失之凿，宋儒或失之晦，乃取注疏与集注对勘，而评断其是非。其诸家义俱未安者，则参以己意。全书多引毛奇龄《四书》改错之言为证。毛说未合者亦驳之。诋朱过甚者力辨之。其标名"求通"，谓通达世事世情以求合圣人之旨也；曰"录"，言非章栉句梳，第说经之笔认耳。《天津地方史资料联合目录》著录，天津图书馆、天津社科院图书馆、天津师范大学图书馆都有收藏。

尚书眉三卷

杨一昆撰。《大清畿辅书征》和［民国］《天津县新志艺文》著录。是书亦名《书史经纬》，由二典以至秦誓，其间各以年代增入所别见之事迹。陶唐氏以前，则杂引古史冠于其上。如《通鉴》之有外纪，《路史》之有前纪。而其所据，亦以刘恕、罗泌之书为多。他如《夏小正》《山海经》《竹书纪年》《逸周书》《穆天子传》，以及左、迁之文，皆有采焉。大旨以纬补经，以经缀史。既重在史，不得不降经为乙部之书也。抄本原"存"，今不知下落。

十斛麦一卷

杨一昆撰。《大清畿辅书征》和［民国］《天津县新志艺文》著录，略谓：一昆教授河东时，以为行文之法必先贮材。馆课馀暇，喜出经传成句，以意连缀，俾生徒属对，积久成帙，存诸箧中，复以教其子恒占而益广之。凡三万三千馀言，统以十类，俾词有所隶，篇各成文。题曰"十斛麦"，盖取菽粟之意，为日用所必需，且可播种，以多获也。是书为抄本，原"存"，今不知下落。

二愚文稿

杨一昆撰。《津人著述存目》著录。当据自《津门诗抄》梅成栋撰传云：一昆字二愚，"著有《二愚文稿》"。《津人著述存目》作抄本。未见。

种桃斋诗文集

杨一昆撰。《大清畿辅书征》著录。当据自《津门古文所见录》卷首《津门先辈姓氏官爵》载其著有《种桃斋时文集》；又见《津门诗抄》称其著有《二愚文稿》《诗集》若干卷，故合而谓之。上二书均不见传。《津门古文所见录》卷三存其文一篇，即《教子尊经求通录序》；《津门诗抄》卷十六存其诗五首，梅成栋并作按云："公天才警敏，学自成家。时文法尤西堂，诗法徐天池，书法王孟津。人多怪之，因自号无怪。"

驿角编一卷

杨一昆撰。《天津地方史资料联合目录》著录，清嘉庆五年（1800）刻本，书口题"学四书文"。天津图书馆、天津社科院图书馆藏。

陈仲子二十艺

杨一昆撰。《天津地方史资料联合目录》著录，清同治十三年（1874）刻本，一册，天津社科院图书馆藏。

张树之（？—1816）

树之字德滋，号津槎，又号芥香，清天津人。乾隆五十三年（1788）举人。嘉庆六年（1801），以大挑分发河南。历权息县、舞阳，补鲁山。在任九年，丁母忧归里，越二年卒。

津槎集

张树之撰。一作《津槎诗集》，《大清畿辅书征》和［民国］《天津县新志艺文》著录。不见传。《津门诗抄》卷十六存其诗一首。

蒋玉虹

玉虹字雄甫，清天津人。诸生。初受学于同邑高浚谷先生，再受经于杨无怪先生一昆。学问该通，博稽古今。家赤贫，授徒养亲。尝叹天津县志自乾隆四年（1739）初修后未有续者，因遍采故家谱牒，前贤著述，及残碑断碣、废鼎卧钟，成巨帙数十卷。平生著述极富。年六十二卒。

古今天地人物通考

蒋玉虹撰。《津人著述存目》著录，转引自《津门古文所见录》卷首《先辈姓氏官爵》本传载。已佚。

津门人物志

蒋玉虹撰。《津人著述存目》著录，转引自《津门古文所见录》卷首《先辈姓氏官爵》本传载。未见。

长芦志

蒋玉虹撰。《大清畿辅书征》著录。未见

天津志稿

蒋玉虹撰。《大清畿辅书征》作《天津志》。是书始于乾隆初元，迄于嘉庆二十二年（1817），积一生精力，遐访冥搜，质体略具。玉虹没，其后嗣藏之两世。同治间续修邑乘，乃就其家购得之。［民国］《天津县新志艺文》著录。原稿已佚，今所传［同治］《续天津县志》，即署其名为编者之一。

河工摘要

蒋玉虹撰。［民国］《天津县新志艺文》著录。不见传。

幽冥录十卷

蒋玉虹撰。［民国］《天津县新志艺文》著录。是书采辑鬼神报应之事甚博，以寓劝惩。尝有笑其迂诞者。玉虹争之曰："大易言知鬼神之情状，是鬼神不惟有情，并有其状，圣言岂欺妄哉。"书不见传。

雄甫诗草

蒋玉虹撰。［民国］《天津县新志艺文》著录，略谓：玉虹遗集，其孙藏之，秘不示人。梅成栋辑津门诗，仅从友人口述得《除夕述怀》一首，《饮河楼得句》《北平道中》各断句而已，见载《津门诗抄》卷十七。又谓玉虹有杂体文数卷，而不载集名，姑附此。其文今惟存《瘗骨记》一首，见载《津门古文所见录》卷一。《大清畿辅书征》著录有《雄甫文集》。未见。

寇兰皋

兰皋字露滋，清天津人。廪膳生。性慈祥，好济人之急。先是县人有善举，曰饽饽会。兰皋因其事扩充之为延生社，又名施馍厂，自冬徂春，以百日为率，贫户资以生活者甚众。行之数十年未有废。兰皋通医，著有：

痧症传信方二卷

寇兰皋撰。［民国］《天津县新志艺文》著录。清道光十二年（1832）津门寇氏莼香堂刻本，《全国中医图书联合目录》著录，中国医学科学院图书馆，天津图书馆藏。另，《天津中医药珍本集成》收作《痧疹传信方》总一卷，分为八章节。痧疹源流一章详论痧症的病因病机，或问中五十馀条，详尽地阐述了患痧疾所见表里、寒热、虚实的不同证候及其原因。书中所载治痧七法二十二方，以及预防痧症之六方，对后学有重要的参考价值。书中附录医案三十三例及先哲名论十馀条，并参以己见。中国文史出版社 2008 年出版点校本。

梅履端

履端字雅村，号三渠钓叟，晚自号"拙石老人"，清天津人。成栋（1776-1844）之父。布衣。有孝行。善画，为时可贵。

拙石山房诗草一卷

梅履端撰。[民国]《天津县新志艺文》著录。不见传。《津门诗抄》卷十九存其诗八首。

郭　锡

锡字筠坡，清天津人。乾隆五十三年（1788）举人。馀不详。

论语集解二卷

左国评萃六卷

筠坡诗草

郭锡撰以上三书，[民国]《天津县新志艺文》著录。未见。

查　杰（1755-1808）

杰字季伟，号次山。查为义第三子，扈孺人出，修选州吏目。

铁画轩诗稿

查杰撰。《宛平查氏支谱》著录。未见。

冯嘉兰

嘉兰字耕作，清天津人。布衣，为人长厚，曾积有千金，为人干没。后闻其人贫死异乡，仍为买地葬之。少孤失学，年五十馀，刻苦于诗。

爱竹山房诗草

冯嘉兰撰。[民国]《天津县新志艺文》著录。是集为王履谦编辑序而藏之。不见传。《津门诗抄》卷十七仅存诗一首。

磊砢馀情

冯嘉兰撰。《津人著述存目》著录，转引自《津门古文所见录》卷一郭锡撰《磊砢馀情序》，题冯畊竹撰，畊竹为嘉兰字号。是书未见。

周　璠

璠字海村，清天津人。周大纶（1736–1786）之子。布衣。乾隆五十七年（1792），曾负父兄尸骨还葬故里。工诗。

道德经注释

周璠注。《津人著述存目》著录，转引自《津门古文所见录》卷首《先辈姓氏官爵》。《大清畿辅书征》和［民国］《天津县新志艺文》均未著录，说明已亡佚。《津门古文所见录》卷四有周璠撰《书道德经后》文。

梅村诗草一卷

周璠撰。《大清畿辅书征》和［民国］《天津县新志艺文》著录，《天津县新志·人物》本传作《海村诗草》。未见。《津门诗抄》卷三存其诗六首。

查　枢（1761-1807）

枢字斗一，号北亭，又号桐屋，清天津人。查礼之孙，查淳之子。优廪贡生，历官直隶赵州训导、河间府教授、云南永善县、建水县知县。亦工画墨梅。

［嘉庆］永善县志略二卷首一卷

查枢纂修。成于清嘉庆八年（1803），有光绪间抄本，《中国地方志联合目录》著录，云南省图书馆和上海图书馆藏。

北亭遗草

查枢撰。《宛平查氏支谱》和查乘汉《乡试朱卷》著录。未见。

沈　铨（1761—？）

铨字季掌，一字师桥，号青来，清天津人。善绘事，尤工摹印法。嘉庆四年（1799）秋，曾裹粮出游，凡山中怪石古松、奇花异草，皆作成画以归。家居奉母至孝，淡于名利，仅以诗文自娱。又善弹琴，藏有六琴十砚，因署其居曰六琴十砚之斋。

黄山纪游二卷

沈铨撰。《大清畿辅书征》和［民国］《天津县新志艺文》都著录作一卷。据冯金伯《国朝画识》谓：铨生平慕黄山之胜，己未（即嘉庆四年）秋，偕程音田考功至歙，与莫山人葵斋裹粮同游。则是编之作当脱稿此时，曩者华氏藏有抄本。今有刻本传世，《天津地方史资料联目录》著录，民国二十七年（1938）天津金氏"屏庐续刻"本，天津图书馆藏。

滦阳日记一卷

沈铨撰。《大清畿辅书征》和［民国］《天津县新志艺文》

著录，后者未著卷数，仅作为存目。此书已失传。

养素轩读画记八卷

沈铨撰。[民国]《天津县新志艺文》著录。是书亦名《师桥读画记》。铨尝往来南北，以画见重一时，风雅之士多乐与之游。客京师时，贝子弘昕尤相契合。是书荟萃生平所见名画，就一家所藏者各录为一卷。瑶华道人即其一。至末卷则杂收而汇记之，详述障帧，扎录跋识，加之以考订。斯虽论画通例，徐士銮谓其文笔之清，识解之真，非他家所及。此书系抄本，今不知其下落。北京图书馆藏有五卷稿本，见馆藏目录。

养素轩印谱一卷

沈铨撰。《大清畿辅书征》著录作《养素斋印谱》二卷，此从[民国]《天津县新志艺文》著录。是集前有邵玉清序，谓铨好古力学，淡于名利，观其艺之精，想慕其人之雅。高喆后跋谓：铨篆刻奇古者十之三，文雅者十之七，盖皆少作，故引乡前辈周焯所议摹印法以勖之。是书版本和下落不明。

青来馆吟稿十二卷文一卷

沈铨撰。《大清畿辅书征》著录作《青来阁诗文集》，无卷数；[民国]《天津县新志艺文》著录作《青来馆吟稿》十二卷，且谓"是集亦名《六琴十砚山房诗草》，今已不传，仅《津门诗抄》存诗二首，别有古文九首，不足成集"云。实际该书有七册稿本存世，作《青来馆吟稿》十二卷文一卷，原为郑振铎西谛旧藏，后归北京图书馆，见该馆馆藏目录。书前有己酉（道光二十九年 1849）王翼淳题诗。诗作编年，起乾隆五十一年，止嘉庆二十三年。庚戌年下有《三十初度》诗，庚申年下有《四十初度》诗，据此可知金铨生于乾隆二十六年（1761），至嘉庆二十三年已五十八岁了。

赵　野（1761—?）

野原名梦庚，字尧春，一作晓春，号雪萝，别题沽上人，清天津人。赵之符之后裔。貌清癯，邃于学，工篆刻，善摹汉印，又喜吟。临白水，筑草堂数楹，日日歌啸其中。不求仕进，风期高旷，诗主性灵，以诸生终。

草木名印谱二卷

赵野撰。［民国］《天津县新志艺文》著录，《大清畿辅书征》作《楮叶集印谱》。前有杨霞序及野自序（见《津门古文所见录》卷三）。盖野欲传其篆刻，以汉印无闲章，又不欲藉今人以传，而托名古印，则又嫌其作伪，乃博稽群籍，择草木名之，首一字为古今姓氏所有，辄取以为印文，视之颇类私印。其有若官印者亦采之。虽云游戏，而实有独造之概焉。此书刊刻于清嘉庆二十一年（1816），未见传存。

秦汉铜章二卷附一卷

赵野撰。清嘉庆二十二年（1817）铅印本，《续修四库全书总目提要》著录。此或即上书。未见。

天籁集

板扉集

蓼虫集

赵野所撰以上三书，《大清畿辅书征》和［民国］《天津县新志艺文》均著录。但［民国］《天津县新志艺文》谓："野诗集今已不传。《津门诗抄》标其所著诗集凡三种，而选诗二十一首（见卷十八）不云出自何集。《津门征献诗》注别存一首，则得诸口述，亦不知为何集所有。"《大清畿辅书征》则转引《津门诗抄》云："雪萝诗奇趣旁出，姿态横生，庆云崔念堂尝称之曰'体近欧、苏，时闯玉川之藩'，人谓知音。"《续修四库全书总目提要》著录有"《蓼虫集》一卷，清刻本"。未见。

赵雪萝诗草

赵野撰。竹纸抄本，前有嘉庆二十五年中秋后一日赵野序云："版扉吟者，庚辰春，雪萝病臂，铁笔暂息。入夏，暑且剧，书室不可耐，于庭门下板扉之外置几安笔砚焉。有索书扇者，懒于检阅，辄戏作小诗应之。扇去，则粘稿扉上……自五月望后至八月半，共积若干，扉为之满，亦一时情事也，并录之。"此或即久已失传了的《板扉集》。封面书名下有"朴亭阅"三字，当为邑人金淳所藏。见《北京青年报》载王媛撰《一生未出仕的诗人赵野》文并书影。

赵西姑

西姑一作酉姑，清天津人。诗人赵雪萝女。幼冲慧，好吟咏，有父风，未聘，卒于家。

西姑诗草

赵酉姑撰。《津人著述存目》著录，见自《大清畿辅书征》卷四十一。《津门诗抄》卷二十存其诗一首。

康　钧

钧字掌卿，清天津人。尧衢（1741–1802）子，诸生。嗜吟咏，有父风。每试辄高等，未酬其志而早卒。

石斧集

康钧撰。《大清畿辅书征》和［民国］《天津县新志艺文》著录。不见传。《津门诗抄》卷十五存其诗二首。

查　彬（1763—1821）

彬字伯野，号憩亭，又号湘芗，清天津人。为义长孙。乾隆四十八年（1783）举人，榜名曾印，次年联捷成进士。历安徽凤台、怀宁，河南淇县、安阳知县，升信阳知州。所到建书院，立义仓、修沟渠，多善政。后以失察挂吏议镌级。旋复官，卒于京。

湘芗漫录四卷后附易经集说一卷

查彬撰。《大清畿辅书征》和《续修四库全书总目提要》著录。清道光十九年（1839）有怀堂刻本，天津图书馆和南开大学图书馆藏，见《天津地方史联合目录》著录。按原序谓：此《湘芗漫录》，盖《易》《诗》《书》《春秋》《三礼》四子书，释鸟兽虫鱼，诸子格言，论兵考证之属，纂辑编次，凡二十四卷……共商讲《易》一卷先付剞劂。原编《易经集说》与《六十四卦经史汇》统为一卷。今按本经分作上下二卷，每卷又次为上下，以《集说》一卷附于后……仍其名《湘芗漫录》。孙殿起《贩书偶记》著录作《湘芗漫录》五卷，内分《六十四卦经史汇参》（一作《周易经史汇纂》）四卷和《易经集说》一卷。北京出版社 2000 年影印编入《四库未收书辑刊》第一辑，

采芳随笔二十四卷

查彬撰。《大清畿辅书征》和［民国］《天津县新志艺文》著录。《续修四库全书总目提要》著录，为清嘉庆十九年（1814）刻本。按是书殆仿宋人《全芳备祖》，明人《群芳谱》而扩充之。书名《采芳》，故以花部居首。其草木谷蔬之类，凡为植物者，分为八属，汇集于后，都八百七十馀种。凡花有实者，列其实

为附见；名不甚著者，则隶于同类之下为附录，又得七百馀种。每种广稽其名，详识其形状与其性质，而以古今人之题咏系之。崔龙见、张灼两序，皆极称博雅。北京图书馆、天津图书馆、南开大学图书馆藏，见各馆藏目录。

小息舫诗抄八卷

查彬撰。《大清畿辅书征》和［民国］《天津县新志艺文》著录，但不知卷数。今有清抄本作八卷，藏上海图书馆，《清人诗文集总目提要》著录。按是书前有沈峻序，谓彬未第时游踪几半天下，旗亭邮馆，到处豪咏。其诗颇近开宝大家，稍次亦在元和大历间。李毓琛序谓彬诗各体皆工，而尤长于乐府。朱履中序谓甲子（1744）下塌淇署，见其除夕之作，爱其真，又怜其穷。兹来阳夏，出示全稿，如《粤游草》《记里草》，则已知其境；《半日闲草》及《小息舫续草》，又见其遇与境无不穷，而诗亦无不工，则其居官与诗格于此俱见矣。另有查氏家刻本，不分卷，或作一卷，天津图书馆藏。《津人著述存目》里提到的《粤游草》《记里草》《半日闲草》《小息舫续草》等，均是清抄八卷中的子目名，不另单列。北京图书馆亦藏有八卷抄本，见馆藏目录。

牛　坤（1763- ？ ）

坤字次原，清天津人，射斗族裔，后改籍顺天大兴（今属北京）。观察稔文子。乾隆五十一年（1786）举人，嘉庆四年（1799）进士，授户部主事。二十一年提督云南学政，后升内阁侍读学士。道光八年（1828），因为皇帝修陵，地宫出水，被罢官抄家，充军伊犁。晚年赦归，隐居墓园，不问外事。终年八十馀岁。

五代史续补二卷附废朱梁论一卷

牛坤撰。《贩书偶记》卷五著录，清道光间刊。未见。

读史杂咏一卷

牛坤撰。《贩书偶记续编》卷十八著录，无刻书年月，约清嘉庆间刊。未见。《津门诗抄》卷十四存其诗五首。

焦景新（1763—1831）

景新字景川，一作晴川，号午桥，清天津人。乾隆五十三年（1788）举人，嘉庆六年（1801）进士。历官监察御史。道光三年（1823）授江西饶州知府，刚毅明断，有能声。平生喜书，仓卒不废读，人称其博。

叶韵窥斑

焦景新撰。《大清畿辅书征》和［民国］《天津县新志艺文》著录。未见。

杂家姓函

焦景新撰。《大清畿辅书征》著录，［民国］《天津县新志艺文》作《姓函》。未见。

多识类抄

焦景新撰。《大清畿辅书征》和［民国］《天津县新志艺文》著录。未见。

同文拾浉

焦景新撰。《大清畿辅书征》著录，［民国］《天津县新志艺文》作存目。未见。

午桥诗集

焦景新撰。《大清畿辅书征》著录。未见。《国朝畿辅诗传》卷五十六存其诗一首。

解道仔（1764- ？ ）

道仔字铁樵，清天津人。秉智次子。国子监生。少尝学摹
印于沈铨。铨示以多读书，历览名山大川，浸濡于鼎彝文字，
气味自殊。道仔用力甚勤，艺事猛进。后质所刻印于其师。铨
大赏之，遂为之序。

红椒馆印谱

解道仔刻。［民国］《天津县新志艺文》著录。未见。

张　靖

靖字青立，清天津人。坦曾孙。少以"诗成五字崔黄叶，
话到三生杜紫薇"得名。乾隆五十四年（1789）拔贡。官浙江
浦江县知县。卒于任。

青立诗草

张靖撰。［民国］《天津县新志艺文》著录，"是集尝就梅
成栋商订，今惟《津门诗抄》卷六存诗三首"。

王翼淳（1765- ？ ）

翼淳字句香，晚号戢翁，清天津人。希曾（1735- ？ ）子。
国学生。解道显《守拙轩未定草》卷下甲午（1834）年作《歌
祝王戢翁先生翼淳七十寿》，上推之即清乾隆三十年（1765）
为其生年。

味古斋诗草二卷

王翼淳撰。《大清畿辅书征》和［民国］《天津县新志艺文》
著录。《续修四库全书总目提要》著录有清道光年间刻本，集
中古近体诗俱备，皆率意之作。未见。《津门诗抄》卷十四存

其诗十二首。其中有《漫兴四首寄梅树君》，说明与梅成栋为同时代人。

王际清

际清字晓川，号习静居士，清天津人。希曾季子，翼淳弟。

味古斋吟稿

王际清撰。《大清畿辅书征》和［民国］《天津县新志艺文》著录。未见。《津门诗抄》卷十四存其诗二首。

殷秉镛

秉镛字东桥，清天津人。殷希文之子。乾隆五十七年（1792）举人。历任河南扶沟、荥泽、祥符知县；擢汝州知州、南阳知府。后升至四川成锦龙茂兵备道。长于办案。

兼韵音义十卷

殷秉镛撰。《续修四库全书总目提要》著录，有清道光二十三年（1843）和乐堂刻本。未见。《津人著述存目》著录作四卷，北京图书馆藏，见馆藏目录。

韵字同异

殷秉镛撰。《津人著述存目》著录，清光绪十一年（1885）乙酉富顺考隽堂刻本。未见。

韵学一得

殷秉镛撰。《津门选举录》附《著述》著录。未见。

金德莹

德莹字榕门，清天津人。金氏第十世孙，胜子。诸生。其他不详。

蔗村馆诗一卷

金德莹撰。[民国]《天津县新志艺文》著录。未见。《金氏家集》卷三存其诗三首。

徐　炘（1767-1834）

炘字吟香，号晴圃，清天津人。乾隆五十七年（1792）举人。历官军机章京、内阁侍读；出为江南河库道，江西、湖南按察使，陕西、山东及福建布政使。道光二年（1822）奉召还京，授内阁侍读学士，升山西巡抚，后官至光禄寺卿，所在多有政绩。晚年奏改顺天大兴（今属北京）籍。

徐中丞奏疏八卷

徐炘撰。是书一名《吟香书室奏疏》，前后无序跋，亦不署编辑者姓名。自清嘉庆十九年（1814）任江南河库道，卓异谢恩始，至道光九年（1829）由山西巡抚被劾解任止，所有历年章奏，顺序排比，不加去取。盖其时宇内晏安，疆吏修明内政，故其所奏报，不过兵刑钱谷，例行诸端而已。《大清畿辅书征》和[民国]《天津县新志艺文》著录为刻本。北京大学和清华大学图书馆藏道光间刻本，南开大学图书馆藏台北文海出版社1966年《近代中国史料丛刊》本第二十二辑，见各馆藏书目录，均题《吟香书室奏疏》。

徐氏家谱

徐炘撰。《天津地方史资料联合目录》著录，清道光四年（1824）刻本，天津社会科学院图书馆藏。

震无咎斋帖一卷

徐炘撰。《续修四库全书总目提要》著录。未见。

天津徐氏会试朱卷汇存不分卷

徐炘辑。清抄本，天津图书馆藏，见馆藏目录。其为朱卷撰者之一。

吟香书室诗文集

徐炘撰。《大清畿辅书征》和［民国］《天津县新志艺文》著录。未见。《津门古文所见录》存其《徐氏族谱序》;《津门诗抄》卷十二存其诗八首。

沈乐善（？ －1809）

乐善字同人，号秋雯，别号戴山，清天津人。乾隆五十七年（1792）举人，六十年成进士，授编修，历官监察御史。嘉庆五年（1800）充福建乡试主考官，七年充会试同考官。后出为贵州黎平知府，终贵东道，卒于任。乐善幼读书刻苦自励，步趋不苟，善言论，人有沈夫子之称;历官二十年，清操介然，家无担石，敝庐如故，乡论高之。

［嘉庆］束鹿县志十卷

李符清修，沈乐善纂。《中国地方志联合目录》著录，清嘉庆三年（1798）刻本，天津图书馆和南开大学图书馆、天津师范大学图书馆藏。

［嘉庆］开州志八卷首一卷

李符清修，沈乐善纂。清嘉庆十一年（1806）刻本，《中国地方志联合目录》著录，北京图书馆和天津图书馆藏。

黔中草一卷

沈乐善撰。《大清畿辅书征》和［民国］《天津县新志艺文》著录，转引《缄斋杂识》云：戴山工诗能文，官翰林，学益进，时与张船山检讨唱和;论文则与管缄若农部相契，独惜诗文散

佚，无以传后世为不幸耳。但《续修四库全书总目提要》著录
有清抄本一卷。未见。《津门诗抄》卷十七存诗三首。

沈士煊

士煊字阶三，号秋瀛，清天津人。乾隆五十七年（1792）
举人，嘉庆四年（1799）成进士。历官山东昌邑、福建上
杭知县。幼时雅爱温、李，好作无题诗。中年以后顿变，学
诗于同乡周自邰，擅长近体。其莅官时，好阐扬幽潜，士民
怀之。

闽海诗存

沈士煊撰。《大清畿辅书征》和［民国］《天津县新志艺文》
著录，无卷数。未见。《续修四库全书总目提要》著录有《闽
海诗存》一卷，清刻本，集诗三十首，无序跋，疑为后人选刻，
现也不知何处有藏。今仅见《津门诗抄》卷十七存其诗二十二
首，有梅成栋评识。

金绍骙

绍骙字竹村，清天津人。乾隆五十七年（1792）举人，官
文安训导。书法董其昌，得其秀逸。为人静默少言，风度闲远。
中年病痿卒。

竹村吟稿

金绍骙撰。《大清畿辅书征》和［民国］《天津县新志艺文》
著录。不见传。《津门诗抄》卷十七存其诗五首。

徐　基（1770-1842）

基字立山，清天津人。金楷孙。少困童场，艰于一衿（国

学生），弃举业，随父徐辉公宰江右庐陵县，引拔士类，多所
勖赞，教子侄辈皆成名下。

立山诗草一卷

徐基撰。《大清畿辅书征》和［民国］《天津县新志艺文》
著录。《续修四库全书总目提要》作清刻本，谓是集古近体诗
凡数十首。并引沈峻评云："集中有精意，非堆垛以求工者，
不尽唐音，却殊宋派，其品故高。"未见。《津门诗抄》卷
十二存其诗五首。

李 源

源字春潭，清天津人。乾隆六十年（1795）副榜贡生。历
广西阳朔、贺县、苍梧知县。升龙州同知，调百色。擢太平知
府，权左江道。官至湖北督粮道。所至有政声。后致仕归，卒
年八十。

周易函书补义八卷

李源撰。《大清畿辅书征》和［民国］《天津县新志艺文》
著录："源喜治《易》，尤心契胡煦《周易函书》。按《周易函书》
正集久佚，其刊行者曰《约存》、曰《约注》、曰《别集》。今
源书不录原文，直伸己说，则是所补之义，即在所述之中。顺
德罗惇衍序谓是书以象数阐河洛之精，其解释图书数理，虽依
邵子加一位法，而实仍马、郑、荀、虞之旧说。则源此著殆能
兼汉宋之长者矣。"《续修四库全书总目提要》著录有清同治刻
本。北京图书馆藏，见馆藏目录，为李氏所慎斋刻本。《津人
著述存目》著录有清光绪元年乙亥（1875）大梁李氏所慎斋刻
本。未见。

诗经说约不分卷

李源撰。《续修四库全书总目提要》著录有清嘉庆元年（1796）丙辰刻本。未见。《津门诗抄》卷二十五存其诗作一首。

刘 樟

樟字无考，清天津人。乾隆六十年（1795）副榜贡生。

退思园遗文

刘樟撰。《津人著述存目》著录，转引自［同治］《续天津县志》卷十九《艺文》附《著述》。未见。

陆 璋（？－1815）

璋字挚斋，号香屿，清浙江山阴（今绍兴）人，其族有居天津者，遂入天津籍。诸生，与本县沈兆沄、刘廷璐等相友善。清嘉庆三年（1798）举人，七年（1802）成进士。充咸安宫官学教习。授山西平陆知县，在任六载，颇有政绩。二十年山西地震，祈祷神灵，愿以自己性命换取百姓平安，遂自缢亡。［同治］《续天津县志》卷十七有洪耀撰《山西平陆知县陆公传》。

四书注疏约参

陆璋撰。［民国］《天津县新志艺文》著录。未见。

吴 彰（1759－？）

彰字旌善，号竹坡，清天津人。日圻子。嘉庆五年（1800）恩科举人，官涿州训导。

竹坡诗抄一卷

吴彰撰。［民国］《天津县新志艺文》著录，谓"彰早孤，家贫，壹志于学，乡举后始学为诗，年已四十矣；授徒乡里，碌碌寡暇，既补冷官，乃得闲咏。是集存古今体八十首，盖其子士俊所编录"。抄本。未见。

毛凌皋

凌皋字一峰，号鹤泉，清天津人。嘉庆五年（1800）恩科举人，与梅成栋同出张问陶之门。辛酉（1801）会试，挑取誊录。其人沉默少言，登贤书阅三年而卒。

鹤泉草一卷

毛凌皋撰。《大清畿辅书征》和［民国］《天津县新志艺文》著录。未见。《津门诗抄》卷十七存诗二首。

王有庆（1770-1829）

有庆字馀斋，号善舟，清天津人。清嘉庆六年（1801）举人，选授江苏丰县知县。后调元和。道光三年（1823）升泰州知州。后历权松江、淮安、苏州知府。生平爱读宋儒论著及本朝理学家著作，富于才干，所至多有政绩。年六十卒于任。

善舟吟稿

王有庆撰。［民国］《天津县新志艺文》著录。未见。《津门诗抄》卷十八存其诗十首。

黄新泰（？—1808）

新泰号春园，清天津人。嘉庆九年（1804）举人。工为文，一字一句，呕心出之。貌寝而妙谈论，偶标隽语，四座倾倒，诗赋非其专长，所居曰慎独轩，有红杏一株，花时会宾友酌酒谈诗为乐。殁后故宅鬻去，所著皆散佚。

春园文稿

黄新泰撰。[同治]《续天津县志·艺文》和《大清畿辅书征》著录。未见传本。《津门诗抄》卷十八存其诗二首。

梅　岭

岭字庚仙，号刚峰，别号鹤窗，清天津人。梅应卜元孙，诸生。诗文为李符清所推赏。

自镜阁诗草

梅岭撰。《大清畿辅书征》和[民国]《天津县新志艺文》著录。不见传。《津门诗抄》卷十九存诗四首。

佛　女

女，清天津人。与梅成栋同时代。望族之女，终身不嫁，事双亲以终。善为文，最工诗，卒前尽焚之。

佛女诗草

佛女撰。《津人著述存目》著录，题作《新诗草》，转引自《大清畿辅书征》卷四十一。未见。《津门诗抄》存其诗一首。

朱维翰

维翰字宪百，清天津人。朱光觐子。廪膳生。才思赡富，颇工藻缋。秋试不第，侘傺以死。无嗣。

展蕉诗草

朱维翰撰。[民国]《天津县新志艺文》著录。未见。《津门诗抄》卷十六存诗一首。

陈汝杰

汝杰字东华，清天津人。诸生，为梅成栋姨表兄，同受业于朱光觐仰文。为文孤秀有姿，戛戛深造，不喜时趋。屡试不第，决然舍去。游楚数年，纵览名胜，诗境大进。与成栋唱和甚多。后遭病废以卒。

楚游小草

陈汝杰撰。［民国］《天津县新志艺文》著录。汝杰病卒后，稿帙散失。今《津门诗抄》卷十七仅存其诗二首。

郑　朴

朴字笠艇，清天津人。布衣。幼孤失学。中年游幕四方，始折节读书，喜为小诗以言志。貌极清癯，而孤洁；有至性，事媚姊四十年如一日。晚年无嗣而鳏，贫甚，投水死。死前一日，袖其所为诗投梅成栋而去。

哀吟集一卷

郑朴撰。此即死前投梅成栋之所为诗。《大清畿辅书征》和［民国］《天津县新志艺文》著录。未刊。《津门诗抄》卷十七存其诗二首。

诸　逊

逊字竹泉，清天津人。诸生。家贫，弃举业，为抄关吏，郁郁不自得。其为人风怀疏宕，尝与梅成栋咏吊古诗，至得意时拍案叫绝，掀砚墨污衣袖，人呼"诸痴"。恢谐善骂，沈酣诗酒。未四十卒。

竹泉诗草

诸逊撰。《大清畿辅书征》和［民国］《天津县新志艺文》

著录。未见。《津门诗抄》卷十七存诗八首。

查　梧（1774-1825）

梧原名维藩，字仲士，号蔼吉，又号凤来。北迁查氏为义孙，彬弟。国学生。以孙以钧贵，敕封文林郎，晋赠奉直大夫。工画花卉，兼写意人物。

蔼吉诗稿

查梧撰。《宛平查氏支谱》著录。未见。

张　珍（1776-1816）

珍字希三，号宝亭，江苏吴县人。天津查梧之妻，敕封孺人，晋赠宜人。

怀香阁吟稿

张珍撰。《宛平查氏支谱》著录。未见。

陈　靖

靖字表立，号雨峰山人，清天津人。布衣。工山水，学画于罗克昭，为王原祁嫡派。尝客游大江南北，揽湖山之秀，笔墨益进。在楚为毕沅推赏，有名于时。

读石山房小草

陈靖撰。[民国]《天津县新志艺文》著录。书不见传。《津门诗抄》卷十八存诗十首。

周　梓

梓字尺木，本名世淳，别题醒齚书生，清天津人。诸生。工诗，力追汉魏，一扫轻薄之习，隐以诗学原流自负。性疏宕，笃交游，能济人缓急，以此倾其家。壮游南北。

诗巢存稿四卷

周梓撰。《大清畿辅书征》和［民国］《天津县新志艺文》著录。未见。《津门诗抄》卷十八存其诗七首。

三月柳上中下三卷

周梓手订，清稿本。是书为周梓于清嘉庆九、十年间南游与友人唱和之作合集。前有"嘉庆乙丑（1805）闰六月望日"自序和其他多人序及题词，后有《七律二首跋三月柳集后》，题"龌龊书生自跋"。天津图书馆藏。不见书目著录。

梅成栋（1776－1844）

成栋字树君，号吟斋，清天津人。嘉庆五年（1800）恩科举人。喜为诗，创立梅花诗社，论者谓天津风雅之盛，称为中兴。主讲辅仁书院。集元明清乡人诗为《津门诗抄》。道光十六年（1836）受聘于大名知府陶梁，助其纂辑《国朝畿辅诗传》，并主持该地天雄书院，不久选授永平府训导，后卒于任。

四书讲义二卷

梅成栋撰。《大清畿辅书征》和［民国］《天津县新志艺文》著录。未见。

管见编四卷

梅成栋撰。《大清畿辅书征》著录，［民国］《天津县新志艺文》作存目。未见。

儒释合谈一卷

梅成栋撰。［同治］《续天津县志·艺文》和《大清畿辅书征》著录。未见。

欲起竹间楼诗集十卷文集三卷

梅成栋撰。张世光序略云：感荡心志，得忠厚之遗；激扬清浊，寓劝惩之法。陶梁序略云：树君之诗，雄古超迈，力绝恒蹊，而真挚之性，时流露于楮墨间。沈兆沄撰传略云：树君生平著作，纯以表彰忠孝节义，维持风化为心，盖文苑而兼义行者也。《大清畿辅书征》著录为刻本。未见。

欲起竹间楼文集四卷

梅成栋撰。〔民国〕《天津县新志艺文》著录："是集于其没后六年，子宝璐以文稿乞闽人廖炳奎选定，凡存一百馀首（篇）。成栋生平遇有忠孝节烈之事，最喜记载。今所存表章之文，几占全集之半。而救荒请赈各禀牍亦附入焉。故炳奎谓成栋文不苟作，皆菽粟布帛之言，其关系一邦之文献犹小，其关系世道人心为大也。"抄本，龚望原藏。有影印本捐赠天津图书馆，见馆藏目录。

欲起竹间楼存稿六卷

梅成栋撰。〔民国〕《天津县新志艺文》著录为抄本，谓："成栋与余堂友善，堂在广东既梓其所辑《津门诗抄》，复贻书请镌其诗稿。成栋少即工诗，至是已积数千首，乃属温江萧思谏汰冗删繁，得诗五百六十七首，录为是集，起乾隆六十年（1795），至道光十二年（1832），历年吟咏，俱有采撷，以为传世之作，贵精不贵多。故存诗虽视原稿不过十二，而生平梗概可以窥见无遗矣"。是书有民国十二年（1923）天津志局汇刻本，天津图书馆，南开大学图书馆，天津师范大学图书馆藏，《天津地方史资料联合目录》著录。

欲起竹间楼存稿四卷

梅成栋撰。〔民国〕《天津县新志艺文》著录，谓"是集镌板之年，即余堂索其诗稿之年。故与萧思谏选本相校，若堂之序文，思谏之跋语，此本皆不之载。其所选诗，自道光元年（1821），迄于八年"。而此八年之诗，又多萧本所未载，盖别一选本也。道光十二年（1832）刻本，天津图书馆和南开大学图书馆藏，《天津地方史资料联合目录》著录。

树君诗抄一卷

梅成栋撰。[民国]《天津县新志艺文》著录："是集为长洲陶梁选栋《燕南二俊诗抄》之一。梁在大名时，尝梓成栋诗。及见其全集，复有此选。成栋原稿今已散失，得此可补前二集所未备。"清道光间刻本，《天津地方史资料联合目录》著录，天津社科院图书馆藏。另有《晚香唱和集》本，清道光间刻，《清人诗文集总目提要》著录，北京图书馆藏。还有《燕齐四家诗》本。

耐吟集二卷

梅成栋辑。[民国]《天津县新志艺文》著录："成栋尝辑七言律诗百馀首，以示学者。其友余堂读而好之，怂恿更选五言律，各为一卷，梓以行世。其书颇类姚鼐《五七言今体诗抄》。虽彼此取舍不同，所收各家朝代亦异，要其以唐为主。即后代诗亦必有唐人法度者方能入选，实与姚书同旨也。"按此亦即《精选五律耐吟集》一卷和《精选七律耐吟集》一卷，见下。

精选七律耐吟集一卷

梅成栋辑。自序略云：七律一体，尤重声调，义取歌咏，非音中宫商按弦合拍，未易抑扬感叹，耐人吟诵也。尝广采唐宋元明四代诗，合国朝诸家，摘其字字精微，通体浏亮，雄健而不伤径率，凄越而勿流噍杀，耐人百回吟，不厌十日思者，共得百馀首，抄为一帙，便于吟玩。此亦即《续修四库全书总目提要》著录之《所见集》一卷。清道光十八年（1838）金鹅山房刻本，《天津地方史资料联合目录》著录，天津图书馆藏。

精选五律耐吟集一卷

梅成栋辑。自序略云：予向已选历朝七律七绝各百馀首，以授学子。余郡介升（堂）劝余如式再选五言近体一卷，以备授学。余曰：嘻，难矣哉！诗至五言律至严矣，所谓四十君子不许着一个小人者，非至言哉！历二年之久，遍阅唐宋元明四朝各集中，择之又择，约之又约，求其镕筋铸骨，炼气凝神，无一罅可疵者，摘有百馀首，稍加标评，以醒眉目。本朝人诗，彭湘南廷梅撰有五律一编，已极本朝人之精粹，故不复赘。此亦即《续修四库全书总目提要》著录之《耐吟集》一卷，清道光十八年（1838）金鹅山房刻本，《天津地方史资料联合目录》著录，天津图书馆藏。

津门诗抄三十卷

梅成栋辑。[民国]《天津县新志艺文》著录。是编采集有明以来文人学士逮于闺秀凡有诗可传者得二百十六人，人各系以小传。其有轶事遗闻或残篇断句，俱载诗后；搜辑之富，遂为大观。至以朱岷、余杰、李承鸿、顾永年录入侨寓，而以张霖，查为仁、金平、胡捷录入邑贤，同一子孙入籍，而其祖父位置各殊，于例似有出入。要之皆沽人钓游人也。其时《国朝畿辅诗传》尚未编辑，特列"郡贤"一门，欲使后之辑郡人诗者有所取焉。清道光四年（1824）思诚书屋刻本，天津各大图书馆都有收藏。近有《天津风土丛书》本，来新夏主编，天津古籍出版社 1987 年出版。

吟斋笔存四卷

梅成栋撰。《大清畿辅书征》和［民国］《天津县新志艺文》著录。是书随笔条记，仿诗话体而作。偶及一二嘉言懿行，不关诗事者，亦诗话所有例也。所收之诗，虽不限以地，而出自乡人者为多。其成书在道光四年甲申（1824）以后，凡《津门诗抄》所遗或未及载者，如顾赞、章俦、汤堃、华琳、董怀新诸人，俱于此略见一斑，可补彼书之阙。原抄稿本藏天津图书馆，见馆藏目录。后金钺将其辑入《屏庐丛刻》作三卷，民国十三年（1924）天津金氏刻本，《天津地方史资料联合目录》著录，天津图书馆、天津社科院图书馆和天津师范大学图书馆藏。

金　沅

沅字芷汀，号问梅女史，清天津人。诗人金玉冈之从孙女，梅成栋妻。性婉顺，通礼则。善诗。

问梅小草一卷

金沅撰。《大清畿辅书征》和［民国］《天津县新志艺文》著录。高凌雯谓："沅素喜文史，既归梅成栋，从之学诗，偶尔拈稿，辄有佳咏；又与其妹沣，时相酬倡。然稿多焚弃，不以炫长。亡后，成栋检遗箧中零篇残帙，得诗七十馀首，以其号'问梅女史'，题曰《问梅小草》。"未见刊行。《津门诗抄》卷二十存其诗十二首。

解道显（1776- ？）

道显字小亭，清天津人。嘉庆五年（1800）举人。官广东永安县知县。

守拙轩未定草二卷

解道显撰。［民国］《天津县新志艺文》著录作《守拙斋诗集》，抄本，无卷数。前有杨光仪序谓："道显与梅成栋生同年月，少同几砚，又同举于乡，契分最深，故集中倡和之作最多。然《津门诗抄》独未录其一诗，意者前辈深于韬晦，不欲以文字自炫，虽良友莫之能强。"是书清抄本今藏天津图书馆，作二卷二册，有杨孚乾等题识，见馆藏目录。

唐　诠

诠字味经，号小潜，清天津人。嘉庆十二年（1807）举人。官广西昭平县知县，改奉天宁远州学正。

鸿雪草一卷

唐诠撰。收诗六十一首，为著者昭平去官后、北归改官前作。清嘉庆二十年（1815）广西昭平刻本。前有龙献图序，后有门生莫若忠跋其刊刻原委。天津图书馆藏。此书不见［民国］《天津县新志艺文》著录，也不见载《津门诗抄》收录。《国朝畿辅诗传》卷五十六存其诗一首。

袁　浩

浩字养源，清天津人。工书善医。馀不详。

怀古斋学诗草

袁浩撰。《大清畿辅书征》和［民国］《天津县新志艺文》著录。未见。《津门诗抄》卷十九存其诗三首。

邢元植

元植字野航，清天津人。布衣。工画山水，性喜游。遇佳胜，辄流连数日。筑"若野园"，颜所居曰"岸舟"，吟啸其中。慕金玉冈之为人，晚岁躬耕自食，以终其身。

绿柳山房诗草

邢元植撰。《大清畿辅书征》和［民国］《天津县新志艺文》著录。未见。《津门诗抄》卷十九存其诗七首。

杜兆斗

兆斗字味拙，清天津人。布衣。

酣梦山房诗草

杜兆斗撰。《大清畿辅书征》和［民国］《天津县新志艺文》著录。未见。《津门诗抄》卷十九存其诗四首。

刘维祺

维祺字介圃，清天津人。诸生。其文幽峭，为同邑黄成彦高弟。随弟宦游秦晋之间，以琴酒自娱。与梅成栋为文字交。慕晋人嵇、阮风尚，人以刘伯伦目之。

晋游集一卷

刘维祺撰。是书为维祺随弟宦晋所作，《大清畿辅书征》和［民国］《天津县新志艺文》著录。未见。《津门诗抄》卷十九存其诗九首。

延梦录四卷

刘维祺撰。梅成栋《欲起竹间楼集》有《题延梦录》诗云："寓言八九堪伤处，似我年来费苦吟。"盖维祺感怀往事，抑郁牢骚之作。《大清畿辅书征》和［民国］《天津县新志艺文》著录。未见。

朱 玫

玫字石香，清天津人。进士嘉善曾孙。家世诗书，玫独幼习弓马，迄无成就，乃弃去，诣力于诗。喜谈三唐格律。以布衣老。

石香诗草二卷

朱玫撰。是集为其生平全稿，《大清畿辅书征》和［民国］《天津县新志艺文》著录。未见。《津门诗抄》卷四存其诗十三首。

冯凤超

凤超字桐仙，号古愚，清天津人。嘉兰子。早亡。

惜阳山房草一卷

冯凤超撰。［民国］《天津县新志艺文》著录。未见。《津门诗抄》卷十七《冯嘉兰》后附录其诗一首。

释闻法

闻法俗名文捷，清满洲人。削发天津城南大悲庵为僧，善填词。

闻法诗

释闻法撰。《津人著述存目》著录，转引自［光绪］《重修天津府志·著述》。未见。《津门诗抄》卷三十存其诗五首，中有"重阳前一日月夜闻雁，用梅树君孝廉韵"，可见其当与梅成栋为同时代人。

王崇绶

崇绶字春甫，一字紫若，清天津人。道光间梅成栋组梅花诗社成员。

沽上梅花诗社存稿二十集

王崇绶辑。《津门选举录》附《著述》和《津人著述存目》著录。清抄本，是书收录梅花诗社自道光四、五年间创组至道光十五年（1835）间近四十名成员的唱和诗作，其中大多为天津乡彦。前有梅成栋《梅花诗社序》和宝坻高继珩《梅花社启》，以及徐大镛《梅花诗社题词》等，是研究梅花诗社的第一手资料。天津图书馆藏，见馆藏目录。

缪共位

共位字星池，清天津人。诸生。少失怙恃，读书一岁而毕，七经行文多奇思。数困名场，嵚崎历落之气，一发之于诗。笃交游，敦友爱，性清疏不羁，往往与俗勿谐，不顾也。

青棠书屋诗稿一卷

缪共位撰。《大清畿辅诗征》和［民国］《天津县新志艺文》著录。未见。《津门诗抄》卷十八存其诗二十四首。

张　筠

筠字竹方，清天津人。诗人张靖女，文学缪共位之妾。工诗，善画，尝绘《长江风雨图》，津人遍有题咏。

竹方诗草

张筠撰。《津人著述存目》著录，转引自《大清畿辅书征》卷四十一。未见。《津门诗抄》卷二十存有其诗二首。梅成栋按云："竹方少知书，耽文墨。归星池共位后，举古评今，闺阁中如良友。青立先生无子，选授浙江浦江令，随之任，未几殁，随从雨散。筠综理杂务，亲视含殓，只身三千里扶父柩返葬。孤舟往返钱塘江中，大风雪，几遭覆溺，毅然不惧，亦钗裙中奇士也。"所存二首，一即随父在浦江县署中作，题《藕花亭坐月》，一即《雪夜渡钱塘江》。

李珠光

珠光字梦崖，清天津人。李湜孙。嘉庆十二年（1807）副贡生，十三年恩科举人。

梦崖草

李珠光撰。《大清畿辅书征》和［民国］《天津县新志艺文》著录。未见。《津门诗抄》卷十三存有其诗七首。

华　亭（1779-1840）

亭字鹤立，号午岚，清天津人。华兰子。少随仕江南，师友熏陶，颇喜咏吟。

居易斋吟草一卷

华亭撰。［民国］《天津县新志艺文》著录。是集存诗二十四首，前有梅成栋序谓：其诗清逸超妙，摘取五七言断句可入诗话者甚多，而集中不载，盖非全稿。有《华氏家集》本，《天津地方史资料联合目录》著录，清光绪九年（1883）天津华氏刻，天津图书馆藏。

冯相菜（1779- ？ ）

相菜字石农，晚号"晚晴"，清天津人。冯智之子。嘉庆十五年（1810）副榜贡生。由教习任山东昌乐县知县。

救荒要录

冯相菜撰。《津人著述存目》著录，转引自《津门文抄》

卷二《救荒要录序》。后有华长卿跋云："石农先生尊翁（冯智），与先大父（华兰）为同年，交好甚笃，各以吏治自矢……今石农先生历任烦剧，颇有政声，裒集此编，可谓善承先志矣。"未见传本。

石农浅识录

冯相棻撰。《天津地方史资料联合目录》署作"石农氏撰"，笔者考定即冯相棻著，因为"石农"为其字。清稿本，一册，杂记时政和生平格言近三百条。前有弁言谓："余自乙未年（1835）丁忧旋里，闭门静坐时，自己检点，病痛指不胜屈，且惧且悔，此身直为丛过之府矣。适案头有净册一本，偶有所见，记而存之，今余四载，瞬已满帙。其中荒谬不通之处，无庸芟削者，盖留以自证，以冀他日之或有悟也。然日月逝矣，岁不我与，前后参观，依然昧昧，殊可慨耳。己亥（1839）冬日，石农氏识。"书中有文谓"戊戌六月，余六十初度"。推知作者当生于清乾隆四十四年己亥（1779）。道光十九年己亥尚在世。是书无刻本，不见［民国］《天津县新志艺文》和《津人著述存目》著录。稿本现藏天津图书馆。

切用文通
益识录
慎守要录
遵学录

冯相棻撰以上四书，《津人著述存目》卷下增补著录。未见。

南游草

冯相棻撰。《大清畿辅书征》和［民国］《天津县新志艺文》著录。未见传本。《津门诗抄》卷十六存有其诗六首。

晚晴口笔记

冯相菜撰。《津门选举录》附《著述》著录。另有《守城要录》一书，或即前所云《慎守要录》，均未见传。

王履谦（1780-？）

履谦字益斋，号香汀，清天津人。嘉庆十五年（1810）举人，官河南通许知县。

游豫杂咏一卷

王履谦撰。《大清畿辅书征》和［民国］《天津县新志艺文》著录。未见。《津门诗抄》卷十八存其诗四首。

刘廷璐

廷璐字砚庄，清天津人。嘉庆十五年（1810）举人，由教习任山西洪洞知县。

南柯游草

卧梅诗草

且寄轩集

刘廷璐撰以上三书，均据《大清畿辅书征》和［民国］《天津县新志艺文》著录。未见。

沈兆沾

兆沾字润田，清天津人。峻子，兆沄兄。嘉庆二十三年（1818）父卒前，以诸生乡试挑誊录。叙云南永昌府腾越厅经历。

愿学集

独噱集

沈兆沾撰以上二书，［民国］《天津县新志艺文》著录。未见传本。

吴景周（1781－1859）

景周字锦州，号向亭，清嘉庆初由浙江钱塘（今杭州）迁家天津。嘉庆十八年（1813）副贡，官江宁布政司理问。荐卓异，升六合知县。调江西，引疾归。咸丰九年（1859）卒，年七十九。

强识择言二卷

吴景周撰。《大清畿辅书征》著录，［民国］《天津县新志艺文》作存目。未见。

向亭文稿

吴景周撰。《津人著述存目》著录，转引自［同治］《续天津县志·艺文》。未见。

查　林（1782－1832）

林字桂一，号茂亭，又号花农，别号松生，清天津人。查礼之孙，查淳之子。国学生。天资高迈，所学甚深。自少至老，即祖若父之教。其诗不专一家，且工画墨梅。嘉庆六年（1801）与乡试，云南候补通判，历署曲靖府、云南府同知，晋宁州知州，呈贡县知县。曾总理云南通志局局务。

花农诗抄六卷

查林撰。《清人诗文集总目提要》著录，清道光十二年（1832）云南通志局刻本，首都图书馆藏。是集起嘉庆十一年（1806），止道光十一年（1831），凡古今体诗四百七十五首，多记云南山水，沉郁顿挫，间显流丽。前有会稽山人史晌序，后有岭南黎讷跋。［民国］《天津县新志艺文》漏载；《大清畿辅书征》未提版本。另外《续修四库全书总目提要》著录有传抄本一卷，凡诗数十首，前后无序跋，当系后人选录之本。未见。

有方集

湘中诗馀

酿秋轩草

查林撰以上三书，据自《津人著述存目》卷下补遗著录。未见传本。

沈兆沄（1783—1876）

兆沄字莹川，一字云巢，号拙安，清天津人。沈峻之子。嘉庆二十二年（1817）进士。授编修，出知松江府，调苏州，升江安粮道。咸丰元年（1851）迁河南按察使。后太平军攻开封，其募勇筹粮有功，升浙江布政使。因道梗，未到任，旋致仕归。居乡主讲辅仁书院。其事亲孝，学本程朱，以诚敬为主，年九十馀卒，谥文和。

易义辑闻二卷

沈兆沄撰。《大清畿辅书征》和［民国］《天津县新志艺文》著录。是书为兆沄晚年所订。其凡例云仿逯中立《周易札记》、陈祖念《易用》例，不载经文；又云就程传朱本义，触类引伸；又云引史证经，切于修齐治平之道。以此观之，盖《易》学家义理之书，与邑人查彬之《周易经史汇参》同旨。其体例虽近乎衍义，而引史证《易》，宋人《读易详说》实开其先。然则理验天人，意存劝戒，固是羲经本旨。《天津地方史资料联合目录》著录，清同治二年（1863）刻本，天津图书馆藏。

沈氏族谱六卷附本支世系图

沈兆沄辑。《续修四库全书总目提要》著录。清道光二十八年（1848）刻本，北京图书馆藏，见馆藏目录。

敬止述闻一卷

沈兆沄撰。是书类笔记，凡二十八条。兆沄就养其子维璬山东粮道任时年已八十馀，眷念乡国，条举旧闻，以饷来者。厥后吴惠元续修县志，但录故事，于所论志例诸说不尽从。［民国］《天津县新志艺文》和《续修四库全书总目提要》著录，清同治二年（1863）刻本。北京图书馆藏，见馆藏目录。

义利法戒录二卷

沈兆沄撰。《大清畿辅书征》作《义利录》，无卷数。是书采取古来言义者之言，与言利者之言，各为一卷，使人对勘，自知其是非。其间言义言利，多属一时互相辨驳之词，如涑水眉山诸贤之于熙宁新法。兆沄此著盖欲置诸家塾，使士子读书时即已确然知义利之分，庶他日涉世应务，不为邪说所惑，殷殷有端本清源之意焉。［民国］《天津县新志艺文》著录。清同治三年（1864）刻，天津图书馆藏，见馆藏目录。

戒讼说一卷

沈兆沄撰。为其守江宁时告诫之文，分列十条。每条反复申谕好讼之害，复引律例以警之。其后退老乡里，更以此说上诸大吏行下所属州县，转相劝告。盖十戒中，惟投河告状一条或不常有，馀俱漓习所同，法网易触者。［民国］《天津县新志艺文》著录"刻本，存"。未见。

捕蝗备要十条

沈兆沄撰。为其守江宁时，因蝗蝻最易致灾，辑此备用，盖救灾必求简易，仅于旧法中择此十条，已是致效，视牧令力行何如耳。［民国］《天津县新志艺文》著录"刻本、存"。未见。

篷窗随录十四卷附录二卷续录二卷

沈兆沄撰。《大清畿辅书征》和［民国］《天津县新志艺文》著录。是书为兆沄官江安粮道时所辑，督运往来，舟中无事，就行箧所携书籍，翻阅抄撮，积久成帙。其所采掇，皆有关国计民生，而尤详于河运漕政及畿辅水利，大率出诸名臣章奏、前人著作，录其全文，不加删削。惟附录二卷，稍变体例，略如说部，摘取旧闻，间及琐事，盖游于艺之意。清光绪二十年（1894）十一月，上命南书房进书三种，是书居其一。先臣遗著，不由奏进，而得邀睿览，时论荣之。翰林院侍读王懿荣为文恭纪恩遇，冠诸卷首。《天津地方史资料联合目录》著录，清咸丰七年至九年（1857–1859）刻本，天津图书馆、天津社科院图书馆、天津师范大学图书馆、天津历史博物馆等都有收藏。二十世纪末，被影印辑入《续修四库全书》，上海古籍出版社2002年出版。《篷窗附录》二卷，别有《屏庐丛刻》本，见《中国丛书综录》著录。

先正格言不分卷

沈兆沄书。稿本，一册，经折装，天津图书馆藏，见馆藏目录。

织帘书屋文抄

沈兆沄撰。［民国］《天津县新志艺文》著录。未见。《天津文抄》存兆沄文六篇。

织帘书屋诗抄十二卷

沈兆沄撰。《大清畿辅书征》作《织帘书屋诗文抄》十二卷，误，今从《续修四库全书总目提要》。收诗近九百首，按年编次，自清嘉庆三年（1798），迄咸丰元年（1851）。《天津地方史资料联合目录》著录，清咸丰二年（1852）刻本。北京图书馆和天津图书馆、天津社科院图书馆、天津师范大学图书馆藏。二十世纪末被影印辑入《续修四库全书》第1492册，上海古籍出版社2000年出版。

织帘书屋诗续抄四卷

沈兆沄撰。[民国]《天津县新志艺文》著录，原题作"《织帘书屋诗抄》十二卷《续抄》四卷"。谓："兆沄少以《塞下曲》见赏于学政陈嵩庆，刊入《三辅采风录》，诗名颇著，时父峻已赦归乡里，家学渊源，所造益邃。厥后宦京外，凡夫咏史述怀、赠答行旅之什，积稿累然。其初集刻于陈臬河南时。及引退以后，就养山东粮道署中，复刻续集，凡存诗一千二百首。"考"初集"即《织帘书屋诗抄》十二卷，收诗近九百首，清咸丰二年（1852）刻（见前）。其自序亦谓"自戊午，迄辛亥，厘为十二卷"。《续抄》四卷，诗多至三百馀首，当为"辛亥"（1851）后所作。其时兆沄已引退，就养其子维璱山东粮道署中，或编而未刻，或刻而未传，二十世纪末影印出版的《续修四库全书》本只收《织帘书屋诗抄》十二卷，而未见《续抄》四卷，或已佚。

篷窗吟一卷

沈兆沄撰。[民国]《天津县新志艺文》和《续修四库全书总目提要》著录。其时兆沄在江安粮道任，督运北上，春往秋旋，计程行五千六百馀里，积一百七十馀日，舟中馀暇，拈韵叙怀，遂成斯集，先以付梓。其后刻《织帘书屋诗抄》亦载之，第略有增减点窜耳。《清人诗文集总目提要》著录，清道光二十年（1840）刻本，首都图书馆藏。

咏史诗抄一卷

沈兆沄撰。《大清畿辅书征》和[民国]《天津县新志艺文》

著录。兆沄前所为咏史诗已散见于《织帘书屋诗抄》。是集为其晚年所作,于《续诗抄》外别为一卷,集中体制不一,或摹乐府,或仿古诗。其绝句六十首,则杂事诗、记事诗之类。末附试帖十首,盖援《唐诗别裁》《湖海诗传》,俱收试律例载入也。《天津地方史资料联合目录》著录,清同治二年(1863)刻本。北京图书馆和天津图书馆、天津历史博物馆藏。

唐文拾遗

沈兆沄撰。《大清畿辅书征》和[民国]《天津县新志艺文》著录。未见。

实心编
尚论编
仰企编
发声录

沈兆沄撰以上四书,《大清畿辅书征》著录,[民国]《天津县新志艺文》作"存目"。未见。

张廷选

廷选字冶堂,清天津人。廪贡生。嘉庆十三年(1808)召试二等一名,入文颖馆。报满,选浙江盐课大使。与缪星池、李梦厓为诗酒交。志在远大,因屈于下僚,心中不快,到官九月而卒。终年三十六岁。

五经提纲一卷

张廷选撰。是书略师《书》序、《诗》序遗意,凡有篇者,每篇撮举数言,以明大义所在。其于《春秋》书事,则择要分类而总记之。文法一气相承,剪裁工整,便记诵。缪共位即缪星池为之序。[民国]《天津县新志艺文》著录为"抄本,存"。未见。

簪花小记一卷

张廷选撰。《大清畿辅书征》和［民国］《天津县新志艺文》著录。是书已佚，惟《冶堂诗集》存其题辞七律四首。玩其词旨，感伤忏悔，盖亦余怀《板桥杂记》之属。

冶堂诗集一卷

张廷选撰。是集多与乡人冯相菜、缪共位、李珠光辈拈题唱和，又有旅邸题壁、客途写景诸诗。盖其家居读书及游晋客都门之作，凡存古今体一百五十首。别有文集录其两次恭逢巡幸所献赋颂，末附古赋数首，与此卷并藏于家。《大清畿辅书征》和［民国］《天津县新志艺文》著录为抄本，《续修四库全书总目提要》著录有清刻本。均未见。

西湖杂咏一卷

张廷选撰。是集为其筮仕两浙时所作，今稿已佚。惟《津门诗抄》卷十七尚存其诗十一首，其从孙寿抄附《冶堂诗集》后。《续修四库题要》著录有清刻本。未见。

张廷绶

廷授字子珊，清天津人。廷选弟。诸生。

祥孽录一卷

张廷绶撰。［民国］《天津县新志艺文》著录为"抄本，存"。是书择历代史中五行志所载灾异之事，凡为祸福朕兆而显然有验者，汇录一编，为省躬反己者之助。其名则取《中庸》祯祥妖孽语，使人知警畏也。未见。

王大淮（1785—1844）

大淮字松坡，号海门，清天津籍长洲人。大埙兄，王鹄父。嘉庆十五年（1810）副贡生。道光十九年（1839）官曲阜县令。

可竹轩画谱

王大淮作。民国十二年（1923）上海育智书局石印本，二册。北京图书馆藏，见馆藏目录

可竹轩诗录一卷

王大淮撰。《清人别集总目》著录，道光二十三年（1843）弟子孔宪庚刻本，转引自《贩书偶记续编》。未见。

余　堂

堂字阶升，号茸园，清天津人。嘉庆十八年（1813）举人。幼有至性，孝义端谨，力学不倦。与梅成栋为文字交，梅辑《津门诗抄》成，即是其为之刊行的。历权广东大埔知县，佛山同知；又补从化，调阳春。道光二十二年（1842）致仕归，年七十卒于家。

思诚书屋吟草四卷

余堂撰。《大清畿辅书征》和［民国］《天津县新志艺文》著录。后者谓："是集录其未达时诗一卷、筮仕岭海诗二卷、归田以后诗一卷"。梅成栋尝采其诗编入《津门诗抄》（见卷十六，存诗八首）。庆云崔旭题其集有"人好诗亦好，篇篇俱老成"句，然皆仅见其第一卷，非全豹。堂服官廉能，极有声绩，凡士民之爱恋，宦况之萧条，略见后三卷中。是书原存有抄本，今不知下落。

刘　庚

庚初名升堂，字少白，清直隶庆云人。嘉庆十八年（1813）

拔贡。性情高迈。工书善画。侨寓津门卒。

稽瑞一卷

刘庚撰。载缪荃孙编《艺风抄书》第二十七至二十八册，清光绪宣统间抄本，北京图书馆藏，见馆藏目录。

少白诗草一卷

刘庚撰。《大清畿辅书征》和《续修四库全书总目提要》著录。考《念堂诗话》云："吾邑刘升堂，从宦自南中归，得诗一卷，才调颇佳。后携家居天津。癸酉膺选拔，以画谋食，不复作诗，遂易今名。"据此，则庚初名升堂，而其诗亦为少年所作。今按是集之诗，赋性肫挚，蔼然天真，举喜怒哀乐于不自知，悉流露于语言文字之间，故声调清新俊逸，不假雕饰，而酝酿自深；不事矫揉，而曲折尽致。是书有清道光三十年（1850）刻本。未见。

蟾药山房诗草二卷

刘庚撰。《清人诗文集总目提要》著录，抄本，中国科学院图书馆藏。

李和春

和春字静亭，清天津人。嘉庆二十一年（1816）丙子科举人，官四川定县知县。初受学于黄新泰，继复从梅成栋游。成栋谓其诗得宋元人意。

一得录诗草

李和春撰。[民国]《天津县新志艺文》著录。未见。

李云章

云章字子文，号寿君，清天津人。嘉庆二十三年（1818）

举人，官抚宁县教谕。后改大兴籍。

咫闻斋诗集

李云章撰。高凌雯《天津诗人辑存小传》提及。《国朝畿辅诗传·凡例》征引书目亦有著录。原书未见。《津门诗抄》卷二十八存诗一首，《国朝畿辅诗传》存诗同。

黄　阁

阁字无考，清天津人，生平不详。

尘寄

笔赘

黄阁撰以上二书，〔民国〕《天津县新志艺文》同作存目。《津人著述存目》转录。未见。

查默勤（1790—1832）

默勤字拙补，号识庵。为义曾孙，彬子，太学生，诰赠通奉大夫。

槐窗杂志

查默勤撰。《大清畿辅书征》著录。《宛平查氏支谱》作《槐窗笺记》。未见。

刘　锡（1790—1823）

锡字梦龄，号韵湖，清天津人。国子监生。工书，善画梅，喜歌诗。弱冠丧偶，不再娶。遭父丧，逾年以毁卒，年三十四。

韵湖偶吟一卷后集一卷

刘锡撰。《大清畿辅书征》著录为《写梅阁诗草》二卷，〔民国〕

《天津县新志艺文》著录为《韵湖诗集》二卷。今从《续修四库全书总目提要》著录和新刊行书实名。梅成栋撰传云：锡诗凄如晓风残月，幻如长峰怪岭，争奇斗捷，倾动一时。其卒之前一月，尝以稿就正成栋，所谓《写梅阁诗草》也。兹别有一卷曰《韵湖偶吟》，考其年月，当为二十岁以前往来晋秦所作。复从其家得诗二卷，一即《韵湖偶吟》之稿，而有集后诗若干首。其一则录由秦之楚诸诗，而题中有谓孔峻峰、温东川、袁玉堂，皆归里以后之作，汇录一帙，名《韵湖诗集》。至《写梅阁稿》与此是一是二，就询于其家，则谓先世宦游山左右，琴书飘泊，百不一存，无得而知之矣。原抄本已被高凌雯辑入《天津诗人小集十二种》，民国十三年（1924）天津志局刊，二十四年（1935）天津金氏印本，各大图书馆都有收藏。另《津门诗抄》卷十八存其诗二十一首。

题画诗一卷

刘锡撰。梅成栋云：韵湖生而聪颖，天姿清粹，长身玉立，幼便能文，超拔不俗。工行草书，善画梅，兼通音律，笛赋琴心，罔不绝妙。此集或即从其外祖（周光裕）并尊翁（刘维宪）宦游秦楚之交，往来名山大泽间所作画的题诗。《大清畿辅书征》和［民国］《天津县新志艺文》著录。未见。

写梅阁诗草

刘锡撰。《津人著述存目》著录，转引自［同治］《续天津县志·艺文》。按［光绪］《重修天津府志·著述》作《写梅阁诗存》一卷，实即前述《韵湖偶吟》一书。

刘　锃

锃字声于，号瓶田，清天津人。锡弟。嘉庆二十四年（1819）举人，道光三年（1823）进士。历宰山东德平、范县，调知乐陵，俱有声绩。

甂田初稿

刘锌撰。《大清畿辅书征》和［民国］《天津县新志艺文》著录。未见。《津门诗抄》卷十九存其诗二首。

华　琳

琳字梦石，清天津人。初习举业于梅成栋，不就，乃致力六法，精研数十年，每作一画，悬壁间玩视，累日辄毁去，绢幅则浣而再画，至不能浣乃已。有窃其画鬻于京师肆厂，琳见之购还，仍浣而弃之，故其画不传。

音韵易简

华琳撰。《津门选举录》附《著述》著录。未见传。

南宗抉秘一卷

华琳撰。［民国］《天津县新志艺文》著录，原为抄本。琳尝谓自来画师恒缄秘其术，不以示人，虽王维、荆浩、郭熙各有训述，然所论仅及形质，而用笔用墨之真诀不传。博考湛思，萃二十年之力，悠然神会，遂得其妙。此书实补前人所未发也，有清道光二十三年（1843）天津退耕堂刻本，天津图书馆藏；民国十三年（1924）天津金氏《屏庐丛刻》本，各大图书馆有藏，见《天津地方史资料联合目录》著录。

徐大镛（1793—1873）

大镛字序东，号兰生。清天津人。金楷曾孙，立山子。道光二年（1822）举人，官河南杞县知县。少尝学诗于梅成栋，与宝坻高继珩互相唱和。迨幕游三晋，筮仕中州，以至谴戍塞外，遂多吟咏。放归后侨居杞县，优游林下近三十年，感事怀人，得诗最伙，与梅成栋同以诗名。

见真吾斋诗草十卷诗馀二卷

徐大镛撰。清抄本，一函七册。其《诗草》卷十变为词作，与《诗馀》二卷重题，故《大清畿辅书征》和《续修四库全书总目提要》作《见真吾斋诗草》十卷《诗馀》一卷。[民国]《天津县新志艺文》则分作《见真吾斋诗草》十卷和《见真吾斋诗馀》二卷两书，其提要云："大镛遭际坎坷，而能作道观之语，故诗格于长庆为近，所为乐府亦极意摹仿，盖终身瓣香白傅者也。"又说："大镛诗集多喜记事，填词亦然。（诗馀）集中所录始于咸丰八年（1858），盖其晚年之作。时侨居杞县，正值捻军犯豫，来去豕突，往往忧恐悲愤，激而成声。感事抒怀，诚歌咏之馀兴耳。"抄本前有高凌雯题词，天津图书馆藏，见馆藏目录。

见真吾斋诗草不分卷

徐大镛撰。《清人诗文集总目提要》著录，民国十四年（1925）退耕堂铅印本，一册，首都图书馆和北京大学、北京师范大学图书馆藏。

适园漫录一卷

徐大镛撰。不见书目著录。稿本，二册，天津图书馆藏，见馆藏目录。另外，《津门诗抄》卷十二录有大镛诗作四首。

魏天傒

天傒，字无考，清天津人。岁贡生。

芥轩诗草

魏天傒撰。[民国]《天津县新志艺文》著录。未见。

金　淳（1794 —？）

淳字朴亭，清天津人。观智孙。廪膳生。梅成栋弟子。

古砚山房诗二卷

金淳撰。［民国］《天津县新志艺文》著录"抄本，存"。是集所载诗多道光十三年（1833）和十四年（1834）两年间之作，与《金氏家集》所存三十三首无一同者，盖脱稿有先后。此或即下书。

江乡偶话不分卷

金淳撰。不见书目著录。此或即上述《古砚山房诗》，因所载亦为道光十三、十四年间之作。清抄本，二册，封面即题"古砚山房"。天津图书馆藏。今有《天津图书馆藏秘籍》影印本。

金朴亭诗抄不分卷附杂抄

金淳撰。不见书目著录。清道咸间抄本，四册，所附杂抄别作卷八《随笔采录》、卷九《寒喧莫问》、卷十《掖诗采录》。天津图书馆藏，见馆藏目录。

艳雪山房诗稿不分卷

金淳撰。不见书目著录。清抄本，一册。天津图书馆藏，见馆藏目录。

刘拱极

拱极字无考，别号澹园居士，清天津人。刘筱泉之叔高祖，约生活在乾隆、嘉庆年间。平生淡于利禄，不求闻达，日以花木自娱，尤喜养菊。

冷篱漫录

刘拱极撰。著者本其经验，将菊之培植等法一一笔而出之，乃成菊谱一册，分贮土、养胎、分秧、登盆、截顶、灌溉、合肥、接换、扦插、扶弱、抑强、护理、剔蕤、藏英、添色、正名十六目。原自序于嘉庆二十一年（1816）。是书不见书目著录。今所见为民国十五年（1926）天津刘筱泉铅印本。前有后姻晚生苏之銮序和同里后学徐兆光跋。天津图书馆和天津师范大学图书馆藏，见馆藏目录。

王韫徽

韫徽字澹音，清江苏娄县（今属上海市）人。宜昌知府王春熙女，盐大使杨绍文妻。绍文原籍浙江山阴（今绍兴），家天津，后遂入籍，澹音亦随之。澹音克承家学，工诗善书，与夫唱和甚勤。

环青阁诗稿四卷

王韫徽撰。高凌雯《天津诗人辑存小传》卷下作《环青阁诗集》八卷，存诗二首，并谓［民国］《天津县新志艺文》漏载。《贩书偶记》卷十八和《历代妇女著作考》著录，有清道光元年（1821）刻本。《清人诗文集总目提要》著录北京图书馆藏，另并有清抄二卷本，内有嘉庆八年（1803）作长诗记其父镇压鄂西白莲教起义事。

董怀新（1794—1838）

怀新字平畴，号五侯，又号无侯，后又改作梧侯，清天津人。性阔达，尚义气。弱冠补邑庠生。积学能文，挥毫落纸，顷刻万言，有通才之目。卒年四十五岁。

嘉德堂文集一卷

董怀新撰。是集巨细杂错，有类丛抄。诗词简札，凡应别

存者，皆粗列其中。而《津门古文所见录》存文三篇，转未收
入。盖随录所作，未及删订之稿。[民国]《天津县新志艺文》
著录"抄本，存"。未见。

时鸟集一卷

董怀新撰。抄本，一册，收诗四十八首，内有《辛巳纪事》
《赠史雨汀表弟》等作。前有清光绪二十三年（1897）重光口
口拜录《石莲集》跋，后有雨汀史乐善《哭董梧侯表兄》手书
拜稿。此或即[民国]《天津县新志艺文》著录之本。高凌雯谓：
"怀新为梅成栋弟子，少以《芦花诗》见知于学使杜堮，才名
甚噪。生平善为谲浪之言。然如是集，讯讽时事诸篇，颇近白
居易《乐府》。其它所作，不乖风人之旨者亦甚多。"天津图书
馆藏，见馆藏目录。

石莲集一卷

董怀新撰。《大清畿辅书征》和[民国]《天津县新志艺文》
著录。高凌雯谓："怀新为诗长于艳体，裒其所作，别为一帙，
题为《香奁集》。没后及门华长卿从史乐善家得其手抄本，选
七十馀首刊行之。视原稿存十之三，闽人廖炳奎为易此名，"
清末刻。前有浙人杨淞及闽人廖炳辉题诗；又有邑人樊彬、胡
兆麟，表弟史乐善，宝坻高继珩等题辞。天津图书馆藏，见馆
藏目录。是书署"受业华长忠（1810–1868）校字"，当非光绪
刻本，起码应提前至同治间。

津门竹枝词一卷

董怀新撰。《大清畿辅书征》著录，转引郭师泰序略云："梧
侯旧时于著作之暇，戏作《津门竹枝词》一卷，凡得词四百馀
首，上自天时，下逮人物，一切闺房里巷琐屑之事，无不毕举。
其立言亦庄亦谐，其用意有惩有劝，此固津门岁时记也。其纪

岁时，司天志也；纪地舆，方域志也；纪饮食、纪舆服，食货志也；纪礼文、纪文苑、纪祭祀，又皆礼仪志、乐律志也。游戏中寓史笔焉。"是书已失传。

时鸟集二卷附津门竹枝词一卷

董怀新撰。《续修四库全书总目提要》著录有铅印本。并转引卷末廖炳奎跋略云："梧侯先生诗笔清矫拔俗，不落科曰，不饰鞶帨，品在高季迪、王渔洋间。"未见（如能找着此书，可知上述诸书全貌了）。

两汉文抄

唐宋七家文抄

董怀新撰以上二书，［民国］《天津县新志艺文》著录。未见。

历代诗选

董怀新撰。［民国］《天津县新志艺文》著录。是书凡分六种，各为一编，曰《汉魏六朝诗选》，曰《唐诗选》，曰《宋诗选》，曰《金元诗选》，曰《明诗选》，曰《国朝四家诗选》。均未见。

梧侯词集一卷

董怀新撰。［民国］《天津县新志艺文》著录。是集存词六十馀阕，略有改窜，重加编次，似怀新手自删订者，且篇末缀卷上字样，理当还有卷下。华长卿亦谓怀新有词二卷。然则此特存其半耳。抄本。未见。

入部须知

董怀新撰。《津人著述存目》著录，转引自《大清畿辅书征》卷二十四。未见。

李云楣

云楣字采轩，一作采仙，清天津人。李承鸿之孙。道光五年（1825）举人，国子监算学助教。少受诗于康尧衢。后家道中落，郁郁不自得，乃浪迹江湖，穷幽探险，历游楚黔山水，胸襟因之更加开阔，诗境益高。

黔游日记

李云楣撰。《大清畿辅书征》和［民国］《天津县新志艺文》著录。吴士俊有《题黔游日记诗》，以此知是集为记游诗。未见。

及时书屋集

李云楣撰。《津人著述存目》著录，转引自［光绪］《重修天津府志·著述》。未见。

瓣香轩诗草

李云楣撰。《大清畿辅书征》和［民国］《天津县新志艺文》著录。另见高继珩《培根堂诗集》卷四中有《题李采仙云楣瓣香轩遗稿》诗。原书未见。

秋吟集一卷

李云楣辑。［民国］《天津县新志艺文》著录，谓清嘉庆十五年（1810），沽上诗人乡闱报罢者共结诗社，因感寥落之意，凡题皆冠以秋，得诗十馀首而辍。迨癸酉（1813）榜后复续前约，入社者益多，又得诗八十馀首，云楣汇而录之，以质诸梅成栋。成栋补成十馀首，共为一卷，序以刊行之。《天津地方史资料联合目录》著录，天津广智馆民国二十五年（1936）铅印本，天津图书馆藏；同见有清道光二年（1822）原刻本，一册，上有近代津门藏家邱学士的题记。

赵　泌

泌字二川，一字若侯，原籍江宁上元（今江苏南京）。流寓津门，主表兄李云楣家。曾师从梅成栋。后官长芦知事。

一树山房诗草

赵泌撰。《津人著述存目》著录，引自［同治］《续天津县志·人物》本传。同书卷十九《艺文》中录诗七首。

瓣香轩诗集

赵泌撰。《津门诗抄》卷二十八著录，并录诗三首。梅成栋按云："若侯于嘉庆癸酉、甲戌来受业，主李采仙家。诗才清妙，爱摹唐贤格调，与采仙唱和最多，《沽上秋吟集》多采其作。后游粤西。"此或即削载李云楣著《瓣香轩诗草》，系两人诗作合集。原书未见。

徐　埘（1794—1878）

埘字搢笏，号竹士，清天津人。徐炘子。国子监生，官候选州判。

竹墅诗存一卷

徐埘撰。［民国］《天津县新志艺文》著录。未见。《续修天津徐氏家谱》谓，诗作曾被采入《津门诗抄续》。此书未刊，也未见。

张锦文（1795—1875）

锦文字秀岩，清天津人。家贫少孤，后以业盐起家，人称"海张五"。乐善好施，勇于为义，一邑义举，辄躬倡之。咸丰三年（1853），捐资募勇，协助地方官吏对抗太平军北伐；八年，又设支应局，供应犯津英法联军一切所需，名为"保卫乡里"，因"功"得赏一品封典。卒年八十一。

筹办粤匪军需日记一卷

张锦文撰。《续修四库全书总目提要》著录，清光绪二十年（1894）刻本。原书未见。

张公襄理军务纪略六卷

张锦文撰。《大清畿辅书征》和［民国］《天津县新志艺文》著录。《续修四库全书总目提要》作清宣统元年（1909）刊。是书为津人丁运枢等取锦文日记排比成编，首冠以锦文自撰"平赋"十二条，次剿防粤匪，次襄办海疆。至于钦奉谕旨及各大僚折扎悉录之，以备原委，并绘炮台炮架诸图。除丁序外，尚有陈世勋、葛毓琦等六则。《天津地方史资料联合目录》著录，南开大学图书馆藏。

姚承恩（1796－1851）

承恩字桐云，号朗山，清天津人。姚逢年之子，幼随宦江南，读书聪颖。八岁工楷书，童试时诗赋文章已斐然可观。道光二年（1822）举于乡，十三年成进士。历官河南遂平、舞阳，奉天（今辽宁）盖平、辽阳知县。后调承德，卒于任，时在咸丰元年（1851）。

朗山诗草一卷

姚承恩撰。［民国］《天津县新志艺文》和《续修四库全书总目提要》著录。收诗一百三十二首，音调平和，语根至性，近体则法渔洋山人，古体直通汉魏。按：承恩尝受学于梅成栋，颇有诗名。道光间重修水西庄，既成，成栋立梅花诗社，觞咏其间，承恩与焉。承恩尝以宦游，南逾大河，北出榆关，作宰十馀年，屡任繁剧，而诗中未尝一及其事，盖是集仅录通籍以前之作，非全稿。承恩又善填词，有诗馀数首附卷末。原系抄本，今有民国十一年（1922）中华书局铅印本行世。《天津地方史资料联合目录》著录，天津图书馆，天津社科院图书馆、南开大学图书馆、天津历史博物馆收藏。

查　璨（1796–1862）

璨原名燮勤，字柔克，号友庵，一号俎山。为义曾孙，彬次子。国学生，诰封中议大夫，晋封通奉大夫。

俎山试帖

骈体字义补

查璨撰以上二书，《宛平查氏支谱》本传提及。未见。

俎山帖体诗存四卷

查璨撰。此或即《宛平查氏支谱》本传中所谓之《俎山试帖》，不见书目著录。清光绪十年（1884）刻本，四册，天津图书馆藏，见馆藏目录。

樊　彬（1796–1881）

彬字质夫，号文卿，清天津人。宗浩子。廪生，屡试不中，充国子馆誊录。后叙劳授冀州训导。又迁湖北蕲水县丞，调钟祥县丞，权知远安、建始等县。后告归侨寓京师，居贫淡泊，至老精力不衰，所交皆好古之士。生平笃嗜金石文字，搜罗海内碑刻至二千馀种。

畿辅碑目二卷待访碑目二卷

樊彬撰。[民国]《天津县新志艺文》著录。自叙略谓："畿辅古刻，散见诸家著述者甚多，而近年出土又时有见闻。其埋弃榛莽间者更不知凡几，不有纪载，将使日就淹没，重为可惜。乃即耳目所及之现有碑刻，录目汇存，自周至元，凡得一千五百数十种；旧籍所书，世鲜传本者，概归待访，附录于后。"时独山莫友芝，同客京师，善其所为，更冀其仿《关中金石记》《山左金石志》之例，编纂成书，而书其意于简端以勘之。原抄本，北京图书馆藏，见馆藏目录。今有民国二十四年（1935）河北博物院铅印本，《天津地方史资料联合目录》著录，天津图书馆和天津社科院图书馆藏。

历代都城宫殿图考一卷

樊彬撰。《燕都杂咏序》谓："余夙留心舆图，尝撰《历代都城宫殿图考》一卷，略记建置。"未见。

文卿吟稿

樊彬撰。《大清畿辅书征》著录。未见。《津门诗抄》卷十七存诗六首，梅成栋按云："文卿咏《驿柳》诗有'谁将短笛吹三弄，客共飞花忙一春'句，余绝赏之。其佳句如《兽炭》云，'未必焚身因齿累，独含奇气肯心灰'；又'岂有文章占炳蔚，可怜头脑近冬烘'，俱有寄托。"

文卿赋稿

樊彬撰。不见书目著录。此或即前书。稿本，三册，竹纸线装。2006年天津春季拍卖会上显现。

问青阁诗集十卷

樊彬撰。《大清畿辅书征》和［民国］《天津县新志艺文》著录，谓彬诗名最早，又享大年，故积稿颇富。是集录其出仕以前及司训冀州之作，其师叶绍本为之序。集中师生唱和之作亦最伙。彬没京师，文物散失，生平所著诗文稿亦大半就湮，惟此以刻本独存也。清道光十九年（1839）刻本，《天津地方史资料联合目录》著录，天津历史博物馆藏。

问青阁诗集十四卷

樊彬撰。《清人诗文集总目提要》著录，清道光间刻，北京图书馆藏。前有道光十九年（1839）归安叶绍本叙，和天津董怀新、徐士钤、华长卿以及宝坻高继珩等人题词。诗编年，自道光元年迄二十四年，共九百六十七首。该《提要》另并转引《中国书店三十年所收善本书目》著录说：樊彬"晚年所作辑为《问青阁诗集》，存卷十五至五十六，底稿本，竹纸十册"。如此多卷，会否著录有误，不知售归何处了？

燕都杂咏一卷

樊彬撰。《中国丛书综录》著录，见载张江裁辑《燕都风土丛书》，民国二十八年（1939）燕归来簃铅印本。

燕都杂咏四卷

樊彬撰。《中国丛书综录》著录。所记皆北京史事和四时风情，分《历代旧闻》二卷（上古至宋，及辽至明），《熙朝嘉话》一卷（入清后事），《都城琐记》一卷（北京民俗民风）。清光绪三十三年（1907）长沙石耕山房刻本，北京图书馆藏。

津门小令一卷

樊彬撰。《大清畿辅书征》和［民国］《天津县新志艺文》著录。彬自序谓尝见人有为《扬州忆》小令者，爱其辞意新婉，因思沽上有小扬州之目，偶效其体，得百馀首，删存八十首，盖竹枝之类，所以纪风土也。清嘉庆二十三年（1818）刊，《天津地方史资料联合目录》著录，天津师范大学图书馆藏。清人华鼎元辑之为《梓里联珠集》之一，抄本，南开大学图书馆藏。近又有《天津风土丛书》本，天津古籍出版社出版。

梁宝常（1798–1857）

宝常字楚香，清天津人。道光三年（1823）进士，官至两广总督。后被参在家。咸丰三年（1853）奉命办团练，参与了对抗太平军北伐的稍直口之役，获朝廷嘉奖。

营武备要一卷

梁宝常辑。《续修四库总目提要》著录，不知撰人。原为抄本，泛述军营诸事，亟以纪律为要，大抵不出戚继光《练兵纪实》《纪效新书》诸书内容，当为宝常办团练时抄辑，是书已不知下落。

金 镕

镕字无考，清天津人。道光五年（1825）举人，官江苏睢宁知县。

爱庐遗稿

金镕撰。《津人著述存目》著录。未见。

杨慎恭（1799–1861）

慎恭字醉六，清天津人。辉祖孙。咸丰五年（1855）副榜贡生。咸丰十一年十月二十九日卒，年六十三岁。见梅宝璐所撰传。

醉六吟草

杨慎恭撰。[民国]《天津县新志艺文》著录。梅成栋谓其五绝节短音长，寄托不少。未见。华光鼐撰《脞录》里存有其诗多首。

故吾吟草

杨慎恭撰。《津人著述存目》著录。此或即《醉六吟草》，见上。

故吾文集

杨慎恭撰。《津人著述存目》著录，转引自《天津文抄》卷四梅宝路撰《杨醉六先生传》。未见。

吴士俊（1800-1883）

士俊字傅俨，清天津人，世居北仓。道光五年（1825）举人，十三年中进士。授湖南辰溪知县。迁彬州，两充分校乡闱，一充内监试。二十六年谢病归里，主讲辅仁书院。生平精研易学。

易学泝源二十四卷

吴士俊撰。《大清畿辅书征》和［民国］《天津县新志艺文》著录，稿本，原存。是书前列《易说汇解》二卷，末有《读易杂录》二卷，馀二十卷为正经，大旨盖以河图洛书，圣人则之，作《易》者从象数出，注《易》者从象数入，自晋王氏《易》行，而马、郑、荀、陆诸家俱废汉学，失传者千馀年。所幸唐李鼎祚，网罗汉儒易说三十馀家；近世毛奇龄、惠栋、张惠言亦各有祖述，微言大义，犹有存者。士俊荟萃纳甲纳音，爻辰卦气，以及焦氏世应、虞氏消息诸说，从象数推勘理气，引彼证此，以经注经，俾人知治《易》当于理气象数参互阐发，六通四辟，斯为正宗。自序今存，原稿未刊，已不知下落。

易说汇解二卷

吴士俊撰。《津人著述存目》著录，谓附《易学泝源》后。见前。

字学汇考九卷

吴士俊撰。《大清畿辅书征》和［民国］《天津县新志艺文》著录"稿本，存"。是书标名匡俗者凡八卷，其例以四声隶字，按佩文韵为部，每字分正俗两体，杂引诸古籍以辨之。而仍以许叔重之收为断，然时亦自摅所见，如以礼为正，礼为俗，谓丰为礼之古文。至《说文》以礼为古礼字，乃俗儒妄省增人者

也。曰订伪，曰析疑，曰引古，共为一卷。析疑引古，俱仅缀
一条，恐非卒业之编，至订伪例，与匡俗同。士俊此书，盖仿
颜氏《干禄字书》而作。第颜书重在适今，故正俗之外，更有
通用之体。此书砭俗纠误，勤于复古，斯为异耳。未见。

骈体鉴略一卷

吴士俊撰。《大清畿辅书征》和［民国］《天津县新志艺文》
著录。是编概括诸史，约为四言韵语，题曰《鉴略》，俾启蒙
之初便于记诵也。前有自序一篇，盖家塾之读本云。清道光
二十七年（1847）天津刻本,《天津地方史资料联合目录》著录，
天津师范大学图书馆藏。

祝融佐治真诠十卷

吴士俊撰。《大清畿辅书征》和［民国］《天津县新志艺文》
著录。《续修四库全书总目提要》作清刻本，前有长篇自序：
鉴于道光之季，海疆多故，旧时火器苦窳无以御敌，而西人利
玛窦、汤若望等传入之说犹有述者。近人丁拱辰、汪仲洋、龚
振麟、丁守存辈复能有所阐明，以之制演新器，多有明效。士
俊乃仿明戚继光《练兵实纪》例，搜集中外书籍，择要取长，
由火器（特详炮与枪）之炼冶制造，以逮运掉之术、攻守之用，
表里分合，各为图说；虽陈新参半，而理化测算，形重诸学，
已略寓其中矣。是书未见传本。

蕉雨山房诗抄四卷

吴士俊撰。《大清畿辅书征》和［民国］《天津县新志艺文》
著录，转引沈兆湛序略云："傅岩先生《蕉雨山房诗抄》，忠厚
悱恻之意溢于行间，一游一览、一赠一答，以及慨今吊古，莫
不有平正通达之论；远以书卷浓郁之笔，佐以纵横排宕之气。"
是集起道光六年（1826），终咸丰七年（1857）。末附试帖一

卷，为同治十一年（1872）作，其题则皆采自经史者。原稿本不分卷，现藏中国科学院图书馆，《清人诗文集总目提要》著录。后有光绪元年（1875）刻本行世，《续修四库全书总目提要》著录。未见。

傅岩学吟诗草一卷

吴士俊撰。《大清畿辅书征》和［民国］《天津县新志艺文》著录。刻本。是集各体俱备，多从《蕉雨山房诗抄》选出，类皆惬心之作，梓以行也。未见。

傅岩读史闲评一卷

吴士俊撰。［民国］《天津县新志艺文》著录。是集专录咏史诗，亦从全集选出，因类为题。发挥胸臆，排盈拗折，往往出以歌行。而近体亦偶有之。即事议事，别无寄托，故曰闲评。刻本，一册，《天津地方史资料联合目录》著录，天津图书馆藏。

吴士俊文集不分卷

吴士俊撰。《清人别集总目》著录，稿本，南京图书馆藏。

王敬熙（1800-1875）

敬熙字莲品，清天津人。家世业盐，为长芦总商。雅负时望。生平言动不苟，起居有时。喜结文字交，如于士祜等皆以寒士引为上客，礼敬勿衰。善书，能作擘窠大字。晚年学为诗文。

莲品诗抄一卷

王敬熙撰。［民国］《天津县新志艺文》著录，谓是集存古近体一百三十馀首。道光末，梅宝璐重结梅花诗社，敬熙得与其盛，故集中多及斯事。厥后复与于士祜、杨光仪时相倡和，盖性喜风雅，晚年以此自娱也。集后附《畏悯斋文抄》，存文七篇。清咸丰三年（1853）序刻本，南开大学图书馆藏；又有民国十二年（1923）王守恂重刻本，张寿校，末有其子益保跋语。天津历史博物馆藏，见《天津地方史资料联合目录》著录。

畏悯斋文抄

清王敬熙撰。《津人著述存目》著录。此或即上述《莲品诗抄》后附之存文七篇。

王增年

增年字逸兰，清天津人。敬熙族第。诸生。屡试不第，幕游南北。晚年浪迹山左，终老异乡。生平喜讴吟，积稿成峡。

妙莲华室诗草五卷附诗馀二卷

王增年撰。［民国］《天津县新志艺文》著录，无《诗馀》二卷，今从《清人诗文集总目提要》。清同治二年（1863）刻，天津图书馆、南开大学图书馆藏。《诗草》前有宗弟鸿郎等二序，后有大兴朱启焘跋；《诗馀》前有长洲宋祖骏序，称其词"俨然两宋之遗制，姜、张之后劲"。

妙莲华室诗词抄二卷

王增年撰。《天津地方史资料联合目录》和《清人诗文集总目提要》著录。民国十一年（1922）刻本，天津图书馆和天津历史博物馆藏，首都图书馆、大连图书馆亦有收藏。是书为增年的曾孙王守恂在上书基础上选其精粹而成，收诗四十首，词十八阙，金钺为之序。

妙莲华室诗馀二卷

王增年撰。［民国］《天津县新志艺文》著录。高凌雯谓："增年囊笔游四方，所至结交文士，尤以善填词有名于时。长洲宋祖骏谓其词格之高，俨然两宋遗制，以东南之秀与之角逐，匪惟无愧，且可许其先登也。泰州宫本昂为镌其稿与诗集并行于世。"清同治二年（1863）刻本，天津图书馆和南开大学图书馆藏，见《妙莲华室诗抄》条。该书别题《七十二沽棹歌》，盖作者系天津人，并非写天津事也。

暗香媒传奇

王增年撰。剧作。《古典戏曲存目汇考》著录。清咸丰元年（1851）刻本，北京图书馆藏。原稿本藏吴晓铃处。另载《小说月报》第四卷第十号至十二号，民国三年（1914）一月至三月刊。取材于《聊斋志异·婴宁》篇，作者自序云："客因举吴下一事，颇新耳目，与蒲柳泉所记《婴宁》事绝相类。归而构思，不欲直接其人，乃取《婴宁》本传为纬，以己意经之，并稍设神道，以合关目，共二十出，正文前加《提纲》一出。"

金际泰（约 1800- ？ ）

际泰字熙堂，清天津人。北迁金氏第十一世孙，同治七年（1868）已年近古稀（见金达澜序）。

金氏家集五卷

金际泰与金达澜合辑。［民国］《天津县新志艺文》著录。原有序云："祖居绍兴，国初北迁天津。我先人读书务本，以笔墨陶泳性情。即交接亦皆端士，以简章唱和，互相投契，计二百馀年，所存间有遗失。诚恐嗣后鲜知珍重，更叹靡沈。吾弟鹤山兼同此慨，煞费苦心，昼夜搜罗，历二、三年之久，将我先人之断简残篇，并诸前辈之只字片纸，纂成家外两集，另立小传，不独表白先人之规步懿行，亦以励后哲之端方务正，勿玷前行出尔。同治九年岁次庚午闰十月朔日，际泰志于归与草堂。"是书稿寄四川族第金凤洲付梓未果，后为族侄金恭寿增补刊行。卷三存其《题家集简鹤山弟》诗一首。

徐文焕

文焕字浣云，清天津人。徐永鉴曾孙。道光八年（1828）举人。由教官选广东龙门县知县。曾参加梅成栋创立的梅花诗社。

小蓬莱仙馆诗草一卷

徐文焕撰。［民国］《天津县新志艺文》著录"抄本，存"。是集存诗一百一十馀首。有华长卿、孟继坤题词。杨光仪辑《津门诗续抄》选其诗甚多。道光间沽上诗人起梅花社于水西庄，文焕尝占一席，诗笔雄健，独无当时薄弱之弊，故读者多盛赞之。集中仅有永平学署诸作，或者竟未度南岭与。此书已不见传。

查　玮（1801－1846）

官名昈，原名励勤，字邻哉，号相庵，又号槎士。为义曾孙，彬三子。国学生。河南候补从九品，历署明港驿丞、禹州史目，敕授登仕郎，诰赠朝议大夫，累赠通奉大夫。

我容轩试贴

查玮撰。《宛平查氏支谱》本传提及。未见。

查省勤（1801－？　）

省勤字曾山，号心吾，又号遂初。为义曾孙，应龙长子。恩贡生。候选复设教谕。

日知月无忘斋杂著

查省勤撰。《津人著述存目》著录，转引自［民国］《天津县新志艺文》，作"存目"。《宛平查氏支谱》题《知无忘斋杂著》。未见。

吴起元

起元字云佐，清天津人。景周（1781–1859）子，惠元兄。道光十一年（1831）恩科举人，官长垣县教谕。

云佐吟草

吴起元撰。［民国］《天津县新志艺文》著录。未见传。［同治］《续天津县志·艺文》存其诗一首。

游豫杂咏

吴起元撰。《津人著述存目》著录，转引自［同治］《续天津县志·艺文》。按：当与王履谦所撰同名异书。未见。

丁运枢

运枢字少衡，清天津人。道光十一年（1831）恩科举人。家贫力学，究心史事。授徒里中，至老勿倦。华光鼐撰《脞录》里存有其诗若干，转录自郭师泰辑《十友诗编》。晚宰福建宁化，旋去任，卒。

张公襄理军务纪略六卷

丁运枢等整理。［民国］《天津县新志艺文》和《天津地方史资料联合目录》著录。是书因清咸丰三年（1853）太平军北伐至津郊，及八年以后英法联军大沽口登陆，海口多事，县人张锦文有"保卫乡里"之功，当日设局莅事，日有记载。事平，以稿属运枢等为之删削诠定。书中详记城市守望之法，财物供应之劳，与夫邸抄札牍，皆实而有征者。清宣统二年（1910）石印本，天津图书馆和天津社科院图书馆藏。按，张公即张锦文。

陈世勋

清天津人。其它不详。

张公襄理军务纪略六卷

陈世勋参与整理。清宣统元年（1909）石印本。《津人著述存目》和《天津地方史资料联合目录》著录，天津图书馆藏。

葛毓琦

毓琦字问渠，清天津人。曾与丁运枢等合作删定张锦文的《襄理军务纪略》。

张公襄理军务纪略六卷

葛毓琦参与整理。［民国］《天津县新志艺文》著录。清宣统元年（1909）石印本，天津图书馆藏，见《天津地方史资料联合目录》著录。

蔷露山房诗稿

葛毓琦撰。［民国］《天津县新志艺文》著录。周宝善撰有《索观葛问渠诗稿》和《题葛问渠蔷露山房诗稿》二诗，见载抄本《木叶诗集》中。该《诗稿》未见传存。华光甤撰《脞录》里存有其《伤怀》《拟古》《移竹叹》《暮春即事》等诗。

姚承丰（1801-1871）

承丰字玉丰，清天津人。承恩弟。道光十二年（1832）举人，誊录知县加同知衔。未任。居家授徒。县人陶云升，高阳人李鸿藻同出其门，复同年举进士，士林艳称之。徐士銮《敬乡笔述》云："先生情性和蔼，操履端洁，学有渊源。生平无矜浮气，儒素家风，缥缃世守，家居授学，成就人才为多。"

同治十年（1871）卒。

稔斋诗草一卷

姚承丰撰。[民国]《天津县新志艺文》和《续修四库全书总目提要》著录。《新志艺文》谓：承丰"与兄承恩同为梅成栋门人，亲炙较久。《集》中命题多与《朗山诗草》相同，想见分韵拈豪，风雨连床之乐。其戚金渶官江苏时，承丰尝南游过江。又值乡人沈兆沄督运北上，异乡聚首，各有歌咏。其它登高揽胜，及客途写景之作，亦复不少"。《续修四库全书总目提要》云："是集古今体诗一百七十馀首，后有其孙彤章识语，谓此编为曲阜孔绣山、宝坻高继泉、任邱边袖石、天津吴傅岩诸先生所选订。"原系抄本，今有民国十一年（1922）上海中华书局铅印本行世。《天津地方史资料联合目录》著录，天津图书馆、天津社科院图书馆藏。

徐廉锷

廉锷字颖芳，号新庵，清天津人。基弟，城子。道光十二年（1832）举人，十六年（1836）进士，官晃州直隶州通判。

会心堂诗文集

徐廉锷撰。《天津徐氏著述及刊刻活动述略》著录，徐绪玲、刘尚恒撰。载《天津出版史料》第五辑，百花文艺出版社1993年出版，谓"今未见"此书。

史乐善（1802-？）

乐善字雨汀，清天津人。董怀新表弟。性谦蔼，重交游；工诗词，善书法，尤喜临汉碑。弱冠补诸生，食廪饩。以家贫亲老，充䠛椽。曾游山海关，登澄海楼观海，诗以纪之。归里后遍征题咏。道光二十年（1840），与沽上同人续题梅花诗社。卒后无子，遗稿多散失无存者。

史氏族谱

史乐善撰。《津人著述存目》著录，转引自《津门古文所见录》卷一董怀新撰《史氏族谱序》。不见传。

雨汀诗草一卷

史乐善撰。[民国]《天津县新志艺文》著录。未见。华光黼撰《脞录》里存有其诗多首。

梅影集二卷

史乐善撰。《大清畿辅书征》和[民国]《天津县新志艺文》著录。未见。此或即史乐善编辑之续梅花诗社社集。华光黼撰《脞录》卷二中有文谓："道光己酉（1849），小杨梅小树宝璐重起梅花诗社，集同人于赵氏来石山房。史雨汀乐善即席得句云：'亦随群彦集山房，霜冷黄花剩晚香。梅影分题新白社……风流足继水西庄。'"同书又载："梅社续集题为'梅影'四首，四首之中复分月下、水边、灯前、镜中四种，一时作者颇多，兹将其佳者采录。"其中便有梅宝璐、史乐善等人所作。

说诗臆语一卷

史乐善撰。《大清畿辅书征》著录。[民国]《天津县新志艺文》作"存目"。北京图书馆藏抄本，二册，题"《读诗臆语》，雨汀编"，当为是书，雨汀为史乐善的字号。见馆藏目录。

雨汀诗话八卷

史乐善撰。《大清畿辅书征》和[民国]《天津县新志艺文》著录。原书未见，华鼎元《津门征献诗》中多有引述。

郭师泰（1802－1863）

师泰字筠孙，室名涤襟楼，清天津人。锡孙。道光十九年
（1839）举人。二十四年成进士。官安徽怀远县知县。值太平
天国农民革命战争事起，师泰奉公筹饷，措置有方。未几罢归，
囊无馀赀，惟图书数卷而已。

津门古文所见录四卷

郭师泰辑。《大清畿辅书征》和［民国］《天津县新志艺文》
著录。是书汇集津人所为古文一百二十四篇，作者凡六十一人，
自道光以上逮于清初，乡里能文之士，略备于是。邑人不喜刻
集，凡兹所辑，大率得自传抄。中如朱函夏、绍夏，周焯，金
相，周人麒，沈峻等皆蔚然作者，其文集至今俱佚，赖此犹可
窥豹一斑。师泰多识乡邦掌故，每于诸家文后，略缀数语，用
志旧闻，皆于文献有关。书成未及付梓而没。其戚华景安捐资
于清光绪十八年（1892）刊行之。《天津地方史资料联合目录》
著录，天津图书馆、天津社科院图书馆、南开大学图书馆和天
津师范大学图书馆藏。

涤襟楼遣怀集残二卷

郭师泰手辑。清稿本。《天津地方史资料联合目录》著录。
全书应为四种四卷，今残存二种即卷二《小唱》，卷三《奇谈》，
皆辑录前人的一些俗文学类鼓词、唱段、道情和人事物类传说
等，有道光十八年（1838）的编后题记。是书为“后学孙默厂”
于旧书肆中购得，现藏天津图书馆。不见［民国］《天津县新
志艺文》著录。

涤襟楼考古录不分卷

郭师泰手辑。稿本，一册，天津师范大学图书馆藏。未署

作者名，因有筠孙藏章，且题"涤襟楼"，当郭师泰手辑无疑。或即《涤襟楼遗怀集》四种未及清抄散出之一种。书中收有孙星衍《释人》等五篇；安溪李钟伦（李光地长子）《九献仪节歌》《易诗书源流歌》等十九篇，以及纪昀撰《论易》一篇，都系通俗读物。此书也不见［民国］《天津县新志艺文》著录。

沽上十友诗编

郭师泰辑。不见书目著录，华光鼐撰《脞录》里提及。十友者，即董怀新、杨慎恭、丁运枢、李宗城、史乐善、王雨香、葛毓奇、阎履芳、王书和华长卿等。原书未见，但《脞录》里抄录了各人诗作若干，可供续辑《津门诗抄》用。

涤襟楼诗文集

郭师泰撰。不见书目著录，华光鼐撰《脞录》里提及，谓"筠孙先生甲辰成进士，历官山左皖江。乙卯（1855）归里，曾录其《涤襟楼文集》一册，末附诗六十首"。文未转录，附诗抄及数首，此亦可供续辑《津门诗抄》用。原书未见。

姚学程（约 1802-？ ）

学程字景伊，号菊坪，清天津人。逢年孙。道光十九年（1839）举人。初以旅食往来辽沈，继复栖迟河洛，事违其志，颇郁于怀。数年后始为辽阳学正，与华长卿同官一地，旧雨重逢，极诗酒唱酬之乐。

菊坪诗抄二卷续抄一卷

姚学程撰。《大清畿辅书征》和［民国］《天津县新志艺文》著录。清同治十一年（1872）会文山房刻本，《天津地方史资料联合目录》和《清人诗文集总目提要》著录，中国科学院图书馆和天津历史博物馆藏。弟华长卿于同治十年（1871）五月为之序云："君善于文章词赋，尤工于诗。诗律之和平纯粹如其人。"且谓："君年届古稀，余亦久迈花甲。"可见其年长于华，约生于清嘉庆七年（1802）。其卷首所列各题，多与诸父承恩、承丰同时会课之作，盖亦执赞于梅成栋之门者。

胡承勋

承勋字芟塘，清天津人。道光十九年（1839）举人。河南候补知县。

读史纪略四卷

守拙斋文存二卷

醉石轩诗稿六卷

胡承勋撰以上三书，《大清畿辅书征》著录，转引自《长芦盐法志》。未见。

乔联璧

联璧字筱泉，一作小泉，清天津人。道光十九年（1839）举人。历官内阁中书，典籍云南新兴州，白盐井监课司提举，东川府同知，署文山县知县，沾益州、镇南州、昆阳州、宁州知州，开化府知府。

谭风月斋诗草

乔联璧撰。[民国]《天津县新志艺文》著录。未见。

殷序之（1803－？）

序之字小东，清天津人。殷秉镛之子。道光十五年（1835）举人。学问渊博，精于《说文》，所著《字说》，颇多新义。官湖北均州知州。

字说

殷序之撰。［民国］《天津县新志艺文》著录。未见。

周承基

承基字梅岩，清天津人。国子监生。历官江苏镇江府、苏州府、松江府、江宁府通判，苏州府、江宁府同知。

七巧集成八卷

周承基撰。《大清畿辅书征》和［民国］《天津县新志艺文》著录。是书盖以里俗所行七巧图，不过仅作冠裳、鼎彝、昆虫、草木之形。承基变为文字，得韵语楹联各若干则，点划波磔，多饶奇趣。又以友人所作，汇为一编，故名集成。从其自序和张九垓所作序来看，是书当成于清道光二十六年（1846）并刊行之。另有李映棻、焦肇跋。是书未见。

贺松龄（1804-？）

松龄字醒槎，清天津人。道光十四年（1834）优贡生。逾年考取教习。越十年报满以知县用。二十二年举于乡，挑取誊录。咸丰三年（1853）选授山西永宁州、四川剑州知州。

六书原始十五卷

贺松龄辑。《大清畿辅书征》著录。北京图书馆藏有清同治三年（1864）剑州贺松龄刻本八册，见馆藏目录。

未能免俗斋诗抄三卷

贺松龄撰。［民国］《天津县新志艺文》著录"刻本，存"。谓"是集之诗，始于松龄读书香林院，其时年甫十五，曰《志学草》；二十以后就婚湖南，曰《楚游集》。其后携家居京师，充官学教习，曰《日下草》。迨作牧永宁，案牍告劳，旋以忧去。永宁古石州，因题曰《石州草》。但在永宁无诗，仅有《石州草序》，以存厓略耳"。是书刻本未见。另，《大清畿辅书征》和《续修四库全书总目提要》著录有五卷抄本，各有自序，聊记宦游踪迹而已，分别为：《志学草》一卷，记十五岁以后少年之作，自嘉庆二十三年（1818）迄道光九年（1829）；《日下草》一卷，道光十一年（1831）至咸丰三年（1853）之作；《石州草》一卷，咸丰四年（1854）至六年往还石州所作；《迷途草》一卷，咸丰七年（1857）至十年（1860），周旋山东、京师及热河所作；《蜀游草》一卷，咸丰十年后宦游四川之作。以上诸作均未见。

周常琇

常琇字友兰，清天津人。光裕曾孙女。幼随宦山东，偕诸弟读书官廨。能作古今体诗。后归余杭（今浙江杭州）朱氏。

绣馀吟馆诗草一卷

周常琇撰。[民国]《天津县新志艺文》著录，另见《历代妇女著作考》，谓常琇"能作古今体诗，后归余杭朱氏，帆辑往来，时以歌咏寄兴。稿藏于箧，不以示人。弟常彝辑得诗百数十首，华长卿为之点定，序以行之"。清末华氏刻本。未见。

张恩成

清天津人，生平不详。

等韵易简一卷

张恩成撰。《贩书偶记续编》著录为底稿本，前有清道光十七年（1837）自序，后有光绪二十六年（1900）津门陈垲手跋。《津门选举录》附《著述》著录有"《等韵易简》，张氏家抄，张仲仁撰"，或为同一人。现存光绪二十六年（1900）刻本，一册。天津图书馆藏，见馆藏目录。

华长卿（1805-1881）

长卿原名长懋，字枚宗，号梅庄，晚号米斋老人，清天津人。道光十一年（1831）举人。曾随舅氏沈兆沄游宦南京等地，足迹几半天下。咸丰三年（1853）授奉天开原训导，后选国子监学正。博学多闻，于经史金石、谱录书画词章之学，皆能探其底蕴。与宝坻高继珩、任丘边浴礼，有"畿南三才子"之称。学者宗之。年七十七卒。

古本周易集注十二卷

华长卿集注。《大清畿辅书征》和［民国］《天津县新志艺文》著录，抄本。未见。

尚书补阙一卷

华长卿撰。《大清畿辅书征》和［民国］《天津县新志艺文》著录。自序略谓：《尚书》自东晋之古文出，而西汉之古文亡。后学奉蔡、沈集传为圭臬，真伪杂错。独惜《泰誓》一篇出于汉代，立在学官，反为伪《泰誓》所敚。乃就《尚书大传》《史记》《左传》《论语》《孟子》所引《泰誓》之文，裒辑一册，并集马、郑诸家之法，以诂其义。又谓《泰誓》今文一篇，古文分为三，今仍为一。长卿尊经重汉，黜梅赜伪古文而不信，辑为此篇，以还真《泰誓》之旧，故曰补阙。清咸丰元年（1851）天津华氏刻本，《天津地方史资料联合目录》著录，天津师范大学图书馆藏。天津图书馆亦藏，见馆藏目录。

毛诗识小录四卷

华长卿撰。《大清畿辅书征》和［民国］《天津县新志艺文》著录，抄本。未见。

仪礼图说二卷

华长卿撰。[民国]《天津县新志艺文》著录。未见。

春秋三传异同录

华长卿撰。《大清畿辅书征》著录。[民国]《天津县新志艺文》作《春秋三传经文考异》一卷，"稿本，存"。谓"是书取'三传'所录经文而互校之，摘其人名、地名之不同，及文有增益者，依十二公年序分列于下，对举原文，而亦间有所正，盖以'三传'异文迭出，有此可资考辨，亦治经者之助也"。未见。

论语类编二卷

华长卿撰。《大清畿辅书征》和[民国]《天津县新志艺文》著录，前者谓一卷，后者作"稿本、存"。是书析《论语》各章，使以类相从。或以圣言为类，或以引经为类，或以门弟子问答各就一人为类。又有以《论语》谱名篇者，以圣言分隶年谱之内，略如朱子《论语序说》所注《孔子世家》。但各类先后无序，盖稿具未及编次之书。未见。

说雅六卷

华长卿撰。《大清畿辅书征》和[民国]《天津县新志艺文》著录。是书见太仓王宝仁《说文形声表序》中谓：长卿别将《尔雅》十九篇，撰为《说雅》，专论字义，与此互相发明。未见。

说文形声表十四卷附检字一卷

华长卿撰。《大清畿辅书征》和[民国]《天津县新志艺文》著录。转引王宝仁序略云："津门华君梅庄，熟精许氏之学，创为《形声表》一书，将《解字》原本，始一终亥，按其偏傍，别为编纂，凡从某某声，从某从某省声之字，俱改归偏傍之下；凡从某从某，或从某省之字，添注本字之下。本字无偏傍可归者，仍载原部之后。其有古文、籀文重文又变体者，详加注明。

凡为书十四卷,又辑部首首卷,共十五卷……是书则兼贯形声,
而指事会意,得以类推;纵横错综,绘而为表,使人人览而知
叔重之学,仍可寻流而溯,按部而稽。则非特读是书者开一门
径,抑且为许氏臣矣。梅庄别将《尔雅》十九篇,撰为《说雅》
(按见前书),专论字义,与此书互相发明,它日两书并行,穷
小学者其必有取尔哉。"是书惜未传存。

说文引经考一卷

华长卿撰。《大清畿辅书征》和 [民国]《天津县新志艺文》
著录"抄本、存"。是书以十三经为次,录《说文》所引经文
于上,注明所出篇名;而以今文列于下对勘,自知其异,各录
原文,不加辨证。未见。

说文韵遗一卷

华长卿撰。[民国]《天津县新志艺文》著录"抄本、存"。
是书以《佩文》韵为准,凡《说文》字未收入者,悉依韵编列,
故曰"韵遗"。其有古今异体者,虽今体已收,仍以古体编入,
意在两存,不嫌其复,故积字多至四千四百五十七字。未见。

正字原七卷

华长卿撰。《大清畿辅书征》和 [民国]《天津县新志
艺文》著录。是书因学者于书体正俗莫能辨识,乃取今体
一千九百三十八字,各系以小篆,以示本字之原,详注音
义,而以相从之字备载于下。长卿熟于《说文》,凡许书所有
九千三百五十三字,大徐新附四百二字,皆收入,馀不滥及,
仿《康熙字典》检字法,计画得字,由形悟声,一切俗体无由
而误。书成,其舅氏沈兆沄为之序。今天津图书馆残存精抄本,
一册,仅十四页。

俗音正误一卷

华长卿撰。《大清畿辅书征》和 [民国]《天津县新志艺文》

著录"抄本，存"。长卿以蒙师授经不讲音韵，俗读沿袭，莫悟其非。乃为遍举其字，分四声标注，示以正读，其无直音者，翻切之。凡揭出一千二百馀字，盖为乡音订误也。未见。

群经辨字一卷

华长卿撰。[民国]《天津县新志艺文》著录。是书择经文中古今异体之字，逐加考辨，俾各复其旧注，曰某当作某，其有通用者补注之。大率每字以义为主，以群籍为证，而援据许氏之书为多。原存一卷，唯《易》与《四书》完具。其它尚有何经，以书已佚，无可考知。即其残一卷，今也不见了。

古文字谱一卷

华长卿撰。[民国]《天津县新志艺文》著录"抄本、存"。是书每字以今文居首，而以古文系其下。其分部依《康熙字典》，以字划多寡为先后。每部从偏旁之字亦然，取易检也。末附奇字偶抄，多迻体或俪体之字，音义及所出书俱详注之。未见。

韵籁四卷

华长卿撰。《大清畿辅书征》和[民国]《天津县新志艺文》著录"抄本，存"。是书为长卿创作，自谓叩音辨韵，得喉音五，舌头、舌上之音各四，半舌、半齿音一，正舌音五，唇外音四，唇内音三，正齿、齿上之音各四，半牙、半喉音四，轻齿、重齿、轻牙、重牙之音各三，凡得音五十，即以五十音衍为五十章。每章以入声括平、上、去三声。如冈、根、更、钩、高、该、哥、干之入皆为各，即以各括之，名《各衍章》；杭、痕、亨、驹、薨、孩、诃、酤、蚵之入皆为赫，即以赫括之，名《赫衍章》也。是书不见传。

两晋十七国南北朝年表一卷

华长卿撰。《大清畿辅书征》和[民国]《天津县新志艺文》

著录"抄本,存"。是书盖以东晋以后,南北割据,此蹶彼起,扰扰者二百八十馀载,岁月绵历,统绪棼如。而《晋书》《南北史》《宋》《南齐》《梁》《陈》《魏》《北齐》《周》《隋》各书,无一为年表者。乃仿《新五代史·十国年谱》例,自晋惠永兴元年(304),迄隋文开皇八年(588),列为简表,篡弑废立,依年编入,使读史者可以开卷了然。长卿此著署名长懋,其时尚未更名,盖成书于道光十年(1830),有自序。书未见传。

历代宰相表五卷

华长卿撰。《大清畿辅书征》和[民国]《天津县新志艺文》著录。抄本,已佚。

唐宋阳秋五卷

华长卿撰。《大清畿辅书征》和[民国]《天津县新志艺文》著录"抄本,存"。是书大旨以五季篡逆相寻,得不以正;且年祚短促,皆不足以国。惟朱邪赐姓李氏,立功河朔,收复京城。徐知诰本姓李氏,为宪宗子孙,据有江淮二十一州,尚堪承统,故取后唐以继唐,取南唐以继后唐,至宋兴而止,始唐天佑四年(907),终北宋开宝九年(976),凡七十年间事,仍录旧史,而予夺攸分,盖黜魏帝蜀之遗意耳。清稿本,六册,有王燮、高凌雯题识。天津图书馆藏,见馆藏目录。

津门选举录六卷

华长卿撰。《大清畿辅书征》和[民国]《天津县新志艺文》著录。陈垲序略云:"昔华广文梅庄,曾纂《选举录》一编,自(清)国朝以来,凡膺选举者,按科注明至详且备。其中有改籍者,俱未登入,示不滥也。"是编非本籍人不载,入载者所注历官甚悉。这是与后来陈垲所编之《津门选举录》有别之处。卷尾附抄天津著述书目,分隶四部,总七十馀种,固非其全,然以之校［民国］《天津县新志艺文》每有异同，且多出若干种。本书在编写过程中参考之。天津图书馆藏，见馆藏目录。

疑年录小传三卷

华长卿撰。《大清畿辅书征》和［民国］《天津县新志艺文》著录"抄本，存"。是书就钱大昕《疑年录》第四卷及吴修《续疑年录》第四卷所收诸人为之补辑传略，各为一卷。又自辑一卷名曰《附录》，但有小传，不载生卒年月。其中有为《续疑年录》第三卷所已收者十人。凡其所录，断自清初，盖以昭代人文极盛，有景行之意焉。未见。

方舆韵编二卷

华长卿撰。《大清畿辅书征》和［民国］《天津县新志艺文》著录"抄本，存"。长卿以当时士夫多不识皇舆郡县之名，著为此编，使之依韵检字，易于知晓。书分上下两编，上编列其名，分别为府为厅为州县；下编示其系统，注明隶于某省某府或某厅州。其地名重复及异同多寡，别为杂录以详之。书成于咸丰三年（1853）。时李兆洛《皇朝地理韵编》诸书尚未汇刻传布，此书与之功用相同，所谓不谋而合者也。未见。

盛京通志稿三十六卷

华长卿撰。［民国］《天津县新志艺文》著录。盛京（指今辽宁省）旧有通志，乾隆四十四年（1779）敕撰，至咸丰七年（1857）复倡议续修，时倭仁为盛京将军，长卿为开原训导，遂聘充总纂，二月开局，从事编辑，翌年海防事亟，费用告匮，甫成书三十六卷，遽尔中辍。原稿移有司收贮。今不见《中国地方志联合目录》著录，或已佚。

盛京建置沿革表一卷

华长卿撰。《大清畿辅书征》和［民国］《天津县新志艺文》

著录"抄本，存"。是书前有序文，属词庄丽，颇类方志篇首之作。而书中详记盛京所属府厅州县及兴京、吉林、宁古塔、黑龙江各地历代分并隶属之故，列为五表以明之。其体例亦与省志相类，或即长卿所辑《盛京通志》三十六卷之一，独留此稿以备单行者也。未见。

畿辅人物表一卷

华长卿撰。《大清畿辅书征》和［民国］《天津县新志艺文》著录"抄本，存"。是《表》纵以历代为次，始于两汉；横以各府为次，始于顺天（今北京），凡得名臣硕儒节义文学之士二百五十六人。书无序例，不知去取之意以何为准，亦不知其书为完为阙。或者依表为传，尚待编辑，先定此目录。未见。

沽上阳秋一卷

华长卿撰。［民国］《天津县新志艺文》著录。未见。

圣庙崇祀图考二卷

华长卿撰。《大清畿辅书征》和［民国］《天津县新志艺文》著录。未见。

乐谱二卷

华长卿撰。［民国］《天津县新志艺文》著录。未见。

古艺文志二卷

华长卿撰。［民国］《天津县新志艺文》著录。未见。

今艺文考二卷

华长卿撰。［民国］《天津县新志艺文》著录。未见。

千家姓三卷附华氏姓薮目录二卷

华长卿撰。［民国］《天津县新志艺文》著录"抄本，存"。谓长卿以姓氏之学，古今多有成书，然皆不便于记诵。惟宋人采真子《千姓编》，以四字为句，联以音韵，文义相属。是书未见。徐士銮《敬乡笔述》卷一《华春浦明府华梅庄学博》提及《姓薮》四卷或亦指此书。未见。

查初白张船山年谱二卷

华长卿撰。[民国]《天津县新志艺文》著录。未见。

天津华氏南支宗谱一卷

华长卿撰。《天津地方史资料联合目录》著录,清道光二十六年(1846)木活字本,天津图书馆和南开大学图书馆藏。

华氏晴云派天津支宗谱

华长卿重辑,华承彦续辑。《天津地方史资料联合目录》著录清宣统元年(1909)铅印本,天津社科院、天津师范大学图书馆、天津历史博物馆藏;南开大学图书馆著录作《华氏宗谱》。

石鼓文存一卷

华长卿撰。《大清畿辅书征》和[民国]《天津县新志艺文》著录"抄本,存"。是书无序跋,每鼓各摹其文而详记存灭字数于后。长卿客金陵时,有陈氏以家藏石鼓拓本求题。是书所记十鼓今存字数,即指陈氏本而言,盖明拓本也。未见。《津门文抄》卷三存有其《石鼓文跋》。

汉碑所见录三卷

华长卿撰。《大清畿辅书征》和[民国]《天津县新志艺文》著录,谓"是书见文集,凡三卷,今存一卷"。未见。

金石文征四卷

华长卿辑。[民国]《天津县新志艺文》著录。未见。

泉谱一卷

华长卿辑。《大清畿辅书征》和[民国]《天津县新志艺文》著录,谓"是书见文集,凡二卷,今存一卷。书中所摹钱式,以时代为次，由周至五代而止。后附刀布异布及奇品、外国品，不知时代品，并压胜钱，不似未完之书。凡附录者多引文卿说。文卿者，乡人樊彬字也。"是书未见。

史骈笺正四卷

华长卿撰。《大清畿辅书征》和［民国］《天津县新志艺文》著录"抄本，存"。是书为大兴徐鉴原著，仿《十七史蒙求》体例，撮举历代帝王事迹，顺其朝代，缀为四言韵语。长卿引史文笺释之书，存四卷，至唐宪宗而止，殆非完本也。未见。

米斋札记四卷

华长卿撰。《敬乡笔述》卷一《华春浦明府华梅庄学博》提及。未见。

西岳山房文抄四卷

华长卿撰。《敬乡笔述》卷一《华春浦明府华梅庄学博》提及。未见。

时还读我书屋文抄七卷

华长卿撰。《大清畿辅书征》和［民国］《天津县新志艺文》著录，原作"抄本，存"。长卿终身勤学，著述甚富，不专以文字炫长。是集骈散兼收，洪纤悉具。其中如《经说》六篇，《史例》一篇，及《学宫》九十九赞，《请易府州县名议》《千家姓序》，皆蔚然巨制。他如学署公牍之有关学术风化者，亦有收入。长卿没后，其孙铎孙持以质诸端木埰。埰略加诠次，并撰序文，与王文锦所为传略，同置卷首。是集原名《东观室文抄》，见所著《开原征书启》文内。此盖从其晚年斋名也。有清光绪九年（1883）小游仙馆抄本存世，一函四册，《天津地方史资料联合目录》著录，天津历史博物馆藏。

梅庄诗抄三十二卷（刻本、抄本各十六卷）

华长卿撰。《大清畿辅书征》和［民国］《天津县新志艺文》著录。长卿髫年从舅氏沈兆沄受书，即授以唐人五七言诗。及成童，从董怀新游。怀新方选辑唐宋以来诗集，长卿心尤好之，时已学为韵语。其后客游南北，司辽东，诗侣骚坛，稿帙丛积。是编起嘉庆二十五年（1820），时年甫十六，至解组归里而止，距其卒不过二年，殆其全集也。同治八年（1869）尝手自编辑，梓行十六卷。其半则仅具稿，梅宝璐、杨光仪各有删定藏于家。东观室刻本十六卷，有丁晏序及自序。其子鼎元目录后序，计分《先庚》《庚寅》《嗜痂》《三庚》《南行》《白门》《江中吟》《白门续》《返棹》《借帆》《萍梗》《于越吟》《赁春》《于役草》诸集。诗编年，自嘉庆二十五年（1820）迄咸丰元年（1851），存诗一千三百馀首。《天津地方史资料联合目录》著录，天津图书馆和天津社科院图书馆藏。下半部抄本十六卷不知下落。

四十贤人集一卷

华长卿辑。［民国］《天津县新志艺文》著录。长卿在江宁时，尝自抄五言律诗六七十首，用唐人刘昭禹语题曰《屠酤集》，携之京师，乞序于座师李宗昉。宗昉赏之，谓其音节高爽，词旨隽永，即称为四十贤人云胡不可？遂易今名，付梓以行。录诗二百首，有李宗昉、丁晏序及马寿龄题词。《清人诗文集总目提要》和《天津地方史资料联合目录》著录，清道光二十四年（1844）刻本，首都图书馆和天津图书馆藏。

虀言集一卷

华长卿撰。［民国］《天津县新志艺文》著录。长卿自选其诗为一编，始道光十八年（1838）迄于二十三年，凡六年，得诗五十首，题曰《虀言集》，序谓非效无病之呻吟，半属有感之讽谕。盖其时值海疆多事，皆有为而作。其诗已载《梅庄诗抄》，兹选单行者耳。《天津地方史资料联合目录》著录，清道光二十五年（1845）金陵刻本，天津社科院图书馆藏。另并辑入《华氏家集》，天津图书馆藏。

黛香馆诗选一卷

华长卿撰。［民国］《天津县新志艺文》著录"抄本，存"。长卿积诗甚富，其孙铎孙以遗稿乞孟继坤选定，凡得诗一百三十馀首，列入《华氏同声集》，以存梗概。后有清光绪九年（1883）天津华氏刻本，《天津地方史资料联合目录》著录，天津图书馆藏。

黛香馆词抄一卷

华长卿撰。《大清畿辅书征》和［民国］《天津县新志艺文》著录"抄本，存"。长卿与任邱边浴礼、宝坻高继珩，皆以善填词得名，有"畿南三子"之目。是集存词五十四首，怀宁方朔序。清稿本，天津图书馆藏，有汪兆镛等题识，见馆藏目录。

华长忠（1805－1858）

长忠字葵生，清天津人。长卿再从弟。道光二十年（1840）恩科举人。生平饶有才气，郁郁以终。故所为声歌，时以放纵自适。

倦鹤龛诗抄一卷

华长忠撰。［民国］《天津县新志艺文》著录。兹集所录惟五七言近体八十馀首，殆皆敛才就范之作。梅宝璐、孟继坤选定。《天津地方史资料联合目录》著录，天津社科院图书馆藏。另有《华氏家集》本，清光绪九年（1883）天津华氏刻本，天津图书馆藏。

华葵生诗札

华长忠撰。《天津地方史资料联合目录》著录。与《梅小树诗札》合刊，南开大学图书馆藏。

韵籁四卷

华长忠撰。《续修四库全书总目提要》作二卷。此据《天津地方史资料联合目录》著录，清光绪十五年（1889）松竹斋刻本，天津图书馆藏。另有五卷本，山东大学图书馆藏，见馆藏目录。

查久勤（1806-？）

久勤字观恒，号健庵，天津人。查为义曾孙、应龙次子。岁贡生，候选训导。

韵学辨字

查久勤撰。[民国]《天津县新志艺文》和《津人著述存目》著录；《宛平查氏支谱》作《韵字辨字》。未见。

张亚晖（1809-1847）

亚晖字淑仙，号吟香，原籍江苏吴县。适天津查为义曾孙、梧长子录勤为媳，例封夫人。

吟香阁诗稿

张亚晖撰。《宛平查氏支谱》著录"待梓"。未见。

郝缙荣（1809-1869）

缙荣字采三，清天津人。岁贡生，曾任宝坻县训导。工诗词，旧与华长卿、华长吉等共立诗社，后以授徒为生。

一门沆瀣集赋草四卷

郝缙荣选辑，受业孟继坤校。[同治]《续天津县志·艺文》

著录，[民国]《天津县新志艺文》漏载。有清同治七年（1868）天津曝书堂刻本存世，内收郝缙荣所作赋四十九篇和门人孟继坤、孟继壎、李庆辰、杨承烈、张大仕等赋作一百零二篇。前有同治七年戊辰秋郝缙荣题词谓时已"忽忽六旬"，由此推知他当生于清嘉庆十四年（1809）。《天津地方史资料联合目录》著录，天津图书馆藏。

郝采三诗文

郝缙荣撰。笔者拟题。散见于其弟郝福森著《津门闻见录》中，有《津门纪事诗》《津门实纪确对》《大烟启衅论》等诗文。另有《辛酉冬令送襄臣石太守赴京作》，署"治下岁贡生、即选训导郝缙荣顿首拜献"，可知其为清咸丰十一年（1861）岁贡生。又书前补白谓："予先兄采三缙荣有《食大烟对》云：'一竿竹枪杀遍豪杰英雄不见血，半擎灯火烧尽房屋地业并无灰'，同治九年菊月福森录。"郝缙荣于同治七年尚撰有《一门沅瀣集赋草》序，而今同治九年菊月已被称之为"先兄"，可知其或卒于同治八年（1869）。

吴惠元（1810-？）

惠元字仲孚，号霖宇，清天津人。景周之子。道光十一年恩科（1831）举人，二十四年进士。改庶吉士，授编修，擢山东道监察御史，转湖广道。升工科给事中，转礼科。外授甘肃宁夏道，调署云南盐法道。后离职归乡，主讲辅仁书院，续修县志。清同治七年（1868）曾参与顽抗捻军事宜。

[同治]续天津县志二十卷

吴惠元纂。《大清畿辅书征》和[民国]《天津县新志艺文》

著录。是书接踵旧志。自乾隆以迄嘉庆，就蒋玉虹所纂者而录之，书中所注蒋稿是也。其后五十年事迹，殆得自采访。自序谓，"无册可稽者，寓书都门与省垣各署详察，迄未见复。历时既久，势难再持。"可见采访之不易，且亦自知挂漏缺略在所难免。清同治九年（1870）刻本。各大图书馆都有收藏，见《中国地方志联合目录》著录。

华长吉（1810－1868）

长吉字筠庄，清天津人。长卿弟。诸生。累试京兆不第，橐笔客游，没于山右。

浣石居诗草一卷

华长吉撰。[民国]《天津县新志艺文》著录，谓已由其从孙铎孙辑入《华氏家集》。但经查天津图书馆藏清光绪九年（1883）刻该《家集》本并未见收，抑或有他本？未见。

华长庚（1810－1882）

长庚字渔庄，清天津人。长卿从弟。

伴梅轩吟草

华长庚撰。[民国]《天津县新志艺文》著录。未见。

石玉昆（约 1810－1871）

玉昆字振之，号问竹主人，满族，清天津人。久居北京，道光、咸丰年间以自弹自唱西城子弟书（即西调）著称于世，说唱长篇评书《龙图公案》很受市民欢迎，讲说侠义英雄白玉堂等人辅佐包拯为民申冤办案、平定藩王作乱的故事。后经人编为以下诸公案侠义小说。

三侠五义一百二十回

原名《忠烈侠义传》，旧本题"石玉昆述"。最早有清光绪五年（1879）北京聚珍堂活字本，又有光绪十四年（1888）同元堂刻本。北京图书馆和天津师范大学图书馆藏，见馆藏目录。

七侠五义一百回

石玉昆原编，俞樾修订。他认为原《三侠五义》第一回狸猫换太子"殊涉不经"，便参考《宋史》和《默记》等加以删改。此外，他还认为书中所叙不只三侠而得七侠，因而于光绪十五年（1889）由上海广百宋斋铅印出版，改题足本绣像《七侠五义》。另有光绪二十五年（1899）上海扫叶山房石印本和民国十四年（1925）上海广益书局石印本。北京图书馆和天津师范大学图书馆藏，见馆藏目录。

小五义一百二十四回

石玉昆原述。为《三侠五义》的续书，但其中心人物已由包公转为包公门生颜查散。而重要的侠义人物，除了前辈"七侠五义"之外，增加了几个晚辈义士，即钻天鼠卢方之子粉面子都卢珍、彻地鼠韩彰义子霹雳鬼韩天锦、穿山鼠徐庆之子山西雁徐良、锦毛鼠白玉堂之侄小专诸白芸生。这四个小义士加上《三侠五义》中原有的人物小义士艾虎，便是"小五义"。现存最早的本子是光绪十六年（1890）北京文光楼刻本。另有光绪间上海申报馆丛书本，北京图书馆藏，见馆藏目录。

续小五义一百二十四回

石玉昆原述。为《三侠五义》（《大五义》和《小五义》）的续书。写包公在侠客的帮助下，受理民冤，在错综复杂的案件中伸张正义的故事。有光绪十六年（1890）北京文光楼刻本和光绪间上海申报馆丛书本，以及民国十四年（1925）上海广

益书局石印本。北京图书馆和天津师范大学图书馆藏，见馆藏
目录。

查毅勤（1812－1891）

毅勤字致远，号果庵。天津查为义曾孙，应龙三子，查凌
汉、乘汉之父。禀膳生。清道光二十年（1840）科挑取誊录，
癸卯科举人，国史馆议叙候选知县，五品衔，历官怀来县、怀
安县教谕。

静学斋杂著

查毅勤撰。[民国]《天津县新志艺文》和《津人著述存目》
著录，同见于《宛平查氏支谱》和查乘汉《乡试朱卷》。不知
版本和存佚。

王大埔（1812－？　）

大埔字秋垞，清天津人。山东曲阜知县王大淮弟，王鹄叔。
后寄籍江苏长洲（今苏州）。善画，有《苍茫独立图》传世。

苍茫独立轩诗集二卷附七十二鸳鸯回环舫词抄一卷

王大埔撰。其侄王鸿（鹄）校，道光间刻。《清人别集总目》
和《清人诗文集总目提要》著录，北京图书馆和山东图书馆藏。

苍茫独立轩诗续集一卷诗馀一卷

王大埔撰。是书为随兄大淮南下令曲阜时作。清道光十九
年（1839）刻。《清人别集总目》和《清人诗文集总目提要》
著录，日本东方文库藏。

历下咏古诗三十七首

王大埔撰。诗记济南名胜。《清人诗文集总目提要》著录，
未著收藏单位。

阎履芳

履芳字坦斋，清天津人。道光十七年（1837）拔贡生，十九年举人。安贫好学。年逾四十卒。

坦斋全集

阎履芳撰。［同治］《续天津县志》和《大清畿辅书征》著录。未见。华光鼐《脞录》里存有其诗多首。

王　书

书字雪樵，清天津人。诸生。

浦馀录一卷

王书撰。［民国］《天津县新志艺文》漏载，高凌雯撰《天津诗人辑存小传》著录，并存诗三首。原书未见。华光鼐《脞录》里存有其诗多首。

郝福森

福森字东园，清天津人，约生活在清道光至同治年间。郝缙荣之弟。

津门闻见录六卷

郝福森撰。清稿本，《天津地方史资料联合目录》著录，天津图书馆藏。近有中华全国图书馆文献缩微复制中心影印出版的《天津图书馆孤本秘籍丛书》本。是书为记述天津近代史的重要资料。卷一卷二为《东园实记》，记天津前人的遗闻轶事；卷三为《英夷犯津记》，记道光二十年（1840）至咸丰七年（1857）间英军犯津史实，别附周楚良撰《津门竹枝词》三百首；卷四《广西二逆记略》和卷五《林李吉三逆北窜犯津记》等，记太平天国史事和太平军北伐至津受阻情况；卷六《戊午英夷犯津记》，别附郝缙荣撰《津门实纪确对》和《大烟启畔论》，以及孟继坤撰《书事诗》等，记清咸丰八年（1858）第二次鸦片战争情况和英军犯津史实。此书似未完。

津门闻见录续编不分卷

郝福森撰。不见书目著录，影抄本，天津图书馆藏。此书实为上书的继续，《续编》为笔者拟名，原稿本未见，此为复印件，分订二册。上册除开篇孟继坤撰《咸丰十年（1860）观泉道人对句》外，其他均郝福森撰，有《辛酉英法屯津记》，记咸丰十一年（1861）英法联军犯津史实；《壬戌纪事》，记同治元年（1862）事。下册存《癸亥纪事》，记同治二年（1863）事；《同治三年岁在甲子纪事》，记同治三年（1864）事，止六月十日。此书未被收入《天津图书馆孤本秘籍丛书》。以上书亦不见［民国］《天津县新志艺文》著录。

严家骏

家骏字蓉江，自号津门布衣，先世由浙江迁来天津。严范孙从祖父。工诗词，足迹遍大江南北。

蓉江诗草
蓉江诗馀

严家骏撰以上二书，见《天津志略》第十六编《文艺》著录。存佚不明。

津门布衣遗稿

严家骏撰。书名据卷端题。民国二十四年（1935）安次马钟琇抄本，一册，识云"《遗稿》一卷，久藏在家，台孙（即严侗）先生出以视。余因摘录二十四首，待辑入《燕诗编》云"。

书中有《芥园晚眺》《题大沽潮音寺壁》等，当为居津之作，而《辛丑秋宇香三兄拟重阳前一日挂帆西上作诗留之》，当为道光二十一年（1841）事，故排此处。北京图书馆藏，见馆藏目录。

徐寿彝（1815-1866）

寿彝本名思元，字汉卿，一作翰青，清直隶天津人。道光二十三年（1843）优贡生，历官河南郏县、长葛、登封知县，以廉洁自持。生平好学，书法出入欧、褚与永兴，鲁公四家；诗学乐坡、放翁，晚年尤好杜工部，又极爱吴梅村。卒年五十有三。

徐汉卿先生诗集四卷

徐寿彝撰。是集计《姑存草》一卷和《更生草》三卷。《更生草》起自咸丰七年（1857）冬，止于咸丰十年（1860）冬。书前有宣统二年（1910）仲春，荣成孙葆田所作序；书后有民国十六年（1927）春二月，其五世孙徐世章跋，"谨识其景印缘起"。民国十六年（1927）影印手稿本，分装四册。《清人诗文集总目提要》和《天津地方史资料联合目录》著录，北京图书馆和天津图书馆藏。

张式芸（1815-1889）

式芸字书田，清天津人。道光二十四年（1844）举人。十上春官不第，里居以成就后学为己任，杨光仪为其亲炙弟子。读书重义理，务求其是。选隆平县教谕，再选蓟州学正。光绪十五年（1889）卒于家。

选青堂诗存一卷

张式芸撰。［民国］《天津县新志艺文》著录。式芸不以诗名，而少尝随父宦龙门，后复司训延庆，其地皆远在塞北。中年又尝鼓楫南游，浮江上沂。生平踪迹所至，时有讴吟。是集存古近体四十馀首。其为人题集之诗或有未编入者。要其所作未多也。抄本。未见。

选青堂文稿不分卷

张式芸撰。《天津地方史资料联合目录》和《清人诗文集总目提要》著录：清光绪二十一年（1895）刻本，天津图书馆和中国社会科学院近代史所藏。

杨家麟

家麟一作嘉林，字坪孙，号小云，清天津人。道光二十四年（1844）举人，授顺义县训导。在官善诱后进，请业者日众。后以劳瘁，病卒于任。

胜国文征四卷

杨家麟辑。[民国][民国]《天津县新志艺文》著录："是书采掇有明一代说部汇为一编，不分门类，亦无义例，自序所谓有得辄书，不复编次者也。其曰文征，盖以琐事小闻，必求诸稗官野史；虽云小说，要亦考证之资耳。"《中国丛书综录》作《申报馆丛书》子目，清光绪四年（1878）上海申报馆排印本，北京图书馆藏。清华大学和北京大学图书馆别有子目零种单行本，见各馆藏目录。

史馀萃览四卷

杨家麟辑。《津人著述存目》卷下增补著录。宋杂史，属掌故类。《中国丛书综录》作《申报馆丛书》子目，清光绪四年（1878）上海申报馆排印本，北京图书馆藏。清华大学和北京大学图书馆别有子目零种单行本，见各馆藏目录。

春华摘艳

蝶影阶谈

勋华纪胜

嚼梅餐菊诗草

杨家麟撰以上四书,《津人著述存目》卷下增补著录。未见。

事物聚考

杨家麟集。事物纪原类杂纂,不见书目著录,不知全帙几何? 今所见为"卷一"部分, 清抄本, 一册, 前有作者写于咸丰四年（1854）甲寅长至日的识语。书中条目有《三国水浒演义》《罗贯中水浒》《红楼梦传奇》《西厢记》《琵琶记》等共九十则。其中《字音正误》则谓:"星宿, 音星秀; 番禺, 音潘愚, 广州县名; 欸乃, 音襖露, 舟中歌声; 泷水, 泷音双, 德庆府县名; 万俟卨, 音木奇屑; 句读, 音句豆……曹大家, 家音姑; 月支音肉氏; 郦食其, 食其音异饥"等等, 很有知识性。天津图书馆藏, 见馆藏目录。

姜 城

城号静斋, 清直隶天津人。生平不详。

忆存斋诗稿六卷文稿一卷

姜城撰。《贩书偶记续编》卷十七著录, 清道光二十六年（1846）刊。后附文晟撰《孔氏三世出妻辨书后》和黄定宜撰《伯鱼之母非出母说》。《清人诗文集总目提要》和《清人别集总目》著录, 中国科学院图书馆藏。

四愁吟乐府

姜城撰。《清人诗文集总目提要》著录。未见。

张　桐

桐字筱琴，号秋园，清天津人。遂闲堂张氏（霖）七世孙，凤刿从子。随生父凤辉宦江西，以布衣终。工吟咏。

秋园小诗四卷

张桐撰。诗多作于清咸丰之际，[民国]《天津县新志艺文》著录。清光绪十年（1884）刻本，《清人诗文集总目提要》著录，中国科学院图书馆藏。另天津图书馆具体作清光绪十年遂闲堂刻本，见馆藏目录。

李树安

树安字静轩，清天津人。候补卫千总，改江苏候补县丞，升知县。

滁阳酬倡集二卷

李树安辑著。[民国]《天津县新志艺文》著录。高凌雯云：树安曾领运滁州。滁为欧、苏游宴之所，景仰前贤，时有歌咏。将去以诗纪别，同僚及门弟子依韵赓和。后复绾符斯地，欣续旧吟，一时和者益众，爰汇而刊之，名曰《酬倡集》。未见。

梅宝璐（1816-1891）

宝璐字小树，清天津人。成栋子。世其家业，终老诸生。宿松石元善，其父执，官司直隶时，聘宝璐入其幕，相从数十年，遍历畿辅州县。晚年归里，与二三契好，阐明诗教，不坠宗风。年七十六卒。

烈女梅涵贞女史传孝女石寄梅女史传合集二卷

梅宝璐撰。烈女梅涵贞，字宝元，为其胞妹；孝女石寄梅，姓石字玉莲，为其义妹，其父梅成栋收养的女儿。这两篇女史传连同所收诔词、挽诗和像赞均系梅宝璐撰，清同治八年（1869）艳雪堂刻本，一册。其弟梅宝熊、梅宝辰校刊。天津图书馆藏，见馆藏目录。

闻妙香馆尺牍存稿不分卷

梅宝璐撰。清张师荣抄本，天津图书馆藏，见馆藏目录。

闻妙香馆楹联存稿不分卷

梅宝璐撰。清抄本，天津图书馆藏，见馆藏目录。

梅小树诗札

梅宝璐撰。与《华葵生诗札》合辑，题《天津梅小树华葵生诗札》。《天津地方史资料联合目录》著录，南开大学图书馆藏。

庭闲花静之轩始存草

梅宝璐撰。《津人著述存目》卷下增补著录。未见。

闻妙香馆诗抄二卷

梅宝璐撰。[民国]《天津县新志艺文》著录。清同治十二年（1873）刻本，天津师范大学图书馆藏。宝璐禀承家学，以诗得名最早。少随父官永平。其后幕游畿辅，仆仆数十年，未尝废诗。归里后与杨光仪形影相随，朝夕欣赏。朝鲜闵种默、越南阮述，奉使过境，皆以诗为质，纳交甚欢。知县宫昱闻名请谒，读其集而选刻之。此又即光绪十三年（1887）宫玉甫刻本，《天津地方史资料联合目录》和《清人诗文集总目提要》著录作《闻妙香馆诗存稿》二卷，有张景沂序及史梦兰跋。存诗三百馀首，虽仅及原作十之二三，然亦可见一斑。中国科学院图书馆和天津图书馆、南开大学图书馆藏。

闻妙香馆诗存稿二卷

梅宝璐撰。同上书。北京图书馆藏，见馆藏目录。

闻妙香馆吟草

梅宝璐撰。清末抄本，一册，北京图书馆藏，见馆藏目录。

袁竹溪

竹溪为字，名不详，清天津人，约生活在道光至咸丰年间。

醉古香斋未定稿一卷

袁竹溪撰。此系稿本，《清人诗文集总目提要》著录作"佚名"撰，天津图书馆藏。考书前《自序》后有袁、口、竹溪三印章，袁当为作者姓，名未认清，竹溪为字。全稿收诗九十首，前六十首为作者自撰，中有《家心梅得〈国朝畿辅诗传〉，余借观已二年矣，犹未送还，因寄二绝句》；后三十首总题为《感时竹枝词》，作者注云："此家润之侄原作也，爱其叙事周详，为点窜，足成之"。《国朝畿辅诗传》刊于清道光十九年（1839）；《感时竹枝词》记咸丰三、四年间太平军北伐至津郊静海独流镇事，因考知作者当生活在清道光咸丰年间。

周宝善（1817－？）

宝善字楚良，别号木叶，清天津人。周自邰从孙。诸生。克承家学，善为诗。曾为曹用梁、葛毓琦诗集题词。

木叶诗稿六卷附帖括五卷

周宝善撰。稿本，收录作者自清道光二十一年（1841）至咸丰九年（1859）所作诗，分《网两集》《病叶吟》《江左行吟》《包娲吟草》《烽火馀生录》《不系舟吟》等六卷，各有自序或他序，别附帖括五卷。有姚彤章和高凌雯题识。不见书目著录。天津图书馆藏，见馆藏目录。

石竹斋诗稿六卷

周宝善撰。［民国］《天津县新志艺文》著录。实为上书的选定清抄本，天津图书馆藏，见馆藏目录。

津门竹枝词

周宝善撰。不见书目著录。见存于郝福森辑《津门闻见录》内，收诗三百首，多为记述天津的历史掌故和民俗风情的。天津图书馆藏，有《天津图书馆孤本秘籍丛书》影印本。

曹用梁

用梁字友石，清天津人。云升曾孙。增广生。

听潮吟稿一卷

曹用梁撰。［民国］《天津县新志艺文》著录，是集后有周宝善题词一首。抄本。未见。

谢　焜

焜字耀之，清道光时天津人。行伍出身。历职福建水师提标中军中营参将，澎湖协闽安协副将，广东东碣石镇总兵。

补拙堂诗集

谢焜撰。［民国］《天津县新志艺文》著录。未见。

释显清

显清字谨庵，一作子庵，清天津海光寺住持。道光末，梅宝璐重起梅花诗社，显清尝与联吟其中。

禅馀吟草四卷

释显清撰。［民国］《天津县新志艺文》和《清人诗文集总目提要》著录。清道光三十年（1850）茗溪黄叶斋刻本，录诗

一百四十二首。前有廖炳奎、陈鹤年序和天津王敬熙题辞。廖
序称"读其诗，觉清气流溢于楮墨间，不落尘溷"。北京图书
馆和天津图书馆藏。

赵卿云

卿云字镜溪。清天津人。生平不详。

客中吟草

赵卿云撰。[民国]《天津县新志艺文》漏载，高凌雯撰《天
津诗人辑存小传》卷下补录。存诗二首。原书未见。

赵　新（1823-1881）

新字用铭，一字兰卿，号晴岚，清天津人，世居带河门内。
娶妻邑庠生华长绅女，为梅宝璐表侄。道光二十三年（1843）
举人，历官知县、知州。

馀诗偶存不分卷

赵新撰。稿本，一册，前有自序云："世以词为诗馀，此固
诗也，胡亦馀名？盖诗自三百篇以至今日，凡性情之蕴蓄，天地
之情状，几于无奇不搜，无境不造。于此而口，别立一帜，盖亦
难矣。披览近人诗集，有涂饰依附，甘啜古人馊馀者；有捃摭吐
弃，敷衍成篇，专拾古人唾馀者，是皆非诗，故曰馀也。予性疏
懒，凡有所作，辄随手弃去，此之所存，仅其馀耳。语云馀事作
诗，人即有真诗，亦人生馀事，去全德全功远矣，况无是耶。夫
我之全焉者安在，而亦谓诗为馀？且其馀事者，又其偶焉者也，
亦姑存之云尔。"全集存诗三百馀首，中有《壬子登科录中有与
予同姓名者戏作句》谓，"同名者乃福建侯官人。"故《清人别集
总目》著录有侯官人赵新撰《还砚斋全集》，非本赵新著，是以

辨确之。《馀诗偶存》无刻本传世，原稿本藏天津图书馆。《清人诗文集总目提要》和《天津地方史资料联合目录》著录。

章　俦

俦字寿人，号懒芋，清天津人。布衣。工诗善画，性喜游，尝揽胜闽越，税驾西川。父绅，武进士，官广东提督。

蜀道集一卷

章俦撰。一作《懒芋遗稿》，收诗百五首，多记清道光间交往人事。光绪十三年（1887）羊城刻本，《清人诗文集总目提要》著录，首都图书馆藏。前有同里杨光仪序。

骈云集
西行集

章俦撰以上两书，[民国]《天津县新志艺文》著录，谓"久佚"。

王毓元（1823-？）

毓元字介山，清天津塘沽人。与充海关吏的津门"札子郑"子郑文波相交四十载，其他不详。

俚吟记事集二卷

王毓元撰。是书分上下二卷，卷上多为个人诗作，皆有写作日期，唯编排未按时序，最早的为道光二十六年（1846）作《病后见桃花满瓶有感》，最晚的为咸丰十一年（1861）作《和郑文波晨起雨窗杂感》；卷下多为友人唱和之作。书前有光绪三十四年（1908）宁河高赓恩序，谓"其诗也，写天真，重行谊，轻世故，薄功名，翛然隐君子之风"。另有光绪三十年（1904）男吟川序和民国二十年（1931）姻侄任嘉莪序。民国二十年天津铅印本，《清人诗人集总目提要》和《天津地方史资料联合目录》著录，天津师范大学图书馆藏。

王介山集五卷

王毓元撰。是书包括《俚吟记事集》上下二卷，《保家录》上下二卷，以及友人郑文波著《文波存诗》一卷。《俚吟记事集》前已述说，《保家录》成书于清咸丰七年（1857），前有"津邑王毓元题于退一步斋"的自序。民国二十年（1931）姻侄任嘉莪《重印保家录序》云："采择先儒语录，由博反约，汇萃而分别之，各归一目，总计三百三十八段"：卷上分事亲、敦品、处家庭、理生计四目；卷下分教子弟、睦宗族、应世事、行己待人、处世格言、丧祭辑要六目。另有清咸丰七年同里樊勋原序。《文波存诗》一百三十七首，是"世再晚"王赓炎刊印先王父介山公《俚吟诗集》时一并随刊的。全书于民国二十五年（1936）由天津荣业大街协成印刷局印行，南开大学图书馆藏，《清人诗文集总目提要》和《天津地方史资料联合目录》著录。

郑豫达（1823-？）

豫达原名学川，字文波，海客、铁梦、鹍村、海鹤、问盆，皆其别号，清天津人。布衣。工诗善书，尤嗜金石。与华光鼐往来最密。

文波遗稿二卷

郑豫达撰。［民国］《天津县新志艺文》著录。高凌雯云：豫达与华光鼐往来最密，三世论交，故《集》中多与华氏唱和之作。生平所为诗文，不自珍惜，随手散失。光鼐子敬孙就其家所存者得诗一百二十馀首，厘为二卷。附以金石跋尾六首，殆其晚年文字也"。抄本。未见。

文波存诗一卷

郑豫达撰。附见于民国二十五年（1936）排印之王毓元撰《王介山集》卷五，存诗一百三十七首。有"世再晚王赓炎"识语云："郑公文波，先王父之道义交也。性纯孝，好施予，酷嗜吟咏。公先世居津门，以糊札子为业，俗呼'札子郑'者是。公继父业，作吏海关，因侨寓沽中，与先王父介山公时相过从，唱和无虚日。后以母丧，辞职旋里。晚年抱丧明之痛，遂抑郁以终。先严每念故旧，辄景仰不置，曾将公遗诗之存舍下者，手录成秩，置之案头……今当刊印先王父介山公《俚吟诗集》，特将公之遗诗一并随刊，聊尽先严未竟之志，俾后之人藉知先辈笃于故旧之意云尔。"南开大学图书馆藏，见馆藏目录。

刘祝庆

祝庆为榜名，本名祖庆，字馀庄，号筱珊，清天津人。道光二十四年（1844）副榜贡生，充八旗官学教习，选湖南永兴知县，调桃源。同治十年（1871）改选广东封川知县。所至尽心民事，以婞直不容于时，免官，卒于家。

三不爱别室诗抄不分卷

刘祝庆撰。此为未刊书稿，收杂体诗五百九十七首，试帖诗一百九十五首、阴骘文诗九十一首，词凡七阕；另改正四会守城题咏七十五首，并附录宦游杂记。前有光绪十七年（1891）姻侄顾文敏序云："筱珊前辈之诗，有真性情，有实学问，忠臣孝子之思，时流露于托物寄兴间，往往叹之三复。斯编见其清超拔俗，傲兀自喜，不屑依傍古人；随意抒写，卓然名家。其阴骘文诗，无有功于世道人心，固已倜乎远矣。自颜其室曰'三不爱'，不爱官、不爱钱、不爱命，并绝句云，'居官三不爱，何地不忠臣'，出处之大节，亦可略见一斑矣。世之读先生之诗者，以诗作诗读也可，以诗作文集读亦可，即以诗作先生之传略读亦无不可。"书后别附津门淀岩刘祝山著《退省堂诗存》十四首。《清人诗文集总目提要》著录，天津图书馆藏。

刘祝山

祝山字淀岩，清天津人。生平不详，当为刘祝庆同辈族人。

退省堂诗存

刘祝山撰。抄稿本，存诗十四首，附刘祝庆《三不爱别室诗抄》后。前有光绪十七年（1891）姻侄顾文敏序云："淀岩前辈诗数首，亦楚调自歌，不谬风雅，诚逸忌也。虽吉光片羽，自足宝贵。然诗愈工而遇益艰矣。要之两公之诗，皆以天性之厚，写忠爱之枕，倘得早付剞劂，流播海内，粹然为风雅之宗，岂不伟哉！"不见书目著录，天津图书馆藏。

金达澜（？ －1900）

达澜字鹤山，清天津人。北迁金氏第十一世孙，德莹子。诸生。性寂静，不喜交游。家有环青园，时与家人觞咏其间。

鹤鸣山房诗稿四卷

金达澜撰。［民国］《天津县新志艺文》著录，稿本。高凌雯谓：达澜"勤学工文，累试不第。老无子女，旋得旋失。每当困郁无聊之际，惟以歌啸自宽，故积稿甚多，未加诠次。梅宝璐、李庆辰略有评定，亦未遍及"。未见。《金氏家集》卷三存其诗二十六首。

梦馀吟

睫巢吟

蹄涔小草

蓼叶庵

了梦庵

金达澜撰以上诸集，《津人著述存目》著录，转引自《金氏家集·世系表》。未见原书。

金氏家集五卷

金达澜与金际泰合辑。[民国]《天津县新志艺文》著录。高凌雯谓："是集以北迁之祖为始，凡历七世，得诗人三十家；其同族而谱系无考者又得十四家，汇为四卷。闺秀四人别为一卷。凡得诗四百三十八首。"原稿未刊。后在此基础上，金恭寿增补成六卷，前附"同治庚午年（1870）冬闰十月五日，达澜敬识于瀛津之致远堂"的原序，卷三并存其诗二十六首。

金凤池

凤池字掌纶，清天津人。北迁金氏第十一世孙，诸生。

浒藻集

滏藻集

金凤池撰以上两书，《金氏家集·世系表》和[民国]《天津县新志艺文》著录。未见原书。《金氏家集》卷三存其诗二首。

金　潢

潢字虞参，清天津人，北迁金氏第十一世族人，不明出哪支。

过庭初草

金潢撰。《津人著述存目》著录，转引自金恭寿辑《金氏家集·世系表》。集中存其诗二首，原书未见。

杨光仪（1825-1900）

光仪字子厚，号香吟，一号杏农，晚年又号庸叟，清天津人。先世自浙江义乌迁津，业盐致富。至其父辈，家道中落。光仪幼从父受书，年二十为县学生。咸丰二年（1852）中举人，选补东光县教谕。其后会试不第，遂绝意仕进。多年来在津设塾授徒，又曾主讲辅仁书院，当年天津士子，多在其门，海上名书画家吴昌硕即其弟子。晚年与梅宝璐、于士佑、孟继坤等联吟结社，又与乡中耆旧结九老会，诗酒唱酬，为天津近代继梅成栋之后最享盛名的诗人。

长芦办商魏健庵继室孙宜人家传

杨光仪撰。《天津地方史资料联合目录》著录，清光绪十九年（1893）刻本，天津社科院图书馆藏。

杨光仪顺天乡试朱卷

杨光仪撰。咸丰二年（1852）壬子科。北京图书馆藏，见馆藏目录。履历表中填为"道光乙酉年（1825）闰三月初一日生"。

耄学斋晬语一卷

杨光仪撰。[民国]《天津县新志艺文》著录。是书为其晚年所作，所载皆阅历有得之言，足以为教戒者义善取譬。语多用骈，虽曰短句零篇，要亦子部之具体也。及门徐士銮尝刊于浙中，印行无多，而版已失。现有民国十三年（1924）天津金

铖所刻《屏庐丛刻》本行世,《天津地方史资料联合目录》著录,
天津社科院和天津师范大学图书馆藏。

碧琅玕馆文抄三卷

杨光仪撰。[民国]《天津县新志艺文》著录为"抄本"。
高凌雯云:光仪品学见重一时,又喜彰善表微,故传记序跋之
文多出其手。既遭时变,世道日非,往往著为论辨,发摅胸臆,
积稿得七十馀首,盖皆中年以后作。其为人序集,尝谓治古文
者不可矜言宗派,要以达意为主。又称述乡先达沈兆沄之言曰,
文有关世道人心者录之。观其持论,可以知其为文矣。抄本。
未见。《天津文抄》存其文四篇。

碧琅玕馆诗四卷续抄四卷

杨光仪撰。[民国]《天津县新志艺文》著录(《大清畿辅书征》
和《续修四库全书总目提要》只著录《诗抄》四卷)。是集前有
其师张式芸序谓:光仪诗得乾坤清气,与乡人张霔《绿艳亭》、
金玉冈《黄竹山房》各集,后先辉映。其及门徐士銮尝称述师说,
谓诗以理性情,虽偶尔倡酬,亦必有真性情流露其间。又谓值时
事多艰,烽烟迭警,吾师随所见闻,托诸歌咏,阐发愈宏,推敲
愈细,执骚坛牛耳者数十年,宏奖风流,群推宗匠。士銮守台州
时为之刊其初集,及归里后复请刊续稿并行于世。有清同治十三
年(1874)刻本,《清人诗文集总目提要》著录,中国科学院图
书馆和南开大学图书馆藏;光绪间刻本,首都图书馆和天津图书
馆藏。《诗抄》刻于光绪六年(1880),录诗三百八十五首,有张
式芸序并题句,末有徐士銮跋;《续抄》刻于光绪九年(1883),
录诗二百八十六首,上海唐尊恒等四人题词。

晚晴轩诗抄四卷留有馀斋诗抄四卷

杨光仪撰。[民国]《天津县新志艺文》著录为"俱稿本,

存"。前集《碧琅玕馆诗》刊于光绪九年（1883），此为其集后诗，至庚子二十六年（1900）初春而止。十九年癸巳以前名其集曰《晚晴轩》，其后则为《留有馀斋》，时方祸难迭兴，揽事抒怀，不免忧愤之作。迨二十五年（1899）以后衰病侵寻，然犹未尝辍咏，第录稿稍少耳。两集存诗一千四百馀首，削去二百馀首，皆生前所自订也。其稿本未见。

津门诗续抄稿

杨光仪撰。[民国]《天津县新志艺文》著录为"无卷数，抄本，存"。是编为光仪晚年未卒业之书。道光以来，诗人接踵，斯所选录，已得六十七家，而所未及者尚伙。自庚子（1900）兵劫，前辈遗集多就散亡，赖有是集之存，犹可窥见鳞爪，则功不在梅成栋下也。然此抄本今也已不见。

张梦元（1825—1896）

梦元字子善，号蓉轩，清天津人。咸丰元年（1851）举人，历官福建知县、同知、知府，擢台湾道。后至广西布政使，调福建布政使，长于治盗，而尤善理财，综核之密，从不假手于人。光绪十六年（1890）引疾归里。时李鸿章为总督，属以督办机器局。甲午战事起，办理天津团练，周旋于侍郎王文锦、提督曹克忠、总兵邓启元间，往往纷难立解。曾以军功赏头品顶戴。及卒，例赠太子少保衔。

原始汇抄一百三十八卷

张梦元辑。[民国]《天津县新志艺文》著录。是书随笔条记，专详事物所自始，殆即宋人《事物纪原》、明人《原始秘书》之属，凡分门五十有八，都一千七百八十三则。成书于光绪九年。时梦元年将六十，盖一生精力之所在。抄本二十册，别题

"原起汇抄"，北京图书馆藏，见馆藏目录。笔者亲去看来。

敬恕斋遗稿二卷

张梦元撰。[民国]《天津县新志艺文》著录。高凌雯谓："梦元尝以卿衔督办福建船政，例得专折言事。故集内惟关白造船事宜之章奏函牍为多，其馀仅宰邵武时请榷茶税及守邵武时筹议钱粮团练文各一通，附以家训五十馀条，古近体数首而已。"《贩书偶记》卷十八著录作"光绪戊戌（1898）本宅刊。奏议居多"。北京图书馆藏光绪二十四年（1898）津门张氏刻本，每半页九行二十五字；又光宣间铅印本，每半页十行二十五字，见馆藏目录。另见《东北地区古籍线装书联合目录》载，有清光绪山西机器印书局铅印本，辽宁省图书馆藏。天津图书馆藏光绪二十三年（1897）铅印本，二册，见馆藏目录。

樊景升

景升字鹤舲，清天津人。樊彬子。咸丰元年（1851）官福建龙严州州同。

湖海草堂词一卷

樊景升撰。[民国]《天津县新志艺文》著录。自序云："予自十五岁读《草堂诗馀》，始学为小令，有'梧叶敲愁'之句，家大人见之，谓胜于诗。自是每年必得数十首。后读《词律》，乃知法律之严，遂将少作焚之。至今二十年，所可存者不及百首，乃深知此中甘苦也。"缪荃荪刻《云自在龛丛书》，收入《名家词》（见第四集）内，存三十二首。清光绪中江阴缪氏刻本，《中国丛书综录》著录，各大图书馆有藏。

于士祐（1825–1879）

士祐一作士佑，字筠庵，别号种竹山人，清天津人。咸丰五年（1855）乙卯科副榜贡生，候选教谕。工诗，与杨光仪、梅宝璐友善，时相唱酬。生平郁不得志，往往寄怀歌咏。

南有吟亭诗草二卷

于士祐撰。[民国]《天津县新志艺文》和《天津地方史资料联合目录》著录，清光绪十四年（1888）刻本，天津图书馆和南开大学图书馆藏。是集存古近体二百二十馀首，前有乐亭张山序，后有杨光仪跋，及门严修为之刊行。杨跋称其诗"具高旷之致，无猥琐之态，意兴所致，自然警策异常"。另外中科院图书馆藏有清同治元年（1862）刻本，见《清人别集总目》著录。

古人诗抄

于士祐抄辑。门人"严修敬题"作《先于筠庵师手抄册》。实际是唐杜牧以来至清袁牧的一些人的诗作，于士祐于"同治丙寅（1866）手抄"，署名"固穷子"。天津图书馆藏，见馆藏目录。

于世荫

世荫字莲孙，晚清时天津人。和梅小树、杨光仪、于士祐等有交往，或为续梅花诗社成员，撰有《梅影》诗四首。卒后有李庆辰撰《挽于莲孙》诗云："不解趋时俗，生平但率真。疏狂偏胜我，径直更何人。诗卷悲零落，穷途备苦辛。长眠因肺病，予亦病中身。"（引自《醉茶吟草》卷二）可见其身世。

于莲孙先生诗稿

于世荫撰。清稿本，书名为近人"默厂敬署"。前有清咸

丰七年丁巳年（1857）杨香吟、种竹山人（于士祜）等盥诵数
过并加圈字样。诗大多作于癸丑（1853）乙卯（1855）间，中
有《乙卯下第兼慰诸友》七律一首，说明其曾参加清咸丰五年
乙卯科乡试落第了。天津图书馆藏。不见书目著录。

李春城（1826-1872）

春城字筑香，清天津人。诸生。咸丰元年（1851）举孝廉
方正。同治元年（1862）铨授刑部四川司员外郎。未几告归。
居乡力行善事，远近称其为"善人"。

过庭述闻一卷

李春城撰。[民国]《天津县新志艺文》著录。未见。

华光鼐（1826-1857）

光鼐字伯铭，号少梅，又号寿眉，清天津人。长卿长子。
幼聪慧，十岁学为诗已惊座人。十九补诸生。文名藉藉，读书
过目辄记忆，能知某事在某书某卷中，屡试不爽。好苦吟，至
咯血不已，遽以疫殁，年三十二，早其父卒。

寿眉诗草四卷

华光鼐撰。《大清畿辅书征》和《续修四库全书总目提
要》著录。抄本，录诗百馀首。卷首有杨慎恭序，略云：少
梅诗挚性真情，胥流露于笔墨间，而清新苍秀，多可传诵。
未见。

东观室遗稿一卷

华光鼐撰。[民国]《天津县新志艺文》著录。光鼐少即
工诗，与梅宝璐、杨光仪、于士祜、孟继坤日以声韵相切劘，
抱疾里居，不废吟咏。光仪谓其诗苍凉悲壮中，别有缠绵不

尽之致。既没，其子铎孙搜辑遗稿，得诗七十馀首，编为一卷，附家集中。见清光绪九年（1883）天津华氏刻本《华氏家集》；原清稿本一册，有于士祜等题识。两书均藏天津图书馆，见馆藏目录。

天津文抄七卷

华光甫辑。本书原名《津门文抄》，抄本，《大清畿辅书征》著录为三十二卷，［民国］《天津县新志艺文》著录为二十四卷。光甫因《津门古文所见录》而扩充之，除与前者重名重文外，复收道光以来后出之作，新增作者二十五人，新增文一五七篇，意在与梅成栋《津门诗抄》并行于世，俾乡前辈文章风雅常存弗朽。惜甫具稿，遽尔下世。邑人陈垲欲捐资付梓，未及行。至民国九年（1920），经王仁安将原稿重加厘订，分门别类，都为七卷，由金钺刊行之。前有王仁安序和金钺补作《天津文抄作者传略》，后有金钺跋。《天津地方史资料联合目录》著录，天津各大图书馆都有刻本收藏。

胜录二卷

华光甫撰。［民国］《天津县新志艺文》著录为"刻本，存"。是书录乡人诗多由搜罗而得，其体近于诗话，略识缘起，而不加评骘。光甫留心文献，以《津门诗抄》久无续纂，兹编所录作者姓名，多非彼书所有，且各诗大率起结完具，断句无多，俾将来再纂津人诗者取材于此，与徐士銮《敬乡笔述》所载诸诗，同是以诗存人之意。北京图书馆藏，见馆藏目录。笔者亲去看来，有知堂（周作人）阅后题记谓："（民国）廿八年六月在北平得此册，有碧琅玕馆藏印，书中批点盖亦是杨庸叟（清人杨光仪）手迹可珍也。"此书甚有文学史料价值，可惜津门无存。

王维珍（1827-？）

维珍字席叔，一作席卿，号莲西，又号颖初，别作大井逸人，清天津人。咸丰十年（1860）进士，官至通政司副使。同治元年（1862）、二年皆任会试同考官。工书能诗。罢官后闲居京邸，以艺事自娱。光绪十年（1884）尚在世。

［光绪］通州志十卷首一卷末一卷

清高建勋等修、王维珍等纂。清光绪五年（1879）刻本，《中国地方志联合目录》著录，天津图书馆藏。

莲西诗集四卷

王维珍撰。［民国］《天津县新志艺文》和《天津地方史资料联合目录》著录。有光绪二十一年（1895）石印本，华东师范大学图书馆藏。又有民国十四年（1925）上海文学书局石印本，天津社科院图书馆和天津师范大学图书馆藏。是集编次年月错乱，与其生平所历先后不符，盖未厘订之稿。其开首一帙，为其子颐勋所补辑者，有识语。

莲西律赋二卷

王维珍撰。《清人别集总目》著录，谓清刻本，日本国会图书馆藏。另北京大学图书馆藏清同治元年（1862）刻本，一函二册，见馆藏目录著录。

樊福恩

福恩原名景皋，字鹤洲，清天津人。宗澄孙，咸丰二年（1852）副榜贡生。

括囊无咎诗稿

樊福恩撰。［民国］《天津县新志艺文》著录。未见。

华　椿

椿字荣萱，清天津人。咸丰五年（1855）乙卯科副榜贡生，以教习选安徽青阳县知县。

［光绪］青阳县志十二卷图一卷

华椿修。《续修四库全书总目提要》和《中国地方志联合目录》著录，清光绪十七年（1891）活字本，天津图书馆有藏。

警睡编二集四卷

华椿撰。［民国］《天津县新志艺文》著录，谓其生平喜读格言，尝录置座右，以资反省。自谓历宰繁剧，幸免罪戾者，实得力于此。乃汇辑旧抄，区为四类刊行之，盖以自警者警人也。《天津地方史资料联合目录》著录，清光绪十七年（1891）铅印本，天津社科院图书馆藏。

杜官云

官云字莲塘，清天津人。国子监生。

晒斋诗稿一卷

杜官云撰。［民国］《天津县新志艺文》著录。未见。杨光仪《碧琅玕馆诗抄》前有其题词七律一首。

张大儒

大儒字士林，清天津人。廷绶子。咸丰八年（1858）举人。山东知县署利津县知县。

士林诗抄三卷

张大儒撰。［民国］《天津县新志艺文》著录。是集分筮仕以前为一卷，在官时为一卷，落职家居为一卷。由其从子寿诠次，存诗七十馀首。寄兴抒怀，聊具梗概。抄本。未见。

李紫珊

紫珊一作子山，以字行，号半园，清直隶天津人，生平不详。

半园尺牍三十一卷附补遗

李紫珊撰。《清人别集总目》和《清人诗文集总目提要》著录，有清咸丰十年（1860）刻本，南京图书馆藏；光绪二年（1876）刻本，日本国会图书馆和韩国汉城大学图书馆藏。以上三家均署静福山人撰，另又有光绪五年（1879）灵兰堂刻本，湖南省图书馆藏。

张葆忠

葆忠字原庵，清天津人。廷绶孙。布衣。

艺菊法一卷

张葆忠撰。［民国］《天津县新志艺文》著录。是书列培土蓄肥等法，凡十二则，为养菊要诀，盖皆得自经验者也。抄本。未见。

王光祖

清天津人。咸丰间由国子监生考取授州同。

墨痴生印存

王光祖篆编。咸丰年间铅印本，《津人著述存目》和新编《天津通志·出版志》著录。未见。

梅宝熊（1830-1880）

宝熊字瀛山。梅成栋之第三子。廪贡生。少颖悟，天资过人，由古学第二名入泮。历应学使科岁试，文章诗赋叠冠全军。秋闱屡荐不售。精医理，应手活人无算。清光绪六年（1880）年五十一以廪贡终，士林惜之，乡里中患病者均如有所失。

荔红龛古近体诗一卷

梅宝熊撰。未刊，见梅宝璐所撰传著录。杨光仪《碧琅玕馆诗抄》前有其题词七律一首。

严克宽（1830－1880）

克宽字容若，又字容波，一作仁波，清天津人。严修之父。国子监生，官候选员外郎。年二十三弃举业，行盐以才望，推为总商。天津故有善举，克宽事必躬亲，不辞劳怨，成效昭然。生平喜读宋五子书，律身以敬为主。年四十失偶不再娶，教子严而有法。光绪六年（1880）病殁，卒年五十有一。

论学书一卷

严克宽撰。原系抄本，［民国］《天津县新志艺文》著录。高凌雯谓："是书辑其与人论学之言为一编，其大旨在内明心性，外见事功，非空谈名理者可比。克宽生平以寡过为期，而好义行仁，终身不倦，殆所谓不负所学者也。"今有石印本《严仁波先生遗著》行世。见下。

事馀小草一卷

严克宽撰。原系抄本，［民国］《天津县新志艺文》著录。高凌雯谓："是集前有杨光仪序。克宽一生身心交瘁，皆期实济于世，初无意于为诗，偶尔有讴吟，不过抒写性情之作，故集中存诗无几，皆三十以前旧稿，不忍弃之者。"今有石印本《严仁波先生遗著》行世。见下。

严仁波先生遗著二卷

严克宽撰。民国十年（1921）天津严氏石印本，《津人著述存目》著录。全书包括《论学书》一卷和《事馀小草》一卷。前有杨光仪和蒋兰畬序，以及自序。《小草》删存诗二十四首，内有《甲寅闰中元携同仁游盘山即景十六韵》等。《天津地方史资料联合目录》著录，天津图书馆和天津社科院图书馆藏。

王清彦

清彦字穉儒，清天津人，生活在同治前后。馀不详。

通今要言四卷

王清彦撰。清稿本，前有自序，题"同治七年戊辰（1868）新秋，津门王清彦书于近思书屋"。目录分四卷：一新知录，二焉庚集，三谔谔编，四娱斋记馀。后附"英美两国翻译刊行中国各种书籍"四十四种。是书内容主要讲述英法联军进津后之见闻。《天津地方史资料联合目录》著录，天津图书馆藏。

王　鹄

鹄原名鸿，字子梅，清天津人，寄籍长洲。大淮子。以诸生官江苏候补县丞（一作"曾官聊城县丞"）。师事娄县张祥河，而与番禺冯询交尤深。诗人遍走南北，所作甚丰。

喝月楼诗录二十卷

王鹄撰。目录作二十一卷，末卷原缺。清道光十九年（1839）刻。《清人诗文集总目提要》著录为北京大学图书馆藏；《清人别集总目》著录为中国科学院图书馆、北京师范大学图书馆、日本国会图书馆藏。

喝月楼诗录

王鹄撰。稿本,仅二卷。《清人诗文集总目提要》著录,中国科学院图书馆藏。

谱梅榜诗稿及行吟草

王鹄撰。是书于侨寓平原时被盗而佚。上书卷二十一为《盗诗图诗录》,有目无诗。冯询有《寄王子梅客中遇劫失诗》长古一首,慰籍弥切。龚自珍亦有《题王子梅盗诗图》,涉及其诗被盗事。《清人诗文集总目提要》著录。

天全子诗录一卷

王鹄撰。同治元年(1862)刻,多应酬之作。《清人诗文集总目提要》著录,天津图书馆藏。

顾祠听雨阁诗录不分卷

王鹄辑。同治元年(1862)刻本,《清人别集总目》和《清人诗文集总目提要》著录,江西省图书馆藏。天津图书馆亦藏,见馆藏目录。

王子梅诗词集不分卷

王鹄撰。稿本,有张仲元等跋。《清人别集总目》和《清人诗文集总目提要》著录,山东省图书馆藏。

子梅诗稿不分卷

王鹄撰。传抄本,《续修四库全书总目提要》著录。未见。

华鼎元(1832-1890)

鼎元字文珊,清天津人。光榸弟。诸生。官江苏同知。

缄斋尔雅注三卷

华鼎元撰。[民国]《天津县新志艺文》著录。缄斋为鼎元著书之号。鼎元以《尔雅》为幼学读书津梁,郭注确而失

之略，郃正义博而失之滥，乃合两家之言折衷之，积三四年
遂成此稿，留为家塾读经之助。抄本，天津图书馆残存中下
二卷，见馆藏目录。

国史儒林传旁证三卷

华鼎元撰。[民国]《天津县新志艺文》著录"抄本，存"。
是书无著者叙例，而以阮元叙文、凡例列诸卷首，明其为阮
元原稿也。元稿采自载籍，连缀成篇，凡所引用书，俱注本
句之下。此则一切删去，意在旁征事实，增益见闻，不为原
引书籍所囿，故其所采或为本传所遗。然亦有属稿时既删削
而此仍录存者，盖不厌其详也。其诸儒次序，后先移易，与
原稿亦略有异同。未见。

津门征献诗八卷

华鼎元撰。《大清畿辅书征》和[民国]《天津县新志艺文》
著录。是书搜辑乡人事迹，大旨以忠孝为先，次及宦绩、学行、
文苑、隐逸，末卷则专收烈女，凡得一百二十人。人各系以诗，
而以传志、行状及诸家文集所载琐闻轶事罗列诗后，虽云征献，
实赖考文，其体制类于近人《南宋杂事诗》，而表章先献，则
又人物志耆旧传之遗恉也。书成于同治初元，自咸丰以上至于
有明，凡知名之人大略备于是矣。清光绪十二年（1886）刻本，
《天津地方史资料联合目录》著录，天津各大图书馆都有收藏。

津门通典八卷

华鼎元撰。[民国]《天津县新志艺文》著录。未见。

津门征迹诗一卷

华鼎元撰。《天津地方史资料联合目录》著录。为《梓里
联珠集》之一，前有自序云："同治乙丑（1856）随侍扶馀学署，
残冬无事，辄动旅思。偶忆及故乡胜迹，拈笔咏之，积久遂成

绝句百首。先时，余曾有'征献诗'之作，故名此为'征迹诗'"。原抄本藏南开大学图书馆。二十世纪八十年代被辑入《天津风土丛书》，1986年天津古籍出版社出版。

梓里联珠集五卷

华鼎元辑。[民国]《天津县新志艺文》著录。鼎元久客于外，不无乡土之思，乃汇录钱塘汪沆《津门杂事诗》，仁和蒋诗《沽河杂咏》，庆云崔旭《津门百咏》，县人樊彬《津门小令》，及所自著《津门征迹诗》都为一集，其体则竹枝词，其用则风土记也。原抄本藏南开大学图书馆。今有《天津风土丛书》铅印本行世，1986年天津古籍出版社出版。

缄斋诗存一卷

华鼎元撰。[民国]《天津县新志艺文》著录："是集存古近体五十九首，为人题集或步韵酬和之作居其大半。鼎元少尝随宦开原，集中诗多脱稿于此。其后莅职京曹，佐郡江南，皆不之及。盖其生平吟咏当不只此。没后稿就散佚，仅由搜辑而得编列《家集》中，故题曰'诗存'也。""抄本，存"。未见。天津图书馆藏清光绪九年（1883）天津刻本《华氏家集》中也未见收。

徐思稚（1832－1878）

思稚字笛梅，清天津人。大铺子。国子监生。官河南县丞，署镇平县典史。

荻湄诗草

徐思稚撰。[民国]《天津县新志艺文》著录。未见。

张樾荫（1832－ ？ ）

樾荫字若村，清末天津人。布衣。生平以画著，长于山水竹石，而词章亦偶为之。建德周学渊有序云："辛丑（1901）之后，余交先生于京师……先生年近七十矣，称余为忘年交。"于此可见他当生于清道光十二年（1832）前后。

般若村人诗存一卷

张樾荫撰。［民国］《天津县新志艺文》著录。是集为其友人所存，得诗一百一十首，附词二首。民国二年（1913）与宝坻李庶撰《颍斋诗存》合刊，总题为《张李二君诗存》，周学渊撰有总序，另有《般若村人诗存序》。天津图书馆藏，见馆藏目录。

徐士銮（1833－1915）

士銮字苑卿，又字沅青，清天津人。咸丰八年（1858）举人，由内阁中书历擢侍读记名御史。同治十一年（1872）出守浙江台州知府，居九年，有政声。光绪七年（1881）引疾归里，年才四十九，闭门谢客，一意著述。入民国后卒，享年八十三。

内阁撰拟文字二编二卷三编一卷

徐士銮编。《贩书偶记》卷六《诏令奏议类》著录，初编为歙县鲍康辑，二编三编为徐士銮辑，蔡可权和高凌雯撰《徐沅青小传》均提及"始君仕京师与诸名士游，即喜探讨故事，《内阁题名》《皇朝谥法考》皆有续纂"，此或即彼时所作。清同治七年（1868）至十三年刊。北京图书馆藏，见馆藏目录。

内阁汉票签中书舍人题名

清孔宪彝等编，徐士銮等续编。清咸丰同治间陆续刊刻，计六册，书后有同治十一年（1872）天津徐士銮跋。北京图书馆藏，见馆藏目录。

皇朝谥法考五卷续编一卷补编一卷续补编一卷

清鲍康辑，徐士銮续补。清同治三年（1864）刻本、增刻，二册。北京图书馆藏，见馆藏目录。

古泉丛考四卷

徐士銮撰。［民国］《天津县新志艺文》著录，原题“抄本，存”。别作《藏云阁识小录》。首卷总论币制，次三卷详考历代货泉，始于周景王至唐咸通而止，博引旁征，有时附以己说。士銮与鲍康同官内阁，俱嗜此学，互相研究。其后出典外郡，仍以拓本往返赠酬，复示以李佐贤《古泉汇》，戴熙《泉话》，闻见日扩，收藏亦富，故此著俱有依据也。有民国七年（1918）《屏庐丛刻》本，《天津地方史资料联合目录》著录，天津各大图书馆有藏。

藏云阁识小录

徐士銮撰。《津人著述存目》著录。按是书辑入《屏庐丛刻》作《古泉丛考》四卷，见前。

酒筹谱

徐士銮撰。《津人著述存目》著录，转引自《古泉丛考》张寿跋。未见原书。

医方丛话八卷

徐士銮撰。《大清畿辅书征》和［民国］《天津县新志艺文》著录。士銮涉猎群书，尤喜读古今说部。爱效陆宣公忠州故事，凡各记载有涉及岐黄之术，论病评药，近于医案，与夫旧传良剂，备用单方，历有明验者，随笔录存，积成斯帙，虽云杂俎，亦自详赡可观，盖其功用足以济人，固不仅资谈助已。有清光绪十五年（1889）天津徐氏蝶园刻本和民国十九年（1930）补刻光绪本，《天津地方史资料联合目录》著录，天津图书馆藏。

二十世纪末又被影印辑入《四库未收书辑刊》第十辑，另有《天津中医药珍本集成》点校整理本，中国文史出版社2008年出版。

宋艳十二卷

徐士銮撰。［民国］《天津县新志艺文》著录。是书分门标目，略仿《世说新语》。以其取材《宋史》，而其事又限以婢妾倡伎，故题曰《宋艳》。大旨盖以世人情欲之私，最易毁名堕行，而古人亦往往于此见其真操。书内于所引各条下，每证以历朝事实，或缀以先正法言，冀使阅者有所警惕，力戒儇薄之习，用意良厚。其师杨光仪序以行之。清光绪十七年（1891）天津蝶园刻本，《天津地方史资料联合目录》著录，天津师范大学图书馆和天津历史博物馆藏。又有民国五年（1916）天津汉文《泰晤士报》剪报本，题《宋人艳荟》，东海幽客编，天津师范大学图书馆藏。又有《笔记小说大观》本，见第五辑。

敬乡笔述八卷

徐士銮撰。《大清畿辅书征》和［民国］《天津县新志艺文》著录。士銮中岁归田，潜心撰述。尤以乡邦掌故为重，凡有关于文献者，虽片词只字，罔不手录辑存，以备后来再修县志及续纂《津门诗抄》之助。凡二书所缺者补之，伪者正之，征引繁富，而附以己见，颇类考订家言。士銮素不满意于同治续志，时有指摘，分见各篇；更罗列错漏者数十条，汇为一卷，绳愆纠缪，殆吴氏之诤友也。是书原系抄本，至民国二十一年（1932）才有天津徐氏濠园刻本行世。《天津地方史资料联合目录》著录，天津图书馆和天津社科院图书馆藏。今有《天津风土丛书》本，天津古籍出版社1986年出版。

徐氏历科朱卷

徐士銮辑。咸丰戊午科乡墨，一册，北京图书馆藏，见馆藏目录。

蝶访居文抄一卷

徐士銮撰。［民国］《天津县新志艺文》著录"抄本，存"。是集存文二十馀篇，其如《新开卫津河》及《重建育婴堂》两碑记，颇关天津民生及水利建设，馀则序跋之类居多。天津图书馆藏，见馆藏目录。

蝶访居诗抄五卷诗馀一卷

徐士銮撰。［民国］《天津县新志艺文》著录"抄本，存"。是集首卷为其官京师及守台州时之诗，馀皆归田后所作。士銮每一诗成，必就正于其师杨光仪，然后录存。其时凡以诗纳交于光仪者，每及士銮，故集中与乐亭史梦兰、临桂倪鸿倡酬甚多，而朝鲜人亦往往有之。集后附词九首。民国间抄本，天津图书馆藏，见馆藏目录。

仙蝶图咏二卷

徐士銮撰。［民国］《天津县新志艺文》著录"抄本，存"。士銮官京师时，尝于厂肆得仙蝶图三，每得一册，辄征题咏。罢官以后，汇录各诗，成书二卷。卷末有仙蝶故事若干条，志旧闻也。未见。

癯鸥戏墨二卷

徐士銮撰。《天津地方史资料联合目录》著录，清光绪十一年（1885）天津蝶园刻本，天津图书馆藏。

周盛传（1833—1885）

盛传字薪如，晚号北海老农，安徽合肥周家圩子人。清咸同间在家乡组织团练，后被编入李鸿章淮军，与太平军、捻军作战，官拜总兵、提督等职。同治九年（1870）秋，李鸿章升任直隶总督兼北洋大臣，周率盛军九千馀人调往京津屯卫畿辅。光绪元年（1875）任津沽屯田事务、天津镇总兵。光绪八年升湖南提督，仍留天津镇训练士卒。其小站练兵采取的是寓兵于农的策略，练兵，屯田，修路，开挖马厂减河，引南运河水垦荒种稻，故才有今之小站镇和小站稻。卒后清廷谥号"武壮公"，小站镇设专祠供奉之。

周武壮公遗书

周盛传著。正文九卷，卷首二卷，外集三卷，别集一卷，附录一卷，清光绪三十一年（1905）金陵刻本，一函十册。卷首内有年谱，又名《磨盾纪实》。另在天津镇训练士卒所著《操枪章程》十二篇或亦收人其内。《天津地方史资料联合目录》著录，天津社科院图书馆藏。

戴绪安

绪安字筱轩，生卒年不详，祖籍安徽合肥。自幼习医，凡《素》《灵》经典及历代医家著作罔不研求，并注重收集整理临症验方，医术精湛，疗疾救人，为世所重。清光绪间来天津，服役于小站兵营之华洋医院。

验方汇集八卷

戴绪安撰。书分八卷：卷一至卷四为内科验方，卷五为妇科验方，卷六为眼科验方，卷七为儿科验方，卷八为外科虚方。列方概经手试，可资临证选方参考。清光绪十年（1884）天津文利堂刻本，前有光绪七年"书于渤海军次"之自序云："同治壬申（1872），合肥周军门总统防军于畿疆，即津郡之东都……每春夏之交，军士多苦疾疫，总帅为置华洋医馆，捐资备医药以济军众，予以谫陋，得承乏其间，闲暇无事，辄检篋中旧稿删定之。"今有《天津中医药珍本集成》点校整理本，中国文史出版社 2008 年出版。

医学举要四卷

戴绪安撰。此书又名《注礼堂医学举要》，卷一为脉学，介绍三部本象、四时脉象等；卷二论述五运六气、五运要略等；卷三介绍补益、发表、涌吐、和解等十八类临症方剂；卷四为校补药性，介绍四百馀味中药的性味主治。清光绪十二年（1886）续刻。今有《天津中医药珍本集成》点校整理本，中国文史出版社 2008 年出版。

冯向华

向华字杏林，清天津人。咸丰九年（1859）恩科举人，官广东赤溪同知。

羊城竹枝词

冯向华撰。收反映广东广州地区民俗风情的竹枝词二百五十首，清光绪间刊，天津图书馆藏。另《津门杂记》转引二首。

陈 垲

垲字挹爽，清天津人。咸丰十一年（1861）举人，官广东和平县知县，后调潮阳。

津邑历科选举录续录共一卷

陈垲撰。［民国］《天津县新志艺文》著录。是书一循华长卿《津门选举录》之例而增益之。先自清顺治乙酉开科，录至同治十二年（1873）癸酉科，同治十三年（1874）刊。后继录至清光绪二十四年，与前全刻之。如此有清一代科举考试首尾完具，足备考稽。唯长卿之书非本籍人不载，此则权从宽例，如商籍、灶籍虽非本县人亦俱载之。长卿所注历官甚悉，此则但书仕至某官。至天津科名实始于明正统，而记载只及于清初，则两书相同。初刻本和续刻本，以及合刻本，天津图书馆和天津社科院图书馆，天津历史博物馆均有收藏，见《天津地方史资料联合目录》著录。

陈世镛

世镛字笙樵，号欣山，清天津人。幼聪慧，长益勤于学。咸丰十一年（1861）举人。授徒里门，所成就多知名士。主讲宁河书院，大挑二等，选获鹿县教谕，再选蓟州学正。卒年七十有二。

笙咏集一卷

陈世镛撰。[民国]《天津县新志艺文》著录。未见。

郭恩第

恩第字曼生，清天津人。咸丰十一年（1861）拔贡，同治九年（1870）举人。官工部主事，升郎中。

趋庭集三卷

郭恩第撰。《大清畿辅书征》著录。另《续修四库全书总目提要》著录为清抄本，收诗四百五十六首，计分首卷一百三十一首，二卷一百五十三首，三卷一百七十二首。有魏乃勷、慕荣干、黄璟、王鹏龄、梅宝熊、杨光仪、于士祜诸人评点。"今观恩第之作，赋质文弱，不类北人，而发为声诗，复尽屏燕赵之粗豪，一归和平雅隽，开阖变化，自成一家。畿辅诗学，有明者多矣，要其元元本本，有典有则，未有过于《趋庭》一集者也。"原书未见。

寄斋诗草三卷

郭恩第撰。［民国］《天津县新志艺文》和《津人著述存目》著录。此或即上书《趋庭集》三卷之同书异名。未见。

杨俊元

俊元字春农，别号盟鸥居士，天津人。诸生。清末民初在世，属严修父执辈。家富藏书，有室名"时还读书斋"，常以诗文自娱，尤酷嗜灯谜。清光绪二十六年（1900）后，曾任芦纲公所纲总。民国后卒。

绝妙集

杨俊元撰。此集一名《盟鸥园廋语》，多为谜语。书首有王守恂、严修于民国十一年（1922）所撰序文，并附有杨俊元写于清光绪六年（1880）的自序，以及诸位友朋的题诗。《天津地方史资料联合目录》著录，有二版本：一为民国十一年（1922）时还读书斋石印本，天津图书馆和天津社科院图书馆藏；一为民国二十年（1931）商务印书馆铅印本，天津图书馆藏。

李金海（1835－1899）

金海字北溟，清天津人。廪贡生。好学能文，教授乡里。晚年为会文总塾师，成就甚众。

庚壬存馀录一卷

李金海撰。［民国］《天津县新志艺文》著录。是集为其门弟子所录藏。凡说经论史，记事传人，及条议时务之文，略具于是。而请祀名宦，修文庙，创设会文书院诸禀牍，俱附焉。其曰"庚壬"者，以其所录，由清同治庚午（1870）至壬申（1872）三年间之稿居多故。沈士銎抄辑，林兆翰校对。《天津地方史资料联合目录》著录，民国七年（1918）铅印本，天津图书馆藏。

张玉贞（1835-1893）

玉贞字蕴仙，清天津人。张虎拜之曾孙女，江西县丞张棠之女。性纯孝，尤工为诗。事父母以终，光绪九年（1883）被清廷旌为孝女。

蕴仙诗草一卷

张玉贞撰。《大清畿辅书征》和［民国］《天津县新志艺文》著录。是集辑其四十以前所为近体凡二百数十首，就正于其戚吴秉慈；秉慈序以行之，谓其诗芬芳悱恻，非虚誉也。《泣血词》八章，盖刻集后六年丧父时作。其从父桐偶检得之，以其哀楚动人，非同泛响，续刊集末，用章孝思。杨光仪《敬乡笔述》有文谓："余检阅架上见《蕴仙诗草》一册，观序中知为爱椎先生长女；始悉蕴仙即遂闲堂张氏族中人，盖女之能诗，家学源渊故有自。"《天津地方史资料联合目录》著录，清光绪二年（1876）爱日堂刻本，南开大学图书馆藏。

卢寿彤

寿彤一作彤寿，原名恩溥，字绍棠，清天津人。咸丰十一年（1861）辛酉拔贡生。兵部七品小京官主事。工绘山水，精篆籀刻，楷法亦秀劲。

吟香馆诗稿

卢寿彤撰。［民国］《天津县新志艺文》著录。未见。

吟香馆谜稿

卢寿彤撰。民国间抄本，一册，北京图书馆藏，见馆藏目录。

周士澄

士澄字小耘，官知州。馀不详。

吉金寿石斋古泉谱

周士澄撰。[民国]《天津县新志艺文》著录。未见。

周士翰

士翰一作士瀚，字敏卿，清天津人。曾官山东德平县知县、四川会理州知州。

小吟香馆诗草

管窥蠡测集

啸云卿集

环翠山馆集

周士翰撰以上四书，《津人著述存目》卷下增补著录。未见。

史源绪

清天津人。生平不详。

竹泉画谱

竹泉诗集

自怡印存

史源绪撰以上三书，《津人著述存目》卷下增补著录。未见。

刘济川

济川字荷桥，清末天津人。光绪间官至翰林院典簿厅行走待诏。幼年受学勤求，精心书史。及长心性近慈，深信佛祖，遂以医道济世。

外科心法真验指掌四卷

刘济川撰。首论经络循行，次述诊法脉象，且对疮疡内外治疗诸法均有论述，对中医外科器械记述尤详，为中医外科著作中所不多见。清光绪十三年（1887）天津全顺堂刻本。今有《天津中医药珍本集成》点校整理本，中国文史出版社 2008 年出版。

孟继坤（1837- ？ ）

继坤字筱蕃，一作筱帆，又作小帆，清天津人，宗舜九世孙。同治元年（1862）举人。孝友励学，受业于郝缙荣。擅长词赋，风华典赡，士多执赞其门。铨授抚宁教谕。卒于任。

清发草堂诗文集

孟继坤撰。［民国］《天津县新志艺文》著录作抄本，二十四卷。高凌雯云："杨光仪续辑津门诗时，谓继坤著有《诗星阁集》十三卷，则《清发草堂》当是诗文集总名。今多方思致其集，卒不可得。"按：今天津图书馆藏抄本《孟筱帆先生手稿》二十册，疑即是书。

孟筱帆先生手稿不分卷

孟继坤撰。稿本，二十册，天津图书馆藏，见馆藏目录。此或即上书。

清发草堂诗抄一卷

孟继坤撰。《天津地方史资料联合目录》和《清人诗文集总目提要》著录。民国二十五年（1936）问梅吟社影印本，一作石印本。前有赵元任题词，后有其子广慧跋语。选诗仅三十首，皆七言律诗。首都图书馆和天津图书馆藏。

诗星阁五言八韵诗二卷

孟继坤撰。《天津地方史资料联合目录》和《清人诗文集总目提要》著录。清光绪十七年（1891）诗星阁刻本，四册。天津社科院图书馆藏。另见《东北地区古籍线装书联合目录》著录，辽宁省图书馆藏。

诗星阁同人试律抄二卷

孟继坤辑。清光绪十四年（1888）刻本，四册。《天津地方史资料联合目录》著录，天津历史博物馆藏。

二家赋抄七卷

孟继坤、刘钟英合撰。《津人著述存目》著录，清光绪二十一年（1895）天津义合堂刻本。内含天津孟继坤撰《诗星阁赋抄》二卷、大城刘钟英撰《青照草堂赋抄》四卷，另附庆云刘希愈撰《湘帆剩稿》一卷。北京图书馆和天津图书馆藏，见各馆藏目录。

沉珠恨草

孟继坤撰。《津人著述存目》卷下增补著录。未见。

刘凤洲

凤洲字瀛士，清天津人。同治九年（1870）庚午科分试副榜，光绪元年（1875）恩科举人。

雪鸿留爪轩诗集
撷秀扬芬集

刘凤洲撰以上二书，《津人著述存目》卷下增补著录。未见。

张彭龄

彭龄字芝庭。清天津人。光绪元年（1875）举人。候选教谕。

十三经集字音义便览十四卷

张彭龄撰。[民国]《天津县新志艺文》著录。是书以坊行十三经集字，有音无训，乃依其本，逐字详稽，凡字有数音数义，皆汇注之。惟四子并录全文，既于始见之字，汇注音义。其有此书已具，复见彼书者，仍注本音本义，取便初学，故特加详焉。原存有"抄本"。未见。

周如江

如江字芷塘，清天津人。诸生。

味蕉轩诗稿一卷

周如江撰。[民国]《天津县新志艺文》著录。未见。

韩荫梓

荫梓字仰桥，号少泉，清天津人。诸生。幼受业于孟继坤，饶有诗才。年二十七以瘵卒。

茜浓山馆未定草一卷

韩荫梓撰。[民国]《天津县新志艺文》著录。高凌雯谓："兹集盖其未冠时所作，录稿以资考镜者，而不意遂止于斯。"抄本。未见。

知不足斋诗存

韩荫梓撰。《津人著述存目》卷下增补著录。未见。

余作恭

作恭字肃斋，清天津人。余堂子。禀贡生。候选训导。接物谦和，居家孝友，乡里重之。生平长于堪舆之学。

地理元显二卷

余作恭撰。[民国]《天津县新志艺文》著录。高凌雯谓："是书上卷释宋陈搏天玉外传，下卷释元僧幕讲金口诀，而附以四龙八极辨、元空秘要录、堪舆必读书目。其自序略云：端木太鹤著元文，于天玉挨星之秘已泄尽，所引古书，随引随注，而于外传为尤详。第文义散见，未易窥寻，学者每以深奥置之。故即所引注，汇录于本文之下，而于每节标其大旨，以为循途入室之资。"抄本。未见。

汪端一

清天津人，王又曾妻。

冰雪集

汪端一撰。[民国]《天津县新志艺文》和《历代妇女著作考》著录。未见。

阎　智

智字明阳，清天津人。其他不详。

参禅谱二卷

阎智撰。[民国]《天津县新志艺文》著录。高凌雯谓："是书取旧传牙牌参禅法演习之，布为十五式，以尽拆合之妙。质诸其友徐步芸。步芸为增益三式。其戚刘道三又增益六式。盖奇偶相生术而通于数者也。"有刻本。未见。

徐嘉贤（1837-1861）

嘉贤字少珊，清天津人。徐城曾孙，徐世昌之生父。候选主簿。曾随父廉穆宦河南。有至性，母丧，哀毁成疾，咸丰十一年（1861）年二十有五卒。

治薔书屋诗草

徐嘉贤撰。[民国]《天津县新志艺文》著录。未见。

周　馥（1837－1921）

馥字玉山，别字兰溪，安徽至德人。少时屡试不第，投入李鸿章淮军当幕僚，为李所器重，历任永定河道、津海关道、长芦盐运使，以至直隶按察使，在津协助李鸿章办理洋务达三十年。李死后，署理直隶总督兼北洋通商大臣。清光绪二十八年（1902）任山东巡抚，后任两江总督，旋调两广。三十三年（1907）以老告归，长居天津，入民国后卒。其后人则亦在天津落籍。

易理汇参臆言二卷

周馥撰。《中国丛书综录》著录，见《周氏师古堂所编书》。

易理汇参十二卷首一卷

周馥撰。《中国丛书综录》著录，见《周悫慎公全集》。

醇亲王巡阅北洋海防日记一卷

周馥录。《中国丛书综录》著录，见《周氏师古堂所编书》。另有单行本，民国二十七年（1938）周氏师古堂刻本，天津图书馆藏。按：醇亲王奕𫍯为清帝道光第七子，光绪十一年（1885）任总理海军衙门大臣。本日记详细记叙了奕𫍯一行自光绪十二年（1886）四月十三日至二十二日巡阅北洋海防情形。其时周馥任长芦盐运使津海关道。日记后附《醇王出都巡阅严饬随从人等各谕》，以及为有功将领、出力员弁请奖的上奏三篇。

周悫慎公自著年谱二卷

周馥撰。《中国丛书综录》著录，见《周悫慎公全集》。另有单行本，民国十一年（1922）木刻本；《天津地方史资料联合目录》著录，天津社科院图书馆藏。

陈尧斋哀诔录

周馥等撰。《天津地方史资料联合目录》著录，民国九年（1920）铅印本，天津社科院图书馆藏。按：陈氏晚年居津，曾任天津广仁堂总董事。

滇南朱使君生圹记一卷

周馥撰。民国间石印本，《天津地方文献提要目录》著录，天津图书馆藏。朱使君即朱家宝，字经田。清末历任吉林巡抚、安徽巡抚。辛亥革命后历任直隶民政长兼直隶都督、直隶巡按使、直隶省长等职，参加过拥袁复辟和拥张勋复辟。本书历数了朱使君在各任官职上的政绩，褒扬了他一生忠于大清皇室的功业。

周悫慎公奏稿五卷电稿一卷

周馥撰。《中国丛书综录》著录，见《周悫慎公全集》。

周悫慎公公牍二卷

周馥撰。《中国丛书综录》著录，见《周悫慎公全集》。

办理商约文牍

周馥辑。清光绪间朱格抄本，十册，书衣题周玉帅抄件。北京图书馆藏，见馆藏目录。

教务纪略四卷附录一卷

周馥撰。清光绪三十一年（1905）石印本，二册，天津图书馆藏，见馆藏目录。

治水述要十卷

周馥撰。《中国丛书综录》著录，见《周悫慎公全集》。

河防杂著四卷

周馥撰。《中国丛书综录》著录，内含《国朝河臣记》一卷、

《水府诸神祀典》一卷、《黄河源流考》一卷、《黄河工段文武兵夫记略》一卷，见《周悫慎公全集》。

直隶沿海各洲县入海水道及沙碛远近陆路险易图说

周馥绘。清光绪年间彩色绘本一幅，贴签注出沿海内地要领、驻军防汛情况。北京图书馆藏，见馆藏目录。

古训粹编

周馥节录，周学熙续录。《中国丛书综录》著录，见《周氏师古堂所编书》。

宋五子节要八卷

周馥节录。《中国丛书综录》著录，内含宋人周敦颐、程颢、程颐、张载、朱熹五子书的节录。具体子目和收藏单位详见《周氏师古堂所编书》。另有单行本，民国二十六年（1937）刊，《天津地方史资料联合目录》著录，南开大学图书馆藏。

观省录二卷

周馥辑。《中国丛书综录》著录，见《周氏师古堂所编书》。另有单行本，民国二十七年（1938）周氏师古堂刻本；《天津地方史资料联合目录》著录，南开大学图书馆藏。

负暄闲语二卷

周馥撰。《中国丛书综录》著录，见《周悫慎公全集》。

周玉山书札不分卷

周馥撰。稿本，三册，天津图书馆藏，见馆藏目录。

周悫慎公遗墨

周馥书。民国间影印本，四页。北京图书馆藏，见馆藏目录。

玉山文集二卷诗集四卷

周馥撰。《中国丛书综录》著录，见《周悫慎公全集》。另有单行本，民国十一年（1922）上海铅印本，《清人诗文集总目提要》著录，中国社科院文学所藏。诗抄前有山南于式枚序，又作者八十四岁作自序。诗起清咸丰十年（1860），止于民国九年（1920）。其中《感怀平生诗友三十五律》有详注，记与曾国藩、李鸿章、醇贤亲王、孙家鼐、恩铭等交往事。所记皆清同光间名人。

周悫慎公全集

周馥撰。此为一独撰丛书，民国十一年（1922）秋浦周氏石印本，具体子目和收藏单位详见《中国丛书综录》著录。

朱耀荣

耀荣字益之，清同治光绪间人。少业儒，洞悉古今力学之馀，兼通六艺。无如屡困名场，数奇不遇。中年遨游荆襄之间，遇良友得医学真传，遂成天津一名医。

三指捷编二卷

朱耀荣著。自序题作"光绪三年岁次丁丑（1877）菊月上瀚津门益之朱氏耀荣自叙于足自斋"。书分二卷：卷一用歌括形式介绍二十七种脉象的形象和所主疾病，以及诊断各种疾病预后吉凶的方法等；卷二用歌括形式介绍治疗各种疾病的方剂。书末附录外科，介绍多种外伤科疾病的治疗方法。原书为光绪癸卯（1903）孟春梓，问心堂藏板。今有《天津中医药珍本集成》点校整理本，中国文史出版社2008年出版。前除自序等外，还有"戊寅秋九月津门祝萱氏华金寿拜手序"。华金寿生于清道光十九年（1839）十二月（据朱卷），朱耀荣大概也生于其时，故排序于此。

孟继埙

继埙一作继埙，字志青，一字治卿，清天津人。继坤弟。
同治十二年（1873）举人。授内阁中书，任御史，出守贵州石
阡府，改官湖北盐法道。

晋书随笔记二卷

孟继埙撰。《津人著述存目》著录，抄本，分记金石一卷，
记异闻一卷。未见。

黔行水程记一卷

孟继埙撰。《津人著述存目》著录，原系抄本。《天津地方
史资料联合目录》著录有民国二十七年（1938）天津金氏屏庐
续刻本，天津图书馆和天津社科院图书馆藏。是书为其出守贵
州日记，后附《黔阡纪要》。

黔阡纪要

清罗文思纂修，孟继埙节录。北京图书馆藏，见馆藏目录。
另，《津人著述存目》著录，附《黔行水程记》后，见前。

石阡物产记一卷

孟继埙撰。《津人著述存目》著录，抄本。见《绿庄严馆
漫录》。

绿庄严馆漫录

孟继埙撰。民国二十八年（1939）清稿本，天津图书馆藏，
有金钺校并题识，见馆藏目录。另北京图书馆藏抄本，系由《黔
行水程记》《石阡物产记》合抄，见馆藏目录。

春梦集一卷

孟继埙撰。《津人著述存目》著录。未见。

陋巷集一卷

孟继壎撰。《津人著述存目》著录。未见。

夜郎吟一卷

孟继壎撰。[民国]《天津县新志艺文》著录。高凌雯云："是集为其守石阡时所作。石阡古夜郎地，故以为名。集中皆七言近体。其即景二十首，专咏南徼花鸟林峦之异，逐句详注，盖志风土之作。"《天津地方史资料联合目录》著录，天津社科院图书馆藏清光绪二十五年（1899）抄本，一册，题《夜郎遣兴》，即《夜郎吟》。另，南开大学图书馆藏民国六年（1917）石印本，别题《静远堂诗存》。

绿庄严馆诗存一卷

孟继壎撰。[民国]《天津县新志艺文》著录，原系抄本。高凌雯云："是集为其手自编订，始于家居授徒，至被命守郡而止，得诗二百馀首。继壎以中书舍人入直枢桓，历部曹，迁台谏，在京师凡二十年。其间多思乡怀友、政暇游宴之作。又笃嗜金石，往往获一瓦，拓一碑，辄以歌行记其事。及出典边郡，临行赠别诸篇，恋阙之思，溢于言表，殆诗之有性情者欤。"《津人著述存目》著录作《春梦集》。《天津地方史资料联合目录》著录有清刻本，天津图书馆藏。

绿庄严馆诗馀录存一卷

孟继壎撰。[民国]《天津县新志艺文》著录，原系抄本。高凌雯谓："是集存词四十馀首。卷首有自题绝句，盖官贵州时所录旧作。继壎尝为杨光仪题《碧琅玕馆集》，有《齐天乐》一阕，脱稿当在光绪建元前后，而此集不收。然则集中所录旧作，殆皆出自三十年以前者。"未见。

试茗吟庐诗稿不分卷

孟继壎撰。《清人诗文集总目题要》著录，谓"作者官京师时，与朝鲜使者李镐翼、陶隐、沈琦等游宴唱酬，极一时之盛。"抄本，天津图书馆藏。

诗星阁对联抄本

孟继壎撰。《天津地方史资料联合目录》著录，清光绪二十五年（1899）镈于室刻本，天津社科院图书馆藏。

金颐增（约 1840- ？ ）

颐增字养素，清天津人。光箔嗣子。监生。官司安徽巡检，署婺源县县丞。

金刚愍公表忠录一卷

金颐增辑。［民国］《天津县新志艺文》著录。"金刚愍公"即指金光箔（1816-1857）。光箔没后，其家迭遭灾难，一线仅延。当时表章之文散失殆尽。颐增既长，力为搜集，得碑铭传志、哀诔诗词若干首，汇而录之。光箔治行战绩，洎乎一门忠烈，可以得其大略。清光绪二十一年（1895）刻本，《天津地方史资料联合目录》著录，天津社科院图书馆藏；又民国十三年（1924）天津金氏刻《屏庐丛刻》本，天津社科院和天津师范大学图书馆藏。

华承彦（1840-1916）

承彦字屏周，号屈斋，晚号无须子，清天津人。国子监生，候选司务。工书能篆，家富藏书。

华氏易学三种六卷

华承彦撰。是书包括《周易系辞》《说卦》各二卷，《学庸述易》一卷,《古本大学》一卷,清光绪二十五年(1899)刻本,合一册,南开大学图书馆藏,见馆藏目录。

读易随笔

华承彦辑。《津人著述存目》著录。未见。

周易篇第考

华承彦撰。光绪三十四年(1908)刻本,《天津地方史资料联合目录》著录,天津图书馆藏。

周易古本不分卷附学庸述易

华承彦重订。光绪间刻本,《天津地方史资料联合目录》著录,天津图书馆藏。

易贯章段四卷

华承彦撰。清稿本,一册,不见书目著录。前有光绪(二十一年)乙未(1895)自序云:"《易》与《大学》古本及《三字经》,颇为汉宋诸儒所乱,皆非其旧……今按其章次之自然各录一通,贯《三字经》于前,《学》《庸》于后,以待知之而就正之,庶几圣贤手泽渐还旧观,亦后生一幸也。"天津图书馆藏,见馆藏目录。

华氏晴云派天津支宗谱

华长卿重辑,华承彦续辑。清宣统元年(1909)铅印本,一册,《天津地方史资料联合目录》著录,天津社科院、天津师范大学图书馆和天津历史博物馆藏。

卫道图说

华承彦撰。清宣统元年(1909)铅印本,《津人著述存目》著录。天津图书馆藏,见馆藏目录。

孟继壿

继壿字畹青，清天津人。继坤从弟。岁贡生。

补拙山房诗稿

孟继壿撰。〔民国〕《天津县新志艺文》著录。未见。

查凌汉（1841—1900）

凌汉字帖青，号铮臣。清天津人。水西庄查为义支，毅勤长子。廪膳生。前蔚州复设训导。光绪间弃政归田天津。后应任琴孙约聘而任新乡盐店外席，遂家焉。任事三载，积劳不起。是为查氏支迁新乡之始。

百花诗遗稿

查凌汉撰。此遗稿即《百华诗笺谱》，别题《文美斋诗笺谱》，由张兆祥绘图，查帖青题诗。光绪三十二年（1906）天津文美斋刻本。《天津地方史资料联合目录》著录，天津图书馆和天津师范大学图书馆藏。

杨承烈（1842—1908）

承烈字藕舫，清天津人。顺义训导家麟子。幼禀庭训，劬学工文。未冠补诸生，累试京兆不第，佣书以自给。其为学不专骛举业，深通九章之术，尤长推步。尝夜登高台，窥测星度，达旦乃已。每遇日月食，辄出算草示人，交食分秒，体亏方位，验之未尝有差。乡人治此学者，实以承烈为先导。

开方粹一卷

杨承烈撰。〔民国〕《天津县新志艺文》著录。是书以朱世杰《四元玉鉴》所列古法七乘方图，华蘅芳悟为古开方法，然其所著《开方古义》仅列一数二数正负四表，若遇多数之根仍穷于用。乃依其术，补列三数至十数表八，大数小数表各一，公式正负表各一，凡天元诸乘方，代数各次式，以及方积求边直积带纵减纵各数，按表推求，简捷无比。其及门为付石印以行之。清光绪三十四年（1908）五月出版，民国三十二年（1943）八月天津广智馆再版。《天津地方史资料联合目录》著录，天津图书馆和天津历史博物馆藏。

张砚农（1842-1916）

清末天津著名医家，世居天津城南门里大街。自幼随父习医，精读歧黄仲景，勤于实践临证，从医四十馀年，对医理施药，独有研究，尤对肾虚诸疾，症得颇深，治有新法。曾数次御诏晋京，为皇室诊病，被津城业界传为御医。

砚斋心悟

张砚农撰。手稿。除论述医理、药理、临证之外，尚有儒家做人之道，当今看来实为一心身医学之专著，但在十年浩劫期间毁于一旦，所存无几。今有《天津中医药珍本集成》点校整理残本，中国文史出版社 2008 年出版。

李庆辰（1843-1897）

庆辰字筱筠，别号醉茶子，清天津人。诸生。早年曾从邑人孟继坤学作诗，与杨光仪等人善。襟怀旷逸，力学安贫，以授徒终身。王樾《双清书屋吟草》中有《接来信闻李筱筠同年已故追悼》诗注云，"戊戌（1898）春闻信，自上年已归道山"，故推知当卒于清光绪二十三年（1897）丁酉。

而李既未科举中式，则此"同年"当为与王樾同年（1843）
生人。

醉茶志怪四卷

李庆辰撰。［民国］《天津县新志艺文》漏载。《津人著
述存目》和《天津地方史资料联合目录》著录。初刊于光
绪十八年（1892），天津师范大学图书馆藏。光绪二十八年
（1902）又有上海书局石印本，并改题作《奇奇怪怪》，北京
师范大学图书馆藏。另外，民国间有大连图书供应社出版的
赵琴石点评本。近则有1988年河北人民出版社点校本。这是
一部综合《聊斋》和《阅微草堂笔记》两书体例而编著成的
笔记小说集，内容多为记述天津及河北省一些地方的奇闻异
事，或听自二、三朋友闲谈，或忆及个人昔年经历，"寄情儿
女，托兴鬼狐"。每则故事后有作者评述。书前有邑人杨光仪
序和作者自序，均写于光绪十八年。

醉茶吟草二卷

李庆辰撰。［民国］《天津县新志艺文》著录，原存抄
本四卷。高凌雯云："李诗以盛唐为宗，五律尤近老杜。没
后子亦病废，家世陵夷，遗稿莫知所在。杨光仪辑《津
门诗续抄》，存其诗一百四十六首，凡所简选，率多精锐
之作。"后又将之辑入《天津诗人小集十二种》里，民国
二十一年（1932）天津金氏刻。前有滦县蒋兰畬序，称其
诗"沉痛刻至，意多独到"。高凌雯复作跋云："求筱筠诗
集不得，乃即《津门诗续抄》所录为之说，以著以篇。既
镂版矣，其族人持全集来，为原抄本，未加铨次，重出累累，
剔之可得诗四卷。今以《津门诗续抄》所为一卷，凡存诗
三百十首，其自注删去，及存而不选者，悉置不录"，共析

作二卷。《天津地方史资料联合目录》著录，天津各大图书馆都藏有《天津诗人小集》本。

獭祭编

李庆辰撰。未刊稿本，不见书目著录，毛边线装，十一册，分作《獭祭甲编》、乙编，以至癸编，最后一册作《獭祭馀编》，因此该书当题作《獭祭编》。内容包括授徒讲义、文史摘抄，读书笔记，诗文创作，以至医药处方等。前所刊《醉茶吟草》和《醉茶志怪》中诗文多源于此，亦有未录入者。《獭祭丁编》中有《痴人说梦》八则和《评梦艺话》六十四则，为其阅读和研究《红梦楼》的笔记，是天津最早的评"红"著作。书存天津社科院图书馆，近人用钢笔字在函套上题作《李筱筠杂抄》。

王　樾（1843-？）

樾字荫侯，号云清，清天津人。诗人王增年族子。清光绪五年（1879）举人，据该科《乡试同年录》载，其年他三十七岁，故推知当生于清道光二十三年（1843）。大挑二等，选授奉天开原县训导。

双清书屋吟草一卷

王樾撰。[民国]《天津县新志艺文》著录。高凌雯谓："是书无序跋，前有杨光仪、孟继坤、李庆辰诸人所注字，有读过数次者。凡存诗二百馀首。其后半卷殆未删定之稿。"抄本。未见。今有民国十一年（1922）刻本，《清人别集总目》著录，见藏于首都图书馆和天津历史博物馆等。前有张寿校竟拜题序，后有侄孙王守恂跋云："族叔祖云清公遗诗一卷。公晚年无子，付与吾乡孟蔓青先生。及蔓青先生故后，守恂方从孟氏索还。公在时，与吾乡杨香吟、孟小帆、李小筠诸先生相唱和……时事变迁，学术日有歧异。惟是一吟一咏，先辈遗风，未容尽泯。爰即原稿中各诗略事甄校，其标题格式一仍其旧。老成殂谢，与公同时人无一存者。或去或取，莫由商讨。守恂毅然为之者，自念年来精力衰惫，人事何常，恐遗憾无穷期也。至于诗之所造，出入三唐，循蹈规矩；得意之作，颇与初盛相近。其前后悼亡及哭姊哭女各诗，纯写性情，可歌可泣。公之一生遭遇，举可见之章句中也。"全卷收诗仅八十三首。

姚学源（1843－1915）

学源字斛泉，天津人，姚承恩嗣子。幼与表兄李鸿藻从生父姚承丰读书，成绩甚佳。但考取秀才后几经乡试却未能中举，遂弃举业而经营盐务，直担任京盐公柜总催和长芦纲总凡十七年。平生好交际，喜作诗，曾与里人结九九消寒会。后中风病卒。遗著有：

十瓶庵日记

习勤斋纪事

姚学源所撰以上两书，不见书目著录。当代津门藏书家曲振明有收藏。

刘小亭（1843－1924）

小亭初名世贤，号东皋，回族，世居天津。擅诗词歌赋，精山水，喜篆印。因痛悼亡友陈珍英年早逝，故刻有"津门刘陈"之印并更名为"陈"。两人曾与沽上名流梅绍瀛、张师济、从择三、梅小树等人结成藤香馆诗画社。辛亥革命后，定居津西大园村，后接受严智怡盛情邀请，与梅韵生、张瘦虎、尹澄甫诸公在中山公园成立天津书画会。这是天津国画自觉成派第一画会组织。其弟子有顾叔度、刘芷清、刘伯年、穆寿山等人。

观妙阁主人集古今印

刘小亭辑。铅印本，两册，纸本。2009 年嘉德第十七期拍卖会碑帖法书专场见拍。

徐维域（1844-？）

维域字少云，清天津人。文煐子。同治九年（1870）举人。官任邱县教谕。

今夕止可谈风月斋诗抄八卷

徐维域撰。［民国］《天津县新志艺文》著录。高凌雯云："是集存诗自十八岁始，时方村居读书。迨乡举后十上春官不第，东客辽阳，南游太梁，垂老始得一官。复值变更学制，生平遭际郁不得志，俱于集中见之。"抄本。未见。

张大仕（1844-1896）

大仕字煦林，清天津人。廷选从子。光绪十七年（1891）岁贡生，候选训导。博闻强识，肄业学海堂。院长李慈铭极赏之，得其裁成，学艺大进。习知治经必由小学入手，故于许氏之书，致力独深，时有心得。然所有著述，多已不存。

古礼释一卷

张大仕撰。［民国］《天津县新志艺文》著录"抄本，存"。是书无序跋，盖其子寿衰集遗著，就其所作经解，择有关古庙制宗姓及婚丧祭飨之属，得文二十八篇，别为一编，题曰《古礼释》。其为题，殆皆向来礼家聚讼纠纷，莫衷一是者，大仕涉猎群书，博引而慎取，凡所断制，皆谨守师法，以经诂经，不涉臆造也。民间有传本。未见。

四书音补一卷

张大仕撰。[民国]《天津县新志艺文》著录"刻本，存"。大仕以学僮入塾必先诵习四书，因为之正其音读，补朱子集注所未备。但注字音不释字义，然有义随音变者亦偶及之。后附上音正误，分四声列入，取便检阅。大仕声音训诂之学，具有根柢，此乃出其绪馀，与抄录字书者有别也。清光绪十九年（1893）铅印本，《天津地方史资料联合目录》著录，天津图书馆、天津社科院图书馆藏。

解经一粟集十二卷

张大仕撰。[民国]《天津县新志艺文》著录"抄本，存"。是集多学海堂月课之作，其子寿为之编次，以十三经先后为序。院长李慈铭谓大仕长于解经，分肌擘理，皆以声音通之，凡古今疑义、诸儒聚讼者，皆能折衷一是，训诂名通，足解人颐。慈铭一代经师，授受之间，具有家法。故是作非因袭饾饤者所能也。未见。

经义择精十四卷

张大仕撰。[民国]《天津县新志艺文》著录"抄本，存"。大仕长于解经，故有斯选。清朝崇尚经学，乾嘉以来称为极盛。诸家文集、书院课艺，不少精粹之作。是书采掇繁富，依体编次，凡为解二卷，释二卷，考二卷，辨三卷，说三卷，论二卷，杂著一卷，盖诂经之文，自有体制。此编所以法前贤示后学也。未见。

说文拾遗一卷

张大仕撰。[民国]《天津县新志艺文》著录"抄本，存"。大仕博览群籍，遇有引说文字而为原书所不载，及《说文》偏旁从某声而某字不载于本书者，俱定为《说文》原有字，故曰拾遗，凡得字六十有一，各从其部，先列所据之书，及其原文；再即其义，杂引他书以释之。未见。

说文一贯一卷

张大仕撰。[民国]《天津县新志艺文》著录"抄本，存"。是书择古书中之假借字或古今字，为许书所收而分隶各部者，少则二字，如曰与粤、假与格之类；多则五六字，如庸与容、康、讼、颂，平与辨、辩、便、苹、苹之类，各列为一系，征引群言，逐字诂释，以证明古实通用也。未见。

古人姓名通假考一卷

张大仕撰。[民国]《天津县新志艺文》著录"抄本，存"。是书收集古人姓名之分见各书，而彼此相歧者，凡得一百三十馀人。其间有由于声同者，如魏雠馀又作魏寿馀之类；有由于义同者，如公子喜时又作欣时之类。至纪消子亦作纪渻子，盖因形似，疑为传写之讹，而概以通假名之，举最多者而言也。大仕读书，随笔记录。此外尚有未及者，殆未成之书耳。未见。

国朝史论汇十六卷

张大仕辑。[民国]《天津县新志艺文》著录"抄本，存"。是书于清朝诸家文集中，选其论史之作，纯粹可法者，汇为一编，其类曰总论，曰君论，曰臣论，曰史事论，曰杂论，曰书后。各类中以臣论为最多，史事论次之，盖虽杂选，亦史论之大观也。未见。

数典二卷

张大仕撰。[民国]《天津县新志艺文》著录"抄本，存"。是书以数为纲，不分门类，经录成句，史举故实，各依经史次序为先后，而详注所出书于下，取便检阅，益仿《小学绀珠》

《读书纪数略》，略变其例者。未见。

小邹鲁居文集八卷

张大仕撰。［民国］《天津县新志艺文》著录"抄本，存"。高凌雯云："是集骈文四卷，散文四卷。骈文以拟古者为多，散文以论史者为多。大仕肄业学海堂久，此殆其课作也。其子寿编辑遗稿，于史论外为杂文二卷，如海运、田制、驭夷、救荒、防潦诸篇，皆煌煌巨制。然其他小题亦收入焉。又以律赋隶骈文后，盖冀存手泽，不令稍有湮没也。"未见。

小邹鲁居诗集七卷

张大仕撰。［民国］《天津县新志艺文》著录"抄本，存"。高凌雯谓："是集为其子寿编辑，得古近体三百七十馀首，依年为次。光绪以来，率皆书院课作。故写景即事之什不过十之一二，而拟古咏古诸诗往往步韵联章，一题多至数十首。盖拈题限韵，非出自己，与自鸣天籁者不同。然揽古慨今，因题寄意，未尝不可见怀抱也。"该抄本未见。

小邹鲁居诗集二卷

张大仕撰。《清人诗文集总目提要》著录，清宣统元年（1909）石印本，天津图书馆藏。前有同邑张克家及宜兴潘潾题辞。存诗百二十馀首。

潘守廉（1845－1939）

守廉字洁泉，号对凫山人，原籍山东济宁。清光绪二十三年（1897）进士，官至河南南阳知县、邓州知州。辛亥革命后退隐天津，是曾任张作霖北京政府总理兼交通总长潘复的父亲。喜著书，好收藏，擅诗词，曾于民国二十四年（1935）在天津发起成立"儒佛合一救劫会"。

南阳县种树章程一卷

潘守廉撰。清光绪二十八年（1902）刻本，一册，北京图书馆藏，见馆藏目录。

南阳县全境舆图

潘守廉绘。清光绪三十年（1904）上海鸿宝斋石印本。《图说》内载"南阳县境分保舆图"和"南阳县境山水全图"各一幅。北京图书馆藏，见馆藏目录。

南阳县户口地土物产畜牧表图说

潘守廉纂。台北成文出版社 1968 年据清光绪三十年（1904）石印本影印。北京图书馆藏，见馆藏目录。

［光绪］南阳县志十二卷卷首一卷

潘守廉修，张嘉谋、张凤冈纂。清光绪三十年（1904）刻本，八册。北京图书馆藏，见馆藏目录。

作新末议二卷

潘守廉撰。清光绪三十二年（1906）刻本，一册；又，民国二十二年（1933）铅印本，一册。北京图书馆藏，见馆藏目录。

济宁直隶州续志二十四卷首一卷末一卷

潘守廉修，唐烜、袁绍昂纂。民国十六年（1927）铅印本，四册。北京图书馆藏，见馆藏目录。

济宁县志四卷卷首一卷

潘守廉修，唐烜、袁绍昂纂。民国十六年（1927）铅印本，四册。卷三内有艺文篇。北京图书馆藏，见馆藏目录。

木铎千声十六卷

潘守廉撰。袁绍昂续。民国二十三年（1934）铅印本，一册。北京图书馆藏，见馆藏目录。

儒教八德录八卷

封凫老人（潘守廉）总纂，杏红馆主编纂。民国二十三年（1934）天津华新印刷局铅印本，一册。北京图书馆藏，见馆藏目录。

对凫缘影

潘守廉撰。民国二十三年（1934）铅印本，一册，出版地、出版者不详。北京图书馆藏，见馆藏目录。

圣迹图联吟集二卷

潘守廉辑。民国二十五年（1936）天津华新印刷局铅印本，一册。北京图书馆藏，见馆藏目录。

论语铎声

潘守廉著。此书的体例是，在《论语》每篇中的每一章句的正文后，缀以一首七言四句的诗，用以解释、说明、发挥、引申这一章的内容。潘守廉在序言中说："乃自编《上论铎声》二百五十馀首，《下论》属杏红馆主任之。"按《论语》一书共二十篇，前十篇习称《上论》，后十篇习称《下论》。民国二十六年（1937）铅印本，第二版。北京图书馆藏，见馆藏目录。

女二十四孝图说

潘守廉鉴定，别题《二十四孝图说并诗》。民国二十五年（1936）天津潘氏石印本，一册，《天津地方史资料联合目录》著录，天津师范大学图书馆藏。

载桑问答

桑蚕要求

净土清钟

潘守廉撰以上三书，前二书著于清代河南任官期间，后一书著于民国以后在天津隐居时。据有关文献提及，不知存佚和收藏单位。

赵銮扬（1847- ？ ）

銮扬字子清，一作芷卿，清天津人。光绪元年（1875）举人，十八年成进士。历官国子监广业堂助教，吏部稽勋司、文选司主事，本裕仓监督，云南武定州知州署云南府同知，昆阳州知州。

乘风书屋诗集

赵銮扬撰。《天津志略》第十六编《文艺》著录。未见。

华承沄（1848- ？ ）

承沄字漱石，天津人。清季廪贡，官浙江县丞同知和广东知府。

维新人物考不分卷

华承沄撰。《津人著述存目》著录。清宣统三年（1911）铅印本，天津图书馆藏，见馆藏目录。

赵世曾（1849- ？ ）

世曾字次颜，号星联，又号心莲，清天津人。赵新子。同治三年（1864）举人，光绪三年（1877）成进士。庶吉士。早逝。

倚笛楼诗抄一卷

赵世曾撰。[民国]《天津县新志艺文》著录。高凌雯云："世曾早逝，门祚中衰。是集遂就湮失。惟《津门续诗抄》存其诗五十三首。"抄本。未见。

胡树屏（1849-1927）

树屏名维域，近代天津人。八龄时，随父赴武清教谕任，即在署内习读。三年后先父见背，复从先兄受业。迨至十五岁始识读书有用。继因家计维艰，遂弃儒就商。入民国后，发起组织天津绸布棉纱业同业公会，被选为常务董事。民国六年（1917）被选为天津商会会董。曾聘西席焕翁成夫子教之作诗，得有才进，每日作诗数首，不但无伤于体，反觉有畅于怀，由是视为乐事。

胡树屏先生小隐诗草四卷

胡树屏撰。成焕五编次。民国十二年（1923）天津铅印本，线装四册。《天津地方史资料联合目录》著录，天津图书馆和天津师范大学图书馆藏。前有自序。

李士铭（1849-1925）

士铭字子香，一字伯新，近代天津人。清光绪二年（1876）举人，援例为户部候补郎中，云南司行走。宣统改元时筹备立宪，在天津创设宪政协议会任议长，顺直咨议局议员。自同治十一年（1872）其父李善人死后，即承父业，更增殖了盐引家业，接办诸多慈善机构，并投资实业。

名医列传

国朝名儒学案

李士铭撰以上二书，《津人著述存目》著录，转引自《蒙斋文存·李子香七十寿序》。未见。

佟　氏

名无考，清天津人。

士庶备览十四卷

佟氏辑。[民国]《天津县新志艺文》漏载。今见北京出版社影印出版的《四库未收书辑刊》第三辑中有此书，题"津门佟氏辑抄"。生平不详。清光绪十八年（1892）刊。内容多为古代礼仪方面的，分风教门、学宫事宜、贡举门、仕进门、封典制度门、仪卫宾礼门、婚礼凶礼门、祭礼门、典制门等；后三卷为学宫图考、关帝世系考、文君庙图考。各大图书馆有新影印丛书本藏。

张　毅（？ –1911）

毅字仁甫，一作仁府，清天津人。梦元（1825–1896）嗣子，承荫注选知县。改捐道员，历权山西河东兵备道、陕西巡警道，补甘肃甘凉兵备道。宣统三年（1911）擢安徽提法使。将之任，道出陕西，值民军起，留乾州，赴井死。

桂游吟草一卷

张毅撰。是书又名《第一春风集》，存诗百二十首，皆两广纪游之作。清光绪十一年（1885）裁云馆刊。《清人别集总目》和《清人诗文集总目提要》著录，天津图书馆藏。

意园二编

张毅撰。此书系稿本，存卷上，《清人别集总目》著录，中国科学院图书馆藏。

李士珍（1851–1926）

士珍字嗣香，一字仲儒，别署沽上逸民，天津人。清光绪二年（1876）与兄士铭为同科举人，次年联捷成进士，为翰林院庶吉士，授职编修，转翰林院侍读学士，历充文渊阁校理，武英殿提调，国史馆纂修；曾任湖南乡试正考官。入民国后绝意仕进，在津管理家务及经营盐业。对周易和佛经有研究。

周易注二卷

李士珍撰。民国二十五年（1936）周氏师古堂刻本，线装二册。《天津地方史资料联合目录》著录，天津图书馆和南开大学图书馆藏。另见北京图书馆藏。

字训四卷

李士珍辑。清光绪间石印本，《天津地方史资料联合目录》著录，天津图书馆藏。另见北京图书馆藏。

关帝事实考信录四卷

李士珍辑。民国间石印本，六册，《天津地方史资料联合目录》著录，天津图书馆藏。另见北京图书馆藏。

张公建祠志

李士珍撰。石印本，线装一册，《天津地方史资料联合目录》著录，天津图书馆藏。按"张公"即指张锦文。

延古堂藏书提要稿

李士珍撰。据《延古堂李氏族谱》载，谓是稿藏于家塾，待刊。未见。

三味录八卷

李士珍辑，署名"沽上逸民"。《津人著述存目》和《天津地方史资料联合目录》著录，天津李氏民国间铅印本，线装四册，天津图书馆藏。另见北京图书馆藏。是书为佛经讲解录。

慈航普渡内编四卷外编四卷

李士珍署名"沽上逸民"编。《津人著述存目》著录。民国间铅印本，二册。天津图书馆藏，见馆藏目录。

金刚般若波罗密经一卷

李士珍署名"沽上逸民"解义。书口题《金刚经解义》,《延古堂李氏族谱》记载作二卷。北京图书馆藏作一卷,民国六年（1917）天津李氏铅印本,见馆藏目录。

楞严经解义十卷

李士珍解义。《延古堂李氏族谱》记载作二十卷。北京图书馆藏作十卷,天津刻经处民国十九年（1930）刻本,见馆藏目录。

维摩诘经解义四卷

李士珍署名"沽上逸民"解义。据《延古堂李氏族谱》记载。天津图书馆藏,见馆藏目录。

御览集四卷

李士珍撰。天津李氏铅印本,线装二册,《天津地方史资料联合目录》著录,天津图书馆藏。另见北京图书馆藏,据馆藏目录。

课艺集四卷

李士珍撰。民国间铅印本,二册。北京图书馆藏,见馆藏目录。

华铎孙（1852—1905）

铎孙字听桥,清天津人。光霈子。候选县丞。其师陈垲官广东,铎孙入其幕中,客游十载,度岭者三。

津门纪略十二卷

华铎孙（题"羊城旧客"）辑。是书内分疆域、职官、科举、学校、风俗、义举、翰墨、书画、洋务、货殖、食品、游戏十二大类,每类一卷,全面介绍天津人文风物、沿革典故，是一部准天津地方志书。清光绪二十四年（1898）石印本，线装二册。《天津地方史资料联合目录》著录，天津图书馆、天津师范大学图书馆和天津历史博物馆藏。今有天津古籍出版社1986年出版的《天津风土丛书》本，与《天津皇会考》等合刊，来新夏主编，张守谦点校。按原书目次下有章曰"听桥书画"，听桥是华铎孙的字号；而铎孙又曾客游广州（旧称羊城）十载，故署名为"羊城旧客"，详见涂宗涛撰《津门纪略作者考》，载《天津师范大学学报》（社科版）1993年第5期。

岭海集一卷

华铎孙撰。[民国]《天津县新志艺文》著录。高凌雯谓："其师陈垲官广东，铎孙入其幕中，客游十载，度岭者三。是集即其客途往返及旅居抒怀之作。诗仅一卷，附《家集》。"抄本。未见。

华氏同声集八卷

华铎孙编。[民国]《天津县新志艺文》著录。高凌雯云："铎孙辑其先代诗既成，力营付梓，以家贫旅食，未竟厥功。铎孙初不肯以己作置其间，及卒，家人取其遗集附益之，凡五代八人，人各一卷。"抄本。未见。此或即下书包括未刻的原稿。

华氏家集五卷

华铎孙编。清光绪九年（1883）天津华氏刻本，收华兰撰《皖城集诗存》一卷，华亭撰《居易斋吟草》一卷，华长卿撰《甓言集》一卷，华长忠撰《倦鹤龛诗抄》一卷，华光彪撰《东观室遗稿》一卷，前有杨光仪序。《天津地方史资料联合目录》著录，天津图书馆藏。此或即上书的已刻部分。

王寿安

寿安字仲庵，清天津籍人。玉璋曾孙。玉璋仕粤，子孙遂留广东。寿安生长是邦，未尝回里闬。华铎孙客粤时与之聚首异乡，每有新诗，辄以相质。

一粟庐诗草一卷

王寿安撰。[民国]《天津县新志艺文》著录，抄本，铎孙所藏，得诗八十馀首。未见。

陈　珍（1852-1876）

珍字亚瓓，号花民，又号沽上陈人，别号无声馆主，原籍福建，后居天津。工画，与津门友人梅振瀛，穆倩等结藤香画社。年二十五卒。

鸹叶庵遗稿一卷

陈珍撰。《大清畿辅书征》作《鸹叶庵诗集》。[民国]《天津县新志艺文》著录说：珍字亚瓓，"善画能诗，年二十五卒，同人辑其稿刊行之，中多题画之作。梅宝璐序谓：使天假之年，抒其所蓄，未始不可附庸风雅，树帜骚坛。盖深惜之也"。清光绪二年（1876）刻本，《清人诗文集总目提要》著录，天津图书馆藏。

从　善

善字择三，晚清时天津人。诸生。藤香馆诗画社成员，当亦工诗善画。或年长于陈珍（1852-1876）。其他不详。

千古集一卷

从善与张迈德合撰。[民国]《天津县新志艺文》著录。高凌雯云："是集无序跋，盖其生平投赠之作，为友人所存。及其没也，搜辑各得若干首，合录一编，题曰'千古'，有人琴之慨焉。"原系抄本。未见。《鸲叶庵遗稿》中存有他为陈珍撰《挽诗》一首。另见清光绪十年（1884）刊《津门杂记》卷中《艺术》节附有他写泥人张一诗，后又有为该书所撰《题后》七绝两首。

张迈德

迈德字伯蕃，号一痴，晚清时天津人。藤香馆诗画社成员，当亦工诗善画。或年长于陈珍（1852–1876）。其他不详。

千古集一卷

张迈德与从善合撰。［民国］《天津县新志艺文》原著录为"抄本"。未见。《鸲叶庵遗稿》中存有他撰《挽诗》七绝两首。

张兆祥（1852–1908）

兆祥字和庵，别题文美斋主人，清天津人。幼时家境清贫，性喜作画，从名画师孟毓梓学艺，深受重爱，得其写生诀要薪传。后又学邹小山、恽南田诸家长处，对郎士宁等人的西画技法，亦能融会贯通，许多作品为行世珍品，对碑帖墨迹亦无所不能。带有弟子都成名画家。

国朝名大家历代史论初编

题文美斋主人辑。清光绪二十四年（1898）天津文美斋石印本，一册，天津图书馆藏，见馆藏目录。

百华诗笺谱

张兆祥绘，查铁青题词。别题《文美斋诗笺谱》。《天津地方史资料联合目录》著录，有清光绪三十二年（1906）天津文美斋刻本，清宣统三年（1911）天津文美斋刻本和宣统三年

（1911）天津文美斋套色印本三种，天津图书馆和天津师范大学图书馆藏。

新绘百美图咏

张兆祥绘。清光绪二十七年（1901）天津文美斋印本，天津图书馆藏，见馆藏目录。

文美斋百种名笺

张兆祥绘。清光绪二十八年（1902）天津文美斋石印本，天津图书馆藏，见馆藏目录。

尹　湘（1853—1921）

湘字瀓甫，一作澄甫，天津人。清同治十二年（1873）举人，大挑一等，浙江候补知县，历署建德、常山、永嘉诸县。又借补浙江布政司经历。后署奉天东平县知县。工楷书、善画兰竹，馆名"说研斋"，并编有剧本。入民国后卒。

因祸得福

尹湘撰。剧本，本剧根据《聊斋志异》中《仇大娘》改编，天津社会教育办事处铅印本，《天津地方史资料联合目录》著录，天津图书馆藏。

珊瑚传

尹湘撰。剧本，天津社会教育办事处铅印本，《天津地方史资料联合目录》著录，天津图书馆藏。

曹隽升（1854—1881）

隽升字星阶，清天津人。庠生。年二十二，尝割股疗父疾。父病再发不起，隽升哀毁成疾卒，年二十有八，以孝行称，得旨旌表。

行素斋存文

颂平诗草

颂平赋草

曹隽升撰以上三书,《津人著述存目》卷下增补著录。未见。

高炳辰（1854–?）

炳辰字焕卿，一字子枢，号仲安，清天津人。光绪二年（1876）举人，署山西左云县知县。

代数便记五卷

高炳辰撰。[民国]《天津县新志艺文》著录。是书自序略谓："算之有代数，本非难为之事。自各书以华文译西语，文义不免艰涩，则算理反为文理所掩。因就所演习者既布列其式，复申明其法，各以七言括之。但期理之易解，不嫌词之不文，题曰《便记》，盖以矫算书之难读之弊也。"抄本。未见。

苑家桢

家桢字觐臣，清天津人。光绪二年（1876）副榜贡生，教习知县，分发山西。

伤寒方药歌括一卷

伤寒易读十卷

苑家桢撰以上二书，抄本，《津人著述存目》著录。未见。

徐世昌（1855–1939）

世昌字卜五，号菊人，又号菊存、东海、弢斋，别署水竹邨人，晚又自号晚晴老人，天津人。清光绪十二年（1886）进士，授翰林院编修，官至军机大臣、体仁阁大学士、东三省总督。入民国后一度出任北洋政府大总统，民国十一年（1922）下野退居天津，组织编书处，从事编书和刻书活动。其诗书画均有成就。

大清畿辅先哲传四十卷附烈女传六卷

徐世昌纂辑。《先哲传》乃徐世昌索王晋卿（树枏）之《北学师承记》旧稿扩充而成，但旧稿存者寥寥，且简略不足甄择，徐氏乃"博为搜辑，凡国史所载及私家撰著，其文献实可征信者，罔不究搜博考，力为表章，阅时三年"而告竣。全传分名臣、名将、师儒、文学、高士、贤能、忠义、孝友、烈女九门，记录了有清一代的畿辅人物一千八百多人。民国六年（1917）付梓，天津徐氏刻本，线装二十三册。《天津地方史资料联合目录》著录，天津图书馆，南开大学及天津师范大学图书馆藏。

续修天津徐氏家谱

徐世昌编。《天津地方史资料联合目录》著录：清光绪三十四年（1908）寿岂堂铅印本，线装一册，天津图书馆藏；民国七年（1918）寿岂堂铅印本，上中下线装三册，天津社科院图书馆藏。

先考行略

徐世昌等撰。清宣统三年（1911）绿格抄本，一册，北京图书馆藏，见馆藏目录。徐嘉贤（1837–1861），字少册，徐世昌之父。

刘太夫人行述一卷墓表一卷

徐世昌等撰。清宣统三年（1911）绿格抄本，一册，北京图书馆藏，见馆藏目录。刘氏（1833–1896），徐世昌之母。

天津徐氏北迁始祖茔域记

徐世昌撰。民国八年（1919）石印本，线装一册。《天津地方史资料联合目录》著录，天津图书馆藏。

清封奉政大夫候选训导岁贡生景崧府君行述一卷

徐世昌撰。民国七年（1918）天津铅印本，一册，天津图书馆藏，见馆藏目录。

南皮张氏两列女碑

徐世昌撰文，华世奎书。民国五年（1916）拓本，一册，《天津地方史资料联合目录》著录，天津社科院图书馆藏。另有民国九年（1920）北京瑞文龙书局影印本，北京图书馆，见馆藏目录。

退耕堂政书五十五卷

徐世昌著。民国三年（1914）刻本，线装二十八册。1984年北京中国书店据此重印，十二册。是书为徐氏任东三省总督期间的奏议、说帖、函牍、电文等。其中还有哈尔滨交涉案、中俄分界案等外交事件的始末，是研究东三省近代史的重要史料，《天津地方史资料联合目录》著录，南开大学图书馆藏。

东三省职司官制及督抚办事要纲折

徐世昌等撰。清光绪间铅印本，一册，北京图书馆藏，见馆藏目录。

东省筹办重要事宜分类简明说略

徐世昌撰。清光绪间铅印本，一册，北京图书馆藏，见馆藏目录

东三省沿革表

徐世昌制。《津人著述存目》著录，北平四存学会出版。未见。

东三省政略十二卷

徐世昌等编。清宣统三年（1911）铅印本，线装四十册。

分《边务》《蒙务》《交涉》《军事》《官制》《民政》《财政》《旗务》《学务》《司法》《实业》《谘议厅议案》等十二目。北京图书馆藏，见馆藏目录；《天津地方史资料联合目录》著录，天津图书馆和天津师范大学图书馆藏。今另有长春吉林文史出版社 1982 年点校出版的《长白丛书》本。

东三省政略附图

徐世昌编。清宣统三年（1911）印制，四十八幅，彩色，图廓不等，北京图书馆藏，见馆藏目录。

自治案件汇抄

徐世昌编。民国三年（1914）抄本，一册，北京图书馆藏，见馆藏目录。

祭祀冠服图一卷附祭祀冠制祀孔典礼

徐世昌、朱启钤撰。民国三年（1914）政事堂礼制馆铅印本，三册。天津图书馆藏，见馆藏目录。

陆军刑事条例不分卷

徐世昌撰。民国三年（1914）京华印书局铅印本，一册，天津图书馆藏，见馆藏目录。

公司注册规则一卷施行细则一卷

徐世昌撰。民国三年（1914）京华印书局铅印本，一册，天津图书馆藏，见馆藏目录。

内国公债局公牍类编十一卷

徐世昌撰。民国间京华印书局铅印本，二册，天津图书馆藏，见馆藏目录。

相见礼一卷

徐世昌撰。民国四年（1915）政事堂礼制馆铅印本，一册，天津图书馆藏，见馆藏目录。

大总统颁定教育要旨

徐世昌著。民国四年（1915）铅印本，一册，北京图书馆藏，见馆藏目录。

历代吏治举要一卷

徐世昌撰。民国八年（1919）铅印本，线装一册，北京图书馆藏，见馆藏目录。《天津地方史资料联合目录》著录，天津图书馆和天津师范大学图书馆藏。

将吏法言八卷

徐世昌撰。民国八年（1919）天津静远堂刻本，线装四册。北京图书馆藏，见馆藏目录。《天津地方史资料联合目录》著录，天津图书馆藏（内缺第四册）。

欧战后之中国经济与教育

徐世昌著。民国九年（1920）中华书局铅印本，线装一册。《天津地方史资料联合目录》著录，天津图书馆藏。

欧战后之中国

徐世昌著。民国十年（1921）上海中华书局铅印本，线装一册。书分三章：首章概述欧战对世界经济的影响，战后各国财政、产业政策和教育设施；第二章专记中国的物产、产业和教育现状；第三章论述中国的对外关系。北京图书馆藏，见馆藏目录。《天津地方史资料联合目录》著录，天津图书馆、南开大学和天津师范大学图书馆藏。

大清畿辅书征四十一卷

徐世昌等辑。这是一部著录清代畿辅地区包括今京津冀三省市人的著述书目，可补《清史稿艺文志》的不足。全书取"以书存人、以人存书"之意，"无论其书或传或不传，及见与未见，凡有可征而信者，辄为采录"，得书共 4188 种，间附有作者小传和书目提要。内属天津府的约有三百多名学者。稿本四十五册，北京图书馆藏，见馆藏目录。民国间天津徐氏铅印本，线装十六册，《天津地方史资料联合目录》著录，天津图书馆和天津社科院图书馆藏。

书髓楼藏书目八卷

水竹邨人藏并编。水竹邨人为徐世昌的别号。是书为其私家藏书目，后附自著作品三十种，碑版文字类二十八种。民国二十四年（1935）铅印本，四册。《北京图书馆普通古籍总目·目录门》著录，郑振铎西谛旧藏，现归北京图书馆。

晚晴簃所藏清人别集目录

徐世昌藏并编。民国间抄本，四册，《北京图书馆普通古籍总目·目录门》著录，北京图书馆藏。

晚晴簃已选诗集目录

徐世昌藏并编。民国间铅印本，一册，《北京图书馆普通古籍总目·目录门》著录，北京图书馆藏。

晚晴簃未选诗集目录

徐世昌藏并编。民国间铅印本，一册，《北京图书馆普通古籍总目·目录门》著录，北京图书馆藏。

古文典范目录

徐世昌编。民国间朱丝栏抄本，一册，《北京图书馆普通古籍总目·目录门》著录，北京图书馆藏。

固安文献志二十卷

徐世昌纂。民国十七年（1928）铅印本，《中国地方志联合目录》著录，天津图书馆和天津师范大学图书馆藏。

颜李师承记

徐世昌辑。民国间天津徐氏刻本，见《颜李学三种》。

颜李学三种

徐世昌辑。民国间天津徐氏刻本，线装五册：内有清初河北学者颜元（字习斋）撰《习斋语要》二卷，一册，李塨字恕谷撰《恕谷语要》二卷，一册，外加徐世昌撰《颜李师承记》九卷，三册。《中国丛书综录》著录。北京图书馆和天津图书馆藏，见馆藏目录。

颜李遗书

徐世昌辑。清光绪十三年（1887）定州王氏刻本，线装二十四册，均系颜元和李塨的遗著，《天津地方史资料联合目录》著录，天津图书馆藏。

颜李丛书

徐世昌等辑。民国十二年（1923）四存学会铅印本，收颜元和李塨及其学人著作三十二种，附毛奇龄撰《竟山乐录》四卷，线装三十二册，子目见《中国丛书综录》。另《天津地方史资料联合目录》著录，天津师范大学图书馆藏。

清儒学案书札

曹秉章等编辑，徐世昌批示。清末稿本，三册，北京图书馆藏，见馆藏目录。

清儒学案二百八卷

徐世昌编。是书乃徐世昌敦聘北方学者多人分任编纂而后总汇成，包括《夏峰学案》《亭林学案》《船山学案》及清代各种传记资料，共收辑了一千一百六十九位清代学者的生平传略及著作书目，对清代三百年来的学术思想作了比较详尽的论述，是继全祖望《宋元学案》、黄宗羲《明儒学案》之后又一大部头的清代学术史。全书以经学、理学为主，及史地、天文历算、音韵文字、杂艺诸门。民国二十七年（1938）开雕，至民国二十九年始印成发行，徐氏仅见过样本，而未得观成书。版片今存北京中国书店。《天津地方史资料联合目录》著录，南开大学和天津师范大学图书馆藏。

归云楼砚谱

题水竹邨人辑。民国十五年（1926）影印本，北京图书馆和天津图书馆藏，见馆藏目录。

退耕堂砚铭

徐世昌撰。民国十八年（1929）天津徐氏刻本，一册，《天津地方史资料联合目录》著录，天津社科院图书馆藏。

石门山人临阁帖

徐世昌书。民国十五年（1926）石印本，线装一册，《天津地方史资料联合目录》著录，天津图书馆藏。

水竹邨人临宋拓东坡西楼帖

徐世昌临摹。民国四至五年（1915–1916）石印拓本，线装四册。《天津地方史资料联合目录》著录，天津图书馆藏。

徐遯庵先生遗墨附题跋

徐世昌撰。民国间影印本。天津图书馆藏，见馆藏目录。

元逸民画传不分卷

徐世昌辑。民国十四年（1925）天津徐氏退耕堂石印本，线装一册。《天津地方史资料联合目录》著录，天津图书馆藏。

水竹邨人山水画册

徐世昌绘。民国间影印本，北京图书馆藏，见馆藏目录。

水竹邨人花卉扇图册

徐世昌绘。民国间影印本，北京图书馆藏，见馆藏目录。

国乐谱一卷

徐世昌撰。民国四年（1915）政事堂礼制馆石印本，一册，天津图书馆藏，见馆藏目录。

杞菊延年馆联语三十六卷

徐世昌撰。民国二十七年（1938）天津徐氏退耕堂铅印本，六册，北京图书馆和天津图书馆藏，见馆藏目录。

徐世昌会试朱卷

徐世昌撰。清光绪丙戌（1886）科，附墨笔抄录年谱。光绪间刻本，一册，北京图书馆藏，见馆藏目录。

徐世昌致韩镜荪等人信札抄存本

徐世昌撰。抄本，一册，《天津地方史资料联合目录》著录，天津社科院图书馆藏。

退耕堂集六卷目录一卷

徐世昌撰。清光绪宣统间天津徐氏刻本，线装二册。《天津地方史资料联合目录》著录，天津图书馆和天津师范大学图书馆藏。

水竹邨人集十二卷目录一卷

徐世昌撰。民国七年（1918）天津徐氏刻本，线装四册，首有胶西柯劭忞序，称其诗优游而闲肆，简淡而清远，抒写性情。《天津地方资料联合目录》著录，天津图书馆和天津社科院图书馆、天津师范大学图书馆藏。别题《徐大总统诗集》十二卷，民国间石印本，六册，有像，北京图书馆藏，见馆藏目录。

弢斋述学一卷

徐世昌撰。民国十年（1921）铅印本，线装一册。《天津地方史资料联合目录》著录，天津图书馆、南开大学图书馆、天津师范大学图书馆藏。

归云楼题画诗四卷

徐世昌撰。民国十三年（1924）进修堂石印本，线装二册。

《天津地方史资料联合目录》著录，天津图书馆藏。

归云楼集十六卷

徐世昌撰。前有目录一卷。民国十六年（1927）天津徐氏刻本，线装六册。《天津地方史资料联合目录》著录，天津图书馆藏。

退园题画诗六卷

徐世昌撰。民国十七年（1928）天津徐氏退耕堂刻本，线装二册。《天津地方史资料联合目录》著录，天津图书馆藏。

退耕堂文存一卷题跋四卷砚铭一卷

徐世昌撰。民国十九年（1930）天津徐氏精刻本，五册。天津图书馆藏，见馆藏目录。

退园外集七卷

徐世昌撰。民国二十年（1931）天津徐氏退耕堂刻本，线装五册。《天津地方史资料联合目录》著录，天津图书馆藏。

水竹邨人诗选二十七卷

徐世昌撰。柯劭忞选。民国二十年（1931）天津徐氏退耕堂刻本，线装六册。《天津地方史资料联合目录》著录，天津图书馆藏。

海西草堂集二十七卷目录一卷

徐世昌撰。本书是徐世昌的个人诗集，共收各体诗一千八百馀首。民国二十一年（1932）天津徐氏刻本蓝印本，线装十册。首有胶西柯劭忞序谓："近时畿辅之善者，推文襄（张之洞）与水竹邨人（徐世昌）之诗为两大宗，以文襄之言神味证之于水竹邨人之诗，吾知其针芥之有合也。"《天津地方史资料联合目录》著录，天津师范大学图书馆藏。

拣珠录

徐世昌撰。郭则沄辑。民国二十二年（1933）影印手迹本，线装二册。《天津地方史资料联合目录》著录，天津图书馆和南开大学图书馆藏。

竹窗榈语二十一卷

徐世昌撰。民国二十三年（1934）铅印本，线装四册。《天津地方史资料联合目录》著录，天津社科院图书馆藏。

藤墅俪言三十卷

徐世昌撰。民国二十五年（1936）铅印本，线装六册。《天津地方史资料联合目录》著录，天津图书馆和南开大学图书馆藏。

海西草堂题画诗十卷

徐世昌撰。民国二十五年（1936）软体写刻本。徐氏在自序中说："余既刻《归云楼题画诗》四卷，《退园题画诗》六卷，今又成《海西草堂题画诗》十卷。海西草堂者，余海滨所居之老屋也，荒园数亩，林木茂密，杂花应时，分畦种菜，凿池养鱼。读书之暇，吟诗作画，画之适意者，必题一诗，积久成帙。"此或即《归云楼题画诗》和《退园题画诗》的合刻，见萧新祺撰《天津徐世昌著书及刻书述略》，载《天津出版史料》第四辑，百花文艺出版社1992年出版。

贺先生文集四卷

贺涛（松坡）著，徐世昌辑。民国三年（1914）刻本，线装二册，内有天津法政学堂记述。《天津地方史资料联合目录》著录，天津图书馆和天津社科院图书馆藏。

黔灵山樵诗抄四卷

毕芦路著，徐世昌辑。民国十四年（1925）天津徐氏退耕

堂铅印本，线装一册。《天津地方史资料联合目录》著录，天
津图书馆藏。

葵园诗草四卷

黎承忠著，徐世昌辑。民国十九年（1930）天津徐氏退耕
堂铅印本，线装一册。《天津地方史资料联合目录》著录，天
津图书馆藏。

养福斋残稿附漱润庐残稿

陈仲英著，徐世昌选辑。民国十九年（1930）天津徐氏退
耕堂铅印本，线装一册。《天津地方史资料联合目录》著录，
天津图书馆藏。

天津徐氏历科朱卷

徐鸿泰（宇莱公）原编，徐世昌补编。民国十年（1921）
天津徐氏寿岂堂重刻本，线装二册。《天津地方资料联合目录》
著录，天津图书馆、天津社科院图书馆、天津历史博物馆藏。

徐世昌等演说词

徐世昌等撰。民国间抄本，天津图书馆藏，见馆藏目录。

明清八家文抄二十卷

徐世昌辑。民国二十年（1931）天津徐氏刻本，线装十册。
明清八家为归有光、方苞、姚鼐、梅伯言、曾国藩、张裕钊、
吴汝纶、贺松坡。此抄是继《唐宋八大家文抄》后续刻之明清
文选集。《天津地方史资料联合目录》著录，南开大学图书馆藏。

晚晴簃诗选社征求清代诗集启

徐世昌撰。民国间石印本，一册，北京图书馆和天津图书
馆藏，见馆藏目录。

晚晴簃诗汇二百卷

徐世昌辑。这是一部清诗汇编集，收清朝诗人六千一百馀

家，诗二万七千四百馀首，集中反映了清代各个时期诗歌的不同风格和各派的特色，特别注意收录一些流传稀少的作品，并有作者小传及诗话，初具了全清诗的规模，故又别题《清诗汇》，前有目录二卷。稿本二百零九册，北京图书馆藏，见馆藏目录。民国十八年（1929）天津徐氏退耕堂刻本，线装八十册，《天津地方史资料联合目录》著录，天津图书馆、南开大学图书馆和天津师范大学图书馆藏。

卢　靖（1856–1948）

靖字木斋，原籍湖北沔阳。清光绪十一年（1885）举人。笃好算学。历官直隶和奉天提学使。辛亥革命后屏迹官场，长期寓居天津，专力于经营实业，兴办教育，曾捐资建南开大学木斋图书馆，对天津的教育事业多有贡献。另并以刊刻《慎始基斋丛书》和影印《湖北先正遗书》为世所知。

天津模范小学校长刘君碑记一卷

卢靖撰。民国三十一年（1942）铅印本，一册，《天津地方史资料联合目录》著录，天津图书馆和南开大学图书馆藏。

沔阳卢木斋先生手简不分卷

卢靖书。内收卢木斋给佩卿先生书简一封，后附其弟卢弼撰《伯兄木斋先生事略》，民国间影印本。北京图书馆和天津图书馆藏，见各馆藏目录。

三通序一卷

卢靖录。《中国丛书综录》著录，有《慎始基斋丛书》本行世。

湖北先正遗书目录

卢靖编。上海商务印书馆民国十二年（1923）铅印本。北京图书馆和天津图书馆藏，见馆藏目录。

湖北先正遗书提要四卷

卢靖、卢弼编。民国十一年（1922）刻本。内附《四库湖北生正遗书札记》一卷，卢弼撰，与《四库湖北先正遗书存目》合印。北京图书馆和天津图书馆藏，见馆藏目录。

四部丛刊提要十卷

叠微分补草一卷

代数术补草四卷

微积溯原补草四卷

代微积拾级补草四卷

卢靖撰以上五种，未刊。见王德恒、肖朝宾撰《天津私家藏书刻书人物志稿》，载《天津出版史科》第六辑，百花文艺出版社 1993 年出版。不知原书稿尚存否？未见。

火器真诀释例

李善兰撰。卢靖述。清光绪十年（1884）湖北抚署刻本。北京图书馆藏，见馆藏目录。

万象一原演式九卷卷首一卷

夏鸾翔撰。卢靖演式。清光绪二十七年（1901）铅印本，北京图书馆藏，见馆藏目录；又光绪二十八年（1902）石印本，天津图书馆藏，《天津地方史资料联合目录》著录。

割圆术辑要三卷

卢靖辑。附三解法公式一览表。清光绪二十八年（1902）石印本，北京图书馆和天津图书馆藏，见馆藏目录。

释公债

卢靖释。民国间铅印本，《天津地方史资料联合目录》著录，天津图书馆藏。

新译日本教育法规二十八编

（日）文部省编，卢靖等译。清宣统二年（1910）奉天图书印刷所铅印本，十二册，北京图书馆藏，见馆藏目录。

古辞令学二卷

卢靖编。本书选辑历代有关纵横游说论辨之术的文章百馀篇，分为理论、势禁、利诱、激怒、隐讽、诙谐、谲诡、顺逆、比喻、勤恳等类。书前有序文及叙例等。民国十二年（1923）卢氏慎始基斋铅印本，《天津地方史资料联合目录》著录，天津图书馆和天津师范大学图书馆藏。

卢木斋先生遗稿

卢靖撰。1954年油印本，一册，北京图书馆藏，见馆藏目录。

慎始基斋丛书

卢靖辑。民国十二年（1923）沔阳卢氏刻本，收书十一种，计十一卷。子目和收藏单位见《中国丛书综录》。

湖北先正遗书

卢靖辑。民国十二年（1923）沔阳卢氏慎始基斋景印本，收书七十二种，计七百二十卷。子目和收藏单位见《中国丛书综录》。

王竹林（1856-1938）

竹林名贤宾，以字行，天津人。清末捐纳为道员，以经营盐务致富。光绪二十九年（1903）任天津商务总会总董，后任长芦纲总。民国二十五年（1936）天津市商会改选，再次当选为天津市商会会长。抗日战争爆发，天津沦陷，伪天津市公署成立，任伪长芦盐运使，民国二十七年（1938）十二月二十七日被锄奸团刺杀。生前好武术。

易筋经

王竹林著。书中介绍了易筋经的特点和习练要领，对功法的每一个动作都进行了图解说明，并附有动作要点说明。与《意气功辞解》合刊。天津文岚簃印书局民国二十年（1931）出版。《天津地方史资料联合目录》著录，天津图书馆藏。太原山西科学技术出版社于 2006 年点校辑入《古拳谱丛书》。

意气功辞解

王竹林撰。本书介绍了意气功的特点和习练要领，对功法的每一个动作都进行了图解说明，并附有意气功歌诀。与《易筋经》合刊。天津文岚簃印书局民国二十年（1931）出版。《天津地方史资料联合目录》著录，天津图书馆藏。太原山西科学技术出版社于 2006 年点校辑入《古拳谱丛书》。

徐世光（1857－1929）

世光字友梅，号少卿，又号健庐，天津人。徐世昌之二弟。清光绪八年（1882）举人，捐同知，尝官山东济南府知府。民国初，袁世凯任其为濮阳河工督办。袁死后，即返寓天津，皈依道院，曾充天津红卍字会会长。

顺天乡试同怀朱卷一卷

徐世昌、徐世光合辑。清末铅印本，线装一册。《天津地方史资料联合目录》著录，天津图书馆藏。按是集为徐世昌、徐世光昆仲朱卷，两人同为清光绪壬午（1882）科举人。

濮阳河工记五卷

徐世光撰。《津人著述存目》著录，民国九年（1920）铅印本。是书当为任濮阳河工督办时作。北京图书馆和天津图书馆藏，见馆藏目录。

碧梧听雨图记一卷

徐世光撰。清光绪十六年（1890）铅印本。见徐绪玲、刘尚恒撰《天津徐氏著述及刊刻活动述略》文，载《天津出版史料》第五辑，

健庐书画印存二卷

徐世光辑。民国八年（1919）铅印本，《天津出版志》附《津版古今图书选目》著录。未见。

徐园题咏一卷

徐世光撰。清光绪三十三年（1907）铅印本，线装一册。《天津地方史资料联合目录》著录，天津图书馆藏。

见天心斋时文录存

徐世光撰。《津人著述存目》著录，转引自徐世昌撰《退耕堂文存·见天心斋时文录存序》。未见原书。

刘彭年（1857-？）

彭年字寿笺，号信庵，一作惺庵，天津人。清光绪十五年（1889）进士，任御史。二十九年（1903）为贵州副考官。三十二年（1906）任民政部左参议，次年任右丞。清宣统元年（1909）免去。

典黔日记三卷

刘彭年著。清光绪二十九年（1903）原稿本，一函三册。《天津地方史资料联合目录》著录，天津社科院图书馆藏。

韩荫桢（1857-1928）

荫桢字芰洲，近代天津人。清光绪十七年（1891）辛卯科

举人。官河南知县，国子监助教，内阁候补中书。工诗，与华士奎、高凌雯等常有和作。

冬青馆诗存一卷

韩荫桢撰。收古近体诗一百五十二首，中有《丁巳生日自遣》云"甲子初周齿又加"，由此推来，他当生于清咸丰七年（1857）。书前有王守恂序和自序，另有辽阳陈思，天津华世奎、高凌雯，以及伊通齐跃琳等题词，书后有高凌雯跋，说他病卒于民国十七年（1928）四月。《天津地方史资料联合目录》著录，民国十八年（1929）天津刻本，线装二册。天津图书馆和天津师范大学图书馆藏。

金玉雯

清天津人。光绪十七年（1891），于邑城内石桥弄路东、住宅之南，为族人金光箭建金刚愍公专祠者。

金刚愍公忠义传

金玉雯撰。金刚愍公即金光箭。清光绪二十年（1894）刻本，线装一册。《天津地方史资料联合目录》著录，天津社科院图书馆藏。

徐鸿泰（1858–1899）

鸿泰字墨龙，号雨来，一号宇莱，清天津人。光绪五年（1879）举人，十六年中进士，官刑部主事，寄籍河南杞县。

天津徐氏历科朱卷

徐鸿泰原编。清光绪二十二年（1896）天津徐氏刻本，《津人著述存目》著录。今存民国十年（1921）天津徐氏寿岂堂重刻本，署"徐鸿泰原编，徐世昌补编"。《天津地方史资料联合目著》著录，天津图书馆、天津社科院图书馆、天津历史博物馆藏。

苏之銮（1858-1933）

之銮字星桥，近代天津人。清宣统二年（1910）岁贡生。为徐兆光的业师。

星桥诗存三百首二卷续编三卷

苏之銮撰。民国二十二年（1933）铅印本，《天津地方文献提要目录》著录，天津图书馆藏。

星桥诗存三百首三编三卷

苏之銮撰。民国二十三年（1934）铅印本，《天津地方史资料联合目录》著录，天津历史博物馆藏。前有徐兆光等人序和王守恂等人题词。

李葆恂（1859-1915）

葆恂原名恂，字宝卿，号文石，更号叔默、戒庵、猛庵，别号红螺山人，五十岁后号熙怡叟，辛亥后改名名理，字寒石，号凫翁，又称孤笑老人，河北易县人。生五岁即作擘窠书，九岁能属文。精鉴赏，为端方所重。工诗善书，贯串古今，自成一家。天文舆地，亦无所不究，晚年寄居天津，卒于津寓。著述甚多。

海王村所见书画录一卷

李葆恂撰。民国五年（1916）义州李氏刻本，见《中国丛书综录》著录。

三邕翠墨簃题跋四卷

李葆恂撰。民国五年（1916）义州李氏刻本，见《中国丛书综录》著录。又民国十一年（1922）义州李氏刻本，北京图书馆藏，见馆藏目录。

无益有益斋论画诗二卷

李葆恂撰。民国五年（1916）义州李氏刻本，见《中国丛书综录》著录。另清宣统元年（1909）南陵徐氏刻本和清宣统三年（1911）徐乃昌辑《怀豳杂俎》本，北京图书馆藏，见馆藏目录。

旧学庵笔记一卷

李葆恂撰。民国五年（1916）义州李氏刻本，见《中国丛书综录》著录。

红螺山馆诗抄一卷

李葆恂撰。民国五年（1916）义州李氏刻本，见《中国丛书综录》著录。天津图书馆和天津历史博物馆藏有另本，见《天津地方史资料联合目录》著录。

红嬴山馆遗诗一卷

李葆恂撰。民国五年（1916）义州李氏刻本，见《中国丛书综录》著录。天津图书馆和天津历史博物馆藏有另本，见《天津地方史资料联合目录》著录。

津步联吟集一卷词一卷

李葆恂、吴重熹合撰。李放辑录。民国五年（1916）义州李氏刻本，见《中国丛书综录》著录。天津图书馆和天津历史博物馆藏有另本，见《天津地方史资料联合目录》著录。

义州李氏丛刻

李葆恂撰。是书为以上七种书计十二卷的合刊，属独撰类丛书，民国五年（1916）李放京师刻本，见《中国丛书综录》著录，北京图书馆等有藏，天津未见。

李文石小集

李葆恂撰。民国五年（1916）刻本，线装四册，南开大学图书馆藏，见该馆编《线装书目》著录。

严　修（1860-1929）

修字范孙，号梦扶，别号偍屝生，为近代天津著名教育家。世业盐。清光绪九年（1883）进士，历官贵州学政和学部仕郎。入民国后曾任教育总长和参议员参政。多次出洋考察日本和欧洲各国教育，回来后力举废科举，兴新学，对南开大学的兴办出力尤多。晚年倡组城南诗社和崇化学会。又善书法，为当时津门四大书家之一。

说文类抄

严修与陶仲明合辑。稿本，二册，天津图书馆藏，见馆藏目录。

严氏两世事略二卷

严修撰。一为本生先祖父宇香公家瑞事略，一为生父仁波公克宽事略。民国四年（1915）石印本，线装一册。《天津地方史资料联合目录》著录，天津图书馆和天津社科院图书馆、天津历史博物馆藏。

金孺人殉节事略

严修撰。金孺人为严修之兄严振之侧室。本书记录了严振病死后金氏服药殉节一事。清光绪二十四年（1898）石印本，线装一册。《天津地方史资料联合目录》著录。天津图书馆和天津历史博物馆藏。

严范孙先生自定年谱一卷补一卷

严修撰。严先生自著年谱写至戊午夏（民国七年)59岁时，其后至民国十八年为高凌雯据其日记补成。年谱后附有高凌雯撰《严范孙先生行状》。民国三十二年（1943）天津严氏刻本，一册。《天津地方史资料联合目录》著录，天津图书馆藏。

严范孙先生日记不分卷

严修撰。原稿本，线装八十四册，《天津地方史资料联合目录》著录，天津图书馆藏。内容以记严氏的日常生活起居与社会活动情况为主，兼及其间发生的一些重大事件。记事时间上起清光绪二年（1876），下迄民国十八年（1929），包括早年的学习生活，功名仕进及公务处理，与中外各界人物的交往与函电往来，国内外游历见闻、读书札记，兴教办学的思想与实践等，全稿已于 2001 年由南开大学出版社影印出版，南开大学图书馆和天津师范大学图书馆都有收藏。

蟫香馆使黔日记九卷

严修撰。《严范孙日记》中的一部分，写于贵州学政任上。民国二十四年（1935）天津严氏影印手稿本。《天津地方史资料联合目录》著录，天津各大图书馆均有收藏。

严氏家书一卷

严修撰。稿本，线装六册，《天津地方史资料联合目录》别题《家信粘存》。是书汇辑清光绪三十二年至三十五年（1906-1909）间严范孙家信原稿，绝大部分为写给其子严智崇、智怡、智开及写给侄子智惺，约敏等人的信。天津图书馆藏。

严氏家信原稿一卷

严修撰。稿本，线装二册，分别为清光绪辛卯年（1891）和光绪丙申至戊戌（1896-1898）间的严氏家信草稿。《天津地方史资料联合目录》著录，天津图书馆藏。

严范孙先生信草一卷

严修撰。稿本,线装三十三册,收录严氏清光绪十四年(至民国十七年(1888-1928)间各种信函的草稿。《天津地方史资料联合目录》著录,天津图书馆藏。

严范孙先生手札一卷

严修撰。稿本,一函二册,收录严氏寄给陈宝泉个人的信件,并有陈氏写于民国十九年(1930)五月六日的《严先生手札跋》,后附陈撰《严范孙先生事略》,系民国十八年(1929)三月三十一日陈氏在严范孙追悼会上的报告。《天津地方史资料联合目录》著录,原稿藏天津图书馆。另有民国十九年(1930)北京文化学社石印本,一册,北京师大和天津社科院图书馆藏。

(景印)蟫香馆手札(第一辑)

严修撰。民国二十一年(1932)北平文化学社影印赵元礼藏本,收录严氏于乙未至戊辰(1895-1928)三十馀年间给赵元礼的信。《天津地方史资料联合目录》著录,天津图书馆、天津社科院图书馆和天津历史博物馆藏。

严范孙往来手札

严修撰。原稿本,线装十三册,《清人诗文集总目提要》著录。河北大学图书馆藏。

严范孙先生函稿一卷

严修撰。稿本,线装三册,为严氏所写各种信函草底。《天津地方史资料联合目录》著录,天津图书馆藏。

严范孙先生遗墨

严修撰。民国二十一年(1932)年石印本,线装一册,收录严氏写给城南诗社成员、原三河县县长陈中岳字涌洛者的信札，书后有赵元礼所作跋。《天津地方史资料联合目录》著录，天津图书馆和天津社科院图书馆藏。

宣统二年奏折

严修撰。抄本，《天津地方史资料联合目录》著录，天津图书馆藏。

严范孙先生会试朱卷（光绪癸未科）

严修撰。刻本，一册，系严氏参加清光绪癸未科（1883）会试试卷，包括严修家谱（简述）。《天津地方史资料联合目录》著录，天津图书馆藏。

欧游讴附东游诗

严修撰。天津广智馆集印本，《天津地方史资料联合目录》著录，天津图书馆和天津历史博物馆藏。

严范孙先生古近体诗存稿三卷

严修撰，陈中岳编。民国二十二年（1933）铅印本，线装一册。卷一录清光绪十年（1884）至宣统三年（1911）诗；卷二录民国元年（1912）至十八年（1929）的诗；卷三为国外杂志。王守恂序谓：其诗情真、理真、事真，不牵强，不涂饰，如道家常。《天津地方史资料联合目录》著录，天津各大图书馆藏。

严范孙先生诗钟一卷

严修撰，杨西侯编。民国二十二年（1933）天津百城书局影印手稿本，线装一册。《天津地方史资料联合目录》著录，天津图书馆、天津师范大学图书馆、天津历史博物馆藏。

严范孙先生注广雅堂诗手稿二卷

张之洞撰，严修注。民国十九年（1930）北京影印本，线装二册，《天津地方史资料联合目录》著录，天津师范大学图书馆和天津历史博物馆藏。

同甲吟草一卷

严修辑。民国二十年（1931）石印本，线装一册，《天津地方史资料联合目录》著录，天津图书馆和天津社科院图书馆藏。"同甲"是指江苏镇江金山寺退院梅村和尚名严修，与天津严修同名同庚。本书为他们六十岁时，与他们同甲的诸公及亲友为其所写寿诗结集。

严修自撰联语一卷

严修撰。民国间抄本，线装一册，《天津地方文献提要目录》著录，内有挽联、寿联、赠联等各种联语近百幅，天津图书馆藏。

寿诗挽联底稿不分卷

严修撰。手书稿本，现存二册，《天津地方史资料联合目录》著录，天津图书馆藏。

严范孙杂著不分卷

严修撰。稿本，线装十二册，《天津地方史文献提要目录》著录，天津图书馆藏。书名为著者自拟，内容分为二部分，第一部分是《炳烛脞记》二册，是作者读《晋书》和《南史》的札记；第二部分是《黔绍杂著》十册，包括作者任贵州学政时的批牍、纪题（各类科举考试题）、文告、奏稿、黔绍信草（书信底稿）等。《天津地方史资料联合目录》只著录有《炳烛脞记》。

严范孙先生丛脞

严修撰。稿本，二十一册，子目十二种，分别为《严范孙笔记》《武子香先生公事日记》《详定贵州三书院章程》《数学笔记》《书籍帐》《京官同乡同年人名底簿》《贵州铜仁县学古书院经费帐目》《捐赠省图书馆书目》《学古书院肄业条约》《日记》《市价备考》《贺入泮簿》等。《天津地方史资料联合目录》著录。天津图书馆藏。

严先生遗著

严修撰。天津广智馆星期报社编印,线装一册,《天津地方史资料联合目录》著录,天津历史博物馆藏。

蟫香馆印赏

严修撰。铅印本,一册,天津图书馆藏,见该馆馆藏卡片目录。

孔子家语校勘记

严修撰。稿本,一册。天津图书馆藏,见该馆馆藏卡片目录。

华学澜(1860-1906)

学澜字瑞安,先世于明嘉靖年间由江南无锡迁来天津,为"北华"支。清人华金寿族子。清光绪十一年(1885)举人,明年成进士,改庶吉士,授编修,二十八年充贵州乡试副考官,次年充会试同考官,不久又易进士馆教务提调。精研算学。三十二年被荐升为翰林院撰文,因病发,未得任事而故去。

华瑞安日记

华学澜撰。是书为作者写于清光绪二十五年(1899)三月初一至二十六年四月十六日间的日记,稿本二册,不见书目著录。天津图书馆藏。

庚子日记

华学澜撰。是书为作者写于清光绪二十六年(1900)亦即庚子年的日记。时作者正在北京为官,所记以京事为多。间亦有据亲友通信和往来人等所传记天津城陷前义和团与清兵共同抗击八国联军侵略的简况。有《庚子记事》合辑本存世，见王慰曾撰《华学澜庚子日记所记天津城陷和冬赈》，载2002年《天津史志》。

辛丑日记

华学澜撰。是书为作者写于清光绪二十七年（1901）正月元日至十二月初十间亦即辛丑年的日记。前有邑人陶孟和所作序。《天津地方史资料联合目录》著录，民国二十五年（1936）九月商务印书馆出版发行。天津社科院图书馆和天津历史博物馆藏。新有《续修四库全书》影印本。

瑞安算书三卷

华学澜撰。［民国］《天津县新志艺文》著录，谓"学澜精研算学，尝取元人李冶著《益古演段》之六十四题以代数演之，为《益古演代细草》一卷。又尝衍算九十馀草，手录习题五百馀问，合为《算存》一卷。其中开立方一草，可订代数术开杂立方用迦但法之误。又《通考差分辨误》一卷，益以无定方程推算，而实会通于百鸡术衍者也"。稿本。未见。

李家驹

家驹字天闲，天津人。清光绪十一年（1885）举人（据陈垲《津邑历科选举录》）。其他不详。

学诗标准
天闲诗文存

李家驹撰以上二书，见《天津志略》第十六编《文艺》著录。存佚不明。

张锡纯（1860－1933）

锡纯字寿甫，原籍河北盐山。幼承家学，专攻医术，曾搜阅方书百馀种，深得其堂奥。能师古而不为古人所囿，治学注重实验。为人治病除注意望色、闻声、问症外，对审脉尤肯下功夫。晚年定居天津，于东门里创设国学函授学校，传授生徒，教泽所及，广被遐迩，与当时江苏陆晋笙、杨如侯，广东刘蔚楚同负海内盛名，称医林四大家。

医学衷中参西录二十九卷

张锡纯著。《近代天津人物录》提及。原分期出版：民国七年（1918）沈阳出版，民国八年（1919）沈阳再版，民国十三年（1924）沈阳第三版。此前三期合编本（缩微品）又名《处方学》，书分上下两册计八卷：上册，按治阴虚劳热、治喘息、治消渴、治淋浊等症候分十九类，收录中药方剂一百零一种；下册，按治伤寒、治温病、治霍乱、治女科、治小儿风症等分十五类，收录中药方剂八十八种。天津中西汇通医社民国三十四年（1935）第五版，北京图书馆藏，见馆藏目录。第四期专讲中西药物，并有两个附录。增广第四期（缩微品）封面题《药物讲义》，内分五卷：卷一至四辑录中药七十五味，卷五介绍西药四十五种。每种药均有性味、效用、服法及临床病例验证等说明，天津中西汇通医社民国二十年（1931）印行。增广第五期（缩微品）卷上卷下，封面题增加六万馀言，辑集各省医学杂志中刊登的中医论文。再版时又增选新论文六万馀字，共收二百馀篇。天津东门里中西汇通医社民国二十一年（1932）印行。第六期（缩微品），封面题：即志诚堂医案。内分四卷，按虚劳、喘咳、气病、血病、脑充血、肿胀、头部病等病症分为十七门，汇集医案一百二十四例，每案例均有病因、证候、诊断、处方、方解、复诊、效果等说明。书末附《种菊轩诗草》，收入著者诗作五十馀首。天津中西汇通医社民国二十年（1931）印行。第七期（缩微品）内分四卷，讲述六经总论，三阴、三阳病症及处方治法。书后附温病遗方八个。天津中西汇通医社民国二十三年（1934）印行。以上原印本和缩微品北京图书馆藏，见馆藏目录。中华人民共和国成立后有多种经整理的合订本。河北省卫生工作者审订，分三册：第一册原第三期，第二册原五、八期，第三册原四、七、六期。河北人民出版社 1957 年出版。

医学衷中参西录合订本。

张锡纯著，河北新医大学修订小组修订。河北人民出版社 1977 年版；河北科学技术出版社 2002 年第 2 版，王云凯等重校；中国文史出版社 2003 年出版，三册，共三十卷。

重订医学衷中参西录

张锡纯原著，柳西河等重订。以药物、方剂、医论、伤寒论、医案为目。书分二册，上册分为药物篇（原四期）、方剂篇（原一、二、三期）；下册分为医论篇（原五期）、伤寒论篇（原七期）、医案篇（原六期），并附第一集三三医书评、《种菊轩诗草》和张锡纯创制方附索引。人民卫生出版社 2006 年出版。

张锡纯医学全书

张锡纯原著，刘观涛点校。学苑出版社 2007 年分册出版："屡试屡效方"，《医学衷中参西录》前三期合编，内容包括治阴虚劳热方、治喘息方、治阳虚方、治心病方、治肺病方、治呕吐方等；"中药亲试记"，《医学衷中参西录》第四期，专讲中西药物，另有两个附录；"中医论说集"，《医学衷中参西录》第五期，本书为医论篇，共分为八卷，包括论中医之理多包括西医之理、沟通中西医原非难事，人身神明诠、元气诠、大气诠、论人身君火、相火有先后天之分，脑气筋辨等；"医案讲习录"，《医学衷中参西录》第六期，本书分五部分，具体内容包括虚劳喘嗽门、气病门、血病门、脑充血门、肠胃病门等各门医案；"伤寒论讲义"，《医学衷中参西录》第七期，内容包括太阳病、阳明病、少阳病、太阴病、厥阴病、不分经等。

医学衷中参西录精华本

张锡纯原著，王吉匀等整编。本书系清末民初河北名医张锡纯所著，自民国七年至二十三年（1918–1934）分七期出版，内容包括药物篇、方剂篇、医论篇、医案篇等等问题。是书分医方解读、医案解读、中医解读三册。河北科学技术出版社2007年出版。

张锡纯方剂歌括

张锡纯撰，刘建主编。本书收集张锡纯方剂三十三类一百九十二首，采用五言歌括的形式进行精确浓缩，并将每首方剂的药物组成、功效、主治、加减、用法、主治、方解、医案时每个方剂进行了系统解读。人民军医出版社2008年出版。

种菊草堂诗草一卷

张锡纯著。《近代天津人物录》提及。见附于《医学衷中参西录》第六期，收入著者诗作五十馀首。天津中西汇通医社民国二十年（1931）印行。天津华新印刷局出版。北京和天津图书馆藏，见各馆藏目录。

娄举恺

举恺字鹤田，清天津人。光绪十五年（1889）岁贡生。官国子监诚心堂学正。潜心学问，熟于经注，兼及说文。生平好抄撮群书，摭拾典故。

随园诗话削繁二卷

娄举恺撰。[民国]《天津县新志艺文》著录。高凌雯谓："是书仅存原（《随园诗话》）书十之二三，盖以原书多录达官富贵，籍以标榜酬答。其俳俚之作，使人易学，而不免于儇薄，以此为世诟病。然其精粹者，究未可磨灭。举恺为之去其瑕而存其瑜，展卷读之，居然完璧矣。"抄本。未见。

陶喆甡（1860－1901）

喆甡字浚愚，号仲明，清天津人。余姚知县陶云升之子。县学生。光绪十九年（1893）举人。其为学务知经义之异同，史事之得失，博览强识，发为文章，朴茂精实，其气灏然。张佩纶、李慈铭主讲学海堂，每试辄列上等。时务之说起，知为国家强弱所在，遍寻移译之书，浏览得其大凡。而尤厝意于政治，历经甲午、戊戌、庚子诸事件，奔走忧劳，兼以母丧哀毁，疾遂大作。卒年四十有二。

说文类抄

署名陶仲明，与严修合辑。稿本，二册，天津图书馆藏，见馆藏目录。

艺轩主人家书十卷

陶喆甡撰。[民国]《天津县新志艺文》著录。喆甡尝客奉天（今东北沈阳）一年，馆京师八年，家贫亲老，时以书札往来，处分家事，并教两弟以读书作字之法，持身涉世之要，劝善规过，义严理明，往往一牍千言，娓娓不倦。甲午（1894）以后，更以新学相勖，殷殷属望，旁及友朋。喆甡年甫四十而没，一生学识之优，性情之笃，俱于兹编见之。稿本。未见。

抑斋诗文集

陶喆甡撰。［民国］《天津县新志艺文》著录。高凌雯云："喆甡生平为学尝自视欿然，故所为诗文不自留稿。其弟赫甡录而存之，以学海堂课作为多。"抄本。未见。

华硕卿（1860-1941）

近代天津人。民国三十年（1941）二月终于家，春秋八十有二。有挽联云："曰寿曰守，曰康宁、曰好德，境遇晚尤甘，一旦考终，恰符太素登科岁；善书善画、善经济、善营养，精神真不老，几生修得，直到希元志墓年。"盖纪实也。

一笑诗草一卷

华硕卿撰。是书正文卷端题《天津华硕卿先生诗草遗稿》。前有"后学王新铭"序。后有其子怡、恪、慧识语云，先父"每一诗成，便自书于册，计得百有馀首。尝授恪等而语之曰：余不能诗，信手拈来，摅写胸臆，只可付之一笑，因名为《一笑诗草》"。诗多为七绝，偶亦有七律者。《天津地方史资料联合目录》著录，民国三十年（1941）铅印本，一册，天津图书馆藏。

谢崇基（1861-1922）

崇基字履庄，云南昭通人。清光绪十二年（1886）进士。入翰林院为国史馆编修，宣统元年（1909）简放天津兵备道，次年改天津道。此后即居家天津。辛亥后以书画自娱，参加城南诗社，与严修等时相唱酬。

两汉洗斋诗草不分卷

谢崇基撰。《清人诗文集总目提要》著录，云南省图书馆藏。

高凌雯（1861-1945）

凌雯字彤皆，天津人。清光绪十九年（1893）举人。早年留意兴学，光绪二十七年（1901），与林墨青、王小铁诸人，就城西稽古书院遗址，创立普通学堂，即后来的铃铛阁中学。入民国后，全力从事天津文史方志工作。二三十年来，博览志乘文献，广访遗迹掌故，参校考证，对天津地方史事做了很多补缺匡谬、索隐阐微的工作。为严修创组城南诗社与崇化学会的主要成员之一。

金刚憨公传

高凌雯等撰。本书为剪报资料，《天津地方史资料联合目录》著录，天津历史博物馆藏。

知府沈君墓表一卷

高凌雯撰。民国间铅印本，一册，天津图书馆藏，见馆藏目录。

天津林先生兴学碑记

高凌雯撰，华世奎书。民国二十四年（1935）天津广智馆石印本，线装一册，《天津地方史资料联合目录》著录。天津图书馆、天津社科院图书馆和天津历史博物馆藏。

天津列女事略

高凌雯等撰。此为天津社会教育办事处于民国十二年（1923）年发行的《社会教育星期报》剪报资料。《天津地方史资料联合目录》著录，天津历史博物馆藏。

严范孙先生自定年谱补一卷

高凌雯撰。民国三十二年（1943）天津严氏刻本，线装一册，《天津地方史资料联合目录》著录，天津图书馆藏。

天津诗人小传辑存上下二卷补遗一卷

高凌雯辑。民国三十三年（1944）稿本，线装二册，《天津地方史资料联合目录》著录，天津图书馆藏。此书收集了方志艺文以外的天津人诗作，即"能诗而无集，或有集而湮没不传者约二百馀人的诗作，每人均有小传，传后附作品。如有他作见诸通行本也予说明，知其有诗作尚未有见到者亦留名，以备后考"。

［民国］天津县新志二十七卷首一卷

高凌雯等纂，民国二十年（1931）刻本，线装十六册。《天津地方史资料联合目录》著录，天津各大图书馆藏。是志上接清同治九年（1870）修《续天津县志》，叙事到宣统三年（1911）止。卷一至卷十六为王守恂纂，别题《天津政俗沿革记》；卷十七后为高纂。

［民国］天津县新志人物艺文六卷

高凌雯撰。是书为［民国］《天津县新志》人物和艺文部分先行合刊的单行本，民国十九年（1930）天津金氏刻，线装四册。《天津地方史资料联合目录》著录。天津各大图书馆藏。

志馀随笔六卷

高凌雯撰。民国二十五年（1936）天津金氏屏庐刻本，线装二册。《天津地方史资料联合目录》著录，天津各大图书馆藏。本书为高凌雯在其编纂《天津县志》时所撰随笔四百馀则，内容大都为其对编纂新志的感想、体会及对体例的选择，内容增删所作解释说明，并附一些在新志中不宜载入的民间掌故旧闻等。

一瓻录

天津士族科名谱

天津文汇

刚训斋文集

高凌雯撰以上四种书,《近代天津人物录》本传提及。未见。

过江集一卷附读诗杂感四十首

高凌雯撰。民国十一年（1922）天津刻本,线装一册。《天津地方史资料联合目录》著录,天津图书馆和天津师范大学图书馆藏。

癸巳同年嘤鸣集

高凌雯等撰,俞寿沧辑。民国二十五年（1936）铅印本,线装一册。《天津地方史资料联合目录》著录,天津图书馆藏。

毡推记

高凌雯撰。清稿本,一册,《天津地方史资料联合目录》著录,天津社科院图书馆藏。

高凌雯诗稿不分卷

高凌雯撰。稿本,三册,天津图书馆藏,见馆藏目录。

刚训斋诗集六卷

高凌雯撰。民国间衣补庐精抄本,二册,天津图书馆藏,见馆藏目录。

天津诗人小集十二种二十一卷

高凌雯辑。《中国丛书综录》著录,民国二十五年（1936）天津金氏刻本。子目为:清人张霔撰《欸乃书屋乙亥诗集》一卷,张坦撰《履阁诗集》一卷,张壎撰《秦游诗》一卷,胡捷撰《读书舫诗抄》一卷，周焯撰《卜砚山房诗抄》一卷后集一卷，胡睿烈撰《炅斋诗集》一卷，丁时显撰《青蚬居士集》一卷，查昌业撰《林于馆诗集》二卷，康尧衢撰《蕉石山房诗草》一卷，梅成栋撰《欲起竹间楼存稿》六卷，刘锡撰《韵湖偶吟》一卷后集一卷，李庆辰撰《醉荼吟草》二卷。《天津地方史资料联合目录》著录，天津各大图书馆藏。

刘嘉琛（1861－1936）

嘉琛字幼樵，号尽南，直隶天津人。清光绪二十一年（1895）进士，散馆授编修，历官湖南副考官、山西学政、四川提学使。民国后返回天津，时京师成立清史馆，聘为编撰，辞谢。晚年寓居乡里，鬻字授徒。工诗，善书。

益州书画录补遗

刘嘉琛撰。据有关文献提及。未见。

刘嘉琛书帖

刘嘉琛书。手迹本，里面有诗作数首。《天津地方史资料联合目录》著录，天津师范大学图书馆藏。

徐　风（1861－？）

风字北民，近代天津人，与王守恂为"总角交"。其诗作多与时政有关。

味菜香馆正续诗抄二卷

徐风撰。《正抄》自序于民国元年（1912），收诗一百五十首，包括有《共和喜成》《洪宪朝政》《挽蔡锷、黄兴两先生》《送袁大总统归葬》《闻欧战议和于巴黎》《天津五四运动竹枝词》等；《续抄》自序于甲子（1924）春正月，收诗一百三十五首，内有《张勋复辟》《北伐军》《挽孙中山》等时事诗。丙寅年（1926）作《六十六岁自寿》，由此推知，他当生于清咸丰十一年（1861）。《天津地方史资料联合目录》著录：天津图书馆藏民国元年（1912）铅印本，历史博物馆藏民国九年（1920）铅印本，均误，当在民国十六年后，因诗抄最后有丁卯年（1927）作《讨赤歌》。书口题京兆公立第一工厂印。书前有作者肖像一帧，后有王守恂序和杨懿年题词。

查尔崇（1862-1931）

尔崇号峻丞，又号查湾，北迁查氏第十二世裔孙，慕园公次房集堂公派、默勤曾孙。清光绪十一年（1885）乙酉科举人。历官四川全省保甲局总办，河南开封电报局总办津浦铁路总公所文案，湖北全省模范大工厂督办，河南税局局长，直隶全省烟酒公卖局局长，简任职苏州关督办。工画山水。

查湾诗抄

查尔崇撰。《宛平查氏支谱》著录"未付梓"。原稿未见。

曹　锟（1862-1938）

锟字仲珊，近代天津人。早年追随袁世凯，为北洋军阀骨干之一。民国十二年（1923）曾贿选为大总统。次年冯玉祥发动北京政变被软禁，遂辞职。北伐后一直隐居在津，投资实业，广置房产。

圣迹图

曹锟摹绘。民国十二年（1923）摹印本，《津人著述存目》著录。未见。

李子香先生七十寿言录三卷

曹锟等撰。民国间铅印本，北京图书馆藏，见馆藏目录。

邵孝子传

曹锟等撰。民国十二年（1923）天津新懋铅印本，一册。天津图书馆藏，见馆藏目录。

学佛须知一卷

曹锟撰。石印本，一册，天津图书馆藏，见馆藏目录。

林墨青（1862—1933）

墨青名兆翰，字墨青，以字行，又字伯嘿，晚年号更生，近代天津人。清光绪十三年（1887）入县学为附生，有文名。二十八年（1902）首创民立第一小学，为天津新制小学之始。三十四年（1908）赴日考察。民国初被委为社会教育办事处总董，民国四年（1915）成立社会教育办事处，刊行《社会教育星期报》，兴办起一批社会教育，大都在国内开风气之先。民国十一年（1922）六月创立广智馆。晚年与严修等组织崇化学会、城南诗社、国文观摩社等。

李良辅先生荣哀录

林兆翰辑。民国八年（1919）天津华新印刷局铅印本，线装一册。《天津地方史资料联合目录》著录，天津图书馆藏。

孙真女事实一卷

林兆翰撰。民国十八年（1929）天津社会教育办事处铅印本，天津图书馆藏，见馆藏目录。

李星冶先生哀挽录一卷

林兆翰校。民国十八年（1929）协成印刷局铅印本，一册，天津图书馆藏，见馆藏目录。

函札珍存

林墨青撰。民国九年（1920）石印本，线装一册。《天津地方资料联合目录》著录，天津图书馆藏。

函札珍存甲集

林墨青撰。民国十一年（1922）石印本，线装一册。《天津地方史资料联合目录》著录，天津图书馆和天津历史博物馆藏。本书内收录了其有关盐务书札及其本人与友人的信函作为教授书札课之参考。

华世奎（1863-1941）

世奎字启臣，号璧臣，一号思闿，近代天津"八大家"之一。清光绪十九年（1893）癸巳科举人，官至三品衔军机领班。民国成立后，即退隐家居，以遗老自命，自号"北海逸民"。工书法，在当时与孟广慧、严修、赵元礼并称为四大家。

祖父母遗事存略

华世奎述并书。《天津地方史资料联合目录》著录，民国十四年（1925）石印本，一册，天津社科院图书馆藏。

先考屏周府君、先妣田太夫人行述

华世奎述并书。《天津地方史资料联合目录》著录，民国元年（1912）石印本，一册，天津社科院图书馆藏。

思闿诗集二卷

华世奎撰。《天津地方史资料联合目录》著录，民国三十二年（1943）石印本，天津图书馆藏。

王人文（1863-1941）

人文字采臣，号遁庐，云南大理人，白族。清光绪九年

（1883）进士。历任贵州湄潭、贵筑、开泰县知事，广西南宁平乐府、奉城锦州府知府，广西桂平梧道，广东按察使、提学使，陕西布政使，四川布政使，护理四川总督，川滇边务大臣。宣统三年（1911）辛亥革命时为武汉政府宣布起义的八人之一。民国元年（1912）加入中国国民党；同年四月任川滇宣慰使。次年当选为参议院议员。后脱离国民党。国会解散后，离开北京。国会重开，遂入京，仍任参议院议员。民国十一年（1922）第二次恢复国会时仍任参议院议员。后定居天津，为城南诗社成员。

历代都江堰功小传二卷

钱茂撰，王人文补正。清宣统三年（1911）四川督署原刻。现有台北广文书局有限公司 1978 年《史料七编》本。北京图书馆藏，见馆藏目录。

辛亥四川路事罪言

王人文编。民国二十五年（1936）石印本，一册，北京图书馆藏，见馆藏目录。

循陔赠言

王人文、李根源辑。清宣统间石印本，一册，北京图书馆藏，见馆藏目录。

遁庐诗存一卷

王人文撰。民国间天津大公报馆铅印本，一册。北京图书馆藏，见馆藏目录。

杨凤藻（1864-？）

凤藻字兰坡，别号惺新庵主，清天津人。光绪十五年（1889）举人，与王守恂同出梅小树门，曾官国子监学正学录，至鸿胪寺序班。北洋时在海军部任职，与津门书家甘眠羊"文字论交四十年"。"癸酉年作"《七十自述》，推知当生于清同治三年（1864）。

节相壮游日录二卷

杨凤藻（题"惺新庵主"）与"桃溪隐渔"（疑即甘眠羊）同辑。清光绪二十二年（1896）天津绛雪斋刻本，线装二册，《天津地方史资料联合目录》著录，天津图书馆藏。是书将该年李鸿章赴俄京贺沙皇加冕礼的经过日程，以及当时报刊评论和《中俄条约》内容，及时汇辑成书刊刻问世，是研究李鸿章和中俄关系史的重要史料。

京津拳匪纪略八卷

杨凤藻撰。为"避怨"，托名"粤东侨析生、长白缙云氏编次"（见《星辛庵杂著》重刊弁言）。记清光绪二十六年（1900）义和团运动和"扶清灭洋"事。前有"渤海甘绵羊"即甘眠羊序云："是书之编辑有次，摹绘有声，论断有体，既未尝祖洋而抑华，亦未尝居今而泥古，脱能本共议论，以敷于政事，实当世不可多得之才。"清光绪二十七年（1901）香港书局精校石印本，《天津地方史资料联合目录》著录，天津图书馆、南开大学图书馆和天津历史博物馆藏；又光绪二十九年（1903）上洋书局石印袖珍本，天津师范大学图书馆藏。

皇朝经世文新编续集二十一卷

题甘韩编，杨凤藻校正。清光绪二十八年（1902）绛雪斋书局石印本，二十册，北京图书馆藏，见馆藏目录。

星辛庵赋四卷

杨凤藻撰。清光绪二十三年（1897）天津万宝书局刻本，《清人诗文集总目提要》著录，北京图书馆藏。

星辛庵杂著三卷

杨凤藻撰。分杂文、赋、诗各一卷，民国二十一年（1932）杨氏刻本。《清人别集总目》和《清人诗文集总目提要》著录，北京图书馆和北京师范大学图书馆藏。

王宝贤

宝贤初名葆诚，字雨田，又字心孚，自远祖由江苏武进迁天津，遂为天津人。幼而聪颖，年二十一补县生。淡于仕进，不赴乡试，从事教授，受学者众。读书讲求义理之学。年六十一卒。

卫道初编

王宝贤撰。《津人著述存目》著录，转引自王仁安撰《待终草·王雨田先生家传》。未见。

耐吟窝诗草

暮鼓晨钟

王宝贤撰以上二书，《天津志略》十六编《文艺》著录。未见。

王守恂（1865-1936）

守恂字仁安，又字纫庵，号筱槐，别号阮南，晚署拙老人，近代天津人。清光绪二十四年（1898）进士，授刑部山西司主事。宣统二年（1910）出任河南巡警道。入民国后历任内务部顾问兼行政咨询特派员、内务部金事、浙江钱塘道尹。民国九年（1920）任直隶烟酒事务局会办。早年即负诗名，学问文章亦见重于时。晚年与严修等组织城南诗社和崇化学会。

王仁安集四十一卷

王守恂撰。《津人著述存目》和《天津地方史联合目录》著录。子目有:《仁安诗稿》二十一卷,《仁安词稿》二卷,《仁安文稿》四卷,《仁安文乙稿》一卷,《仁安笔记》四卷,《杭州杂著》四卷(内含《仁安自述》一卷,《从政琐记》一卷,《杭居杂忆》一卷,《乡人社会谈》一卷),《说诗求已》五卷。民国十年(1921)天津金氏屏庐刻本,天津图书馆和天津师范大学图书馆藏。此为独撰类丛书,《中国丛书综录》有著录。

王仁安续集十二卷

王守恂撰。《津人著述存目》和《天津地方史资料联合目录》著录。独撰类丛书,子目收书六种:《仁安诗续稿》四卷,《仁安词续稿》一卷,《仁安文续稿》三卷,《仁安文续乙稿》一卷,《仁安续笔记》二卷,《乙丑避暑小记》一卷。民国十六年(1927)天津金氏刻本,天津图书馆和天津师范大学图书馆藏。此书《中国丛书综录》未收。

王仁安三集六卷

王守恂撰。《津人著述存目》和《天津地方史资料联合目录》著录。独撰类丛书,子目收书五种:《集外杂存》一卷,《海天集》一卷,《任自然斋剩稿》一卷,《待终草》一卷,《拙老人馀话》二卷。民国二十二年(1933)天津金氏刻本,天津图书馆、天津师范大学图书馆藏。此书《中国丛书综录》未收。

王仁安四集四卷

王守恂撰。《天津地方史资料联合目录》著录。独撰类丛书,子目收书四种:《八甲游戏集》一卷,《乙亥随录》一卷,《丙子新梦集》一卷,《集外补遗》一卷。民国二十六年(1937)天津金氏刻本,天津图书馆和天津师范大学图书馆藏。此书

《中国丛书综录》未收。

杭州所著书三种附乡人社会谈

王守恂撰。《津人著述存目》著录，民国六年（1917）铅印本。三种书即《阮南自述》《从政琐记》《杭居杂忆》。连《乡人社会谈》，《王仁安集》附刻本作《杭州杂著》四卷。见前。

杭州杂著四卷

王守恂撰。《津人著述存目》和《天津地方史资料联合目录》著录，民国九年（1920）刻本，天津历史博物馆藏。内有《仁安自述》《从政琐记》《杭居杂忆》《乡人社会谈》各一卷。按是书已辑入《王仁安集》内，铅印本作《杭州所著书三种》，《中国丛书综录》有著录，作民国六年（1917）铅印本。

杭州杂诗一卷

王守恂撰。《津人著述存目》和《天津地方史资料联合目录》著录。铅印本，天津图书馆藏。

杭州杂诗（续）

王守恂撰。铅印本，一册，收录民国六年（1917）七月至九月的诗作。《天津地方史资料联合目录》著录，天津历史博物馆藏。

阮南诗再存一卷

王守恂撰。《天津地方史资料联合目录》著录，铅印本，一册。天津图书馆和天津社科院图书馆藏。

杭居杂忆

王守恂撰。《津人著述存目》著录。按是书已辑入《杭州所著书三种》及《杭州杂著》内。见前。

仁安续笔记二卷附乙丑避暑小记

王守恂撰。《天津地方史资料联合目录》著录，民国十五年（1926）刻本，天津图书馆藏。按是书已辑入《王仁安续集》六种内。

大清律名例

王守恂撰。《津人著述存目》著录，转引自《仁安自述》。未见。

天津政俗沿革记十六卷

王守恂撰。《津人著述存目》和《天津地方史资料联合目录》著录。民国二十七年（1938）天津金氏刻本。按此即《天津县新志》卷一至卷十六部分，所载事实至清宣统三年（1911）。天津各大图书馆有藏。

天津崇祀乡贤祠诸先生事略

王守恂撰。《津人著述存目》和《天津地方史资料联合目录》著录。所记为旧天津县乡贤祠内供祀的自明至清代十一位当时的仁人孝子。民国间天津社会教育事业办事处（一作天津广智馆）铅印本。天津图书馆和天津历史博物馆藏。

庚子京师褒恤录四卷

裕小彭辑，王守恂编。《津人著述存目》和《天津地方史资料联合目录》著录，民国九年（1920）铅印本，天津图书馆藏。

城南诗社集一卷

王仁安编。《天津地方史资料联合目录》著录，民国十三年（1924）铅印本，一册。本书为民国十年至十二年（1921–1923）间天津城南诗社成员作品汇集。天津图书馆和天津师范大学图书馆、天津历史博物馆藏。

传恨词

王仁安撰。《天津地方史资料联合目录》著录，铅印本，一册，天津图书馆藏。

大幸福新剧

署名阮南著。《天津地方史资料联合目录》著录，天津社会教育办事处铅印本，一册，天津图书馆藏。

天津文抄七卷

清华光甝辑，王守恂编，金钺校订。本书原名《津门文抄》，民国九年（1920）天津金氏刻本。《天津地方史资料联合目录》著录，天津各大图书馆有藏。

补读书斋笔谈一卷

王守恂撰。民国间铅印本，一册，天津图书馆藏，见馆藏目录。

章　钰（1865-1937）

钰字式之、坚孟，别署茗理，晚号北池逸老、霜根老人，江苏长洲（今苏州）人。清光绪三十年（1904）进士，曾任外务部主事兼京师图书馆编修。辛亥后，绝意仕进，迁寓天津，潜心学问，对经史、词章、金石、考据各门，无不博洽专精。曾主崇化学会讲席多年，并校勘薛居正《五代史》《契丹国志》《大金国志》《三朝北盟会编》等，见重于士林。

集殷虚文字楹帖汇编

章钰辑。民国十六年（1927）东方学会石印本，一册，为《东方学会丛书》之一。北京图书馆和天津图书馆藏，见馆藏目录。

胡刻通鉴正文校宋记三十卷附录三卷述略一卷

章钰撰。《贩书偶记》卷五著录，民国二十年（1931）长洲章氏刻本。北京图书馆和天津图书馆藏，见馆藏目录。

黑鞑事略一卷附校记一卷

彭大雅撰，章钰校记。《中国丛书综录》著录，见《六经堪丛书》初集。

章钰会试朱卷

章钰撰。清光绪癸卯补行辛丑壬寅正并科，光绪间刻本。北京图书馆藏，见馆藏目录。

先考朝议府君事略

章钰撰。附先妣刘太恭人事略、母弟亮之家传、元配胡恭人家传。清宣统三年（1911）铅印本，一册，北京图书馆藏，见馆藏目录。

清故中宪大夫山西壶关县知县刘君墓志铭

此为石印碑拓，由章钰撰文，天津华世奎书册，李经畬篆盖。《天津地方史资料联合目录》著录，天津师范大学图书馆和天津社科院图书馆藏。刘君名凤翰（1855–1932），天津土城人。

［民国］霸县志五卷卷首一卷

唐肯等修，章钰等纂。《中国地方志联合目录》著录，民国十二年（1923）铅印本，南开大学图书馆藏。

读书敏求记校证辑补类记

章钰撰。民国十三年（1924）铅印本，一册。北京图书馆藏，见馆藏目录。

钱遵王读书敏求记校正四卷首一卷末一卷

钱曾撰，管庭芬辑，章钰补辑。民国十五年（1926）章氏家刻本，天津图书馆藏。民国二十一年（1932）章氏家刻本，北京图书馆藏，见馆藏目录。

广化寺图书馆检书草目

章钰编。民国间抄本，一册，北京图书馆藏，见馆藏目录。

天禄琳琅正后编目

章钰编。此书仅抄天禄琳琅书目正后编之书名。民国三年（1914）长洲章钰抄本，一册，北京图书馆藏，见馆藏目录。

太平御览经史图书纲目

章钰编。此与下书合订，民国间学古堂抄本，一册，北京图书馆藏，见馆藏目录。

太平广记引用书目

章钰编。此与上书合订，民国间学古堂抄本，一册，北京图书馆藏，见馆藏目录。

国朝古文汇抄补目

章钰编。抄本，四册，抄年不详。北京图书馆藏，见馆藏目录。

滂喜斋藏书记目

章钰编。清人潘祖荫旧藏，附湖海楼词所见人名一卷，清道光五年（1825）夏季缙绅辑要一卷，国朝章氏进士题名录一卷。清末京师图书馆抄本，一册，北京图书馆藏，见馆藏目录。

清史稿艺文志及补编

章钰等编。中华书局1982年出版。附索引。

章氏四当斋藏书目

章钰撰。民国二十七年（1938）燕京大学图书馆铅印本，北京图书馆藏，见馆藏目录。

长洲章氏用印

章钰辑。民国间长洲章钰铅印本，一册，北京图书馆藏，见馆藏目录。

不堪把玩三种

章钰辑。清刻暨抄本，一册，有章钰墨笔题记。北京图书馆藏，见馆藏目录。

陶楼文抄

黄彭年撰，章钰编。抄本，十五册，抄年不详，北京图书馆藏，见馆藏目录。

小浮山人所藏词翰录存

章钰编。清末抄本，一册，北京图书馆藏，见馆藏目录。

存社征文选卷汇存

章钰选编。存社文集，共二十五次，每次一册，于民国九年至十九年（1920–1930）由天津存社印行。《天津地方史资料联合目录》著录，天津图书馆、天津师范大学图书馆和天津历史博物馆藏。

四当斋集十四卷

章钰撰。"四当"取宋尤延之语：饥读之可以当食，寒读之可以当衣，孤寂读之可当友朋，幽愤读之可当金石琴瑟。因以题斋，以志其尚，为"四当斋"。民国二十六年（1927）铅印本，《天津地方史资料联合目录》和《清人诗文别集总目提要》著录，北京图书馆、天津图书馆和天津社科院图书馆藏。

周学熙（1865–1947）

学熙字缉之，别字止庵，晚号松云居士，原籍安徽至德（今东至县），随父周馥长期寓居天津。清光绪二十年（1894）顺天乡试举人，官至直隶按察使。精于理财。民国初两度出任北洋政府财政总长，为北方著名实业家，亦为国内刻书大家，以刊刻《周氏师古堂所编书》著称。

七经经义纂要十一卷

周学熙撰。民国二十四年（1935）刊，有《周氏师古堂所编书》本。

周氏师古堂经传简本

周学熙辑。民国二十一年（1932）周氏师古堂刻本，《天津地方史资料联合目录》著录，南开大学图书馆藏。

论语分类讲诵六卷

周学熙编。民国二十年（1931）文岚簃古宋印书局铅印本，《天津地方史资料联合目录》著录，天津图书馆和南开大学图书馆藏。

左传经世抄约选四卷

周学熙选。民国二十一年（1932）周氏师古堂刻本，《天津地方史资料联合目录》著录，南开大学图书馆藏。

韩王二公遗事

周学熙辑。含韩忠献公遗事和王文正公遗事。民国二十三年（1934）周氏师古堂刻本。北京图书馆藏，见馆藏目录。

刘公暨德配郝夫人合祀事迹汇编

周学熙辑。民国十二年（1923）石印本，附清赠内阁学士登莱青道刘公暨德配郝夫人合祠传记图咏。北京图书馆藏，见馆藏目录。"刘公"为清人刘含芳（1841–1898）。

玉山府君行状

周学熙等撰。全名题"清授光禄大夫建威将军头品顶戴陆军部尚书都察院都御史两广总督予谥悫慎先考玉山府君行状"。民国间铅印本，有照片，一册。北京图书馆藏，见馆藏目录。"玉山府君"为周学熙之父周馥（1837–1921），字玉山，谥悫慎。

吴太夫人荣哀录

周学熙辑。清宣统间石印本，一册，全题"诰封一品夫人周母吴太夫人荣哀录"。北京图书馆藏，见馆藏目录。吴太夫人为周学熙之母（1835–1907）。

东游日记

周学熙撰。清光绪二十九年（1903）铅印本，一册，北京图书馆藏，见馆藏目录。

中学正宗四种

周学熙辑。四种依次为：《为学大旨》《朱子语类日抄》《养正遗规》《东塾读书记》。民国十一年（1922）周氏敬慈善堂刻本，《天津地方史资料联合目录》著录，天津图书馆藏。

日省编

周学熙撰。民国三十六年（1947）石印本，一册，北京图书馆藏，见馆藏目录。

天津习艺所现行章程图表

周学熙撰。清光绪间铅印本，二册，附图表，北京图书馆藏，见馆藏目录。

直隶工艺总局征访土产公启

周学熙等订。附考察土产大旨及土产表目。清光绪二十九年（1903）石印本，一册，北京图书馆藏，见馆藏目录。

南华经解选读

庄周著，宣颖注，周学熙选。民国二十一年（1932）周氏师古堂刻本。《天津地方史资料联合目录》著录，天津图书馆藏。

文辞养正举隅二卷

周学熙辑。民国三十年（1941）周氏师古堂刻朱印本。《天津地方史资料联合目录》著录，天津图书馆藏。

花坞小筑落成诗

周学熙书。民国间写本，北京图书馆藏，见馆藏目录。

止庵诗存二卷外集一卷

周学熙撰。《清人诗文集总目提要》著录，民国十七年（1928）铅印本，中国社科院历史所藏。又，《天津地方文献提要目录》著录，民国三十七年（1948）至德周氏铅印本，天津图书馆藏；北京图书馆所藏同，见馆藏目录。

周氏师古堂所编书

周学熙辑。此为一杂纂类丛书，收书五十二种，内有多种系周学熙选编或节录汇辑成。民国至德周氏师古堂刻本，子目和收藏单位见《中国丛书综录》著录。另天津南开大学图书馆藏初、二刻，见馆藏目录。

周叔媜

近代著名实业家周学熙之孙女，曾就读于燕京大学史地系。

周止庵先生别传

周叔媜著。本书侧重于周氏创造北洋实业与建树民国财政等事迹。天津印字馆民国十四年（1925）出版。《天津地方文献提要目录》著录，天津图书馆藏。

王锡彤（1865-1938）

锡彤字筱汀，河南卫辉城关人。清光绪二十三年（1897）丁酉科拔贡，曾充河南禹州实业学堂主讲，河南高等学堂教务长等。此后应袁世凯之邀，与北方最大实业家周学熙一起在京津等地办实业，充当袁氏亲信幕僚。民国四年（1915）曾任民国参政院参政。次年袁死后曾以全部私产相托，凡袁氏经营的实业如开滦煤矿、启新洋灰公司、耀华玻璃厂等均以王为代表，分任董事及总办等职。民国十四年（1925）后陆续辞去实业界一切职务，寓居天津，潜心研究中外史籍。他能诗善文，是一位学者型的实业家。

大学演不分卷

王锡彤撰。民国二十三年（1934）刻本，天津图书馆藏，见馆藏目录。

抑斋自述

王锡彤撰。该书是一部类似自叙年谱性质的著述，系根据王锡彤本人日记排比整理而成，按时间顺序分为七大部分，见以下各分册。它逐年记述王锡彤一生言行、见闻、经历以及家庭琐事，记事详明、内容充实，为我们研究当时的社会历史提供了可贵的第一手资料。民国二十八年（1939）铅印本，二十一册，天津图书馆藏，见馆藏目录。2001年河南大学出版社据此点校出版时作了部分删节。原书子目及另本如下：

浮生梦影

王锡彤撰。《抑斋自述》之一，主要记述作者家世与本人生平。民国二十二年（1933）铅印本，一册。《天津地方史资料联合目录》著录，天津图书馆藏。

河朔前尘

王锡彤撰。《抑斋自述》之二，记清光绪二十二至三十年（1896–1904）间事。民国间铅印本，一册。《天津地方史资料联合目录》著录，天津图书馆和天津社科院图书馆藏。

燕豫萍踪

王锡彤撰。《抑斋自述》之三。民国二十八年（1939）铅印本，一册，天津图书馆藏，见馆藏目录。

民国闲人

王锡彤撰。《抑斋自述》之四，记民国元年至六年（1912-1917）间事，民国间铅印本。《天津地方史资料联合目录》著录，天津图书馆和天津历史博物馆藏。

工商实历

王锡彤撰。《抑斋自述》之五，记民国七年至十年（1918-1921）间事。民国间铅印本，一册，天津图书馆藏，见馆藏目录。

药饵馀生

王锡彤撰。《抑斋自述》之六。民国十六年（1927）石印本，一册，天津图书馆藏，见馆藏目录。

病中岁月

王锡彤撰。《抑斋自述》之七，记民国十八年至二十六年（1929-1937）间事，民国间铅印本，四册，天津图书馆藏，见馆藏目录。

抑斋读书记正编三卷附编三卷

王锡彤撰。民国间铅印本，三册，天津图书馆藏，见馆藏目录。

抑斋集文集六卷诗集四卷

王锡彤撰。《清人别集总目》著录，民国二十八年（1939）刻本。天津图书馆藏，见馆藏目录。

卞荫昌（1866-1926）

荫昌字月庭，天津人。清末任职户部、工部、法部。辛亥革命后出任天津商团军团长。在民国五年（1916）十月发生的老西开事件中被推举为"国权国土维持会"会长，力持正义，积极支持天津人民反法抗争运动。五四运动爆发，卞又为"救国十人团"

总团长，以实际行动支持学生的爱国斗争。历任直隶商会总会长并兼中华全国商会联合会会长，曾当选为众议院议员。

天津商团的武装

卞荫昌等编辑。包括商团步兵枪学、商团步兵野外勤务、商团步兵操典、商团步兵射击学、商团步兵工作教范、商团步兵战术择要。天津商务总会商团事务所民国二年（1913）九月印行。《天津地方史资料联合目录》著录，一函六册，天津历史博物馆藏。

英敛之（1866－1926）

敛之名华，号安蹇，满洲正红旗人。幼年家贫，自学成才，能文章。信奉天主教，粗通法文。清光绪二十八年（1902）来津创办《大公报》，以敢于讥弹国政著称，为我国近代报刊出版家。民国五年（1916）退出报界，移居北京，任香山慈幼院院政。后筹建辅仁大学，成为首任校长。

英敛之先生日记遗稿

英敛之撰，方豪编。台北文海出版社1974年影印本，三册；又《近代中国史料丛刊》续编第三辑，北京图书馆藏，见馆藏目录。

也是集

英敛之撰。此为英华在《大公报》上所发文章的汇编，清光绪三十三年（1907）刻，天津大公报馆刊行，线装一册。《天津地方史资料联合目录》著录，天津社科院图书馆和天津历史博物馆藏。

也是集续编

英敛之撰。清宣统二年（1910）刻，天津大公报馆刊行，线装一册。《天津地方史资料联合目录》著录，天津社科院图书馆和天津历史博物馆藏。

安蹇斋丛残稿

英敛之原著，张秀林辑。民国八年（1919）铅印本，线装一册。《天津地方史资料联合目录》著录，天津图书馆藏。

蹇斋剩墨不分卷

英敛之撰。民国十七年（1928）铅印本，线装一册。《天津地方史联合目录》著录，天津社科院图书馆藏。

万松野人言善录

英敛之撰。民国八年（1919）京师刻本，一册。《天津地方史资料联合目录》著录，天津图书馆藏。

万松心画

英敛之书。民国十一年（1922）根据手稿石印本，一册。《天津地方史资料联合目录》著录，天津师范大学图书馆藏。

敝帚千金

英敛之等合编。通俗读物，《天津近代人物录》本传提及。清光绪三十一年（1905）大公报馆铅印本，四册，北京图书馆藏，见馆藏目录。

吕氏三姊妹集

吕湘等著，安蹇斋（英华）选辑。清光绪三十一年（1905）铅印本，线装一册。《天津地方史资料联合目录》著录，天津社科院图书馆藏。

张克家（1866- ？ ）

克家字仲佳，号志齐，近代天津人。清光绪十七年（1891）辛卯科举人，拣选知县。历任直隶督练处总参议、探访局提调、直隶警务公所顾问、禁烟处处长等职。幼承家学，以诗风超迈闻名于清末民初的津门诗坛。

如法受持馆文四卷附诗一卷续刊诗一卷诗馀一卷

张克家撰。民国八年至十一年（1919-1922）铅印本，线装五册，《天津地方史资料联合目录》著录，天津图书馆、天津社科院图书馆、天津历史博物馆藏。天津师范大学图书馆藏《诗馀》一卷，民国八年（1919）天津铅印本。是书文中有对古典名著小说的评论，甚少见。

郑菊如（1866-1954）

菊如本名炳勋，以号行，天津人，世居老城西门内大街罗底铺胡同。清宣统三年（1911）留学日本，在东京弘文学院师范班毕业。民国三年（1914）归国，在京津两地教育单位任职任教，是著名的古文字学家、经学家和教育家。曾捐地十五亩，创建南开学校，并受聘为学校讲师和校董。严修等创办崇化学会，他一直担任经学讲师，主讲诗经等课程。抗战胜利后，他又和李琴湘等一起创建崇化中学，并在解放初任学校校董会董事长。1952 年被聘为中央文史研究馆馆员。

教育品分级编目

文艺精选

诗经讲义

古近体诗学

郑菊如以上著作，2006 年《今晚报》载《崇化学会的教职员及其薪水》文提及。未见。

学堂章程编辑二卷附副端

郑菊如（题郑炳勋）撰。清光绪三十二年（1906）天津教育品陈列馆铅印本，三册。天津图书馆藏，见馆藏目录。

郑菊如先生诗存四卷

郑菊如（题郑炳勋）撰。天津郑文彦 1980 年油印本，一册。北京图书馆和天津图书馆藏，见各馆藏目录。

宋则久（1867－1956）

则久又名寿恒，近代天津著名实业家。学徒出身，曾当布店店员多年，后成经理。民国元年（1912）创办直隶国货维持会，任会长，并出版《白话报》，提倡销售国货，宣传实业救国；又创工业售品所，自任经理。五四运动中为天津救国十人团总联合会副会长、天津国民大会委员。民国十三年（1924）任天津总商会董事。抗战前，在全国各地设有国货售品分所。日本侵占天津后，避居北京香山。后卒于此。

商务修身浅说

宋则久撰。天津国货售品所清光绪三十二年（1906）铅印本，一册，《天津地方史资料联合目录》著录，天津图书馆藏。是书为作者任敦庆隆绸布庄经理时对学徒进行商业修身教育的讲义，后作为商务半夜学堂课本用。

中国币制得失论

宋则久撰。清光绪三十三年（1907）石印本，一册。《天津地方史资料联合目录》著录，天津图书馆藏。

售品所授徒讲义

宋则久撰。天津国货售品所民国二年（1913）铅印本。《天津地方史资料联合目录》著录，天津图书馆藏。

西装服饰礼俗考

宋则久撰。天津国货售品所民国二年（1913）年铅印本。

《天津地方史资料联合目录》著录，天津图书馆藏。

货币学白话讲义

宋则久撰。民国五年（1916）十一月天津出版。《天津地方史资料联合目录》著录，天津图书馆和天津历史博物馆藏。

十年商业进行策三卷

宋则久原稿，李桂林、汪堃等编辑。天津国货售品所民国十六年（1927）铅印本，上下二册。《天津地方史资料联合目录》著录，天津图书馆藏。是书为作者在天津敦庆隆绸布庄任经理期间对学徒所讲的有关经营、经商方面的言论汇编，由学徒李桂林等编辑而成。

白话珠算讲义

宋则久撰。天津国货售品所民国十九年（1930）铅印本。《天津地方史资料联合目录》著录，天津图书馆藏。

买卖法（商业丛书）

宋则久撰。天津国货售品所民国二十一年（1932）铅印本。《天津地方史资料联合目录》著录，天津图书馆藏。

民气

宋则久撰。天津国货售品所民国二十一年（1932）铅印本。《天津地方史资料联合目录》著录，天津图书馆藏。

民德与宗教

宋则久撰。天津国货售品所民国二十一年（1932）铅印本。《天津地方史资料联合目录》著录，天津图书馆藏。

实用书札

宋则久辑。天津国货售品所民国二十二年（1933）铅印本。《天津地方史资料联合目录》著录，天津图书馆藏。

宋则久论著（第一至四卷）

宋则久编著。天津国货售品所民国二十二年（1933）铅印本。《天津地方史资料联合目录》著录，天津社科院图书馆和天津历史博物馆藏。

陈哲甫（1867-1948）

哲甫名恩荣，以字行，近代天津人。清光绪十九年（1893）恩科举人。后应会试未中，家居授徒。庚子后应聘严氏家塾，得习新学。曾留学日本，入弘文书院习师范。归国后一直从事教育事业，曾任燕京大学国文系主任兼教授、北京高师教授、天津汇文学校国文教员、北京贫儿院院长、北平艺专国文教授等职。精通周易，擅长书法、诗词和昆曲。

周易刍言

陈哲甫撰。《近代天津人物录》本传提及。未见。

天津丧礼说略

陈哲甫撰。油印本，线装一册。主要讲述中华人民共和国成立以前天津有关丧礼的一些习俗，如病危时、入殓时诵经、成服（穿丧）等情况。《天津地方史资料联合目录》著录，天津图书馆藏。

孟广慧（1867-1941）

广慧字定生，别号定僧，又号白云山人、君子泉，室名镎于室、问梅吟社。祖籍安徽寿县，世居天津。清末诸生，家学渊源。擅书法，在近代天津名书家华、孟、严、赵四人中居第二位。壮年游历闽、浙、苏、鄂各省名山大川。平生以鬻字为生。

两汉残石编

孟广慧辑。见其子孟昭联撰《孟广慧其人其艺》，载 2003

年第四期《天津史志》。

孟定生殷契

孟广慧撰。为临写和研究甲骨文之作。同见上文。

沽上名人墨迹不分卷

孟广慧辑。手迹本，一册，天津图书馆藏。

定生藏泉

孟广慧辑。据有关文献记载。未见。

孟广慧书法遗作集

孟广慧书。天津杨柳青画社 2007 年出版。

管凤和（1868-1938）

凤和字洛声，武进（今江苏常州）人。清末历官辽宁海城知县，新民知府及奉天劝业道。鼎革后来天津，任直隶一中校长、天津造币厂厂长，并热心开发现代农业，自任天津开源垦殖公司经理，营别墅于吴家窑，建新农园名"观稼园"。能诗善书，与严修等过从相得，为城南诗社成员。晚年在日租界开设利亚书局，出售革命刊物，支持抗战事业。

海城县乡土志

管凤和撰。清光绪三十三年（1907）抄本，一函四册，辽宁省图书馆。北京图书馆有缩微胶卷，见馆藏目录。

［光绪］海城县志不分卷

管凤和修。清宣统元年（1909）铅印本。《中国地方志联合目录》著录，南开大学图书馆藏。

［宣统］新民府志不分卷

管凤和修。清宣统元年（1909）铅印本。《中国地方志联合目录》著录，天津图书馆藏。

四十日万八千里之游记

管凤和撰。清宣统二年（1910）图书印刷所铅印本，一册，北京图书馆和天津图书馆藏，见各馆藏目录。

石莲居士新邨唱和诗

管凤和辑。《天津地方史资料联合目录》著录，天津历史博物馆藏。另有民国间影印本，北京图书馆和天津图书馆藏，见各馆藏目录。

赵元礼（1868-1939）

元礼字体仁，又字幼梅，号藏斋，清末民初天津诗人兼书法家。早年曾协助周学熙兄弟创办实业。民国七年（1918）在徐世昌支持下当选为直隶省国会参议员，曾任直隶省银行监理官、天津造胰公司经理、中国红十字会天津分会会长。晚年与严修、林墨青等组城南诗社，并参与星二会、增福社、俦社等社团组织活动，诗酒唱酬。书法宗苏，为天津四大书家之一。

武进左绂文先生讣告附哀启

赵元礼等撰挽诗。民国二十四年（1935）天津铅印本，线装一册，《天津地方史资料联合目录》著录，天津历史博物馆藏。

子书百家叙目

赵元礼撰。《津人著述存目》著录。未见。

藏斋居士临观海堂帖

赵元礼临摹。民国二十三年（1934）石印本，线装一册。《天津地方史资料联合目录》著录，天津图书馆藏。

戊寅重九分韵诗存

赵元礼编。民国二十七年（1938）铅印本，线装一册。《天津地方史资料联合目录》著录，天津图书馆藏。

藏斋集（一至十三集）

赵元礼撰。此为总名，民国间铅印本，分集出版；每二年刊行一册，各有专名。《天津地方史资料联合目录》著录，子目和收藏单位如下：

辽东集（藏斋集之一）

赵元礼撰。民国三年（1914）铅印本，天津图书馆、天津师范大学图书馆、天津历史博物馆藏。

寅卯集（藏斋集之二）

赵元礼撰。民国四年（1915）铅印本，天津图书馆、天津师范大学图书馆、天津历史博物馆藏。

辰巳集（藏斋集之三）

赵元礼撰。民国七年（1918）铅印本，天津图书馆、天津师范大学图书馆、天津历史博物馆藏。

无味集（藏斋集之四）

赵元礼撰。民国九年（1920）铅印本，天津社科院图书馆、天津师范大学图书馆、天津历史博物馆藏。

深忧集（藏斋集之五）

赵元礼撰。民国十一年（1922）铅印本，天津师范大学图书馆、天津历史博物馆藏。

蓄海集（藏斋集之六）

赵元礼撰。民国十四年（1925）铅印本，天津图书馆、天津师范大学图书馆、天津历史博物馆藏。

止愁集（藏斋集之七）

赵元礼撰。民国年间铅印本，天津图书馆、天津师范大学图书馆藏。

荫茂集（藏斋集之八）

赵元礼撰。民国十九年（1930）铅印本，天津图书馆、天津师范大学图书馆藏。

晨耜集（藏斋集之九）

赵元礼撰。民国二十年（1931）铅印本，天津社科院图书馆、天津师范大学图书馆藏。

忏愲集（藏斋集之十）

赵元礼撰。民国二十一年（1932）铅印本，天津图书馆、天津师范大学图书馆藏。

神佑集（藏斋集之十一）

赵元礼撰。民国二十三年（1934）铅印本，天津图书馆藏。

雪颏集（藏斋集之十二）

赵元礼撰。民国二十五年（1936）印本，天津图书馆、天津历史博物馆藏。

籽畴集（藏斋集之十三）

赵元礼撰。民国二十六年（1937）铅印本，天津图书馆藏。

藏斋随笔

赵元礼撰。民国二十九年（1940）铅印本，线装十册，分作一至十笔。《天津地方史资料联合目录》著录。天津图书馆、天津社科院图书馆、天津师范大学图书馆、天津历史博物馆藏。

藏斋诗话二卷

赵元礼撰。是书为对历代或当时一些诗作、书画、楹联作品的评议，其中包括津人作品。民国二十六年（1937）铅印本，《天津地方史资料联合目录》著录，天津图书馆和天津师范大学图书馆藏。

藏斋续诗话

赵元礼撰。因前刊有《藏斋诗话》二卷，此书亦为作者

诗词评议，故名《续诗话》。民国三十二年（1943）铅印本，
《天津地方史资料联合目录》著录，天津图书馆和天津历史博
物馆藏。

胡宗懋（1868-1939）

宗懋号季樵，原籍浙江永康。清光绪二十九年（1903）举人，
曾官直隶州知州。入民国后，民国四年（1915）一度出任河南中
国银行行长。其后即长期寓居天津，从事著书和刻书活动。曾将
所镌《续金华丛书》诸椠，悉以挲赠浙江图书馆。而其在天津所
筑颐园之藏书，则悉捐赠予天津崇化学会。所著书有：

敬乡录考异一卷

东莱吕太史文集考异四卷

倪石陵书考异一卷

鲁斋王文宪公文集考异一卷

渊颖吴先生集考异一卷

胡宗懋撰以上五种，载《续金华丛书》，见《中国丛书综录》
著录。

说文隽语一卷

段注说文正字二卷

东阳记考一卷补遗一卷

永康人物记五卷

昭明太子年谱一卷附录一卷

胡正惠公年谱一卷附录一卷

张宣公（张栻）年谱二卷附录二卷

胡宗懋撰以上七种，合作《梦选楼丛刻》，也有单行本，《天
津通志·出版志》附录《津版古今图书选目》著录。北京图书

馆和天津图书馆藏，见馆藏目录。

金华经籍志二十七卷

胡宗懋撰。《贩书偶记》卷八书目类著录"民国乙丑梦选楼刊"。天津图书馆藏，见馆藏目录。

读朱稽时录二十二卷

朱熹撰，胡宗懋纂。《天津通志·出版志》附录《津版古今图书选目》著录。津门永康胡氏梦选楼民国二十五年（1936）刻本，线装八册。北京图书馆和天津图书馆藏，见馆藏目录。

梦选楼文抄二卷诗抄二卷

胡宗懋撰。《天津通志·出版志》附录《津版古今图书选目》著录。津门永康胡氏梦选楼民国二十五年（1936）刻本，线装八册。北京图书馆和天津图书馆藏，见馆藏目录。

梦选楼丛刻

胡宗懋撰。民国十三年（1924）永康胡氏梦选楼刻本，线装八册，北京图书馆和天津图书馆藏，见馆藏目录。

续金华丛书

胡宗懋辑。民国十三年（1924）永康胡氏梦选楼刻本，扬州江苏广陵古籍刻印社1983年重印。子目和藏书单位见《中国丛书综录》，天津各大图书馆也都有收藏。

杨寿楠（1868-1948）

寿楠字味云，后以字行，晚号芩泉居士，江苏无锡人。幼承庭训，为清光绪十七年（1891）举人；报捐内阁中书，考取商部主事，光绪三十一年（1905）曾以参赞身份随载泽等五大臣出洋考察。入民国后，历任北洋政府盐政处总办，长芦盐运使，粤海关监督，山东财政厅厅长，财政次长等职。

民国八年（1919）当选为国会参议员，继周学熙之后担任全国棉业督办，又被推为天津华新纱厂经理。民国十二年退出政坛，专心经营华新实业。民国十六年以年老退任华新集团董事。二十四年后闲居天津，以诗文自娱，为城南诗社成员。日伪时拒不当汉奸。民国三十七年（1948）十二月七日病卒于津，终年八十岁。

苓泉居士自订年谱二卷

杨寿楠撰。民国间精抄本，记事至民国十六年（1927）谱主六十岁止，天津图书馆藏。又民国三十二年（1943）铅印本，上下卷，一册一函，天津社科院图书馆藏，《天津地方史资料联合目录》著录。

趋庭隅录

杨寿楠等撰。民国二十六年（1937）仲秋，正值杨七十大寿（六十九周岁），在天津的杨府家人为他筹备寿辰，杨的三个儿子遂将平日所辑录的父亲生平言行并亲朋所上的祝寿文合在一起，线装，铅印出版，定名为《趋庭隅录》，分赠亲朋，以做家训流传。网上有书影，民国间精印。

云蔼书札

杨寿楠撰。收杨与当时学人与政客的书札。癸未（1943）年印，线装五十八面，网上有拍卖的。

云蔼剩墨

杨寿楠撰。清抄本，一名《藏庵幸草》，天津图书馆馆藏，见馆藏目录。

云在山房诗抄一卷钵社偶存一卷耷摩馆词抄一卷云在山房骈体文一卷

杨寿楠撰。清稿本，二册，天津图书馆馆藏，见馆藏目录。

云在山房丛稿

杨寿楠撰。稿本，二十三册（一夹板），天津图书馆馆藏，《天津地方史资料联合目录》著录。

云在山房类稿

杨寿楠撰。内收《思冲斋文抄》一卷，《思冲斋文补抄》一卷，《思冲斋文别抄》一卷，《思冲斋骈文抄》一卷，《思冲斋骈文补抄》一卷，《思冲斋诗抄》一卷，《思冲斋诗补抄》一卷，《钵社偶存》一卷，《鸳摩馆词抄》一卷，《鸳摩馆词补抄》一卷，《藏庵幸草》一卷，《云蔼诗话》一卷，《云蔼漫录》二卷，《觉花寮杂记》四卷，《贯华丛录》一卷，合共十五种；另有别加《秋草斋诗抄》一卷，《秋草唱和集》一卷和《续秋草唱和诗》一卷合共十八种的，民国庚午年（1930）刻本。1983年又有文史哲出版社出版的铅印本。

云在山房骈文诗词选

杨寿楠撰。民国三十五年（1946）铅印本，线装一册，章梫题签。北京图书馆藏，见馆藏目录。

云在山房丛书

杨寿楠辑。校录师友遗著十数种，内有自撰《云蔼漫录》二卷和《贯华丛录》一卷，民国十七年（1928）无锡杨氏排印本，四册。子目见《中国丛书综录》。天津图书馆馆藏，见《天津地方史资料联合目录》著录。

陈惟壬（1869-1948）

惟壬字一甫，常以字行，号恕斋居士，祖籍安徽石埭（今石台县）。清光绪末年以父荫官直隶，与周叔弢祖父周馥同办水利；后随周学熙襄办实业，曾赴日本考察工艺制造。归国后

任北洋劝业铁厂主任、北洋银元局提调。光绪三十二年（1906）
出任北洋劝业铁厂坐办。入民国后，历任启新洋灰公司董事、
总理，北洋银元局提调，新华纺织公司董事，大同银号总董，
滦州矿务公司董事等职，为北方著名实业家，有"洋灰陈"之
称。民国二十四年（1935）游历欧美诸国。晚年闲居在家（天
津），以图书字画为娱，好藏书，至卒。

石埭陈序宾先生褒荣录一卷

陈一甫辑。民国五年（1916）铅印本，一册，天津图书馆
藏，见馆藏目录。陈序宾（1833–1883），名黉举，以字行，为
陈一甫之父。

陈一甫传记资料不分卷

陈惟壬撰。为历年所写日记和家书，包括民国九年（1920）
撰《庚申南游小稿》和民国三十二年（1933）撰《南行杂记》，
以及《颐和园游记》等。民国间抄本，四函一百九册，天津图
书馆藏，见馆藏目录。其最后十六册《欧美漫游记》即为下书。

欧美漫游日记。

陈一甫撰。民国二十四年（1935）作环球旅行时，由随行
的小儿子陈达有逐日记下途中感受和亲身经历，涉及欧洲、美
洲等大部分国家与城市，对于了解那个时代的西方社会甚有重
要参考价值。署作"陈汝鍪撰"，民国二十六年（1937）铅印本，
一册，天津图书馆藏，见馆藏目录。

石埭备志汇编五卷

陈惟壬等编。这是安徽石埭县最晚编纂的地方志，内容
涉及有太平军，湘军等。内中卷四《金石志》，卷五《艺文志》
为陈惟壬辑，民国三十年（1941）铅印本，三册。北京图书馆
藏。另有1985年台北成文出版社据民国二十七年（1938）铅

印本影印辑入的《中国方志丛书》本。

恕斋收藏善本书目

陈惟壬撰。陈早年随同周馥共事，周馥喜藏书，对他影响甚大。所藏书最初也是来自于周氏藏书，周叔弢称"余时绌于为生，方斥去明版百数十部，尽归陈一甫丈"。所以，他的收藏多为明本，如毛氏汲古阁本《十七史》、闵氏刻本《战国策裁注》、沈与文野竹斋刻本《韩诗外传》等，清刻本中如殿版《二十四史》《子史精华》、康熙武英殿本《月令辑要》、内府刻本《春明梦余录》等，皆为善本。明清抄本、稿本有十多种。因收藏不计贵贱，所收多一般线装书和影印书，王謇在《续补藏书纪事诗》中记其"石埭龙门货殖传，买书残断价廉贪。明刊精本种盈百，换去南华宋第三"。编有写本《恕斋收藏善本书目》一册，著录明版八百馀种。所藏书在去世后，由其夫人李霭如于中华人民共和国成立初期全部捐赠给北京图书馆，《北京图书馆善本书目》著录捐书有一百三十四种。另有一部分捐赠给了天津图书馆。不知陈编之《善本书目》今藏何处？

方　若（1869–1955）

若字药雨，别号古货富翁，原籍浙江定海，初名城，字楚卿，清同治间诸生。二十四岁起定居津门，曾在北洋大学堂任教。因参与戊戌变法，"与康、梁同谋，被严缉"；后避入日本领事馆，继尔出走日本。回国后在天津创办《日日新闻》，并开设利津地产公司等。天津沦陷时期，曾任天津治安维持会筹备委员兼伪高级地方法院院长等职。抗战胜利后以汉奸罪判刑入狱，1955 年死于天津。此人擅长诗词、山水画及金石篆刻，尤好收藏古钱币，与南方张步驯有"北方南张"之称。其旧藏钱币中华人民共和国成立前夕由陈仁涛携至香港，五十年代国家以重金收回，现藏中国历史博物馆。著述甚伙。

方家长物

方若撰。此为方若早年泉学著述，初拓印本成书于清光绪三十三年（1907），前有自序"得莽货记"，略述集藏王莽六泉十布经过，末署"光绪丁未三月七日定海方药雨若记"。后有增本，共收王莽六泉十布、契刀、金错刀等三十六品，均以原钱墨拓入书编之。该书成书较早，据闻当时仅印二十册，历经沧桑，鲜见传本。

言钱别录二卷
言钱补录一卷

方若撰以上两书，民国十七年（1928）相继由旧雨楼刊行，线装各一册。其书一扫前谱凌乱芜杂之弊，凡所列之论说，多有前人未发现者，尤以考订"永安一百""永安一千"等五代钱，博得国内外钱币学界的赞同。首都图书馆藏，见馆藏目录。

药雨古化杂咏

方若著。写于民国十四年（1925），以百枚稀见古币拓本入书，各系以七言绝句一首，分装两册。《古钱大辞典拾遗·总论》称该书"仅成四十馀册，分赠同好外……一日而尽。辗转增值，册至百金"。浙江省博物馆马定祥中国钱币研究中心藏有作者签赠本。1988年该书已由北京钱币学会和北京大学出版社重新影印再版。

校碑随笔

方若撰。该书以石鼓为肇端，按年代往后排列，对其所见之碑，根据字划的剥落变化判断各自年代。此书有民国三年（1914）西泠印社铅印本、民国七年（1918）石印本、民国九年（1919）上海扫叶山房石印本、民国十二年（1922）华璋书局石印本和民国间天津中东石印局石印本等多种版本存世。
2008 年上海书画社王壮弘在此基础上作了增补，定名《增补
校碑随笔》，各大图书馆都有入藏。

五地见树室诗话

署名方药雨撰。民国间排印本，一册，不分卷，天津师范
大学图书馆藏，见馆藏目录。

言敦源（1869–1932）

敦源字仲远，人称仲远公，春秋时言子（言偃）之八十一
世孙，原籍江苏常熟。自幼聪慧，十岁即诵"九经"，后以监
生应顺天试录科第一。北洋武备学堂毕业，历任北洋军文案、
总办、巡警道、盐运使直至代总长。袁世凯就任民国大总统后，
出任唐绍仪内阁之内务部次长、代总长。后因不满袁称帝而辞
官，由京移居天津，投资天津工商业，并协助其姻亲周学熙从
事实业；因家学渊源，诗文功底深厚，文采出众，故虽身居政
界，却不时作诗撰文，而成为津门一儒商。其妻丁毓英，字蕴
如，江苏宜兴人，亦善诗。

喁于馆诗草一卷

言敦源撰。清光绪三十四年（1908）铅印本，一册，北京
图书馆藏，见馆藏目录。

喁于馆诗草二卷

言敦源、丁毓英撰。清光绪三十四年（1908）铅印言氏家
集本，一册，天津图书馆藏，见馆藏目录；民国间铅印本，一
册，北京图书馆藏，见馆藏目录。

周甲赠言

言敦源辑。民国间铅印本，一册，北京图书馆藏，见馆藏

目录。

虓庄存稿

言敦源著。台北文化出版社 1975 年影印本，收入《近代中国史料丛刊》续编第二十辑，内附袁世凯、徐世昌两公零简。北京图书馆藏，见馆藏目录。

南行纪事诗

虓庄文存

虓庄诗存

言敦源著以上三诗文集，由其次子言雍陶及挚友许克猷、郭风惠先后在香港、台湾出版。

李廷玉（1869-1952）

廷玉字实忱，近代天津人。保定将弁学堂毕业，从清末至民初，在军界任职多年。民国十一年（1922）任江西省长，仅月馀去职，退居天津。民国二十一年（1932）年在天津创立国学研究社，自任社长，传授国学并出版《国学月刊》。又附设书法会，从学者极众。

游蒙日记

李廷玉撰。民国二年（1913）财政部印刷局铅印本，线装一本。《津人著述存目》和《天津地方史资料联合目录》著录，天津图书馆藏。

平赣日记

李廷玉撰。民国五年（1916）财政部印刷局承印本。《津人著述存目》著录。未见。

新伊调查报告意见书

李廷玉撰。民国六年（1917）财政部印刷，铅印本，一册，北京图书馆藏，见馆藏目录。

奉天边务辑要六卷

李廷玉辑。民国六年（1917）财政部印刷局铅印本，线装六册。《天津地方史资料联合目录》著录，天津图书馆藏。

李实忱先生电稿

李廷玉撰。民国七年（1918）稿本，线装一册。《天津地方史资料联合目录》著录，天津社科院图书馆藏。

天津国学研究社课艺第一辑

李廷玉主编。天津国学研究社民国二十五年（1936）九月出版。《天津地方史资料联合目录》著录，天津师范大学图书馆和天津历史博物馆藏。

李实忱回忆录

李廷玉撰。据今人文章提及，并有引文云："年六十三，主办国学研究社，以使文化长存，并可精神文明日益发展。当时召集陈哲甫、郑菊如、陈蔚苍、陈鬻洲等六十馀人，公同讨论。""借用市立师范学校，为开设讲坛之基址。所有经费，先由发起人均摊，且分任讲经，纯尽义务。计自开设以来，报名听讲者日益增多，而肯任导师者亦时来加入。余以公推社长，每日必早到迟归，不稍倦怠。"等等。是书或未刊，也不见书目著录，姑存其目。

李其光

其光字无考，别号芍药园主人，近代天津人。其它不详。

国朝名家遗墨

李其光辑。清光绪三十四年（1908）天津西普文石印局承印本，《天津地方史资料联合目录》著录，天津图书馆藏。

李瑞芳

近代天津人，生平不详。

历下诗选

历下丛谈

李瑞芳撰以上二书，见《天津志略》第十六编《文艺》著录。存佚不明。

李鹤鸣

鹤鸣字号不详，近代天津人。清宣统二年（1910）曾在原法租界紫竹林创办培德小学（即后来的西宁道小学，今和平区中心小学前身）。民国六年又续办中学。至民国二十四年（1935）一直担任中小学校长。期间还曾为冯文洵的《丙寅竹枝词》作过序。北京图书馆藏有其正书于民国二年（1913）二月二十八日的《奖励卞会昌母史氏捐资兴学批呈碑》天津拓本一张，可知其活动时间并与天津卞家关系。

金石识小录

从吾好斋金石存目

学文轨范

愧庐文存

愧庐吟草

愧庐诗话

李鹤鸣撰以上六书，见《天津志略》第十六编《文艺》著录。存佚不明。

杜之堂（1869–1928）

之堂字显阁，河北广宗人。清光绪二十年（1894）举拔贡，受业于吴汝纶。二十八年入日本早稻田大学习法政，三十一年（1905）回国，居天津。民国元年（1912）曾任天津一女师教师，后以律师为业。工书，临柳公权深得精髓。时天津机关、学校商号牌匾多出其手，与华世奎、甘眠羊、赵元礼并称天津早期四大书法家。

楚蜀之地形地质谈

（日）石井八万次郎撰，杜之堂译。中国地学会地学丛书之一种，民国十七年（1928）铅印本。北京图书馆藏，见馆藏目录。

形意五行连环拳谱合璧

李存义述，杜之堂编。网上有书影和章节目录，不详出版时间和地点。李存义（1847–1921），河北深州人，早年曾参加义和团，民国元年（1912）在天津创办北方最大的民间武术团体中华武士会，并亲任会长。后去上海。

三十六剑语

李存义述，杜之堂编。民国间铅印本，一册，北京图书馆藏，见馆藏目录。

广宗文史资料

书法讲义

瀚华斋诗文稿

杜之堂撰以上三书，据有关文献提及。未见。

高凌霨（1870–1939）

凌霨字泽畚，晚年别号苍桧，天津人。清光绪二十年

（1894）甲午科举人，官至湖北武备学堂监督、湖北提学使。辛亥革命军起，辞职逃上海转天津。民国北洋军阀时历任财政总长、内务总长、交通总长等职，并兼代国务总理。直系失败后隐居天津。日伪时则出任天津市维持会会长、天津市市长和河北省省长等伪职，后病逝。

周悫慎公祀典录二卷

高凌霨辑。民国四年（1915）铅印本，一册，天津图书馆藏，见馆藏目录。

［民国］临榆县志二十四卷首一卷

仵濬、高凌霨修，程敏侯等纂。《中国地方志联合目录》著录，民国十八年（1929）铅印本，天津图书馆、南开大学图书馆、天津师范大学图书馆藏。

直隶五河图说

高凌霨撰。民国二十八年（1939）铅印本，一册，天津图书馆藏，见馆藏目录。

天津市冬振委员会征信录

高凌霨主编。记民国二十六年（1937）间事。《天津地方史资料联合目录》著录，天津图书馆、天津社科院图书馆、天津师范大学图书馆和天津历史博物馆藏。

思旧集十七种

张之洞选，高凌霨编。民国十六年（1927）据民国十三年刻本校正重印，线装六册。《清人诗文集总目提要》著录，首都图书馆藏。另，北京图书馆藏，见馆藏目录。

温世霖（1870—1935）

世霖字支英，近代天津人。清末秀才。天津水师学堂结业。

曾在津创办天津普育女子学堂，并任《醒俗报》总编，宣统二年（1910）因组织学生请愿，被直隶总督遣戍新疆和西藏。辛亥革命后始返津。民国五年（1916）又积极参加天津人民对法帝国主义强占老西开的斗争。民国十二年（1923）当选为国会议员，曾去广东投奔孙中山。回津后主要从事社会公益事业和兴办教育等活动。

昆仑旅行日记

温世霖撰。日记起自清宣统二年十二月七日（1911年1月7日），作者被捕，押解经河北、河南、陕西、甘肃、新疆五省，将耳闻目睹写为日记，记载了沿途的见闻经历与社会经济政治、名胜古迹与乡土民情及各地教育状况。民国三十年（1941）铅印本。《天津地方史资料联合目录》著录，天津图书馆藏。

段祺瑞卖国秘史

温世霖撰。本书揭露了段祺瑞控制下的北京政府对外投靠日本帝国主义，对内连年发动内战等卖国乱政的种种罪恶活动。民国九年（1920）中兴书局发行，2007年中华书局重版，改题《段氏卖国记》。北京图书馆藏，见馆藏目录。

陶善璐

善璐字逸甫，一字小仙，近代天津人。清光绪二十三年（1897）举人。

逸甫遗诗

陶善璐撰。《津人著述存目》著录，据自王仁安撰《任自然斋剩稿·题陶逸甫遗诗》。未见。

王新铭（1870-1960）

新铭字吟笙，天津人。清光绪二十三年（1897）举人。三十三年在天津东马路创办民立第四女子小学堂，自任校长二十餘年。民国十八年（1929）调天津市教育局任职。能诗善联语，且工书喜篆刻，又擅画山水，粗毫皴点，不拘成格。中华人民共和国成立后，曾任天津市文史研究馆馆员。

理石山房印谱不分卷

王新铭辑。《天津通志·出版志》著录，民国间铅印本。未见。

啸园楹联录十卷

王新铭撰。《津人著述存目》和《天津地方史资料联合目录》著录，民国十七年（1928）铅印本。天津图书馆和天津师范大学图书馆藏。

丁子良（1870-1935）

子良名国瑞，号竹园，原籍北京，回族。清光绪二十一年（1895）来天津，曾一度任正兴德茶庄司账。后奋志精研中医，挂牌应诊，声誉日隆，三十三年自已创办《竹园白话报》，次年十月改称《天津竹园报》。在清末民初，他目击时艰，常著文议论国事，开导人心，后汇编成书行世，民国二十四年（1935）卒。

说疫

丁子良撰。医药著作，《全国中医图书联合目录》著录。民国七年（1918）天津敬慎医室铅印本，天津医学院图书馆、上海中医学院图书馆藏。又同年北京富华印刷所铅印本，天津市卫生职工医学院、天津中医学院等处藏。

治痧捷要新书

丁子良撰。医药著作。《全国中医图书联合目录》著录，抄本，藏上海图书馆。另有民国十五年（1926）天津敬慎医室铅印本，北京中医学院图书馆藏。民国十三年（1924）杭州三三医社铅印《三三医书》（丛书）本，天津市医药技术情报站藏。

增补瘟疫

丁子良撰。医药著作。《天津近代人物录》本传提及。未见。另外，子良根据多年医疗经验，配制有坤顺丹、舒肝平安丸、消核膏、古玉生香露、红色蜜药等成药。

竹园丛话集

丁子良撰。为其论议国事文章汇编，民国十二年至十五年（1923-1926）由天津敬慎医室分集出版，天津历史博物馆藏有全二十四集。其它：天津图书馆藏第二十三集；天津社科院图书馆藏第一至第十二、第十七至二十四集；天津师范大学图书馆藏第一至二集、八至十三集、十六至十七集。见《天津地方史资料联合目录》著录。

天空游记

丁子良撰。此为《竹园丛话》续集之一，天津敬慎医室民国十六年（1927）十一月出版。书中借金星人之口讽刺社会各种弊病，并选录补庵撰《何时是革命成功时乎》、拙庐撰《教育界应有之觉悟》等二十一篇文章。《天津地方史资料联合目录》著录，天津历史博物馆藏。

王春瀛（1870-1904）

春瀛字寅皆，清天津人。县学生。光绪二十三年（1897）

拔贡，援例捐内阁中书。庚子（1900）败后，游历日本，志高
体羸，竟以瘁卒，年三十五。

思罔斋诗文集二卷

王春瀛撰。文一卷、诗一卷。[民国]《天津县新志艺文》
著录。未见。

王寅皆中翰尺牍

王春瀛撰。民国九年（1920）石印本，线装一册。《天津
地方史资料联合目录》著录，天津图书馆和天津师范大学图书
馆藏。

李金藻（1871－1948）

金藻字芹香，又署琴湘，别号择庐，近代天津著名教育家。
曾多次出访日本和游历欧美考察教育。历任小学教师，中学
校长，江西省教育厅厅长、天津广智馆馆长、河北省第一图
书馆馆长、天津市教育局局长等职。民国二十五年（1936）
任河北省政府委员兼教育厅厅长。抗战军兴，又一度赴河南
偃城为流亡学生筹立临时中学。晚年致力社会教育，改良戏
曲，尤多创造。

注音字母教本

李金藻撰。民国八年（1919）教育学术编辑社铅印本，《津
人著述存目》著录。未见。

儿童玩具谈

李金藻撰。民国间天津社会教育办事处铅印本，一册，天
津图书馆藏，见馆藏目录。

天津乡贤赞

李金藻撰。根据王守恂的《天津崇祀乡贤祠诸先生事略》

所载明清两代十一位"乡贤"的事迹而改编成的说唱宣传品，"编成了歌可以顺口念，为的是容易流传"。民国十年（1921）天津社会教育办事处铅印本，线装一册。《天津地方史资料联合目录》著录，天津社科院图书馆藏。

天津过年歌

李金藻撰。以民歌形式，讲述天津人从旧年腊月初八至新年正月十五这段时间内的过年习俗。天津社会教育处铅印本，平装一册。《天津地方史资料联合目录》著录，天津图书馆藏。

过年叹

李金藻撰。用歌谣形式，叙述民国十五年至十六年（1926-1927）间，军阀混战，百姓民不聊生的景象。民国十六年（1927）天津广智馆铅印本，线装一册。《天津地方史资料联合目录》著录，天津图书馆藏。

劝夫一卷

李金藻（署李琴湘）撰。民国间天津社会教育办事处铅印本，一册，天津图书馆藏，见馆藏目录。

灾民歌（一作灾民叹）

李金藻（署李琴湘）撰。民国间天津社会教育办事处铅印本，一册，天津图书馆藏，见馆藏目录。

乙亥重阳雅集诗录

李金藻辑。民国二十四年（1935）铅印本，线装一册。《天津地方史资料联合目录》著录，天津图书馆藏。

重阳诗史一卷

李金藻撰。《自序》云："重阳例会，自乙丑（1925）至丙子（1936），余继城南诗社后，由择庐招集，每年必会，每会必诗，会地由敞寓择庐而查园故址……统计十二年间，得诗百另一首。又乙丑以前壬戌（1922）作会于城南诗社者十首；丙子以后丁丑（1937）偶成于郾城旅舍者二首，以此作为起结，共得一百一十三首。"民国二十七年（1938）铅印本，线装一册，《天津地方史资料联合目录》著录，天津图书馆和天津师范大学图书馆藏。

诗缘

李金藻撰。经由杨昀谷评点过的癸酉年（1933）诗作。民国二十七年（1938）铅印本，线装一册。《天津地方史资料联合目录》著录，天津图书馆和天津历史博物馆藏。

择庐联稿

李金藻撰。以挽联居多的联语集，姚彤章搜辑，民国二十七年（1938）油印本，一册。《天津地方史资料联合目录》著录，天津图书馆藏。

五雀六燕集

李金藻撰。多为天津城南诗社亡友和原天津教育界同仁所作之挽联，按时序排定，甚有文史价值。民国三十二年（1943）油印本，线装一册。《天津地方史资料联合目录》著录，天津图书馆藏。

美人换名马百咏

李金藻撰。应章梫（一山）以古题"美人换名马"嘱和之诗一百八首。民国三十六年（1947）油印本，线装一册。《天津地方史资料联合目录》著录，天津图书馆和天津历史博物馆藏。

择庐诗稿

李金藻撰。诗集，别题《择庐未是草》，油印本，一册。《天津地方史资料联合目录》著录，天津图书馆藏。

甘厚慈（1871-？）

厚慈原名韩，一名迈群，字眠羊，有时以字行。古闽（福建）人，"生于苏，九岁随宦来津，遂定居焉"。尝"由军功以知县指分直隶，竟未入仕途一步"（见杨凤藻《新天津指南》题词注）。书学翁方纲，后变其法自成一派。清末民初，与华世奎、杜之堂、赵元礼合称为津门早期四大书家，李鹤年即为其弟子。热衷于文献资料的搜集整理与编辑出版，在津创办有绛雪斋书局，自号绛雪斋主人。

节相壮游日录二卷（一名傅相壮游日录）

题"桃溪渔隐、惺新庵主同"辑，实际系甘厚慈与杨凤藻同辑。记当年李鸿章赴俄京贺沙皇加冕礼事及当时报刊评论。清光绪二十二年（1896）天津绛雪斋刻本，二册。《天津地方史资料联合目录》著录，天津图书馆藏。

皇朝经世文新增时洋务续编七十二卷

题甘韩编。收甲午战争后三年间的"时务"文六十六篇，又介绍外国情况的"洋务"文十二篇。原清光绪二十三年（1897）上海扫叶山房石印本，今有台北文海出版社1972年影印本，收入《近代中国史料丛刊》第八十一辑，北京图书馆和南开大学图书馆藏，见各馆藏目录。

皇朝经世文新编续集二十一卷

题甘韩编，杨凤藻校正。辑录清人奏议和文集中有关经世致用的文章五百六十篇。绛雪斋书局清光绪二十八年（1902）石印本，线装二十册，北京图书馆藏，见馆藏目录。

北洋公牍类纂二十五卷

甘厚慈辑。收录袁世凯总督直隶并兼北洋大臣时推行新政的北洋往来官书和公牍，标其目有自治、吏治、警察、学务、兵政、交涉、税务、盐政、工艺、路矿、商务、币制、种植、农务、卫生等门类。清光绪三十三年（1907）京城益森公司铅印本，天津图书馆和天津师范大学图书馆藏，见各馆藏目录。

北洋公牍类纂续编二十四卷

甘厚慈辑。收录北洋地区推行新政的往来公牍和官书，体例与《北洋公牍类纂》相似，依次为自治、吏治、财政、税务、币制、盐政、交涉、铁路、轮电、矿务、水利、兵政、工艺、农务、商务等。绛雪斋书局清宣统二年（1910）铅印本，北京图书馆和天津图书馆、南开大学图书馆藏，见各馆藏目录。

癸卯官商快览三百六十种

题甘眠羊辑。收录当年的黄历、列车时刻表、缙绅录、电报表、商律等汇编成。上海绛雪斋清光绪二十九年（1903）石印本，北京图书馆藏，见馆藏目录。

甘眠羊快览一卷

题甘眠羊编。亦名《绛雪斋官商快览》，收录当年黄历和天津律师公会会员名录、各租界税章、青年会会费章程、医院西医章程等汇印成，民国十年（1921）铅印本，天津图书馆藏，见馆藏目录。

新天津指南

题甘眠羊著。天津绛雪斋书局民国十六年（1927）出版。是书分沿革、位置、气候、区域、海疆、河流、古迹、名胜、宗教、学校、司法、医药卫生、军政、财政、工商业等三百馀节。《天津地方史资料联合目录》著录，天津各大图书馆有收藏。

陶　湘（1871-1940）

湘字兰泉，号涉园，江苏武进人，居家天津。清末秀才，官至道员。入民国后，历任上海招商局董事兼天津分局经理，天津中国银行经理，天津华新、裕元、北洋等纱厂经理。平生酷好藏书，几十年得书三十万卷，尤嗜毛氏汲古阁刻本，闵氏、凌氏套印本，武英殿刻本及开花纸本，一时有"陶开花"之称。民国二十一年（1932）退职家居，致力于纂述工作。民国二十三年（1934）曾膺故宫图书馆编订之任。晚年殚力于刻印图书，所印之书不惟校订精良，纸墨优美，而行款装订亦均佳妙，在民国时期的出版界中获得了一定称誉。室名有"涉园""百嘉室""喜咏轩"等。

白文八经不分卷

陶湘辑。民国十五年（1926）陶氏涉园影印本。天津图书馆藏，见馆藏目录。

汇刻十三经义疏

陶湘等编。民国二十年（1931）刻本，一册，北京图书馆藏，见馆藏目录。

武进陶湘字兰泉号涉园七十年记略

陶湘编。别题《涉园年略》。武进陶氏民国二十八年（1939）铅印本，一册，北京图书馆藏，见馆藏目录。

武进陶氏书目丛刊

陶湘辑。民国二十二至二十五年（1933-1936）铅印本。子目和藏书单位见《中国丛书综录》著录。另见下：

明吴兴闵板书目一卷

陶湘辑。见《武进陶氏书目丛刊》。

明毛氏汲古阁刻书目录一卷

陶湘辑。见《武进陶氏书目丛刊》。

明代内府经厂本书目一卷

陶湘辑。见《武进陶氏书目丛刊》。

清代殿板书始末记一卷

陶湘辑。见《武进陶氏书目丛刊》。

清代殿板书目一卷

陶湘辑。见《武进陶氏书目丛刊》。

武英殿聚珍板书目一卷

陶湘辑。见《武进陶氏书目丛刊》。

武英殿袖珍板书目一卷

陶湘辑。见《武进陶氏书目丛刊》。

钦定校正补刻通志堂经解目录一卷

陶湘辑。见《武进陶氏书目丛刊》。

钦定石经目录一卷

陶湘辑。见《武进陶氏书目丛刊》。

昭仁殿天禄琳琅前编目录一卷续编目录一卷

陶湘辑。见《武进陶氏书目丛刊》。

五经萃室藏宋版五经目录一卷

陶湘辑。见《武进陶氏书目丛刊》。

钦定文渊阁四库全书目录一卷

陶湘辑。见《武进陶氏书目丛刊》。

摛藻堂四库全书荟要目录一卷

陶湘辑。见《武进陶氏书目丛刊》。

内府写本书目一卷

陶湘辑。见《武进陶氏书目丛刊》。

武英殿造办处写刻刷印工价并颜料纸张定例一卷

陶湘辑。见《武进陶氏书目丛刊》。

故宫殿本书库现存目三卷附录一卷

陶湘辑。民国十二年（1923）故宫博物院铅印本，线装三册，北京图书馆和天津图书馆藏，见馆藏目录。

武进涉园陶氏鉴藏明板书目

陶湘编。民国二十年（1931）铅印本，一册，北京图书馆藏，见馆藏目录。

涉园所见宋版书影二辑

陶湘编。民国二十六年（1937）影印本，北京图书馆藏，见馆藏目录。

畿辅丛书初编总目

陶湘撰。民国间刻本，一册。北京图书馆藏，见馆藏目录。

景汲古阁抄宋元词七种七卷

陶湘辑。民国间阳湖陶氏影刻汲古阁抄本，二册，北京图书馆和天津图书馆藏，见馆藏目录。

武进陶氏涉园续刊影宋金元明本词

陶湘辑。民国六至十一年（1917–1922）武进陶氏涉园刻本，线装二十一册，与影刊宋金元明本词四十种叙录合函，北京图书馆藏，见馆藏目录。

景宋金元明本词叙录一卷

陶湘撰。民国十一年（1912）刻本，一册，另有与影刊宋金元明本词四十种合函者，北京图书馆藏，见馆藏目录。

昭代名人尺牍续集二十四卷

陶湘辑。清宣统三年（1911）天宝石印局影印本，二十四册，北京图书馆和天津图书馆藏，见馆藏目录。

喜咏轩丛书五编四十种一百零四卷

陶湘辑。民国间武进陶氏涉园石印本。子目和藏书单位见《中国丛书综录》著录。另天津图书馆亦有藏，见馆藏目录。别有零种：

明刻传奇图像十种一卷

陶湘辑。见《喜咏轩丛书》。另本，北京图书馆藏，见馆藏目录。

宣炉小志一卷

陶湘辑。见《喜咏轩丛书》。另本，北京图书馆藏，见馆藏目录。

朱上如木刻四种

陶湘辑。见《喜咏轩丛书》。另本，北京图书馆藏，见馆藏目录。

魏墓志四种

陶湘辑。民国间影印本，一册，天津图书馆藏，见馆藏目录。

涉园墨萃十二种

陶湘辑。武进陶湘民国十八年（1929）石印本，子目和藏书单位见《中国丛书综录》著录。另天津图书馆有藏，见馆藏目录。

内务府墨作则例一卷

陶湘辑。见《涉园墨萃》。

百川书屋丛书六种十九卷续编五种八卷

陶湘辑。武进陶氏涉园民国十九年（1930）影印本，子目和藏书单位见《中国丛书综录》著录。另天津图书馆有藏，见馆藏目录。

托跋廛丛刻十种二十九卷

陶湘辑。民国间武进陶氏涉园刻本，子目和藏书单位见《中国丛书综录》著录。另天津图书馆亦有藏，见馆藏目录。

昭代名人尺牍小传续集二十四卷

陶湘编。台北文海出版社 1980 年影印本，《近代中国史料丛刊续编》第七十五辑，北京图书馆藏，见馆藏目录。

清代名人书札

陶湘编。台北文海出版社 1980 年影印本，《近代中国史料丛刊续编》第七十五辑，北京图书馆藏，见馆藏目录。

李　准（1871－1936）

准字直绳，号默斋，别号任庵，四川邻水县人。自幼随其父宦居广东。清时历任候补道员、总兵、广东水师提督兼巡防营统领等职。光绪三十三年（1907）曾亲率"伏波""琛航"二舰前往南中国海查勘，探明岛屿十五座，并逐一勒石命名，升旗鸣炮，维护了国家领土领海主权。在此前后，多次参与镇压革命党人活动。武昌起义后反正，迎胡汉民为广东军政府都督。民国北洋政府时授直威将军。民国六年（1917）起定居天津，潜心著述且编剧自娱；擅工篆隶，日以临池为事，至卒。

巡海记

李准撰。记清光绪三十三年（1907）率舰巡阅南海，收复被日人侵占的东沙岛，另又发现西沙、南沙十四岛屿并勒石命名事。民国二十二年（1933）节录发表在天津《国闻周报》第十卷第三十三期上，题作《李准巡海记》。今有台北台湾学生书局 1981 年再版影印全本。北京图书馆藏，见馆藏目录。

广东水师国防要塞图说

李准撰。清宣统二年（1910）印行。有文章引用过。未见。

粤东从政录

李准撰。著于民国十四年（1925）。据包述安撰《水师提督李准生平概要》著录，转引自《任庵自编年谱》。新编《邻水县志》谓"今存"，未注收藏单位。

光复粤垣记

李准撰。民国间铅印本。北京图书馆藏，见馆藏目录。

广东革命大事记

李准撰。著于民国十四年（1925）。据包述安撰《水师提督李准生平概要》著录，转引自《任庵自编年谱》。新编《邻水县志》谓"今存"，未注收藏单位。

任庵闻见录

李准撰。著于民国十四年（1925）。据包述安撰《水师提督李准生平概要》著录，转引自《任庵自编年谱》。新编《邻水县志》谓"今存"，未注收藏单位。

任庵六十自述

李准撰。用五言韵文自述其六十岁前的经历，间有双行夹注。民国间自刊，天津图书馆藏，见馆藏目录。

任庵自编年谱

李准撰。著于民国十六年（1927）。原稿已由其女李如璧捐献给了国家（据1988年《人民日报》报道）。据包述安撰《水师提督李准生平概要》著录，转引自《任庵自编年谱》。新编《邻水县志》谓"今存"，未注收藏单位。

邻水李氏慰熙堂族谱

李准修纂。清宣统元年（1909）编印，据有关文献提及。

未见。

任庵临池誊稿二十卷

李准书。著于民国十七年（1928）。据包述安撰《水师提督李准生平概要》著录，转引自《任庵自编年谱》。新编《邻水县志》谓"今存"，未注收藏单位。

古籀类编十二卷

李准编。著于民国十四年（1925）。据包述安撰《水师提督李准生平概要》著录，转引自《任庵自编年谱》。新编《邻水县志》谓"今存"，未注收藏单位。

大篆四书

李准书。民国二十二年（1933）影印本，北京图书馆和天津图书馆藏，见馆藏目录。

大学

李准著。民国二十二年（1933）影印本，北京图书馆藏，见馆藏目录。

薄情郎

李准编。著于民国三年（1914），京剧剧本，谓"借伶人之口，以唤醒国人"。据包述安撰《水师提督李准生平概要》著录，转引自《任庵自编年谱》。未见。

香妃恨

李准编。著于民国三年（1914），京剧剧本。据包述安撰《水师提督李准生平概要》著录，转引自《任庵自编年谱》。未见。

拾金不昧

李准编。著于民国三年（1914），京剧剧本。据新编《邻水县志》和包述安撰《水师提督李准生平概要》著录，转引自

《任庵自编年谱》。未见。

悔婚

李准编。著于民国八年（1919），据包述安撰《水师提督李准生平概要》著录，转引自《任庵自编年谱》。未见。

画中缘

李准编。著于民国八年（1919），京剧剧本，为艺人金少梅编。据新编《邻水县志》和包述安撰《水师提督李准生平概要》著录，转引自《任庵自编年谱》。又名《名士美人》，民国间抄本，一册，北京图书馆藏，见馆藏目录。

吴越春秋

李准编。著于民国八年（1919），京剧剧本。据包述安撰《水师提督李准生平概要》著录，转引自《任庵自编年谱》。未见。

棒打春桃

李准编。著于民国八年（1919），京剧剧本，为艺人荀慧生编。据新编《邻水县志》和包述安撰《水师提督李准生平概要》著录，转引自《任庵自编年谱》。未见。

真假太子

李准编。著于民国八年（1919），京剧剧本。据包述安撰《水师提督李准生平概要》著录，转引自《任庵自编年谱》。未见。

活捉王魁

李准编。著于民国九年（1920），京剧剧本。据包述安撰《水师提督李准生平概要》著录，转引自《任庵自编年谱》。未见。

再生缘

李准编。著于民国二十年（1931）。据包述安撰《水师提督李准生平概要》著录，转引自《任庵自编年谱》。未见。

玉琴缘

李准编。剧本,未著成书时间。见新编《邻水县志》著录。未见。

徐兆光(1872-1960)

兆光字镜波,一作景波,天津葛沽人。幼习举子业,后潜心经世之学,于古文辞攻之尤力。由是而办学桑梓,陶成其众。民国初曾任南开中学、南开大学讲师,后任直隶省财政局局长、天津市教育局局长、财政局局长等职。中华人民共和国成立后任天津市文史研究馆馆长。

中国历史撮要韵语三十六卷

徐兆光撰。四册,毛笔书写,为未发表原稿。前有金浚宣序言。现为李世瑜先生收藏,见李撰《金浚宣先生劫余资料叙录》,载《天津史志》2005年第4期。

镜波文艺选存二卷

徐兆光撰。民国十二年(1923)铅印本。《津人著述存目》和《天津地方史资料联合目录》著录,天津图书馆、天津社科院图书馆和天津历史博物馆藏。

镜波公牍三卷

徐兆光撰。民国十六年(1927)天津广源印刷局铅印本,《津人著述存目》著录。前有王守恂序云:"镜波向有《文艺选存》之刻,今谋续编,余以为公牍、文集当分而二之。公牍取济一时,文集流传百世。镜波虚心采纳,先将公牍印行。"是书分三卷,卷上自治类,收文七篇;卷中为教育行政类,收文十一篇;卷下为实业行政类,收文六篇,另附杂著四则。天津社科院图书馆藏,《天津地方史资料联合目录》著录。

镜波文存四卷

徐兆光撰。民国十七年（1928）铅印本。是书为镜波四十岁以后之所作，分论、说、序、书后四卷，计文三十八篇。前有任嘉莪、王守恂等人序。《天津地方史资料联合目录》著录，天津图书馆、天津社科院图书馆和天津历史博物馆藏。

水香洲酬唱集四卷

徐兆光辑。民国二十五年（1936）铅印本，《天津地方史资料联合目录》著录，天津历史博物馆藏。

傅增湘（1872-1949）

增湘字叔和，后改字沅叔，号润元，自号藏园居士，原籍四川江安，后移居天津。清光绪进士，曾任翰林院编修、直隶提学使、故宫博物院图书馆馆长等职。民国十六年（1927）后致力于藏书与版本图录研究，还曾于民国十八年（1929）捐助南开大学资金与珍本图书。

汪茂萱先生九十寿辰征文启

傅增湘等撰。民国二十五年（1936）铅印本，北京图书馆藏，见馆藏目录。

家君八十寿辰征言

傅增湘等撰。书签题《诰封通奉大夫江安傅申甫先生八十寿辰征文启》。傅申甫（1842-？），傅增湘之父。民国十年（1921）刻本，北京图书馆藏，见馆藏目录。

亡室凌夫人悼启

傅增湘撰。书名据卷端等题。凌万龙（1869-1928），傅增湘之妻。民国北京京华印书局铅印本，北京图书馆藏，见馆藏目录。

藏园居士六十自述一卷

傅增湘撰。民国二十年（1931）石印本，出版地不详。北京图书馆藏，见馆藏目录。

藏园居士七十自述

傅增湘撰。民国三十年（1941）石印本，出版地不详。北京图书馆藏，见馆藏目录。

藏园游记

傅增湘撰。内含《登岱岳记》一卷，《游山东灵岩日记》一卷，《塞上行程录》二卷。江安傅增湘民国间刻本，北京图书馆藏，见馆藏目录。

登岱岳记一卷

傅增湘撰。见上。

游山东灵岩日记一卷

傅增湘撰。见上。

塞上行程录二卷

傅增湘撰。见上。

避暑山庄

傅增湘、袁希涛编。上海商务印书馆民国四年（1915）出版，单面二十四页，天津图书馆藏，见馆藏目录。

秦游日录

傅增湘撰。与《登太华记》合印，民国二十二年（1933）江安傅增湘藏国刻本，北京图书馆藏，见馆藏目录。

登太华记

傅增湘撰。与《秦游日录》合印，民国二十二年（1933）江安傅增湘藏国刻本，北京图书馆藏，见馆藏目录。

南岳游记

傅增湘撰。民国二十四年（1935）江安傅增湘刻本，蓝印，一册；另有民国二十四年（1935）天津大公报社铅印本，与《衡庐目录》合印。北京图书馆藏，见馆藏目录。

衡庐目录一卷

傅增湘撰。民国二十四年（1935）天津大公报社铅印本，与《南岳游记》一卷合印，一册，北京图书馆藏，见馆藏目录。

横云山庄记

傅增湘撰。横云山庄系无锡杨翰西之别墅。民国二十五年（1936）无锡锡成印刷公司铅印本。北京图书馆藏，见馆藏目录。

游中岳记

五台山游记

北岳游记

傅增湘撰以上三书，民国二十七年（1938）江安傅增湘藏园合刻本，一册，北京图书馆藏，见馆藏目录。

双鉴楼珍藏秘笈目录

傅增湘藏并编。民国间铅印本，北京图书馆藏，见馆藏目录。

双鉴楼善本书目四卷

傅增湘藏并编。民国十八年（1929）江安傅增湘藏园刻本，北京图书馆藏，见馆藏目录。另，台北广文书局有限公司1969年出版，收入《书目丛编》第三编，

双鉴楼藏书续记

傅增湘藏并编。民国十九年（1930）江安傅增湘藏园刻本，北京图书馆藏，见馆藏目录。另，台北广文书局有限公司1969年出版，收入《书目丛编》第三编，

东西京诸家观书记

傅增湘著。介绍日本著名人士的藏书，包括前田侯爵尊经阁、东洋文库、东福寺藏书，以及内阁博士、狩野博士、内野氏等人的藏书。民国十九年（1930）国闻周报社出版，浙江图书馆藏，北京图书馆有缩微品，见馆藏目录。

静嘉堂文库观书记

傅增湘著。此为藏园东游别录之一，民国十九年（1930）著者自刊，天津图书馆藏，见馆藏目录。

藏园群书经眼录

傅增湘撰。按经史子集四部顺序著录。中华书局1983年出版，共五册，各大图书馆都有收藏。

藏园群书题记全四集

傅增湘著。古籍题跋，其中第一集收《朱本增修互注礼部韵略跋》等六十三条，第二集收《宋刊残本容亭类稿跋》等十三条，第三集收《朱拓本隶韵跋》等四十八条，第四集收《宋本周易要略跋》等五十条。天津大公报出版部民国二十一至二十三年（1932-1934）铅印本。另有缩微品。北京图书馆和天津图书馆藏，见馆藏目录。又上海古籍出版社1989年出版。

藏园群书题记续集六卷

傅增湘撰。民国二十七年（1938）江安傅增湘藏园铅印本，三册，北京图书馆藏，见馆藏目录。

藏园群书题记初集八卷

傅增湘撰。民国三十二年（1943）企鳞轩铅印本，四册，北京图书馆藏，见馆藏目录。

藏园订补郘亭知见传本书目

莫友芝撰，傅增湘订补，傅熹年整理。中华书局1993年手书胶印本，北京图书馆藏，见馆藏目录。

故宫善本书影

傅增湘选编。北平故宫博物院图书馆民国十七年（1928）影印本。书名代拟，书衣有傅增湘题内府秘藏宋元本书式。此书应即下书《故宫善本书影初编》之草编本，较初编多佛经书影。北京图书馆藏，见馆藏目录。

故宫善本书影初编

傅增湘选，张允亮编。北平故宫博物院图书馆民国十八年（1929）年影印本。北京图书馆藏，见馆藏目录。

东汉会要校录

傅增湘校录。国立北平图书馆民国二十六年（1937）抄本，一册，北京图书馆藏，见馆藏目录。

唐鉴校勘记

傅增湘校录。国立北平图书馆民国二十六年（1937）抄本，一册，北京图书馆藏，见馆藏目录。

通典校勘记

傅增湘撰。国立北平图书馆民国二十七年（1938）抄本，一册，北京图书馆藏，见馆藏目录。

文苑英华校记

傅增湘撰。傅氏多方搜寻，广储异本，并利用其藏园景宋抄本、明写本诸书，对明隆庆刻本《文苑英华》细加校勘，其订定内容分为异字、疑字、脱讹、脱句、脱行、补注、错简、脱全篇、脱全叶、补校记及补撰人等十一类，对明刊格式行款的错误也改正多处，使得《英华》日臻完善。原民国二十八年（1939）抄本四十二册，书名据函套题，北京图书馆藏，见馆藏目录。北京图书馆出版社 2006 年影印出版。

宋人文集目录

傅增湘编。民国间稿本，乌丝栏，一册，北京图书馆藏，见馆藏目录。

蜀文丛录

傅增湘编。民国间稿本，朱丝栏，一册，书名据书衣题，北京图书馆藏，见馆藏目录。

宋代蜀文辑存一百卷续补一卷

傅增湘编。编者花费十三年时间，致力于乡邦文献的收集，收宋代蜀人文章共四百五十馀人二千六百馀篇，征引文献达三百馀种。民国三十二年（1943）江安傅氏铅印本，三十四册。台北新文丰出版股份有限公司 1974 年出版。又北京图书馆出版社 2005 年影印出版。

张元济傅增湘论书尺牍

张元济、傅增湘合撰。张元济、傅增湘是我国近代两位重要的目录、版本、校勘家。本书收录了他们在民国元年至民国三十七年间（1912-1948）的往来书信六百馀封。北京商务印书馆 1983 年出版。北京图书馆和天津图书馆都有收藏。

蓬山话旧集

傅增湘辑。民国二十年（1931）铅印本，北京图书馆藏，见馆藏目录。

藏事讨论会呈

傅增湘等撰。民国间石印本，北京图书馆藏，见馆藏目录。

侨工须知

傅增湘撰。分上下二编：上编分析侨工赴欧原因，认为侨工应不忘祖国、加强道德修养，论及准备回国后所从事业等；下编介绍各国国体、政体，我国加入协约国的原因，以及世界发展趋势等。民国八年（1919）出版，出版地不详。北京图书馆藏，另有缩微品。见馆藏目录。

会试朱卷

傅增湘撰。光绪戊戌科。光绪间刻本，一册，北京图书馆藏，见馆藏目录。

改良私塾浅说

傅增湘撰。清光绪间铅印本，北京图书馆藏，见馆藏目录。

清代殿试考略

傅增湘著。天津大公报社民国二十二年（1933）铅印本，北京图书馆藏，见馆藏目录。

藏园老人遗稿

傅增湘撰。1962年油印本，北京图书馆藏，见馆藏目录。

藏园老人遗墨

傅增湘书。七十九页，北京印刷工业出版社1995年出版。北京图书馆藏，见馆藏目录。

王鸿敏（1872-？）

鸿敏字毅庵，原籍河北安新。曾留学日本，毕业于日本文化学院。民国六年（1912）来天津，与陆军部科员、陆军大学教员刘汝贤创办为革命死义子弟而设立的觉民学校，设高、初小各一班，次年被推为校长。民国四年（1915）正式成立中学校，迁校址于河北中山公园，主持校务先后达二十馀年。

毅庵诗稿

王鸿敏撰。《近代天津人物录》本传提及。未见。

华学涑（1872-1927）

学涑字实甫，号石甫，近代天津人。清光绪二十三年
（1897）丁酉科举人，入刑部为主事。为学颇肆力于理化博物，
尤专研小学训诂，以提倡新学为己任。办学堂、办实业多处。
曾加入同盟会。民国肇建，益致力于实业学术，曾任工商会议
直隶代表，直隶商品陈列所调查员，旋改编辑主任。民国五
年（1916）与严智怡、陆文郁等人创设天津博物院，任副院长。
晚年更致力于金石甲骨文字之学。

秦书八体原委二卷

华学涑辑。《续修四库全书总目提要》和《天津地方史资
料联合目录》著录。民国十年（1921）天津博物院石印本，二
册，有批校，天津师范大学图书馆藏。

秦书集存十四卷补遗二卷

华学涑辑。《续修四库全书总目提要》作影印本，有辛酉
（1921）王守恂序和壬戌（1922）华自序，《天津地方史资料联
合目录》著录无卷数，为民国十一年（1922）天津博物院铅印
本，一册，天津图书馆和南开大学图书馆藏。

文学系十五卷附董理文字之我见

华学涑撰。《天津地方史资料联合目录》著录，民国
二十八年（1939）天津市教育文化振兴委员会铅印本，一函九
册，天津图书馆和天津师范大学图书馆藏。

国文探索一斑

华学涑撰。《津人著述存目》著录。天津博物院民国十年
（1921）十二月影印，活页装。是书包括六个表：《华夏文字变
迁表》《中华民国现行文字表》《华夏文字支衍表》《华埃比较

表》《音声纽根原表》《华巴古文比较表》，以及越南、朝鲜、日本等国对汉字的利用等问题。北京图书馆藏，见馆藏目录。

己小篇

华学涑撰。《津人著述存目》著录，不详版本。未见。

新研究之字例及改革字书法

华学涑撰。《津人著述存目》著录，转引自《仁安文续稿》卷二《华石甫新著书序》。未见。

羲教钩沉

华学涑撰。《津人著述存目》著录，转引自《仁安文稿》卷四《华实甫羲教钩沉序》。未见。

方尔谦（1873-1936）

尔谦字地山，又字无隅，别署大方，江苏扬州人。清末秀才，与弟尔咸（泽山）文坛齐名，世称"二方"。初治经学，娴于辞章，擅长书法，对金石书画和古籍版本诸学多所精通；书法挺峭，有山林气。入民国后到天津主持《津报》笔政，为袁世凯看中，被重金聘为家馆西席，并与其子袁克文成莫逆交和儿女亲家。善制联语，因人书赠，出口成章，有"联圣"之誉。晚年以精研泉学著称，居津二十年卒。

大方联语辑存

方尔谦撰，周一良辑。收联语一百一十五条，见载周一良自选集《郊叟曝言》卷末，北京新世界出版社 2001 年出版。中华人民共和国成立以前巢章甫客居天津，曾搜罗方联成册，刊否待考。袁克文也曾印《无隅联语》。未见。赵元礼《藏斋随笔》存方联多则。

王季烈（1873-1952）

季烈字君九，别号螾庐，原籍江苏长洲（今苏州）。清光绪三十年（1904）甲辰科进士，曾任学部专门司司长，宣统三年（1911）辞职。民国初年迁居天津。雅好昆曲，长于度曲，娴习音韵、曲谱与传奇源流，词曲掌故，颇有创见，与吴梅、俞粟庐在当时并称为三大曲家。先后汇集旅津昆曲名家组成"景憬社""审音社"，对活跃天津业馀昆曲活动起到很大促进作用。

明史考证捃逸补遗一卷

王季烈撰。《中国丛书综录》著录，有《嘉业堂丛书》本存世。首都图书馆藏，见馆藏目录。

莫厘王氏家谱二十四卷卷首一卷

王季烈等纂。民国二十六年（1937）石印本，二十册，北京图书馆和首都图书馆藏，见各馆藏目录。

莫厘王氏四世乡会试卷

王季烈辑。民国三十一年（1942）抄本，三册，北京图书馆藏，见馆藏目录。

通物电光四卷附图一卷

王季烈与（美）莫耳登撰、（英）傅兰雅合译。清光绪二十五年（1899）上海江南机器制造局刻本，线装一册，首都图书馆藏，见馆藏目录。

孤本元明杂剧提要一卷

王季烈撰。《中国丛书综录》著录，有《孤本元明杂剧》本，提要附其书后。

集成曲谱四集三十二卷

王季烈、刘风叔合编。内分金集八卷，声集八卷，玉集八

卷，振集八卷，匡正音律乖误甚多。民国十四年（1925）上海
商务印书馆出版，石印本，三十二册。北京图书馆和首都图
书馆藏，后者为吴晓铃赠书。另，首都图书馆藏民国十三年
（1924）上海商务印书馆石印本后附《螾庐曲谈》四卷。见馆
藏目录。

度曲要旨

王季烈撰。为启迪后学之作。《天津近代人物录》本传提
及。未见。

曲谈一卷

王季烈撰。民国三十一年（1942）六艺书局铅印第三版，
一册，北京图书馆藏，见馆藏目录。

螾庐曲谈四卷

王季烈撰。民国十七年（1928）撰，二十三年（1934）商
务印书馆出版，二册，首都图书馆和南开大学图书馆藏，见各
馆藏目录。

与众曲谱八卷

王季烈辑，高步云正拍。最早有清光绪六年（1880）长白
延增竹南刻本和民国八年（1919）笙曲社石印本，首都图书馆
藏，前者为吴晓铃赠书。民国二十九年（1940）合笙曲社石印
本，北京图书馆和天津图书馆藏，见各馆藏目录。

螾庐未定稿三卷

王季烈撰。《东北地区古籍线装书联合目录》著录，民国
二十二年（1933）石印本，辽宁省图书馆和大连市图书馆藏。
北京图书馆藏作民国二十三年石印本，见馆藏目录。

螾庐未定稿三卷续编一卷

王季烈撰。《东北地区古籍线装书联合目录》著录，民国

二十六年（1937）石印本，辽宁省图书馆、吉林大学图书馆藏。另《蟫庐未定稿续编》一卷，首都图书馆藏，见馆藏目录。

蟫庐剩稿不分卷

王季烈撰。《东北地区古籍线装书联合目录》著录，1979年孙氏影印本，大连市图书馆藏。

自怡曲谱

王鏊填词，王季烈作曲。清末民初精抄本，线装一册，吴晓铃赠书，首都图书馆藏，见馆藏目录。

南华梦杂剧

半粟填词初稿，蟫庐（即王季烈）订定制谱。清末民初精抄本，线装一册，吴晓铃赠书，首都图书馆藏，见馆藏目录。

陈泽冬（1873–1939）

泽冬一作泽东，原名曾沅，近代天津人。清光绪十七年（1891）贡生。究心医术，颇有造诣。曾任中国医学传习所所长，天津中医同业公会会长。另并创办有《国医正言报》月刊，任主编，

伤寒论注解
万脉讲义

陈泽冬撰以上二书，引自《近代天津人物录》本传。未见。

瘟病讲义

陈泽冬撰。《全国中医图书联合目录》著录，抄本，天津市卫生职工医学院图书馆藏。

金恭寿

恭寿字向辰，天津金氏第十二世孙。幼曾师从叔父金达澜

学作诗。清季廪贡生。历官江西丰城县县丞，邮传部庶务司主事、庶务司员外郎。宣统元年（1909）归里，入民国后卒。

金氏家集六卷

金恭寿编。民国七年（1918）天津致远堂镌刻本。［民国］《天津县新志艺文》漏载。是书为金恭寿在民国元年（1912）壬子秋，从某书贾处购得其伯父熙堂公金际泰和叔父鹤山公金达澜所合辑之五卷本《金氏家集》原稿副本基础上，又陆续搜求得先人遗诗一百四十二首，于民国六年（1917）丁巳秋重事编校；民国七年（1918）戊午冬"甫刊就，适族侄汝弼送其父墨樵（金召棠）诗稿来，乃录若干首附集后以存之"（恭寿跋），共六卷，得诗五百九十八首附词十四首。《天津地方史资料联合目录》著录，天津图书馆和天津师范大学图书馆藏。但前者著录编者金恭寿即"金钺"，后者著录编者为金召棠，且推定"戊午"年刊为清咸丰八年（1858），均误。

金绍曾（1874- ？ ）

绍曾字益庭，近代天津人。北洋时期历任陆军部参事、陆军部军衡司司长、陆军次长代理部务，直至北洋政府结束。民国十六年（1927）后从事实业。清末曾在《武备杂志》著文。

大学释要

金绍曾辑。民国九年（1920）铅印本，一册，署"津门金绍曾辑"。前有张柄桢题云："释标体、相、用三大，只是完全表出一个心；儒树明德、亲民、止善三义，亦只完全是表一个心。心既同，则其立言垂教之迹，同与不同，均属戏论也。津门金绍曾先生久窥心要，博采释氏诸经诸论，分诂《大学》诸章诸义，盖显揭孔、佛不二之心原，以饷世人。其识伟，其功巨矣。"金绍曾自序云："曾愧不学，未餐道味。特就所知，择《大学》之要旨，依佛经意而释之，非敢以问世也，愿世之达人君子，不惜法音，进而教之，则幸甚矣。是序。"北京图书馆和首都图书馆藏，见各馆藏目录。

历代兴亡因果论

金绍曾撰。民国十九年（1930）铅印本，一册。自序云："墨子曰：鬼神之所赏，无小必赏之；鬼神之所罚，无大必罚之。善恶为因，祸福为果；因果相应，如影随形……兹据正史所载，考其兴亡，证其因果，上自三代，下迄五代，俾知因果相应，理有固然，事有必至，大道迢迢。靡时或僭，五代之后，炎宋勃兴，天下大定，盖三代乃最盛之时。盛久则衰，五代乃至乱之世。乱极则治，天道循还，盖可见矣。是以为序。"书见首都图书馆藏。

平谳恤刑录

金绍曾编。专著，书分通论和征事两部分，后附满书绅的《读平谳恤刑录后》一文。出版地、出版者不详。民国二十三年（1934）出版，北京图书馆有缩微品，见馆藏目录。

立达篇七章

金绍曾撰。《津人著述存目》著录，别题《金绍曾选集》。民国七年（1918）北京商务印书馆铅印本。北京图书馆和山西省图书馆有藏，见各馆藏目录。

姚彤章（1874－1942）

彤章字品侯，号研曾，又号苏斋、布帆。姚承丰之孙。清光绪末年以监生宦游鲁西南各州县，曾署山东曹州府知府。民国成立后任天津县营务承审官、河务局局长。严智怡病故后接任河北第一博物院长兼天津广智馆馆长。平生嗜金石书画。

畿辅先哲祠崇祀先哲牌位

姚彤章撰。《津人著述存目》著录，民国二十五年（1936）河北博物馆铅印本，内附唱赞仪节、祭文、匾额联语等。《天津地方史资料联合目录》著录，天津图书馆藏。

仙蝶童缘

姚彤章辑。此为一书法绘画类书，原迹本。《天津地方史资料联合目录》著录，天津社科院图书馆藏。

储仁逊（1874-1928）

仁逊字拙庵，号卧月子，又号醉梦草庐主人梦梅叟，近代天津人。世居带河门外。伉爽磊落，至性过人。精医卜堪舆之术。好饮酒。间为小诗，不轻与人相唱和。书斋室名为莳心堂。

莳心堂闻见录十六卷

储仁逊撰。是书为稿本，所述见闻上起清顺治元年（1644），下讫清光绪三十三年（1907）三月。又有日记体杂记杂感。中如太平军北伐到天津附近，天津教案等，皆与天津有关。"所谓有闻必录，盖皆掌故之学。间附考证，亦必有关世道人心之言。有关考索津门文献者，吉光片羽，有足珍焉"。《天津地方史资料联合目录》著录，天津图书馆藏。天津社科院图书馆另有过录本。

嚻嚻琐言

储仁逊撰。稿本，二册，题"津门储仁逊拙庵甫小愚氏著"，记事二百三十一则，系文言笔记。末篇《暗云天》系白话小说，分缘起，落魄、鬻女、丧亲四章。南开大学图书馆藏，见馆藏目录。

抄本小说十五种

储仁逊抄辑。函套题"话本十四种"，为藏书者后所加。卷端下有朱红印章曰"醉梦草庐主人梦梅叟志"，版心下又有"蔚心堂"印章。共抄小说十五种，计《蜜蜂计》十回，《毛公案》六回，《于公案》六回，《于公案》十回，《双龙传》五回，《青龙传》四回，《守宫砂》一百二十回，《阴阳斗》十六回，《双灯记》十回，《满汉斗》八回，《蝴蝶杯》十回，《八贤传》二十回，《孝感天》七回，《聚仙亭》十回，《刘公案》二十回，共八册。其中《守宫砂》系《三门街》之异名，《阴阳斗》即《阴阳斗异说奇传》，《聚仙亭》系《混元盒五毒全传》之异名，其馀十二种均未见书目著录。与上书同函，南开大学图书馆藏，见馆藏目录。

刘　潜（1874- ？ ）

潜字芸生，号粹庐，天津人。早年赴日留学，毕业于弘文学院师范速成科。民国六年（1917）任黑龙江教育厅厅长。民十七年（1928）返津，对南开大学建校颇有赞助，曾被延请为董事。民国二十二年（1933）八月任河北省立第一图书资料馆馆长。

武庙崇祀名将传略

刘潜编纂。全书原分十卷，收从祀的七十二人传略。现仅存下册，辑录武庙崇祀的武成王关羽及其左右配殿所祀的十六人。卷末附录《名将像赞》。民国三十年（1941）治安总署印刷所铅印本，北京图书馆藏，另有缩微品，见馆藏目录。

粹庐自订年谱一卷

刘潜撰。自叙至清宣统三年（1911）。北京图书馆藏，见馆藏目录。

吾谋录

刘潜撰。民国十三年（1914）出版，天津图书馆藏，北京图书馆有缩微品，见馆藏目录。

粹庐三策

刘潜撰。书前冠粹庐三策序，内收《吾谋录》《黑龙江省教育设施意见宣言书》《光绪丁未冬应诏陈言》三篇。民国三十一年（1942）北平治安总署印刷所出版，北京图书馆藏，另有缩微品，见馆藏目录。

癸辛疑梦集一卷

刘潜撰。民国三十年（1941）铅印本，《天津地方史资料联合目录》著录，天津图书馆藏。另首都图书馆藏，见馆藏目录。

粹庐诗抄四卷

刘潜撰。副题作春晖堂存稿之三。卷首有高毓彤、孙荣彬的序各一篇。约民国三十二年（1943）著者自刊，北京图书馆藏，见馆藏目录。

陈宝泉（1874－1937）

宝泉字筱庄，近代天津人。清附生。光绪三十年（1904）毕业于日本弘文学院师范科。后随严修入学部供职，由主事升至郎中。辛亥革命后，奉派接办原优级师范学堂，创建北京高等师范学校（今北京师范大学前身），任校长共九年，并多次出国，赴日本、南洋及欧美考察教育。历任教育部普通司司长、天津县教育会会长、天津特别市政府参事、京津两地通俗教育会会长。民国十九年（1930）任整理海河委员会总务处处长，旋升河北省政府委员兼教育厅厅长。改组河北大学，提倡义务教育与生计教育，至民国二十四年辞职。

陈筱庄五十自述

陈宝泉撰。民国十二年（1923）三月铅印本，线装一册。《天津地方史资料联合目录》著录，天津社科院图书馆藏。另首都图书馆藏，见馆藏目录。

民教相安

高步瀛、陈宝泉合编。本书介绍了基督教传入中国的始末，及近代不平等条约中有关外国人传教、中国人入教的条款，在重要教案一节中有天津教案的介绍。清光绪三十一年（1905）北洋官报局石印本，线装一册。《天津地方史资料联合目录》著录，天津图书馆藏。

国民必读

高步瀛、陈宝泉合编。此为第二编和第三编，清光绪三十一年（1905）北洋官书局石印本，北京图书馆藏，见馆藏目录。

国民镜

高步瀛、陈宝泉合撰。清光绪三十二年（1906）直隶学务处铅印本，北京图书馆藏，见馆藏目录。

吉林教育近三年间概况

陈宝泉编。民国十年（1921）长春吉林教育厅出版，北京图书馆藏，见馆藏目录。

河北省教育视察要览

陈宝泉编。民国二十二年（1933）铅印本，平装一册。《天津地方史资料联合目录》著录，天津图书馆和天津历史博物馆藏。

河北省教育厅三年计划

陈宝泉编。保定河北省教育厅民国二十二年（1933）出版，北京图书馆藏，见馆藏目录。

中国近代学制变迁史

陈宝泉撰。是书分无系统的教育时期，钦定学堂章程时期，奏定学堂章程时期，民国新学制颁布时期，学校系统改革案颁布时期五部分。北京文化学社民国十六年（1927）铅印本，平装一册。《天津地方史资料联合目录》著录，天津图书馆藏。

孟禄的中国教育讨论

陈宝泉与陶行知、胡适合编。上海实际教育调查社民国十一年（1922）出版，北京大学图书馆藏。

陈宝泉教育论著选

陈宝泉撰，蔡振生、刘立德编。《中国近代教育论著丛书》，人民教育出版社1996年出版，北京大学图书馆藏。

退思斋诗存

陈宝泉撰。民国十五年（1926）铅印本，线装一册。《天津地方史联合目录》著录，天津图书馆和天津师范大学图书馆藏。另首都图书馆藏，见馆藏目录。

退思斋诗文存

陈宝泉撰。除诗作外，是书收有严范孙事略、重建天津同乡会馆记、创建天津特别市公共体育场记，整理天津市贫民救济院条陈，以及毕业训词，各校同学录的序跋等大量与天津教育有关的文章。天津协成印刷局民国二十二年（1933）铅印本。《天津地方史资料联合目录》著录，天津图书馆藏。

杨学川（1874-1945）

学川字芝华，天津人。自幼酷爱民族民间音乐，对传统文化有很深的造诣。擅长音律，丝竹雅乐、昆曲十番、俗曲以及曲艺卫子弟书等无一不精，是津门各级学府和民间曲社争相聘请的教席和导师。民国四年（1915）在天津社会教育办事处音乐传习所教授十番乐兼昆曲。又经常应严修之约，参加其家中所办十番会，兼任音乐教习。对天津早期音乐与昆曲活动的开展颇有影响，弟子中不乏音乐高手。遗存所著曲谱有：

大嘉兴十番谱附老八板一阕

杨学川著。天津社会教育办事处音乐练习所民国五年（1916）一月油印本，零页简装一册六页。《天津地方史资料联合目录》著录，天津历史博物馆藏。

零金碎玉锣鼓谱初编

杨学川著。天津社会教育办事处音乐练习所民国五年（1916）五月油印本，零页简装一册五页。《天津地方史资料联合目录》著录，天津历史博物馆藏。

三醉昆曲谱

杨学川著。天津社会教育办事处音乐练习所民国五年（1916）一月油印本，零页简装一册五页。《天津地方史资料联合目录》著录，天津历史博物馆藏。

三六曲谱

杨学川著。天津社会教育办事处音乐练习所民国五年（1916）十一月油印本，零页简装一册二页。《天津地方史资料联合目录》著录，天津历史博物馆藏。

絮阁昆曲谱

杨学川著。天津社会教育办事处音乐练习所民国五年
（1916）十一月油印本，零页简装一册二页。《天津地方史资料
联合目录》著录，天津历史博物馆藏。

坠马昆曲谱

杨学川著。天津社会教育办事处音乐练习所民国五年
（1916）十一月油印本，零页简装一册，二页。《天津地方史资
料联合目录》著录，天津历史博物馆藏。

水漫金山寺全谱

杨学川著。天津社会教育办事处音乐练习所民国六年
（1917）六月油印本，零页简装一册五页。《天津地方史资料联
合目录》著录，天津历史博物馆藏。

杨鸿绶

鸿绶字子若，天津人。杨光仪长孙。清光绪三十二年
（1906）优贡生，官山西知县，改农工商部七品小京官，升主事。
民国时居家，为城南诗社成员。

天津杨香吟先生行述附墓志寿言

杨鸿绶撰。杨香吟即杨光仪。天津华新印刷局承印铅印本。
《天津地方史资料联合目录》著录，天津社科院图书馆藏。

李　纯（1875-1920）

纯字秀山，天津人。早年毕业于天津武备学堂，后追随袁
世凯，深受器重，成为北洋嫡系。民国以后，先后出任江西督
军、江苏督军、浦口商埠督办等职，敛有巨额财产，在津广置
房地产，建有李家祠堂（今南开文化宫前身），并在天津河北

三马路、河东关帝庙等地捐资创办秀山小学三处。四十六岁时
暴卒于督苏任上，遗书嘱将其遗产的四分之一约五十万元捐助
南开大学作为学校永久基本金。故其虽系武人，却对乡梓办学
情有独钟。

校阅纪事录一卷

李纯撰。民国四年（1915）陆军第六师参谋处铅印本，一
册，天津图书馆藏，见馆藏目录。

赣诵不分卷

李纯辑。民国六年（1917）江苏官纸印刷厂铅印本，一册，
天津图书馆藏，见馆藏目录。

江右题襟集一卷

李纯撰。民国七年（1918）江苏官纸印刷厂铅印本，一册，
天津图书馆藏，见馆藏目录。

穆云谷（1875-1938）

云谷字寿山，号古香室主，又名恒谦，近代天津人。回族。
善画山水花卉。篆刻尤有造诣，时人有"南有吴昌硕，北有
穆寿山"之誉。在医药上也颇有成就，行医之馀，致力于金
石书画。

古香室印存

穆云谷篆。一作《寿山印存》，清光绪二十六年（1900）
铅印本。《天津通志·出版志》附录《津版古今图书选目》著录。
未见。

寿山印谱

穆云谷摹。一册，清光绪间铅印本。《天津通志·出版志》
附录《津版古今图书选目》著录。未见。

孙　云（1876-1941）

云字梦仙，女，天津北仓人。孙洪尹之妹、罗云章妻。初从刘士瀛启蒙，后受业于滦州名儒蒋兰畬。工诗善画，好花卉。

梦仙诗稿一卷

孙云撰。《津人著述存目》著录，民国十三年（1924）铅印本；《天津地方史资料联合目录》著录，天津师范大学图书馆藏。另首都图书馆藏，见馆藏目录。

梦仙诗稿一卷续稿一卷

孙云等撰。《清人别集总目》著录，民国十三年（1924）铅印本，南京图书馆、北京大学图书馆和镇江图书馆藏。续稿所收诗作主要是其女儿真如、沛如的。

梦仙诗画稿

孙云撰。民国二十二年（1933）影印本，《清人别集总目》著录，台湾师大图书馆藏。民国二十四年（1935）铅印本，《天津地方史资料联合目录》著录，天津图书馆藏。

任凤苞（1876-1953）

凤苞字振采，江苏宜兴人。原为北洋政府交通系重要人物，后随交通银行经理曹汝霖下台而辞协理职。民国十七年（1928）迁居天津，投资于银行业，曾任天津盐业银行董事长、金城银行董事。平时喜研各地志书，对全国省、府、县志收藏甚丰，为全国收藏志书的名家。中华人民共和国成立后已将其收藏的全部志书，捐献给了天津图书馆。

天春园方志目录稿

任凤苞撰。稿本，一册，天津图书馆藏，见馆藏目录。

华泽沅（1876- ？ ）

泽沅字芷舲，近代天津人。华氏第二十八世孙，行五，县学庠生，州同职衔。

沈锡三君遗哀录

华泽沅辑。民国七年（1918）五月铅印本，《天津地方史资料联合目录》著录，天津社科院图书馆藏。

王　襄（1876-1965）

襄字纶阁，号簠室，近代天津人。清光绪二十三年（1897）补天津县学生员。京师高等实业学堂司矿科毕业，先后在豫、闽、川、浙、鄂及长芦各处工作。六十四岁退辞归里，曾任淑修小学校长、崇化学会讲师。中华人民共和国成立后被聘为天津市文史研究馆馆长，中国科学院历史研究所《甲骨文会集》编委。他是我国最早鉴识及收藏、研究甲骨文字的学者之一。卒后遗著悉捐藏于天津图书馆。

簠室殷契类纂

王襄撰。民国七年（1918）初稿成，民国九年由天津河北第一博物院出版。民国十四年再版。本书《正编》十四卷，《附编》一卷，《存疑》十四卷，《待考》一卷。有王襄自序和华学涑、王守恂的书后。《津人著述存目》和《天津地方史资料联合目录》著录，天津社科院图书馆和天津师范大学图书馆藏。

簠室殷契征文

王襄撰。民国十八年（1929）由天津河北第一博物院出版，全书图版十二卷，考释十二卷，著录甲骨文字一千一百二十五条，分天象、地望、帝系、人名、岁时、干支、贞类、典礼、征伐、游田、杂事、文字等十二类。《津人著述存目》和《天津地方史资料联合目录》著录，天津图书馆、南开大学图书馆藏，均有勘误一卷。天津历史博物博藏民国十二年（1923）刻本、无勘误。

贞卜文集字

王襄撰。民国七年（1918）《簠室殷契类纂》初稿写成未付印前，襄择其中百馀字写成，供胞弟王钊治印用。藏天津图书馆（下同）。

金文新释

王襄撰。民国十一年（1922）写成，原名《彝器铭释文》。

百寿字样

王襄撰。民国十六年（1927）六月成，本书又名《簠室集百寿字》。

秦前文字韵林

王襄撰。民国二年（1913）写成，原书《序》云："兹编所集，上自有殷，下至七国，举契文、金文、石鼓，旁及陶、玺、刀币、凡器物之有字者，择其所识之字，依《佩文》韵次，写为五编"，共收三千一百零二字。

簠室集古籀联语

王襄撰。民国二十五年（1936）辑成，共二卷，其中自撰联语五百五十四副，馀为亲友用金文、甲骨文写书。

古文流变臆说

王襄撰。本书举甲骨文和金文共一百五十三字为释例，阐述我国古文字演变规律。《上编》收甲骨文七十八字，《下编》收金文七十五字，全书 1949 年写成，1961 年影印出版。

古陶今释

王襄撰。此书皆是手摹之陶文，每器摹写一纸，字之可释者写释文于其下。民国三十六年（1947）成《古陶今释》上下二册，1949 年《古陶今释续编》上中下三册，共得千三百七十纸。

殷代贞史待征录

王襄撰。1953 年成。《序》称："曩感董彦堂先生断代贞史之说，因有贞史之集。欲渤专书著其名字，搜尽所藏及各家著述，得八十七人。"

簠室殷契

王襄撰。1955 年成，原题名《殷契墨本选集》。全书以自藏甲骨拓本三百片，粘册成本，《序》记清光绪二十四年（1898）首先发现、鉴定、收购和以后研究甲骨的经过。

簠室古俑

王襄撰。本书收个人所藏古代之俑、兽、室、井、灶等六十四件明器，分类摄影成图录，有自序及说明。清宣统元年（1909）在日本影印出版，印本甚精。

集六朝唐人写经残贞及六朝唐人写经

王襄撰。民国二十年（1931）辑成，有《序》并题辞，兼论六朝唐人书法。

流沙坠简勘误记一卷

王襄撰。民国五年（1916）写成，是对王国维所编《流沙坠简》一书考释部分"伪误"处的勘误。

埃及王象拓本册

王襄撰。民国二十二年（1933）成，系研究埃及石刻所集拓本册。

宋钱志异录一卷

王襄撰。民国二十八年（1939）写成，书中所录宋泉，尽属常中见异又为前人不经意者。

造象拓本集二卷

王襄撰。民国三十五年（1946）成，是研究汉魏南北朝时期造像的专集。

古陶残器絮语一卷

王襄撰。民国三十六年（1947）写，曾刊载于《燕京学报》第三十五期，是概述陶文的一篇重要文字。

滕县汉石画像记

王襄撰。1950 年成，刊载于《燕京学报》第三十八期，考证了山东滕县出土汉画像石，曾被收入《滕县县志·金石志》。

古镜写影三卷

王襄撰。1950 年写成，收我国春秋时期至明代出土铜镜七百五十九面，全书以形制刻铭为经，以时代为纬，兼论民风、民俗等。

汉及后汉文物举例附新莽文物四卷

王襄撰。1960 年写成。书中集中了两汉及新莽时期传世文物，以及中华人民共和国成立后出土文物共八十件，对比分析其相同的时代特征。

簠室题跋五册

王襄撰。第一册，民国十年（1921）成，收题跋九十二篇；第二册，民国二十七年（1938）成，收民国十年至二十七年（1921-1938）所写题跋一百零八篇；第三册，1949 年成，收民国二十七年（1938）至 1949 年所写题跋一百三十一篇；第四册，1958 年成，收 1949 年至 1958 年所写题跋一百零六篇；第五册，1963 年成，收 1959 年至 1963 年所写题跋四十四篇。

其最后一篇《题王纶阁画像》写于八十八岁生日，为生前最后一篇文章。

读书管窥记一卷

王襄撰。民国十九年（1930）底，曾题名为《读书小识》《读书识小录》及《簠室赘言》，是读《三国志》《荀子》《吕氏春秋》等书的笔记。

纶阁文稿四册

王襄撰。第一册民国二十年（1931）成书，共收民国五年至二十年（1916–1931）新写文稿二十九篇；第二册1949年辑成，收入民国二十三年（1934）至1949年所写文稿三十篇，1949年手订时删去二篇；第三册1958年成，收1949年至1958年所写文稿十四篇；第四册1959年成，收1957年至1959年所写文稿四篇。

纶阁诗稿

王襄撰。第一册，民国二十三年（1934）编辑，收入《入蜀诗草》《越中吟》及《泽畔吟》三个诗集，共九十五首诗。第二册，1964年成，收《越吟续稿》及《归田谣》二诗集。《归田谣》集中1964年元旦祝问天津文史研究馆诸同仁诗，是其生前所写最后一首古诗。

萃古园图册

王襄撰。1958年成，集书画家刘子久、陆辛农等为萃古园所作书画，自题《萃古园记》及诗，陈邦怀跋。

贞卜文临本
殷墟书契待问篇
殷契录存
契文汇录

纶阁所录殷契

簠室所杬殷契

王襄撰以上六种，为甲骨文专录类，自清光绪二十六年（1900）至1958年，五十八年间共辑录各家著甲骨文二千四百二十七品，分作五册，见《天津史志》1999年第一期载王巨儒撰《王襄遗著概述》。

残本隶古定尚书（一册）

簠室识小录（二册）

簠室杂抄（四册）

敬吾心室识篆图（朱建卿）（二册）

古钵临本（一册）

入蜀琐录（上下二册）

虞斋临古今文字（四册）

吉金图及续编（一册）

陈吴两家全文册

丛录备志（十一册）

王襄撰以上诸书稿，均见藏于天津图书馆。

王襄著作选集

王襄撰。是书选录王襄所著《簠室殷契类纂》《簠室殷契征文》《簠室殷契征文考释》《古文流变臆说》《古陶今释》《簠室题跋》《纶阁文稿》《纶阁诗稿》等多种合编成，末附有《王襄年谱》，由唐石父、王巨儒整理，天津古籍出版社2005年出版，分上中下三册。

卢　弼（1876-1967）

弼字慎之，号慎园，原籍湖北沔阳。直隶提学使卢木斋靖之弟。早岁肄业湖北经心、两湖书院，受教于杨守敬、邹代钧。后留学日本早稻田大学，攻读政治经济学。民国初曾一度署理国务院秘书长，后调任平政院评事。去职后退居天津，潜心读书著述，聚书刻书，为天津著名藏书家之一，并与其兄木斋合作刻书有《天演论》《慎始基斋丛书》《湖北先正遗书》《沔阳丛书》等数十种。其自著书有：

宪法

（日）清水澄著，卢弼、黄炳言译。清光绪三十二年（1906）东京清国留学生会馆订正四版。北京图书馆藏，见馆藏目录。

法学通论

（日）奥田义人著，卢弼、黄炳言译。分法学、权利二卷。清光绪三十四年（1908）上海昌明公司再版。北京图书馆藏，见馆藏目录。

三国志集解六十五卷集解补二卷

卢弼著。是书将前人对《三国志》的校勘成果和批注内容广采博收，并断以己意，是一部带总结性的著作，为目前《三国志》最详的注本，是研究《三国志》的必备之书。上海古籍出版社 1957 年出版，中华书局 1981 年据以缩小影印，各大图书馆都有收藏。

三国志注引书目

三国职官录

三国志地理今释

卢弼撰以上三种，《天津近代人物录》本传提及。未见。

慎始基斋校书图题词

卢弼辑。附六十双寿序。民国间铅印本，北京图书馆藏，见馆藏目录。

慎始基斋校书图续题词暨慎园伉俪六十寿言合册

卢弼辑。民国间油印本，北京图书馆藏，见馆藏目录。

四库湖北先正遗书提要四卷

卢靖、卢弼编。附《四库湖北先正遗书札记》一卷，民国十一年（1922）刻本，北京图书馆藏，见馆藏目录。

二姊美源事略一卷

卢弼撰。民国二十四年（1935）铅印本，一册。天津图书馆藏，见馆藏目录。

慎园笔记

卢弼撰。《天津近代人物录》本传提及。未见。

慎园诗选十卷

卢弼撰。附史事杂咏。1956年油印本，北京图书馆藏，见馆藏目录。另天津师范大学图书馆收藏有1957年油印本。

慎园文选三卷

卢弼撰。附整理国故方案及自订年谱。1958年油印本，北京图书馆藏，见馆藏目录。

慎园诗选十卷文选三卷史事杂录一卷

卢弼撰。1958年油印本，三册。天津图书馆藏，见馆藏目录。

慎园诗选馀集一卷

卢弼撰。附《清芬集》。1961年油印本，北京图书馆藏，见馆藏目录。另《东北地区古籍线装书联合目录》著录，吉林省图书馆和长春市图书馆藏。

慎园启事二卷

卢弼撰。1961年油印本，北京图书馆和吉林省图书馆藏，见各馆藏目录。

慎园诗选馀集一卷慎园诗一卷文选馀集一卷

卢弼撰。1964 年油印本，一册。天津图书馆藏，见馆藏目录。

慎园丛集

卢弼撰。此为前书的合称，是《慎园启事》的续集，选录《慎园诗选馀集》《慎园词》《慎园文选馀集》等内容。1964 年油印本，北京图书馆藏，见馆藏目录。

沔阳丛书十二种九十六卷

卢弼辑。子目见《中国丛书综录》。民国沔阳卢氏慎始基斋刻本，三十册，天津图书馆藏，见馆藏目录。

张伯苓（1876-1951）

伯苓名寿春，以字行，近代天津著名教育家，南开中学和南开大学创始人。曾多次出国去日本欧美考察教育。抗战期间任西南联大校务委员会常委。民国三十七年（1948）出任民国考试院院长。于 1950 年由重庆回京津、次年病故。

南开大学特种奖金章程

张伯苓编。民国二十一年（1932）铅印本，一册。天津图书馆藏，见馆藏目录。

南开四十年

张伯苓撰。民国三十三年（1944）十月天津出版。是年十月十七日为南开学校建校四十周年纪念日，本书是为此而作。内容有（一）校长张伯苓所撰写的《四十年南开学校之回顾》的纪念文章，包括创校动机、办学宗旨、训练方针、学校略史介绍，四十年来工作的回顾与总结，发展的原因及对南开未来之展望。(二)南开学校四十年大事记(清光绪二十四年至民国三十三年)。《天津地方史资料联合目录》著录,天津图书馆和天津历史博物馆藏。

张伯苓教育言论选集

张伯苓撰,王文俊等编。天津南开大学出版社1984年出版。

张伯苓教育论著选

张伯苓著,崔国良编。北京人民教育出版社1997年出版。

严　侗(1877-？)

侗字台孙,天津人,严修之堂弟。天津师范讲习所毕业,北京高等师范学校第一届图书馆讲习会会员。民国七年(1918)九月起任天津直隶图书馆主任,至民国二十二年(1933)八月,因年老体病辞职。其间曾主持编写了《河北省立第一图书馆概况》。在逆境中,为维护天津直隶图书馆的生存和发展起了重要作用。

理石山房印谱

严侗辑。《天津志略》第十六编《文艺》著录。未见。一作王新铭辑,不分卷,民国间铅印本,见《天津通志·出版志》。

穆奎龄(1877-1909)

奎龄字伯祺,别号垫仙,天津人。京师大学堂师范毕业生。好读书,颇治古文辞,不徒以科学为长。所为文亦力避庞嚣,不类近时俗体。顾生长富家,独郁郁不自得,一日疾发,沉水死。同人哀其志,为辑遗文以存之。

穆伯祺遗文一卷

穆奎龄撰。内附征文一卷。[民国]《天津县新志艺文》和

《天津地方史资料联合目录》著录。清宣统二年（1910）天津民兴报馆铅印本，天津图书馆和天津社科院图书馆藏。另首都图书馆藏，见馆藏目录。

汉译而木代全册

题穆伯祺译。清宣统三年（1911）大公报馆铅印本。《天津地方史资料联合目录》著录，天津图书馆藏。

刘孟扬（1877—1943）

孟扬字伯年，天津人。回族。清末秀才。曾应英敛之聘为《大公报》主笔政。光绪三十一年（1905）后创办《商报》《民兴报》以及《白话晨报》《天津午报》《白话晚报》等，与《新天津报》的刘髯公、《评报》的刘霁岚，被称为天津新闻界的三刘。民国间除经营新闻出版工作外，还在天津警察厅任过职，做过磁县、永年、天津县知事。北伐后则任天津市自治监理处处长、天津市政府市政传习所讲师、天津贫民救济院院长等职。

天津拳匪变乱纪事上下两卷

刘孟扬撰。《天津地方史资料联合目录》著录，分上下两卷。上卷记载清光绪二十六年（1900）正月义和团进入天津，至阴历六月津城陷落这一时期内义和团的活动，采用日记体将所见所闻所感，按时间顺序予以记载；下卷是津城陷落之后的闻见录。书前有义和团运动的插图。有光绪本（版），天津社科院图书馆；宣统本（1910年天津民兴报馆铅印本），天津各大图书馆藏。

治磁政要录存二卷续编六卷

刘孟扬辑。《津人著述存目》和《天津出版志》著录，民国十一年（1922）天津新民意报馆铅印本。北京图书馆和天津图书馆藏，见馆藏目录。

警察浅义百问附警罚法

刘孟扬撰。《津人著述存目》著录，民国七年（1918）天津晚报社铅印本，天津图书馆藏。北京图书馆有缩微品，见馆藏目录。

自治常识讲义

刘孟扬撰。《天津地方史资料联合目录》著录，民国二十一年（1932）铅印本，内有天津市组织法的分条解识。天津图书馆藏。

女界慈航一卷

刘孟扬撰。《天津地方文献提要》著录。本书主要内容为劝戒女子不缠足。清光绪丙午（1906）天津商报馆铅印本，天津图书馆藏。

天津改良所

刘孟扬撰。《天津地方史资料联合目录》著录，天津晚报社主人编辑，刘孟扬等撰文，民国元年（1912）天津晚报社铅印本，天津历史博物馆藏。

天津市市立救济院现行设施及其困难问题

刘孟扬撰，天津图书馆自编。《天津地方文献提要目录》著录，民国二十四年（1935）天津出版。是书为天津市立救济院院长刘孟扬就该院现行设施及其困难问题新提建议，涉及收容救济方针，该院工艺工厂和医院的经费困难情况，贫民的管理训练方针，院民的待遇和出路保障等问题，以及院民的统计情况等，附刘孟扬《拟议改进方针》。天津图书馆藏。另北京图书馆藏有缩微品，别题《天津市市立救济院现行设施纪要》。

中国音标字书

刘孟扬撰。北京文字改革出版社 1957 年影印本，北京图书馆和北京大学图书馆藏。

注音字母之商榷

刘孟扬撰。《天津地方史资料联合目录》著录，民国十一年（1922）天津新教育书社铅印本，一册，天津图书馆藏。

宇宙之大疑问

刘孟扬撰。《天津地方史资料联合目录》著录，民国十年（1921）铅印本，一册，天津图书馆藏。北京图书馆亦有收藏，见馆藏目录。

天籁痕

刘孟扬撰。《津人著述存目》著录，转引自《读书经眼录》卷八。未见。

梦影录

刘孟扬撰。《天津地方史资料联合目录》著录，民国三十年（1941）铅印本，一册，天津图书馆和天津历史博物馆藏。

孟扬杂稿类选

刘孟扬撰。《天津地方史资料联合目录》著录，民国二十四年（1935）天津午报社铅印本，一册，天津图书馆、天津社科院图书馆和天津历史博物馆藏。

张　寿（1877－1947）

寿字君寿，号铁生，近代天津人。旧学颇有造诣。庚子事变后绝意仕进。曾被选为天津县议会议员，力辞未就，闭门读书。后与陈荣甫创办《醒华画报》，意在开发民智、唤醒中华民族。民国初年，任天津普育女学讲席，后又创办礼遗女学。

同时与高凌雯、王守恂等致力于修纂家乡文献。能诗，富于收藏，书法尤精妙。

王荆公字说

张寿撰。有张克家《如法受持馆文》卷二《张君寿辑王荆公〈字说〉书后》序。未见原书。

校本词源二卷

张寿撰。《津人著述存目》著录，引自《仁安文稿》卷三《张君寿校本词源序》。未见。

词源校记二卷

张寿撰。稿本，二册，首都图书馆藏，见馆藏目录。另《津人著述存目》著录，谓附校本《词源》后。

游沪甬杭日记

张寿撰。抄本，线装一册，有民国三十五年（1946）序。首都图书馆藏，见馆藏目录。

古泉丛考四卷

徐士銮辑，张寿录。民国七年（1918）屏庐刻本，一册，《天津地方史资料联合目录》著录。天津图书馆和南开大学图书馆藏。

闺情百咏

张寿撰。《津人著述存目》著录，引自《仁安文乙稿·张君寿闺情百咏诗序》。未见。

津门百美图咏正续编不分卷

张寿撰。不见书目著录，此或即上书。清宣统元年（1909）醒华日报石印本，三册，天津图书馆藏，见馆藏目录。

国朝万首绝句

张寿撰。引自张克家《如法受持馆文》卷二《张君寿〈国朝万首绝句〉序》。未见。

韩梯云（1878-？）

梯云字补庵，一作补青，原籍河北宣化。受傅增湘之嘱，来津编著天津直隶图书馆书目。民国四年（1915）又出任天津社会教育办事处创办的《星期报》主编，入城南诗社。后专事剧本创作。

天津直隶图书馆书目三十二卷卷末一卷

韩梯云撰。民国元年（1912）序铅印本，一函线装十一册。首都图书馆藏，见馆藏目录。

天津直隶图书馆书目三十二卷

题谭新嘉、韩梯云（一作韩补庵）合编。《天津地方史资料联合目录》著录，直隶图书馆民国二年（1913）铅印本，线装十一册，内含《天津图书馆丛书总目》一册，天津图书馆和天津历史博物馆藏。

对于柯横君新思潮疑问之意见

韩梯云撰。《天津地方史资料联合目录》著录，天津社会教育星期报民国十年（1921）铅印本，一册，天津历史博物馆藏。首都图书馆亦藏，见馆藏目录。

双鱼珮

题韩补庵撰。剧本。《天津地方史资料联合目录》著录，天津社会教育办事处民国间铅印本，一册，天津社科院图书馆藏。原稿本朱丝栏，北京图书馆藏，见馆藏目录。

丐侠记

题韩补庵撰。剧本，又名《黄金与面包》。《天津地方史资料联合目录》著录，天津社会教育办事处民国间铅印本，一册，天津图书馆藏。北京图书馆亦藏，见馆藏目录。

一封书

题韩补庵撰。剧本。《天津地方史资料联合目录》著录，天津社会教育办事处民国间铅印本，一册，天津图书馆藏。北京图书馆亦藏，见馆藏目录。

洞庭秋

题韩补庵撰。剧本。《天津地方史资料联合目录》著录，民国九年（1920）天津社会教育办事处铅印本，一册，天津历史博物馆藏。北京图书馆亦藏，见馆藏目录。

麟箫缘

题韩补庵撰。此为补庵剧本之六，原名《玉箫缘》，又名《雍门泪》。《天津地方史资料联合目录》著录，民国十年（1921）天津社会教育办事处铅印本，一册，天津历史博物馆藏。北京图书馆亦藏，见馆藏目录。

几希（一名荆花泪）

题韩补庵撰。剧本。天津社会教育办事处民国间铅印本，一册，天津图书馆藏，见馆藏目录。

五代史弹词

题韩补庵撰。天津社会教育办事处民国间铅印本，一册，天津图书馆藏，见馆藏目录。

金　梁（1878－1962）

梁号息侯，又号小肃，晚号瓜圃老人，出生于浙江杭州，为驻防旗人凤瑞将军之子，满洲正白旗瓜尔佳氏。汉姓关，名介之。清光绪二十七年（1901）中举，三十年成进士。历任京师大学堂提调、内城警厅知事、民政部参议、奉天旗务处总办、奉天新民府知府、奉天清丈局副局长、奉天政务厅厅长、蒙古副都统等。民国成立后，任清史馆校对。后经张作霖保荐，任北洋政府农商部次长。九一八事变后来津，与清朝遗老组织"俦社"，并为"城南诗社"成员。工书法，擅篆、籀。中华人民共和国成立后迁居北京，在国家文物部门任顾问等职。

光宣小记

金梁著。收录记叙清代光绪、宣统年间朝政国故、科举制度的笔记九十馀篇，书前有《光宣小记序》。民国二十二年（1933）天津铅印本，天津师范大学图书馆藏。又见上海书店出版社 1998 年《民国史料笔记丛刊》。

光宣列传四十一卷前编三卷

金梁辑。民国二十三年（1934）影印本六册，据民国十六年（1927）清史稿铅印本影印，北京图书馆和天津图书馆、天津师范大学图书馆藏，见各馆藏目录。

清帝外纪清后外传

金梁编。出版地不详。所据材料多采自《实录》等文籍。清帝外纪以纪事本末体记载清代帝王重大事件，有民国二十三年（1934）铅印本，一册，北京图书馆藏。清后外传以纪传体纪事，每后、妃各一传，河南省图书馆藏，北京图书馆有缩微品。另有台北广文书局 1980 年影印本。

清史稿补

金梁撰。版心题《清遗逸传稿》。民国三十一年（1942）铅印本，一册，北京图书馆和天津图书馆、天津师范大学图书馆藏，见各馆藏目录。

清季政争

金梁著。本书含三篇文章："清季政争""京园志馀""金

不老古物发见史"。1952 年北京个人刊，铅印本，一册，北京
图书馆藏，见馆藏目录。

辛亥殉难记五卷首一卷

金梁编。民国五年（1916）铅印本，线装一册，首都图
书馆藏，见馆藏目录。又，台北文海出版社 1981 年影印本，
题吴庆坻修，金梁增订，载《近代中国史料丛刊续编》第
八十二辑，

近世人物志

金梁（题东华旧史）编辑。本书收录了近代清咸丰以后
五百三十篇人物志，其中有翁同龢、李慈铭、叶昌炽、袁世凯、
宋教仁、杨度等。民国二十三年（1934）铅印本，一册，首都
图书馆藏，见馆藏目录。又北京图书馆出版社 2007 年影印本
（据 1955 年台湾铅印本影印）。天津图书馆和南开大学图书馆
藏，见各馆藏目录。

一品夫人巴岳特夫人五十寿言

金梁撰。民国二十年（1931）铅印本，朱印，北京图书馆
藏，见馆藏目录。巴岳特（1882- ？），金梁之妻。

惠兴女士征文事略

金梁等撰。民国间铅印本，一册，北京图书馆藏，见馆藏
目录。惠兴（1872–1905），满族，姓瓜尔佳氏。

杭州瓜尔佳氏节孝忠义合传

金梁辑。民国间铅印本，线装一册，首都图书馆藏，见馆
藏目录。

清宫史略八卷补辑一卷

金梁编。为《清宫史》节本，录三百馀则，各加标目，并
增按语。原书编至嘉庆初年。此书有清三百年宫廷故事、清宫

掌故等，内分训谕、典礼、宫殿、经费、宦官、书籍六门。民
国间铅印本，一册，河南省图书馆藏，北京图书馆有缩微品。

道咸同光四朝佚闻二卷

金梁著。民国二十五年（1936）杭县金梁铅印本，一册，
北京图书馆和天津图书馆、天津师范大学图书馆藏，见各馆
藏目录。又台北广文书局 1978 年影印本，又台北文海出版社
1990 年《近代中国史料丛刊三编》第六十一辑，

满洲秘档

金梁编。原名《满洲老档秘录》，北平文奎堂等出版，北
京图书馆藏。又沈阳故宫藏满洲老档一百七十九册，分记天命、
天聪、崇德三朝事，多为《三朝实录》《开国方略》《东华录》
所不载。原文为无圈点的老满文，经人译出后，金梁择其要者
选录，数量不及原文二十分之一。北京图书馆有缩微品。又台
北文海出版社 1967 年影印本，《近代中国史料丛刊》第十一辑，

满洲秘档选辑

金梁编。台北大通书局有限公司 1995 年《台湾文献史料
丛刊》第四辑，

满洲秘档秘录二编

金梁编译。民国十八年（1929）铅印本，二册，北京图书
馆藏，见馆藏目录。

台湾史料二编

金梁撰。1955 年油印本，一册，行款字数不等，北京图
书馆和天津图书馆藏，见各馆藏目录。

西疆交涉志要六卷

钟镛撰，金梁订。清宣统元年（1909）铅印本，二册，北
京图书馆藏，见馆藏目录。

黑龙江通志纲要二卷

金梁撰。民国十四年（1925）铅印本，二册，北京图书馆和首都图书馆藏，见各馆藏目录。台北成文出版社 1974 年影印本，据民国十四年（1925）铅印本影印，《中国地方志丛书·东北地方》。原藏长春吉林省图书馆，北京图书馆有缩微品。

变通旗制三上书

金梁撰。清宣统间铅印本，一册，北京图书馆藏，见馆藏目录。首都图书馆题作《试办迁旗实边报告》，清宣统三年（1911）序刊，铅印本，线装一册，见馆藏目录。

东三省迁旗实边书

金梁编。清宣统间铅印本，一册，北京图书馆藏，见馆藏目录。

金知事手谕录

金梁撰。清光绪间京华印书局铅印本，一册，北京图书馆藏，见馆藏目录。

拟设京外八旗生计会演说

金梁撰。清末民国间铅印本，一册，北京图书馆藏，见馆藏目录。

北京宫殿志

金梁编著。一名《大北京北京宫殿》，1955 年个人刊，北京图书馆藏，见馆藏目录。

雍和宫志

金梁著。1953 年油印本，一百八十八页，北京图书馆藏，见馆藏目录。

雍和宫志略

金梁编纂，牛力耕校订。北京中国藏学出版社 1994 年出

版，《西藏学汉文文献丛书》（原名《西藏研究丛刊》）第三辑，

天坛公园志略

金梁著。1953 年北京著者自刊，油印本，七十三页，北京图书馆藏，见馆藏目录。

东三省博物馆古物陈列册

金梁著。沈阳东北大学工厂印刷系 195？年印四十二页，北京图书馆藏，见馆藏目录。

奉天古迹考

金梁辑。沈阳奉天作新印刷局民国四年（1915）铅印本，一册，北京图书馆、首都图书馆和天津图书馆藏，见各馆藏目录。

盛京故宫书画录

金梁编。民国十三年（1926）铅印本，八册；又民国间大公报馆铅印本，一册，傅增湘捐书，天津图书馆藏，见馆藏目录。又北京图书馆出版社 2007 年影印本《历代书画录辑刊》第十四册，北京图书馆藏，见馆藏目录。

越缦堂日记索引

金梁编。台北文海出版社 1978 年影印本，《近代中国史料丛刊续编》第六十辑。

瓜圃述异二卷附灵感志异

金梁著。民国二十五年（1936）铅印本，一册，北京图书馆和天津师范大学图书馆藏，见各馆藏目录。又，台北文海出版社 1975 年影印本，《近代中国史料续编》第二十四辑。

如如老人灰馀诗草十卷

凤瑞撰，金梁录。清末铅印本，二册。一作九卷，金梁辑。民国间铅印本，四册，北京图书馆藏，见馆藏目录。凤瑞，金

梁之父，号桐山。

瓜圃丛刊叙录

金梁著。民国十二年（1923）铅印本，一册；民国十七年
（1928）王德溥铅印本，一册；民国二十四年（1935）铅印本，
一册，北京图书馆和天津图书馆藏，见各馆藏目录。又台北文
海出版社 1968 年影印本，《近代中国史料丛刊》第二十九辑。

瓜圃丛刊叙录续编

金梁辑。民国十七年（1928）王德缚铅印本，一册，又民
国二十四年（1935）铅印本第三版，一册，北京图书馆和天津
图书馆藏，见各馆藏目录。

务本篇

金梁辑。沈阳奉天作新印刷局民国四年（1915）铅印本，
一册。本书按忠、孝、节、义分为四类，各类又为上下二子卷；
书名页题《东庐丛刻》第二十一种。北京图书馆藏，见馆藏目录。

六十自述

金梁撰。民国二十六年（1937）铅印本，朱印。北京图书
馆藏，见馆藏目录。

金息侯先生壬子自述诗

金梁编，申权注。民国二年（1913）铅印本，北京图书馆
藏，见馆藏目录。

壬子记游草

金梁撰。民国间铅印本，一册，北京图书馆藏，见馆藏
目录。

东庐吟草

金梁撰。民国间铅印本，线装一册，北京图书馆和首都图
书馆藏，见各馆藏目录。

息庐咏史

金梁撰。民国二十六年（1937）铅印本，一册，北京图书馆和天津图书馆藏，见各馆藏目录。

贵和堂三代诗存

观成等撰，金梁辑。民国间铅印本，线装一册，首都图书馆藏，见馆藏目录。

曹鸿年（1879~1956）

鸿年字恕伯，晚年改名宏年，天津人。回族。早年自设家馆，后任小学教员，曾赴日本、韩国等地考察教育。后专心从事书画，曾学书于顾叔度，学画于王铸九，诗书画均造诣甚深。又擅长金石篆刻，馆名"松寿轩"。1949年后为天津文史研究馆员。

考察日韩江浙教育笔记一卷

曹鸿年撰。民国七年（1918）北洋印刷局承印本。《津人著述存目》和《天津地方史资料联合目录》著录，天津图书馆藏。

教育管见

实际小学管理法

新式体操

曹鸿年撰以上三书。不见书目著录，也不知存佚情况，《民族大辞典》提及。

松寿轩第一集

曹鸿年撰。《津人著述存目》著录，民国十三年（1924）影印本。属子部艺术类书画，首都图书馆藏，见馆藏目录。

松寿轩诗稿

曹鸿年撰。《近代天津人物录》本传提及。未见。

王静斋（1879–1949）

　　静斋名文清，以字行，经名叶尔孤白，天津人。回族。中国伊斯兰教学者。十六岁时即受教于李春生门下，并从海鸿钧阿訇学习伊斯兰经文，学习阿拉伯语、波斯语，继又刻苦攻读汉语、英语。三十岁时曾赴麦加朝圣，还去过中近东等阿拉伯国家考察学习，并在埃及的爱支哈大学和摩洛哥大学受业。回国后在天津创办中阿大学，并集资创建三义庄清真寺，任正位阿訇。民国十六年（1927）主办《伊光》月刊，宣传"遵经革俗"主张。民国二十六年（1937）在河南参与创建中国回教抗日救国协会，后专事译经工作。他是中国近现代著名伊斯兰经学家、翻译家、著作家和伊斯兰教阿訇。1949年旅经贵阳时病逝，安葬于贵阳郊区白桦山回民公墓。

清真学理译著

　　王静斋等编辑。民国五年（1916）北京富华印刷所出版，北京图书馆藏，见馆藏目录。

回耶辨真

　　赖哈麦图拉著，王静斋编辑。北京清真书报社民国十一年（1922）出版，北京大学图书馆藏，见馆藏目录。

中阿双解新字典

　　伊洛雅斯氏著，王静斋编译。天津清真北寺前伊光报社民国二十三年（1934）出版，北京图书馆和北京大学图书馆有藏，见各馆藏目录。

古兰经译解

　　王静斋译注。此书先后以文言文、经堂语、白话文三种文体翻译出版，其中第三种《古兰经译解》，白话文体，不仅有译文，而且有近两千条注释，有略解，有附说，学术价值很高，深受回族穆斯林喜爱，流传甚广，影响甚大。北平中国回教俱进会民国二十一年（1932）出版，北京图书馆藏，见馆藏目录。又上海中国回教协会民国三十五年（1946）出版，天津南开大学图书馆藏，见馆藏目录。

选译详解伟嘎业

王静斋编译，马塞北整理。《中国回族古籍丛书》，天津古籍出版社1986年出版。北京大学图书馆藏。

真镜花园

王静斋撰。《近代天津人物录》本传提及，为宣扬伊斯兰教主义之书。未见。

苑　壹

生平不详，近代天津人。

涣堂文存

苑壹撰。《津人著述存目》著录，民国七年（1918）铅印本。未见。

李叔同（1880-1942）

叔同原名文涛，又名成蹊、岸，别号息霜，法号弘一，天津人。十岁时从天津名士赵元礼、唐敬严等学诗词、书法、篆刻。清光绪二十五年（1899）赴沪，二十七年（1901）入南洋公学肄业，后赴日本学西洋绘画与音乐，并参与新剧演出。宣统二年（1910）回国后就任天津工业专门学堂及直隶模范工业学堂图画教员。民国元年（1912）赴上海参加南社，并先后出

任杭州、南京等地学校的美术和音乐教师。民国七年（1918）
在杭州虎跑寺出家，专研戒律，有南山律宗大师之称。生前著
述大多散载各报章杂志。近年有将其结集出版的。

法学门径书

（日）玉川次致著，李叔同翻译。清光绪二十九年（1903）
上海评书汇编杂志社出版。

国际私法

（日）大田政弘、（日）加藤正雄、（日）石井谨吾著，李叔
同翻译。清光绪二十九年（1903）上海评书汇编杂志社出版。

四分律比丘戒相表记

李叔同著。历时五年写就，民国十六年（1927）上海开明
书店出版。

华严疏论纂要

李叔同著。民国十八年（1929）上海开明书店出版。

清凉歌集

李叔同词曲。民国二十五年（1936）上海开明书店出版。

以上五种书，见夏弘宁撰《弘一大师在上海的岁月》，载
《永恒的风景——第二届弘一大师研究国际学术会议论文集》，
北京中国文化艺术出版社 2008 年出版。

李庐诗录（一作李庐诗钟）

李庐印谱

晚晴老人讲演集

李叔同讲演，弘一大师纪念会编。上海大雄书店印行，民
国三十三年（1944）四月再版。

僧伽应化录

释弘一（李叔同）辑。僧伽为唐代西域人。民国二十五年

（1936）南通狼山广教寺铅印暨影印本，一册，有图及像。北京图书馆藏，见馆藏目录。

李息翁临古法书

题李息书、夏丏尊选。李息即弘一法师李叔同。民国十八年（1929）上海开明书店影印本。北京图书馆藏，见馆藏目录。

弘一大师文抄

李叔同撰。上海北风书屋民国三十五年（1946）印行。

以上六书，见自郑逸梅编著《南社丛谈》附录二《南社社友著述存目表》著录。以下为中华人民共和国成立后整理出版者：

弘一格言录

李叔同书。本格言集合六十五篇，是大师出家后的作品，部分抄自大师最钦佩的明代高僧藕益的《灵峰宗论》中的警训《寒笳集》等。2003 年中国线袋书局出版。

弘一大师格言别录

李叔同撰，董敏编。合肥安徽文艺出版社 1997 年出版。

弘一大师韵语

李叔同撰，天津市李叔同——弘一大师研究会编。本书所辑诗、词、曲、歌多为作者在俗时所作，联语、偈悟为作者出家后所作。天津人民出版社 1994 年出版。

弘一法师书信

释弘一（李叔同）撰，杨子青编。三联书店 1990 年出版，有作者肖像及书影。

弘一大师李叔同书信集

李叔同撰，秦启明编注。陕西人民出版社 1991 年出版，有作者肖像。

弘一大师书信手稿选集

李叔同撰，虞坤林编。本书精选了弘一大师写给其弟子及好友丰子恺、刘质平、杨白民、李圆净等人的信函手稿共二百二件，按其时间顺序附了释文，并对每封信作了简注。太原：山西古籍出版社 2006 年出版。

弘一手札一卷

释弘一（李叔同）撰并书。附诗词一卷。江苏广陵古籍刻印社 1998 年影印本，全一册。

弘一大师日记三种

弘一法师撰，虞坤林编。本书收录了弘一法师的《断食日记》《惠安弘法日记》《壬丙南闽弘法略志》三篇日记，以及法师出家后的一些演讲稿、铭言、题记等。山西古籍出版社 2006 年出版。

弘一大师李叔同演讲集

李叔同撰，秦启明编。本书所收演讲内容包括佛学讲录、弘法开示、生平自述等。中国广播电视出版社 1993 年出版。

弘一大师讲佛

弘一撰，易彬彬编，本书收集了大师出家后的弘法讲演稿二十八篇，及佛法论述、赞颂、疏咨、画集题词、题偈等十一篇，分别编为演讲集和杂著，是大师弘法活动的实录，体现了他对佛学的高深造诣和身体力行。九州出版社 2006 年出版。

禅里禅外悟人生

李叔同撰。本书是弘一法师一生感悟和学佛心得的集大成之作，收录了《弘一法师讲演录》《弘一大师晚晴集》以及大师众多的讲演稿，并配以他的照片、画家、亲笔手书的格言、佛教造像，让读者从中领悟人生真谛、佛学思想的同时，也从多角度领略了这位大师的风采。陕西师范大学出版社 2006 年出版。

弘一大师写经集四种

释弘一（李叔同）书。内含《金刚般若波罗密经》《药师本愿功德经》《阿弥陀经普门品般若心经》《华严集联三百》四种。1998 年华实斋古籍书社影印本，四册，出版地不详。北京图书馆藏，见馆藏目录。

弘一大师遗墨

李叔同书，夏宗编。华夏出版社 1987 年出版，有图像。

护生画集

丰子恺画，弘一法师（李叔同）等书。民国十七年（1928）上海佛学书局初集铅印本，一册；深圳海天出版社 1999 年合集本，六册。北京图书馆藏，见馆藏目录。本书绘画部分系丰子恺作，诗词部分由弘一法师即李叔同题写。

弘一大师书画集

李叔同撰。石家庄河北教育出版社 2005 年出版。

李叔同印存

李叔同作。此为印谱，天津人民美术出版社 1995 年出版。

李叔同歌曲集

李叔同原创，丰子恺编。北京音乐出版社 1958 年影印本。

李叔同弘一法师歌曲全集

李叔同原创，企释、培安编订。上海音乐出版社 1990 年出版。

李叔同诗文遗墨精选

李叔同撰，李莉娟选编。本书收录了作者的诗歌、散文、书法等作品百馀篇，中国文联出版社 2001 年出版。

弘一大师文集

李叔同撰，萧枫编注。内分书信卷、讲演卷、文学佛学卷，全四册，内蒙古人民出版社 1996 年出版。

李叔同集

李叔同撰，郭长海、郭君兮编。本书所收为目前所发现的李叔同出家之前的全部文字，截止时间为民国七年（1918）出家前后，按文章、诗词、歌词、书信、译著五部分编排，每篇均于篇末注明资料来源、发表时间、署名等。天津人民出版社 2006 年出版。

李叔同集

李叔同撰。本书共分为六卷，分别是讲演录卷，传记卷，杂著卷（包括论说、杂志）、文艺卷（包括诗词、联语、歌曲、题记），格言嘉语卷（包括格言、别录、佩玉篇、晚晴集、寒笳集、嘉语）和书信卷，东方出版社 2008 年出版。此为该社出版的"佛门三子文集"之一。

弘一法师全集

李叔同撰。是书网罗弘一大师李叔同的全部遗著，厘订内容分佛学卷、传记卷、序跋卷、文艺卷、杂著卷（内含书信）等共八类十册，由弘一大师全集编委会编，福建人民出版社 1986 年至 1993 年陆续出版。

冯文洵（1880-1934）

文洵字问田，祖籍天津，生于河北涿县。北京警官学校毕业，后在四川成都从事警务工作。民国二年（1913）离职回里，民国四年（1915）赴黑龙江，先后任泰来、海伦等县县长多年。后回到天津居住。一度出任河北省北运河河务局局长。能诗善画，为城南诗社主要成员。

海伦杂咏一卷

冯文洵撰。前有小序云："海伦设官，洎今仅二十五年，草莱甫辟，文献无征。洵宰是邦，三年又半，兹就经历所得，见闻所及，与夫稽之档册，询诸耆老者，制杂咏二十六首。自知词句鄙俚，事实挂漏，不免为方家笑，亦聊备将来重修县乘时为采辑之一助云尔。民国十年七月志。"这是一组咏海伦风情的竹枝词，诗句中有小注。民国十年（1921）滨江墨林堂铅印本，不见书目著录。天津图书馆藏，见馆藏目录。

紫箫声馆诗存一卷

冯文洵撰。《天津地方史资料联合目录》著录，民国二十三年（1934）天津冯文澍铅印本，一册，天津历史博物馆藏。天津图书馆亦藏，见馆藏目录。

丙寅天津竹枝词

署名冯问田著。《天津地方史资料联合目录》著录。收录有关天津民俗风情的竹枝词三百首。民国二十三年（1934）八月出版，天津图书馆、南开大学图书馆和天津历史博物馆藏。另天津社科院图书馆藏本有俞祖鑫眉注。

邓庆澜（1880-1960）

庆澜字澄波，天津人。日本东京弘文书院师范科毕业，一生从事教育管理，曾任天津县立师范讲习所所长、天津特别市教育局局长、河北省教育厅教育设计委员会委员、天津市立师范学校校长等职。中华人民共和国成立之初任天津市第一图书馆馆长，任职期间采取多种措施，开展读者服务工作，并成立读书会等。

单级算术教科书

寿孝天、邓庆澜编纂。上海商务印书馆民国三年（1914）第十五版，北京师范大学图书馆藏，见馆藏目录。

实用国文教科书

北京教育图书社编纂，邓庆澜校订。上海商务印书馆民国四年（1915）出版，北京师范大学图书馆藏，见馆藏目录。

新小学教科书算术课本

朱开乾等编，邓庆澜校。上海中华书局民国十二年（1923）出版，北京师范大学图书馆藏，见馆藏目录。

单级小学教授法讲义

邓庆澜著。上海商务印书馆民国十八年（1929）出版，北京师范大学图书馆藏，见馆藏目录。

天津市第二次工业统计

邓庆澜主编。天津市社会局民国二十四年（1935）出版，天津图书馆藏，见馆藏目录。

程卓云（1880-1952）

卓云名庆章，以字行。原籍安徽休宁。清光绪癸卯科（1903）举人，曾官内阁中书、候补知府。入民国后先寓居北平，后迁至天津定居。日伪时汉奸王揖唐曾劝其任伪职，辞不就。中华人民共和国成立后卒于潼关道长庚里寓所。平生擅长书法，精通文史。

识夷庵随笔一卷

程卓云撰。民国二十五年（1936）石印本，一册，《天津地方史资料联合目录》著录，天津师范大学图书馆藏。

马钟琇（1880-1948）

钟琇字仲莹，原籍直隶（今河北）安次。幼读诗书。北京法政学堂毕业，清末曾任刑部主事。老同盟会会员，辛亥革命后被选为国会众议院议员。后南下广东，任孙中山大元帅大本营的顾问，一度兼任秘书长。民国十四年（1925）后回天津定居。藏书甚丰，并为天津城南诗社社友。

东安人物志

马钟琇辑。清宣统三年（1911）铅印暨油印本，一册，北京图书馆藏，见馆藏目录。

东安艺文志

马钟琇辑。清宣统三年（1911）油印本，一册，又石印本，一册，北京图书馆藏，见馆藏目录。

［民国］安次县志十二卷

刘钟英、马钟琇等纂修。《中国地方志联合目录》著录，稿本存北京图书馆；民国三年（1914）铅印本，天津图书馆、南开大学图书馆、天津师范大学图书馆藏。

安次得胜口马氏家谱十八卷

马钟琇纂修。民国九年（1920）铅印本，四册，北京图书馆藏，见馆藏目录。

安次马氏清芬记

马钟琇编。民国间抄本，一册，北京图书馆藏，见馆藏目录。

安次得胜口马氏北门第三支家谱约书

马钟琇纂修。民国间抄本，一册，北京图书馆藏，见馆藏目录。

安次得胜口马氏坟茔

马钟琇纂修。本书为马氏家谱卷之十七，民国间抄本，一册，北京图书馆藏，见馆藏目录。

味古三十自订年稿

马钟琇撰。清宣统间稿本，一册，北京图书馆藏，见馆藏目录。

城南诗社小传

马钟琇（署名马仲莹）编。民国十八年（1929）稿本，北京图书馆藏，见馆藏目录。

安次马氏诗录

马钟琇辑。民国间安次马氏抄本，一册加诗稿一纸，北京图书馆藏，见馆藏目录。

马氏文录甲编七卷乙编十卷馀编一卷

马钟琇编。民国二年（1913）东安马氏味古堂抄本、绿丝栏十二册，北京图书馆藏，见馆藏目录。

诗歌新读本

马钟琇编。清末民初马氏味古堂石印本，一册，北京图书馆藏，见馆藏目录。

全唐诗补遗三十卷

马钟琇辑。民国三年（1914）味古堂抄本，八册，北京图书馆藏，见馆藏目录。

影宋本孟浩然集校记

马钟琇撰。民国二十八年（1939）稿本，一册，北京图书馆藏，见馆藏目录。

元人风雅

马钟琇编。民国间抄本，一册，题菊禅编，北京图书馆藏，见馆藏目录。

一山集二卷

李延兴撰，马钟琇辑。民国初铅印本，北京图书馆藏，见馆藏目录。另见《东北地区古籍线装书联合目录》著录，吉林大学和东北师大图书馆藏。

清诗征

马钟琇辑。民国间安次马氏味古堂稿本，二册，北京图书馆藏，见馆藏目录。

近人诗抄

马钟琇辑。民国六年（1917）油印本，一册，北京图书馆藏，见馆藏目录。

国会同人诗抄

马钟琇辑。民国间稿本，二册，北京图书馆藏，见馆藏目录。

国雅

马钟琇辑。安次马氏民国间抄本，一册，北京图书馆藏，见馆藏目录。

古燕诗纪十卷

马钟琇编。民国三年（1914）味古堂稿本，四册；民国四年（1915）味古堂铅印本，四册，书签题"野史亭古燕诗纪"，有墨笔校改增删。北京图书馆藏，见馆藏目录。另，天津图书馆也有收藏，见馆藏目录。

灵寿十二家词

马钟琇辑。抄本，一册，抄年不详，北京图书馆藏，见馆藏目录。

大城诗集

马钟琇辑。民国元年（1912）东城马氏味古堂油印本，一册，北京图书馆藏，见馆藏目录。

补萝老屋所选诗

马钟琇选。民国十一年（1922）抄本，一册，北京图书馆藏，见馆藏目录。

嘉惠堂酬唱集

马钟琇辑。民国七年（1918）安次马氏抄本，一册，加诗稿二纸，北京图书馆藏，见馆藏目录。

味古堂诗存

马钟琇撰。清光绪间稿本，一册，北京图书馆藏，见馆藏目录。

味古堂诗草

马钟琇撰。清光绪间稿本，一册，北京图书馆藏，见馆藏目录。

味古堂集八卷续集六卷

马钟琇撰。民国间安次马氏抄本，四册，北京图书馆藏，见馆藏目录。

沧海一汇集

马钟琇撰。民国间稿本，二册，北京图书馆藏，见馆藏目录。

东溪草衣诗抄

马钟琇撰。民国间稿本，一册，北京图书馆藏，见馆藏目录。

味古堂诗集稿本

马钟琇撰。民国间稿本，一册，北京图书馆藏，见馆藏目录。

诗抄

马钟琇撰。民国间抄本，二册，加诗稿数十纸，北京图书馆藏，见馆藏目录。

名章类捃

马钟琇编。清宣统三年（1911）东安马氏油印本，一册，北京图书馆藏，见馆藏目录。

味古堂收集手札

马钟琇辑。民国间稿本，一册，北京图书馆藏，见馆藏目录。

曲学书目举要

马钟琇编。民国十九年（1930）抄本，一册，北京图书馆藏，见馆藏目录。

顾曲谈屑

马钟琇撰。民国间剪贴本，二册，卷末有马钟琇墨笔呈稿，北京图书馆藏，见馆藏目录。

戏剧杂考

马钟琇撰。民国间抄本，一册，北京图书馆藏，见馆藏目录。

学林丛话

马钟琇撰。民国六年（1917）油印本，一册，北京图书馆藏，见馆藏目录。

萧文澄

文澄字寄观，民国时天津人。善书，尤长篆隶，见《天津书画家小记》。《津门城南诗社题名录》中有其亲笔签名："住西门外联兴里三号"。说明他还是城南诗社一成员。

子弟书约选日记

萧文澄撰。民国初年，天津无名氏编《子弟书目录》稿本，二册，收录自藏之子弟书三百二十八种，但后有部分散失。民国六年（1917）前归为天津萧文澄所有。萧氏复据存本新编一种子弟书目录，书衣题"子弟书目录，共计二百另九目"。另根据当时社会教育要求，选评了其中的一百二十八种，以日记形式，发表在报刊上，后汇抄成《子弟书约选日记》，今藏天津图书馆，见馆藏目录。

张鸿来（1881－1962）

鸿来字少元，亦作邵园，直隶静海人，世居天津。清末光绪年间秀才。后赴日本留学，入东京高等师范学校博物学专科。民国元年（1912）回国，曾任北京五城中学（师大附中前身）教导主任兼教师，天津广智馆副馆长。民国二十九年（1940）任北京高师附中主任，后又任师范大学秘书与国文系讲师、教授，直到退休，为当时著名的教育家、文字音韵学家与文学批评家，先后从事教育工作近六十年，造就人材甚众。平生藏书甚富，临终前遗嘱捐赠于中国科学院图书馆。

沈锡三传

张鸿来撰。民国七年（1918）铅印本，《天津地方史资料联合目录》著录，天津图书馆藏。沈锡三，名恩培，曾任天津陈家沟学校校长。本书除张鸿来所写的传外，大部分篇幅为天津教育界写的挽联。

丙辰东游视察记

张鸿来撰。《近代天津人物录》本传提及。未见。

婚丧礼杂说二卷

张鸿来撰。介绍天津地方婚丧风俗。民国十七年（1928）北平文化学社铅印本，《天津地方史资料联合目录》著录，天津图书馆和天津社科院图书馆藏。

书法

张鸿来编。《近代天津人物录》本传提及。北平文化学社
民国二十一年（1932）出版，二十六年再版，天津图书馆藏。

广告学

今文十弊

张鸿来撰以上二种，《近代天津人物录》本传提及。未见。

初级中学国文读本

张鸿来等选注。民国间北平师大附中国文丛刊社印，北京
师范大学图书馆收藏，见馆藏目录。

初级中学应用文

张鸿来编著。民国间北平文化学社铅印本，民国十五年
（1926）出版，民国二十一年（1932）第七版。《天津地方史资
料联合目录》著录，天津图书馆藏。北京师范大学图书馆也有
收藏，见馆藏目录。

刘玉珂（1881-1957）

玉珂字鸣銮，一作明岚，近代天津人。清光绪二十七年
（1901）保定军官速成学堂第一期毕业，后入北京陆军大学。
先后在清军和北洋军中任职。北伐后任国民政府军事参议院中
将参议。抗战期间任参议院上将代院长。抗战胜利后于民国
三十五年（1946）退役，回天津闲居，以诗文自娱。

厓庐诗集

刘玉珂撰。稿本，五十册，《天津近代人物录》本传中提及。
未见。

刘后同（1882-1961）

后同名文厚，原籍山西解州。清光绪二十九年（1903）入甘肃武备学堂。后又转入湖北武备，并参加了孙中山的兴中会。辛亥革命中，积极参与组织和领导了甘肃省的秦州反清起义，并出任独立甘肃省政府陆军部长兼总招讨使。民国初任山西学生军总教练兼军士学校校长。北洋政府时期任京畿卫戍总司令部高级参谋和总统府侍从武官。二十世纪二十年代中期，隐退居家天津。九一八事变后，主张抗日，曾应傅作义之邀，赴绥远布置百灵庙战役。抗战胜利后反对内战，并于 1949 年帮助傅作义促成北平和平解放。他博学多才，不仅通晓文韬武略，而且善书画，论著有《互爱主义》《草书定法》等。现存：

孙子释证十三卷

（周）孙武著，题刘文厚释证。民国十七年（1928）刻本，北京图书馆藏，见馆藏目录。又北京中国书店 1984 年重印。

互爱主义不分卷

刘后同撰。稿本，一册，有图，有吴玉如等题识，天津图书馆藏，见馆藏目录。

少女吾言不分卷

刘后同撰。稿本，一册，天津图书馆藏，见馆藏目录。

宽于一天下室文稿

刘后同撰。稿本，一册，内存《武备学堂月课》一卷和《国难战策》一卷。天津图书馆藏，见馆藏目录。

严智怡（1882-1935）

智怡字慈约，天津人。严修次子。日本东京高等工业学校毕业。历任农商部秘书、巴拿马太平洋博览会中国代表。民国二年（1913）任商品陈列所总理、中华书局经理，后经营天津造胰公司。民国四年（1915）任农商部司长。六至十一年任直隶省实业厅厅长。后任运河工程事宜会办。民国十五年（1926）任商标局局长。北伐后于民国十七年（1928）任河北省政府委员兼教育厅厅长。

巴拿马赛会直隶观会丛编二十三卷一表

严智怡等编。民国十年（1921）铅印本，平装，十六册。《津人著述存目》和《天津地方史资料联合目录》著录，天津社科院图书馆藏。是书分上下二编，内收严智怡撰《预会志略》二卷，《东美调查录》一卷等。

预会志略二卷

严智怡撰。载《巴拿马赛会直隶观会丛编》上编，民国十年（1921）铅印本，二册。北京图书馆和天津社科院图书馆藏，见各馆藏目录。

会计报告一览表

严智怡编制。载《巴拿马赛会直隶观会丛编》上编，民国十年（1921）铅印本，一册。北京图书馆和天津社科院图书馆藏，见各馆藏目录。

东美调查录一卷

严智怡撰。载《巴拿马赛会直隶观会丛编》上编，民国十年（1921）铅印本，一册。北京图书馆和天津社科院图书馆藏，见各馆藏目录。

直隶农商会恳亲会记

严智怡编。《津人著述存目》著录，民国十八年（1929）铅印本，二册。北京图书馆藏，见馆藏目录。

小蟫香馆日记

严智怡撰。手稿本，线装四册，《天津地方史资料联合目录》著录，天津图书馆藏，书名系本馆自拟。本书为作者从民国十四年（1925）十二月一日至十八年（1929）五月的日记，内容多为家事，写日记时作者住在北京。注：严智怡应为严范孙次子，但据日记内容看是女人的日记，怀疑著者著错。

癸酉展重阳水西庄酬唱集一卷

严智怡编。民国二十二年（1933）影印本，一册。天津图书馆藏，见馆藏目录。

王　钊（1883-1946）

钊初名衡，字燮民，一字雪民，天津人。甲骨学家王襄弟。善治印，于缪篆之法，白文之印，尤能会以精心，又有所创新。晚年常以铜器铭、贞卜文字体为边款，别具风格。

王燮民先生印谱（一作雪民印谱）一卷

王钊篆。民国间铅印本。

雪民先生印妙二卷

王钊篆。民国间铅印本。

雪老遗作

王钊篆以上三种，引自《天津近代人物录》和《天津出版志》著录。

严智惺（1883-1913）

智惺字约敏，天津人。父好施与，里人称为香荪先生者也。季父范孙先生，以兴学尊显于世。君承家学，不屑屑治章句，独酷嗜畴人术。自清光绪季年，范孙出，既锐意兴学，君与津士之才者，翼赞其间，曾任直隶第一师范学校数学教员；寻复与张伯苓重设第一私立中学于津之南郊，门之成材者益伙。民国初元，南游入浙中，后返津与同里诸君组织共和党分部于津水。事甫就而骤疾不起，民国二年（1913）五月，卒于津之寓里，春秋甫三十有一。见赵芾撰《严智惺先生事略》，载 1937 年广益书局江阴吴芹辑《近代名人文选》。其生卒年即据此考定。

严智惺日记不分卷

严智惺撰。自清光绪二十七年（1901）辛丑八月至光绪二十八年（1902）讫，稿本，二册，天津图书馆藏，见馆藏目录。

周　岐（1883-？）

岐字支山，号铭西，近代天津人。八岁时曾住舅氏华金寿家，为华学澜的表弟。后为城南诗社成员。

一鸣集不分卷

周岐撰。此集又名《支山诗抄》，系稿本，《清人诗文集总目提要》著录，中国科学院图书馆藏。

赵　芾（1883-1934）

芾字生甫，近代天津人。赵元礼族弟。性笃挚，博极群书，以治古文名于时，"学桐城而不为桐城所囿"。中寿以疽发背卒，年止五十有二。

天津严公范孙墓碑铭

赵芾撰。民国间油印本，一册，北京图书馆藏，见馆藏目录

赵母郭夫人传

赵芾撰。民国间石印本，一册，北京图书馆藏，见馆藏目

录。郭氏（1867–1929），赵苇母亲。

建德风土记十八卷

周云纂，赵苇审订。民国间油印本配抄，八册，天津图书馆藏，北京图书馆有缩微品，见馆藏目录。

兵事

赵苇撰。稿本，一册，北京图书馆藏，见馆藏目录。

蒙斋医案

赵苇撰。民国十八年（1929）油印本，一册，北京图书馆藏，见馆藏目录。

选辑古文正

赵苇选辑。《津人著述存目》著录，转引自《蒙斋文存·选辑古文正宗序》。未见。

蒙斋文存

赵苇撰。民国九年（1920）铅印本，线装三册，《津人著述存目》和《天津地方史资料联合目录》著录，天津图书馆和天津社科院图书馆藏。另，北京图书馆藏民国九年（1920）天津华新印刷局铅印本，一册，见馆藏目录。

蒙斋文存

赵苇撰。民国二十四年（1935）铅印本，线装五册，《天津地方史资料联合目录》著录，天津图书馆藏。另，北京图书馆藏民国间铅印本，六册，含一至五集全，见馆藏目录。

蒙斋文存第三集、第四集

赵苇撰。天津公园直隶教育印书处铅印本，线装二册，《天津地方史资料联合目录》著录。天津图书馆（有第三集）和天津社科院图书馆藏。

蒙斋文存第五集二卷

赵芾撰。民国二十四年（1935）天津铅印本，线装一册，分上下二卷：卷上收文四十四篇，卷下收文四十六篇，多为碑传文类。前有赵元礼序。《天津地方史资料联合目录》著录，天津师范大学图书馆藏。另首都图书馆藏一函二册，见馆藏目录。

吕碧城（1883-1943）

碧城，女，一名兰清，字圣因，号遁天，晚法号莲因，原籍安徽旌德。幼即聪敏好学，能文善画，而肆力于填词。清光绪二十一年（1895）十二岁丧父，依舅父严朗轩定居天津。后游学日本，兼谙习英文，与女革命家秋瑾善。后参加南社。宣统元年（1909）回国返津，创办北洋女子公学，自任校长并执教，为天津早期女子教育创导者之一。入民国后曾赴美国留学，并再游欧美。晚年笃好佛学，定居香港以终。

吕氏三姊妹集

吕碧城与其姐吕湘、吕美荪三人合著。内收碧城词十五首。清光绪三十一年（1905）春，英敛之在天津刊行，《天津地方史资料联合目录》著录，天津社科院图书馆藏。

信芳集三卷

吕碧城撰。分诗、词、文三类。民国十四年（1925）上海中华书局铅印本，一册，北京图书馆和天津南开大学图书馆藏，见馆藏目录。

信芳集五卷

吕碧城撰。民国十八年（1929）上海中华书局铅印本，《清人别集总目》著录，北京图书馆藏。另据《东北地区古籍线装书联合目录》载，吉林大学图书馆和哈尔滨师范大学图书馆也有收藏。

吕碧城集五卷

吕碧城撰，碧城词友费树蔚编辑。民国十八年（1929）上海中华书局铅印本，卷一文，卷二诗，卷三词，卷四《海外新词》，卷五《欧美漫游录》，北京图书馆和天津师范大学图书馆藏，见馆藏目录。

谋创中国保护动物会缘起

吕碧城撰。民国二十年（1931）铅印本，一册，北京图书馆藏，见馆藏目录。

晓珠词一卷

吕碧城撰，樊樊山评。民国二十一年（1932）铅印本，一册，北京图书馆藏，见馆藏目录。

晓珠词四卷

吕碧城撰。民国间铅印本，一册，北京图书馆藏，见馆藏目录。

欧美之光

吕碧城编译。编译欧美书刊文章二十九篇，涉及生物、医学、政治、教育、风俗等方面。附西渐梵讯，玄学与科学。书前有凌楫民序。上海开明书店民国二十一年（1932）出版，叶恭绰封面题笺，天津图书馆藏，北京图书馆有缩微品，见馆藏目录。

法华经普门品

吕碧城编辑。内含《妙法莲华经·观世音菩萨普门品》经文，书后有编者著"普门品中英译文之比较"及出版者"跋"。上海佛学书局民国二十二年（1933）出版，北京图书馆藏，另有缩微品，见馆藏目录。

香光小录

吕碧城编著。内含有关因果报应，断除肉食、念佛方法等方面的短文数篇及有关的佛经节录。上海道德书局民国二十八年（1939）出版，郑州河南省图书馆藏，北京图书馆有缩微品，见馆藏目录。

观无量寿佛经释论

吕碧城著译。民国三十一年（1942）香港发行，北京图书馆藏，另有缩微品，见馆藏目录。

吕碧城词笺注

吕碧城撰，李保民笺注。据《前言》称本书以四卷本《晓珠词》作底本，增收《雪绘词》二十三首；复从《同声月刊》辑得遗作五首，一并移作《晓珠词》卷五。同时将《晓珠词》四卷本未收而见于他本之词辑出，作为补遗。"这样，吕碧城词已尽于此"。全书分五卷，另补遗一卷。书后有五附录，包括《吕碧城年谱》，上海古籍出版社2001年出版。

吕碧城诗文笺注

吕碧城著，李保民笺注。上海古籍出版社2007年出版。

王静斋（1883-1953）

静斋本名功镇，原籍山东历城。出身于中医世家。少年时即沉浸于《内经》《本草》诸书，自学成才，后悬壶济南。民国十七年（1928）起移居天津执医业，并巡诊于北京、唐山、保定诸地，声誉日隆，成为一时名医。民国二十六（1937）春，曾与天津李实忱先生谋设国医学院，志在培养中医人才，适值七七事变，乱及天津，以致宿愿未偿。王氏精通医理，擅长湿病，又精儿科，善于浅显易方治病。与北京名医孔伯华极为友善。中华人民共和国成立后，被天津市卫生局聘为市中医考试委员会委员。其儿孙辈皆在天津从医。

王氏家传疹科心法一卷

王功镇（静斋）撰。天津逸民医庐民国二十四年（1935）铅印本，线装一册，天津图书馆和首都图书馆藏，见各馆藏目录。

养生医药浅说八卷

王静斋撰。赵元礼《藏斋七笔》中曾两次引述。是书从如何防病，就医，病因若何，如何诊治，处方，步步浅入，使人一目了然，便于防治。白纸聚珍版铅印本，四册，民国二十七年（1938）九月天津逸民医庐出版，北京图书馆和首都图书馆藏，见各馆藏目录。

古杂病篇诠释

王静斋撰。《全国中医图书联合目录》著录，民国三十七年（1948）稿本，天津市卫生职工医学院图书馆藏。

严智庸（1884—1902）

智庸字叔敏，清天津人。严修三子，曾随父官京师。受业于陶喆牲。质慧而神敛，终日把卷，自幼未尝为帖括之学，最喜周秦诸子，及英儒赫胥黎、斯宾塞尔之书。甫成童，所为文已有可观。年十九遽以疫卒。

严叔敏遗文一卷

严智庸撰。［民国］《天津县新志艺文》和《津人著述存目》著录。是集为王春瀛辑，得遗文十馀篇，为立传置卷首印行之。清光绪二十八年（1902）开文书局石印本，《天津地方史资料联合目录》著录，天津图书馆和南开大学图书馆藏。

刘铁庵（1884-　？　）

铁庵名铭扬，一名乃扬，以字行。刘孟扬之二弟，刘清扬之三哥。天津人，回族。五四运功时为天津回教联会委员，支持天津学生的爱国行动，并为天津各界迎孙中山北上的代表之一。历任《国强报》社长、《新民意报》经理和《明德月刊》印刷部主任。抗战胜利后任《星期二午报画刊》主编，写有多部社会小说和剧本。

专制毒

刘铁庵编。社会小说。天津新教育书社铅印本，不详出版时间。《天津地方史资料联合目录》著录，天津图书馆藏。

黄金骨肉

刘铁庵编。社会小说。天津新教育书社铅印本，不详出版时间。《天津地方史资料联合目录》著录，天津图书馆藏。

一元钱

刘铁庵编。社会小说。天津小说日报社民国十三年（1924）出版，天津图书馆藏，见馆藏目录。

双烈女

刘铁庵编。河北梆子演出剧本，据民国五年（1916）三月发生在天津的"南皮张氏双烈女"奇案真人真事写成。上演后反响甚大。此剧本未知有传存否。

薛月楼（1884-1945）

月楼名琨，以字行，一字漱石，晚年别署漱六山房主人、知退老人、雪庐等。祖籍山西，幼随祖辈宦居北京大兴县。入庠序读书，稍长就学于译学馆，粗通外文。后携眷移居沽上，先受天津诚安里史姓聘为家塾教师，后被聘为天津法汉中学国学讲师。民国十三年（1924）与刘髯公、段松坡合作创办《新天津报》，任主笔。擅绘画、书法，亦好皮簧昆曲，为近代天津著名书画家与京剧票友。

顾曲金针第一集

薛月楼著。天津新天津报社民国十七年（1928）出版，天津图书馆藏，见馆藏目录。

顾曲金针第二集

薛月楼著。天津新天津报社民国十八年（1929）出版，天津图书馆藏，见馆藏目录。

清宫故事十二卷

薛月楼著。历史小说，天津新天津报社民国二十一年（1932）出版。《天津地方史资料联合目录》著录，天津图书馆藏。

马千里（1885-1930）

千里名仁声，以字行，近代天津著名社会活动家和教育家。南开中学和北洋大学毕业。五四运动中曾任天津各界联合会副会长，抵制日货委员会主席。民国九年（1920）一月在直隶省公署门前被捕入狱。出狱后筹备《新民意报》，发表救国言论。次年创立天津达仁女校。后发起天津市民欢近孙中山北上的活动，并参与成立天津各界国民会议促进会。曾任天津药王庙小学校长、河北省立第一中学校长、河北省教育会委员、南开校友总会主席等。

选举

马千里撰。《津人著述存目》和《天津地方史资料联合目

录》著录。民国九年（1920）天津《新民意报》出版社出版，
为《国民丛书》第一种，天津图书馆藏。

天津新民意报附刊

马千里编辑。天津新民意报民国十二年（1923）出版，三
册，北京图书馆藏，见馆藏目录。

徐世章（1886-1954）

世章字瑞甫，号濠园，天津人。徐世昌堂弟（行十）。北
京译学馆毕业。曾留学比利时，得学士学位。民国元年（1912）
回国后历任津浦铁路管理局局长和交通部次长等职。民国十一
年（1922）随徐世昌下台而去职，在天津从事房地产开发。好
收藏文物字画，尤于集砚和玉著称。卒后家属遵其所嘱，将全
部古玉、砚、玺印等捐给了国家。所著有：

客洛日记

徐世章撰。稿本，不分卷，记民国四年（1915）一月至六
月间事，天津图书馆藏。

濠园藏砚手札

徐世章撰。稿本，不分卷，天津历史博物馆藏。

适园漫录

徐世章辑。民国二十五年（1936）影印本，北京图书馆藏，
见馆藏目录。

陆文郁（1887-1974）

文郁字莘农，晚号老辛、大药先生，天津人，祖籍浙江绍兴。
早岁从张和庵学作画，清光绪三十三年（1907）任《醒俗画报》
主笔。后从事生物学研究与标本制作，出版手抄本《生物学杂

志》。辛亥革命后曾任天津博物院董事，并被聘为广智馆陈列部主任。民国十二年（1923）组蓬庐画社，又复组城西画社。中华人民共和国成立后被聘为天津文史馆馆员，直至病逝。

天津书画家小记

天津地名考

陆文郁撰以上二书，《天津近代人物录》本传提及。未见。

农业园艺食品三馆调查记一卷

陆文郁撰。见载《巴拿马赛会直隶观会丛编》上编，民国十年（1921）铅印本，一册，天津社科院图书馆和北京图书馆藏，见各馆藏目录。

美术馆装潢记略一卷

陆文郁撰。见载《巴拿马赛会直隶观会丛编》上编，民国十年（1921）铅印本，一册，天津社科院图书馆和北京图书馆藏，见各馆藏目录。

巴拿马加里弗尼亚省博览会参观记一卷

陆文郁撰。见载《巴拿马赛会直隶观会丛编》下编，民国十年（1921）铅印本，一册，天津社科院图书馆和北京图书馆藏，见各馆藏目录。

生物浅说

陆文郁述。油印本，一册。《天津地方史资料联合目录》著录，天津图书馆收藏。

植物名汇

陆文郁编。举凡中外植物有汉名者皆收入之。《天津近代人物录》本传提及。未见。

植物类解

陆文郁撰。此或即上书。《天津志略》第十六编《文艺》

著录。未见。

诗草木今释

陆文郁撰。就古籍《诗经》中介绍的一百三十二种植物编写成，天津人民出版社 1957 年出版，北京大学图书馆藏。

蘧庐画谈二卷

陆文郁撰。民国二十年（1931）天津城西画会铅印本，线装一册。《天津地方史资料联合目录》著录，天津图书馆藏。

印月簃拓泉

陆文郁辑。民国二十六年（1937）原拓本，线装六册。《天津地方史资料联合目录》著录，天津社科院图书馆藏。

蘧庐诗集

陆文郁撰。《天津近代人物录》本传提及。未见。

己小篇

陆文郁与华学涑合撰。《天津志略》第十六编《文艺》著录。未见。

戴愚庵（约 1887–1945）

愚庵名锡庚，字渔清，号愚庵，别署娱园老人，祖籍浙江绍兴，生于清末，自幼居住天津。二十世纪初曾被选为官派生负笈东瀛，毕业于日本早稻田大学。归国后即从事教育工作，曾任天津城内草厂庵小学校长多年，桃李盈门，交游甚广；博闻强记，深谙天津掌故。民国十五年（1926）起，先在天津《益世报》副刊上发表连载小说；至民国三十四年（1945），为北京《369》杂志写大刀王五故事《沽水游侠传》。后者只载了三章，便于同年三月三十日病故。一生写有通俗小说多部，其中单行出版最著名的有：

沽水旧闻

戴愚庵著。是书多为散记清末光宣年间天津政俗治举、风土人情及"混混"内幕的笔记小品文，属掌故小说类。天津益世报馆民国二十三年（1934）十二月排印出版，《天津地方史资料联合目录》著录，天津图书馆和天津社科院图书馆藏。

沽上英雄谱八回

戴愚庵著。是书为描写天津"混混"史的章回体小说，但每回各叙一独立故事，互不相连；在叙述中常插入大量的掌故旧闻，带有浓浓的说古道今味道。全书八回，三十馀万字，分上下二册，前有吴云心序，称此书为"从前天津一部分人为着生存而团结、而反抗的故事"。民国二十六年（1937）五月天津益世报馆出版。今天津师范大学图书馆藏有前四回上册，《天津地方史资料联合目录》著录；北京图书馆藏有后四回下册，《民国时期总书目》著录。

沽上游侠传

戴愚庵辑。上下二册，天津诚文信书局民国二十九年（1940）版，《天津通志·出版志》附《津版古今图书选目》著录。未见。

秋雨销魂录
花市春柔记
嫁娶镜
黄天霸外传
杂霸列传
串房檐史
沽水游侠

戴愚庵撰以上七种现代小说，见倪斯霆撰《戴愚庵与天津掌故小说》文，载 2004 年《城市快报》，不详存佚情况。

周坪镇（1887–1947）

评书演员，原籍北京。从师徐长胜。经常演出于京、津间，后来落户天津南门里。所说书词句考究，几无闲言，自然幽默，引人入胜，包袱多。能讲说一百只鸟和一百只兽的名称、形状、习性，个个活灵活现，只只如在眼前，堪称一绝。民国三十六年（1947）卒于津宅。

五女七贞

周坪镇编著，刘子清校正。武侠小说，原名《施公案》，取材于清康熙年间施仕纶任职江都知县和苏州知府期间的故事。"五女"指尹凤仙、祝凤英、李碧莲（李刚之女）、娄秀香（娄雨海之女）、秦兰香（秦立功之女）。"七贞"指李秀贞、张玉贞（张景隆之妹）、秦花贞（秦良杰之妹）、盖莲贞、盖爱贞（均为盖齐天之女）、张淑贞（张玉之妹）、高桂贞（高廷之妹）。书中有两个故事，即"五女擒兰"和"七贞擒莲"。民国九年至民国三十四年（1920–1945）曾在《新天津报》《新天津晚报》连载，并出版了单行本二十册以上。天津图书馆残存十三册，新天津报社民国二十八年（1939）铅印本，《天津地方史资料联合目录》著录。另外，花山文艺出版社曾于 1989 年出版了《五女七贞》第一部，署名"金庸"，显然伪托。

陶孟和（1887–1960）

孟和名履恭，以字行，天津人。天津宿儒陶仲明之子。日本高等师范学校及英国伦敦大学毕业。历任商务印书馆编辑、北京大学教授、文学院院长、教务长。曾赴欧美考察各国教育情况。后又任中华文化教育基金委员会社会调查所所长、"中央研究院"社会科学研究所所长。抗日战争时期，曾为国民参政员。中华人民共和国成立后，任中国科学院副院长。

中外地理大全

陶履恭、杨文洵合编。《津人著述存目》著录。书分上下两册：上册为中国之部，分中国总论、内地各省志、关东三省、新疆、蒙古、青海、西藏等七编；下册为外国之部，分亚细亚洲、大洋洲、欧罗巴洲、亚非利加洲、北美亚利洲加、南亚美利加洲等六编，分述各国的自然地理、人文地理和地方志。民国二十年（1931）上海中华书局出版，北京图书馆藏，见馆藏目录。

社会进化史

（德）米勒利尔著，陶孟和等译。是书包括社会学绪论、饮食工具衣服及住居的进化史、工作演化史、文化进步之原因、文化与幸福等五卷十七章。上海商务印书馆民国十三年（1924）出版，民国十八年（1929）被收入《万有文库》第一集，民国二十一年（1932）国难后第一版。北京图书馆和北京大学图书馆藏，见各馆藏目录。

进步与贫困

（美）乔治著，樊弘译，陶孟和校。全书共十章，分别为工资与资本、人口与食物、分配的公律、物质的进步在财富之分上的影响、这个问题解决了、解决的方法、这个解决方法的公正、这个解决方法的应用，这个解决方法的效果，人类进化的公律。卷首有译者小传、乔治亨利的传略、献书辞、第二十五周年纪念版本序文、第四版自序等。上海商务印书馆民国十九年（1930）出版，北京图书馆藏，见馆藏目录。

社会问题

陶孟和编。上海商务印书馆民国十四年（1925）出版，北京大学图书馆藏，见馆藏目录。

人口问题

陶孟和等撰。上海商务印书馆民国二十二年（1933）出版，河南省图书馆藏，北京图书馆有缩微品，见馆藏目录。

社会主义之思潮及运动

（美）列德莱著，李季译，陶孟和校。书分二卷共十五章，介绍社会主义运动发展史、各国社会主义运动状况及有关的思潮和理论学说等。末附英文社会主义书籍解题。民国十二年（1923）上海商务印书馆出版，北京图书馆藏，见馆藏目录。

欧洲和议后之经济

（英）坎斯著，陶孟和、沈性仁译。《新青年丛书》之一，分绪言、战前的欧州、和会、条约、赔偿、和约后之欧州、补救等七章，记述第一次世界大战后欧州经济概况，着重批评了协约国经济政策。民国九年（1920）上海新青年社出版，北京图书馆和北京大学图书馆藏，见各馆藏目录。

中国劳工生活程度

陶孟和撰。原系英文本。《津人著述存目》著录。另有中国太平洋国际学会汉译本，辑入了该会丛书内，民国二十一年（1932）上海中国太平洋学会出版，北京图书馆和北京大学图书馆有藏，见各馆藏目录。

中国劳动年鉴第一次

王清彬等编辑，陶孟和校订。是书内分劳动状况、劳动运动、劳动设施及政策共三编，所收资料截至民国十六年（1927）

十二月底。北平社会调查部民国十七年（1928）出版。北京图书馆藏，见馆藏目录。

中国劳动年鉴第二次

邢必信等编辑，陶孟和校订。所收资料自民国十七年（1928）一月至民国二十年（1931）十二月，北平社会调查部民国二十一年（1932）出版，北京图书馆藏，见馆藏目录。

北平生活费之分析

陶孟和撰。书分九章并附四表，分析北平市工人家庭、人力车夫、小学教员等的收支来源消费（衣食住行）情况，说明北平市的生活水平。民国十九年（1930）上海商务印书馆出版。北京图书馆藏，见馆藏目录。按此书为北平社会调查所《社会研究丛刊》第六种，《津人著述存目》和《天津地方史资料联合目录》著录，天津图馆亦藏。

北平社会概况统计图

陶孟和等审定。包括二十年来内外域人口数、居民结婚人数、市政府全年经费预算、全市房屋间数、全市商铺数、妓女人数、犯罪人数等统计图表二十幅。北平社会调查所民国二十年（1931）出版，北京图书馆藏，见馆藏目录。

关于科学研究的几点意见

陶孟和撰。出版项不详，北京图书馆藏，见馆藏目录。

现代心理学

（日）速水晃著，陶孟和译。全书分八章：心理学研究之略史，变态心理学，动物心理学，儿童及个人心理学，生理心理学与实验心理学，心理学之未来等。北京大学出版部民国十一年（1922）出版，北京图书馆藏，见馆藏目录。

社会与教育

陶孟和撰。《津人著述存目》和《天津地方史资料联合目录》著录。是书为《北京大学丛书》之六，内容包括何为社会学、社会与教育的关系、教育社会学、社会调查、个人与社会、家庭与教育、职业与教育、国家与教育、民治与教育等十六章。上海商务印书馆民国二十二年（1933）出版，北京图书馆和天津图书馆藏。另并已辑入《万有文库》第一集内。

公民教育

（美）斯内登著，陶履恭（孟和）译。《津人著述存目》著录，上海商务印书馆民国十二年（1923）出版，北京图书馆藏，见馆藏目录。

教育馆参观记一卷

陶履恭撰。《津人著述存目》著录，按是书已辑入《巴拿马赛会直隶观会丛编》内。

新学制高级中学教科书社会问题

陶孟和编辑。上海商务印书馆民国十三年（1924）出版，北京图书馆和北京师范大学图书馆藏，见馆藏目录。

大学之教育

陶孟和等撰。是书内收陶孟和撰《大学的课程问题》和天民撰《各国大学之特色》等五篇文章。上海商务印书馆民国十四年（1925）出版，北京图书馆藏，见馆藏目录。

国文故事选读

陶孟和选辑。上海亚东图书馆民国十五年（1926）出版，北京大学图书馆藏；天津图书馆藏影印本，见《津人著述存目》和《天津地方史资料联合目录》著录。

孟和文存

陶孟和撰。是书收录作者民国四年至十三年（1915–1924）间发表的文章共三十三篇。上海亚东图书馆民国十四年（1925）出版，北京大学图书馆藏；民国十七年（1928）再版，《津人著述存目》和《天津地方史资料联合目录》著录，天津图书馆和天津社科院图书馆藏。

仲伟仪

伟仪，原籍山东黄县。十九世纪八十年代毕业于山东省登州文会馆（齐鲁大学前身）。清光绪二十四年（1898）随登州文会馆教习丁韪良北上，任新创办的京师大学堂首任天文算学教习。光绪二十九年（1903）来津任天津中华基督教青年会华干事，并相继创办天津普通中学（青年会中学）和天津首家女学堂——淑范女学堂。其妻张蕴贞姊妹均义务任教，以开风气之先。光绪三十四年（1908）在津得子崇信，并供其先后入天津直指庵小学和天津扶轮中学，似已定居天津；与张伯苓等人有交往。

明道集

仲伟仪编述。基督教圣经讲义，书分上下两卷：上卷纪录诸名家演说或成论，而附以案语及书后；下卷则纯系著者之撰述。民国十年（1921）天津华新印刷局印刷，天津基督教青年会发行。《天津地方史资料联合目录》著录，天津历史博物馆藏。

仲补兖堂七十双庆寿言录

仲伟仪辑录，吴佩孚题签。是书原系家藏，2009 年由仲伟仪之孙仲维畅赠献给了山东大学。据介绍，该书载有"山东大学堂开校教职学员合影""山东大学堂西学教习合照"以及仲伟仪先生个人图片资料一宗。因不知其编辑出版时间，无法考知其生年。

卞俶成（1889-1952）

俶成本名肇新，以字行，天津"八大家"中"乡祠卞家"后人。清光绪三十四年（1908）毕业于天津县私立第一中学堂（现南开中学），自费留学英国。后转入美国纽约大学商学院，获商科学士学位，民国六年（1917）毕业回国。次年在上海银行界任职。后回津专事经营隆顺榕中药店，业务不断发展。民国八年（1919）任天津农商银行襄理。民国二十四年至三十年（1935-1941），又先后任天津中央银行副理、经理。太平洋战争爆发后，曾被日本侵略者非法拘禁；后经保释，赋闲在家。多年来兼任南开学校、新学书院、汇文中学、中西女中、培才小学等校董事。中华人民共和国成立后因年事已高，退出工作。1952 年在津病逝。

卞俶成日记

卞俶成撰。仅存民国二十七年（1938）一月一日至二十九日，二月二十三日至三月十八日，六月六日至九月十四日，民国三十一年（1942）五月七日至七月七日，九月二十七日至十一月一日，十二月二日至三十一日；民国三十二年（1943）一月一日至二月七日，分装九册的逐日日记（包括气象情况），并粘贴有当日收到的名片请柬乃至观影戏票据，反映了其日常生活、人际交往和读书阅报内容，每有心得，还有眉批，字迹也很清秀，应该是无间断的，可惜其它的都散佚了。天津图书馆藏，见馆藏目录。

梅贻琦（1889-1962）

贻琦字月涵，天津市人。清光绪三十四年（1908）南开中学毕业，保送入保定高等学堂。次年得庚子赔款留学美国，获电机工程硕士学位。民国四年（1915）回国，先在清华大学任物理系首席教授和教务长。民国二十年至三十七年（1931-1948）任清华大学校长。其间于民国二十七年五月至民国三十五年（1946）五月任西南联合大学常务委员会委员并主持校务。1949年离开大陆。晚年居住在美国和台湾，并任台湾新竹清华大学校长，有"两岸清华校长"之称。

梅贻琦日记

梅贻琦撰，黄延复、王小宁整理。梅贻琦曾任清华大学校长和西南联合大学常务委员。本书是他在民国三十年至三十五年（1941-1946）抗战时期的日记，并由整理者加以适当的注释。其内容不仅涉及梅先生个人的活动事迹，更有关于西南联大校务等近代教育史迹的直接记录，是研究近现代教育史、文化史的重要资料。北京清华大学出版社2001年出版。

梅贻琦教育论著选

梅贻琦著，刘述礼、黄延复编。梅贻琦是著名教育家，曾长期在清华大学执教任职。本书选录他于民国十六年至三十七年底（1927-1948）在清华任职期间有关教育理论、教育思想、治校经验方面等著述共约五十篇。北京人民教育出版社1993年出版。

袁克文（1890-1931）

克文字寒云，又字豹岑、抱存，河南项城人，袁世凯次子。

尝因其父称帝一事，与其兄克定意见相左。曾在上海加入青帮，属"大"字辈，另又参加南社活动。善于书法、填词，尤嗜戏曲，为昆曲票友。后久居天津，常为公益事业捐款义演。卒葬西沽公园。

洹上私乘

袁克文撰述。简介袁世凯及其家族情况，初载于清光绪二十八年（1902）上海周瘦鹃主持的《半月》杂志。后附《圭塘倡和诗》和《围炉倡和诗》。上海大东书局民国十五年（1926）出版，北京图书馆藏，见馆藏目录。

辛丙秘苑

袁克文撰。自民国九年（1920）十月开始载于《晶报》，至次年收笔，其文主要是对外间私撰袁家秘事颇多感慨，故"讳亲饰过"之。后于2000年由上海书店收入《民国史料笔记丛刊》出版。

新华私乘

袁克文撰。其目的是为"纠正"坊间流行的《新华秘史》《洪宪宫闱秘史》而为"为亲者讳"作。据有关文献著录。未见，也不知原出处。

三十年闻见行录

袁克文撰。据有关文献著录。未见。

寒云日记

袁克文撰。日记起民国十五年（1926），迄民国十六年（1927）。民国二十五年（1936）影印原稿本，线装二册，《天津地方史联合目录》著录，天津图书馆和天津师范大学图书馆藏。

养正家塾训言

袁克文辑。民国三年（1914）影印本，一册，北京图书馆藏，见馆藏目录。

寒云手写所藏宋本提要二十九种

袁克文撰。民国二十年（1931）据手稿本影印，线装一册。《天津地方史联合目录》著录，天津师范大学图书馆藏。另，北京图书馆藏，见馆藏目录。

寒云书景

袁克文辑。《艺术丛编》第七册，民国五至九年（1916–1920）上海仓圣明智大学影印本，北京图书馆藏，见馆藏目录。

寒庐茗绘图

袁克文等撰。民国间石印本，一册，北京图书馆藏，见馆藏目录。

停云集一卷

袁克文编。有墨笔题字。清宣统二年（1910）石印本，北京图书馆和天津图书馆藏，见馆藏目录。

行脚集一卷

袁克文撰。民国二年（1913）影印本，《东北地区古籍线装联合目录》著录，吉林大学图书馆藏。

圭塘倡和诗

袁克文编。清宣统二年（1910）石印本，一册，北京图书馆和天津图书馆藏，见馆藏目录。

寒云诗集

袁克文撰。收旧诗百馀首，民国三年（1914）出版。这是他的第一部旧诗集，据有关文献著录。天津图书馆藏，见馆藏目录。

寒云主人歌诗不分卷

袁克文撰。民国间抄本，天津图书馆藏，见馆藏目录。

洹上词三卷

袁克文撰。民国二十七年（1938）油印本，一册，含《寒云词》《豹龛诗馀》《庚中词》三种。北京图书馆和天津图书馆藏，见馆藏目录。

袁寒云小说集

袁克文撰。内收白话短篇小说《枕》和《万丈魔》两种，以及文言短篇小说《夷娃》和《侠隐豪飞记》两种，原载于上海周瘦鹃主持的《半月》杂志。民国十六年（1927）上海大东书局结集出版。未见。

刘瑞恒（1890—1961）

瑞恒字月如，近代天津人。民国四年（1915）北洋大学肄业，后留学美国，获哈佛大学医药博士学位。回国后曾任北京协和医院教授、院长，兼协和医院院长，上海红十字会医院院长。后参加南京国民政府医疗卫生行政工作，官至卫生部部长（后改署长）。抗日战争爆发后，赴港建立协和医药公司，并在重庆设办事处，从事大规模医药运销业务。抗战胜利后迁回上海。1949年去台湾协助发展医学教育。1959年因病赴美就医，后卒。

中华药典

刘瑞恒编纂。民国二十年（1931）内政部卫生署铅印本，《津人著述存目》著录。《全国中医图书联合目录》著录，首都图书馆、浙江省图书馆、同济医科大学图书馆、广东省中山图书馆藏。

章辑五（1891—？）

辑五字济武，近代天津人。清宣统二年（1910）毕业于直隶高等工业学校机械工程科。民国四年（1915），应张伯苓之邀，到南开学校任物理、英文等科教员。十二年（1923）因感于中国体育事业之不振，乃去苏州东吴大学随美国体育名家麦克乐从事研究工作。一年后返回津，担任南开大学、中学、女中、小学四部体育主任，历任天津学校体育联合会会长、天津体育协进会会长等职，对天津体育工作惨淡经营，不畏艰难，备极热心。后去美国深造，回国后在香港工作。复又去美国深造。

世界体育史略

章辑五撰。书分导言、中西体育历史概况、二十年来中国之体育等三章，为《体育丛书》之一。《津人著述存目》著录。民国二十年（1931）上海勤奋书局出版，北京图书馆藏；民国二十五年（1936）第二版，北京大学图书馆藏。见各馆藏目录。

非常时期之国民体育

章辑五撰。为中国新论社非常时期丛书之一，分纠正于体育认识不正确的信念、改善并调整现行组织之弱点、确定推行体育的步骤、适应当前急需充实固有的体育内容等六部分。有中国新论社总序和著者序。上海中华书局民国二十六年（1937）出版，北京图书馆和北京大学图书馆有藏，见各馆藏书目录。

童子军教育原理及方法

章辑五、吴耀麟撰。为童子军训练用书，分十六章，论述童子军教育的时代及发展、中国童子军教育的目的、训练原则、教导人员、教材、行政机构管理以及具体活动的方法等。民国三十一年（1942）重庆正中书局第三版，武汉湖北省图书馆藏，北京图书馆有缩微品，见馆藏目录。

童子军行政管理与活动教材

章辑五、吴耀麟编著。本书分十三章，讲述童子军的管理及野外活动指导，为童子军训练用书。重庆正中书局民国三十五年（1946）出版，北京大学图书馆藏，见馆藏目录。

周叔弢（1891－1984）

叔弢原名暹，字叔弢，以字行。安徽东至县生人，出身于封建官宦家庭，幼年住在扬州，后移居青岛，民国三年（1914）又移居天津，直至1984年卒于天津。生前曾任唐山华新纱厂、天津华新纱厂经理，启新洋灰公司总经理。中华人民共和国成立后，又以民族工商业者的身份，积极参加国家的政治生活和经济建设，历任天津市副市长、市人大常委会副主任、全国工商联副主任委员、全国政协副主席等职。他一生精于古籍版本学研究，是著名的版本学家。曾先后四次将几十年收藏的珍贵图书和历史文物全部献给国家。

建德周氏藏封泥拓影

周暹藏并编。民国间北京摄影社摄影本，一册，北京图书馆藏，见馆藏目录。

恧庵印存一卷

周暹辑。民国五年（1916）建德周氏影印本，北京图书馆藏，见馆藏目录。

周叔弢批注楹书偶录

杨绍和编撰，周叔弢批注。《楹书隅录》是清代著名藏书家杨氏海源阁所藏宋元秘本之提要式目录，正续编共著录善本书籍二百六十八种，周叔弢先生对海源阁书多有收藏和研究，在本书上作了大量批注，描述版本状况，品评优劣，辨别真伪，补记遗漏等。国家图书馆出版社 2009 年影印本，全三册。

周叔弢古书经眼录

周叔弢著。本书收录周叔弢先生手稿五种：《古书经眼录》四册，著录作者经眼的善本书四百馀种；《宋刻工姓名录》二册，辑录所见宋代刻工姓名；《壬午鬻书记》，记录民国三十一年（1942）作者卖给陈一甫先生的一百多种明版书；《自庄严堪书目》，是作者收藏善本书的目录（不是所藏全部）；《历年收书目录》，记民国二十五年至三十七年（1936–1948）所收书。这些都是作者亲笔记录的亲眼所见古籍，著录书的作者、行款、历藏、刻工、序跋等，蕴藏了大量的历史和学术信息，对于古籍收藏及版本目录学研究具有重要价值。国家图书馆出版社 2009 年出版。

许季上（1891–1953）

季上名丹，以字行，一作季上居士。原籍浙江杭州。曾就学上海复旦公学修习哲学。辛亥革命后至北京政府教育部任职，与鲁迅同事，并促成其出资刻印《百喻经》。通晓英、法、德、俄、日文及印度古梵文，对佛教的禅、教、净、密各宗都有很深造诣，曾在北京大学讲授印度哲学。民国十年（1921）到天津启新洋灰公司和开滦矿务局工作。在津三十年，业馀致力宏扬佛教，参与创设佛教功德林及念经堂，协助刻经处对佛经的选刊、校阅、定版等工作。曾将重要佛教典籍《大乘起信论》译成英文，还东渡日本，深入学习东密教义。中华人民共和国成立后曾任天津文史研究馆馆员。

唯识讲演录

许丹等笔记。卷端题名《天津佛教讲演会纪录》，北京佛教教养院民国十三年（1924）石印本，北京图书馆有缩微品，见馆藏目录。

张彭春（1892–1957）

彭春字仲述，天津人。张伯苓之弟。清光绪三十四年（1908）毕业于天津南开中学。曾二次赴美留学，获艺术教育硕士学位和文学博士学位。回国后历任国立清华大学教务长，南开中学部主任兼南开大学教授。并组织学生演出话剧，为我国早期话剧艺术的形成和发展做出了贡献。抗日战争爆发后，转业从事国民外交活动，民国二十九年（1940）起正式担任外交官。抗战胜利曾赴伦敦，任联合国创办会议的中国代表，并参与起草了联合国《人权宣言》。民国三十六年（1947）三月，任中国出席联合国新闻自由会议首席代表，1957年因心脏病猝发，在美国逝世。

教育馆参观记一卷

张彭春译。民国十年（1921）铅印本，《津人著述存目》著录。按是书已辑入《巴拿马赛会直隶观会丛编》内。北京图书馆藏，见馆藏目录。

国民公敌

（挪威）易卜生著，张彭春、万家宝（曹禺）译。五幕剧。南京国立戏剧学校民国二十六年（1937）印行。北京图书馆藏，见馆藏目录。

张彭春论教育与戏剧艺术

张彭春著，崔国良、崔红编，董秀华英文编译。本书收录了作者自民国四年（1915）至1957年有关论述教育及戏剧艺术方面的论文、讲演、报告、书信和剧本一百三十六篇，附录了有关外交方面的文章、其子的回忆文章和图书评论及年谱。
天津：南开大学出版社 2003 年出版。

金　钺（1892-1972）

钺字浚宣，号屏庐，天津人。清末监生，官民政部员外郎。
能文善画，尤擅墨竹，能以书法会通。民国后究心梓桑文献
的搜集整理，并先后刻印二十馀种，为近代天津喜好刻书的
藏书家，对保存和传播乡邦文献颇有贡献。曾任天津修志局
编修，

许学四种

金钺辑著。"许学"是指研究东汉许慎《说文》的著作，
本书凡四种，即《说文提要校订》二卷，《说文提要增附》一卷，
《说文约言》一卷，《许君疑年录》一卷。内有他人著作，金钺
或校订，或自撰，然后汇而刻之，各书前后并写有序跋。民国
八年（1919）刊。《中国丛书综录》著录。另《天津地方史资
料联合目录》载，天津图书馆和天津师范大学图书馆亦藏。

戊午吟草一卷

金钺撰。戊午年为民国七年（1918）。是书为诗集，民国
九年（1920）刊，又有民国八年（1919）铅印本。自序云："近
人诗文集日见其多也，予之所作不过勉成韵语，以自怡情而已，
本算不得为诗，且区区之二十馀首之数，亦要印行，未免太好
多事矣。郑板桥自叙其《家书》曰：'有些好处大家看看，如
无好处糊窗糊壁，覆瓿覆盎而已。'吾亦云然。"《天津地方史
资料联合目录》著录，天津图书馆藏。

辛酉杂篆四卷

金钺撰。是书分《漫简》二卷、《屏庐臆说》一卷、《偶语

百联》一卷，多为身心义理之学，读书有得之语。辛酉民国十年（1921）刻，天津王仁安为之序。《漫简》后有自跋云："或曰籍人言以见己意，或观物理以写我心；或因此而悟彼，或由小而推大。语短而情或长，笔拙而理或切。不成著作，聊以自娱。契好读之，求其音于弦外，则庶几知其趣矣。"《天津地方史资料联合目录》著录，天津师范大学图书馆和天津历史博物馆藏。

屏庐题画一卷

金钺撰。民国十九年（1930）刊，前有题词。《天津地方史资料联合目录》著录，天津历史博物馆藏。

屏庐文稿四卷

金钺撰。是书收金钺自民国八年（1919）"己未以来刊印各书之序跋，及诸赠答题识之文，辑而录之，次为四卷。"民国三十年（1941）刊。《天津地方史资料联合目录》著录，天津图书馆和天津历史博物馆藏。

屏庐续文稿一卷

金钺撰。是书为《屏庐文稿》的后继之作，收文四十篇。内有希郑轩蔡氏虎臣、立斋金氏致淇、梦选楼胡氏庆昌三人赠书崇化学会记，以及《赵君生甫传》等，很有史料价值。1951年油印本。不见书目著录，天津社科院图书馆藏。

天津金氏家集四种十四卷

金钺辑刻。是书原收两种，即金平撰《致远堂集》三卷和金铨撰《善吾庐诗存》一卷附《金氏家训》一卷，共五卷，民国九年（1920）刻，天津图书馆藏。后加入金玉冈撰《黄竹山房诗抄》六卷补一卷附《田盘纪游》一卷，和金至元撰《芸书阁剩稿》一卷，共四种凡十四卷，皆天津金氏族人著作。民国二十一年（1932）刻，天津图书馆和天津社科院图书馆、天津师范大学图书馆藏。《津人著述存目》和《天津地方史资料联合目录》著录，另见《中国丛书综录》。

屏庐丛刻

金钺辑刻。是书为天津乡人著作丛刻，作者十四人，收书十五种，共二十四卷，民国十三年（1924）刻。子目见《中国丛书综录》。另《天津地方史资料联合目录》著录，天津社科院和天津师范大学图书馆藏。经金钺刻印的著作还有：洪天锡撰《广瘟疫论》四卷，王守恂撰《王仁安集》一至四集，高凌雯撰《志馀随笔》四卷，高凌雯辑《天津诗人小集十二种》二十一卷，高凌雯撰［民国］［民国］《天津县新志艺文》单行本六卷，［民国］《天津县新志》二十七卷首一卷，王守恂撰《天津政俗沿事记》十六卷，孟继埙撰《黔行水程记》一卷等。

何清儒（1892- ？ ）

近代天津人。清华大学毕业后，赴美半工半读，专攻职业心理、职业指导及人事管理科目，得博士学位后返国，历任齐鲁大学教授、青年协会职业指导主任、清华大学秘书长等。民国二十二年（1933）任上海职业教育社会研究股兼编辑股主任，并兼任上海职业指导所副主任。抗战胜利后曾在天津协助宋裴卿掌管东亚毛纺厂人事工作。后去美国。

实用心理学

（美）克伦著，何清儒译。全书共十六章，从实用的角度论述加强记忆，增进效率，改进人格，精神治病，实用教育等。民国二十六年（1937）上海商务印书馆出版。《津人著述存目》卷下增补著录。北京图书馆和北京大学图书馆藏，见各馆藏目录。

人事管理

何清儒著。书分十四章，概述企业人事管理的重要意义，介绍人事管理的内容、方法，如对职工的选择、培训、考勤、福利事业、人事管理的组织等。上海商务印书馆民国二十二年（1933）出版，并被辑入了《万有文库》第一辑和《商学小丛书》等。《津人著述存目》著录。天津各大图书馆有藏。

如何应付人

（美）卡内基著，何清儒译。是书以讲故事方式，叙述待人接物处世方面的礼貌、态度和方法。上海商务印书馆民国二十六年（1937）再版，民国二十九年（1940）长沙商务印书馆第五版。北京图书馆和北京大学图书馆藏，见各馆藏目录。

事务管理的实施

何清儒编著。书分九章，论述事务管理的意义、内容，以及科学管理与事务管理的关系，介绍事务管理的组织及房舍、物品、工役、膳食、保安、交通、杂物等的管理。民国二十六年（1937）上海商务印书馆出版。《津人著述存目》卷下增补著录。北京图书馆和天津图书馆藏，见各馆藏目录。

现代职业

何清儒著。全书共十章，讲述职业中各种问题的性质，解决原则。上海新月书店出版，《津人著述存目》著录，天津图书馆藏，见馆藏目录。

中国青年职业问题

何清儒著。上海青年协会书局民国二十三年（1934）出版。《津人著述存目》著录。北京图书馆藏，见馆藏目录。

职业教育学

何清儒著。是书分一般职业教育、职业补习教育、特种职业教育三编，长沙商务印书馆民国三十年（1941）出版，北京图书馆藏，见馆藏目录。

职业教育名辞简释

何清儒、郑文汉编。是书收名辞八十三个，附中英名辞对照表，上海中华职业教育社民国二十三年（1934）出版，《津人著述存目》著录。北京图书馆藏，见馆藏目录。

美国校外职业指导实况

（美）吉桢原著，何清儒、郑文汉译述。全书分九章，介绍美国对失学、失业青年进行职业指导的实施概况。民国二十七年（1938）长沙商务印书馆出版，天津图书馆藏。北京图书馆有缩微品，见馆藏目录。

职业指导学

何清儒著。书分二十章，论述职业指导的意义，心理测试，职业研究，职务资格的研究，职业训练，职业指导的组织，工作和将来等问题。长沙商务印书馆民国二十八年（1939）出版，天津图书馆藏，北京图书馆有缩微品，见馆藏目录。

职业指导论文集

何清儒主编．包括《职业指导概论》（陈选善），《各国职业指导概况及吾国职业指导运动》（陈任生），《实施指导的几个实际问题》（何清儒）等三十九篇文章，附上海职业指导所概记，普通事务员测验。上海中华书局民国二十四年（1935）出版，《津人著述存目》著录。天津图书馆和北京大学图书馆藏，见各馆藏目录。

现代治疗方法

（美）麦克法登著，何清儒译。介绍医疗卫生知识及家庭生活中常见的简易医疗方法。上海商务印书馆1950年出版。

赵元任（1892-1982）

元任字宜仲，天津人，祖籍江苏武进。在天津受中等教育。清宣统二年（1910）考入清华学校留美第二班，后入康奈尔大学；民国三年（1914）毕业，获数学学士学位。次年转入哈佛大学，修数理与哲学，兼修音乐；民国七年（1918）获哲学博士学位，民国九年（1920）回到清华大学任教。民国十八年（1929）六月底国学研究院结束后，被中央研究院聘为历史语言研究所研究员兼语言组主任，同时兼任清华中国文学系讲师，授"音韵学"等课程。民国二十七年（1938）起在美国任教，并入籍美国。他是位著名语言学家，哲学家和作曲家，主要著作有：

中西星名图考

赵元任著。上海中国科学社民国六年（1917）发行，北京图书馆有缩微片，见馆藏目录。

新诗歌集

赵元任编。收胡适、刘大白、刘半农、徐志摩等七人的新诗十四首，由赵元任作曲，五线谱。上海商务印书馆民国十七年（1928）出版，北京图书馆藏，见馆藏目录。

广西瑶歌记音

赵元任著。分瑶歌正义、瑶歌音韵、比较的音韵等部分，附录瑶歌乐调、瑶歌字。北平国立中央研究院历史语言研究所民国十九年（1930）出版。北京图书馆有缩微片，见馆藏目录。

第六代达赖喇嘛仓洋嘉错情歌

于道泉编注、赵元任记音。收编第六代达赖喇嘛仓洋嘉错所作情歌六十二节。正文内容分八项：藏文、国际音标、单字汉译、汉文译文、罗马字拼藏文、藏语罗马字、单字英译、英文译本。书末附《藏文校勘记》（英文）、《读音变化说明》（英文）等六个附录。北平国立中央研究院历史语言研究所民国十九年（1930）印行。郑州大学图书馆藏，北京图书馆有缩微片，见馆藏目录。

方言调查表格

赵元任制。这是调查方言用的单字例字表，共收三千五百六十七个，按古音（切韵系统音）排列，用国语罗马字注音。北平国立中央研究院历史语言研究所民国十九年（1930）出版，北京图书馆有缩微片，见馆藏目录。

新国语留声片课本

赵元任著。包括国音课本、国语课本和读本选三部分。上海商务印书馆民国二十四年（1935）发行，北京图书馆有缩微片，见馆藏目录。

现代吴语的研究

赵元任著。吴语是上海、江苏省东南部分和浙江省大部分地区的方言。作者在这一带调查后写成此书，分吴音、吴语两部分，正文前有调查路线图。北平清华大学研究院民国二十四年（1935）印行，北京图书馆有缩微片，见馆藏目录

钟祥方言记

赵元任著。记录钟祥城内及其西北乡方言的发音。钟祥县在湖北省正中心，是我国中部的代表语言。中央研究院历史语言研究所单刊，长沙商务印书馆民国二十八年（1939）发行，北京图书馆有缩微片，见馆藏目录。

语言问题

赵元任著。本书是作者的演讲记录，文章有《语音学跟语

音学音标》《方言跟标准语》等，系统地讲述了语言学以及与
语言学有关系的各项基本问题。北京商务印书馆 1980 年出版，
2003 年重印。

汉语口语语法

赵元任著，吕叔湘译。本为原名《中国话的文法》，全书
共分八章，内容包括：序论，句子，词和语素，句法类型，复
合词，词类：体词、动词和其他词类。北京商务印书馆 1979
年出版，2001 年重印。

中国音韵学研究

（瑞典）高本汉著，赵元任等译。根据现代方言研究汉语
古代音韵，分古代汉语、现代方言的描写语言学、历史的研究、
方言字汇四卷。卷首有傅斯年及著、译者序。末附调查方言地
图。长沙商务印书馆民国二十九年（1940）印行，北京图书馆
藏，见馆藏目录。

爱丽丝漫游奇境记

（英）刘易斯·卡洛尔著，赵元任译。长篇童话故事。上
海商务印书馆民国三十六年（1947）印行。辽宁省图书馆藏，
北京图书馆有缩微片，见馆藏目录。

湖北方言调查报告

赵元任等著。中央研究院历史语言研究所专刊，台北商
务印书馆民国三十七年（1948）出版。北京图书馆藏，见馆
藏目录。

中国现代语言学的开拓和发展：赵元任语言学论文选

赵元任著，袁毓林主编。内容包括音位学、语义学、标音
法、汉语方言研究、汉语语法分析等理论语言学和汉语言学的
各个方面。清华大学出版社 1992 年出版。

赵元任语言学论文集

赵元任著，吴宗济等编。本书收录了赵元任先生的论文六十三篇，其中包括官话字母译音法，讨论国音字母的两封信，中国语言字调的实验研究法，国语罗马字的研究等简章。北京商务印书馆 2002 年出版。

赵元任歌曲选集

赵元任作。附钢琴伴奏，正谱本。北京人民音乐出版社 1981 年出版。

赵元任音乐作品全集

赵元任作曲，赵如兰编。五线谱版，收有歌曲八十三首、编配合唱歌曲二十四首、编配民歌十九首、器乐小品六首，总计一百三十二首作品。上海音乐出版社 1987 年出版。

赵元任音乐论文集

赵元任著。收《中国音韵里的规范问题》《用中文唱歌》《说时》等近二十篇文章，为《中华民族音乐文化丛书》之一。北京中国文联出版公司 1994 年出版。

从家乡到美国：赵元任早年回忆

赵元任著。上海学林出版社 1997 年出版。

赵元任生活自传

赵元任著。赵元任是世界知名的中国语言大师，对哲学、物理学、音乐等均有极深的造诣。本书是他写的早年和中期生活的自传，还附有他夫人写的结婚生活。中国华侨出版公司 1989 年出版。

赵元任全集第一卷

赵元任著。本卷收录了赵元任先生的《语言问题》《中国话的文法》两部语言学专著，北京商务印书馆 2002 年出版。

赵元任全集第十一卷

赵元任著。本卷为赵元任的音乐著作卷，含作品和文字两辑，第一辑收录现存已见的全部声乐、器乐作品，共一百四十八首；第二辑收录用中英文写作的文字，共十六篇。北京商务印书馆 2005 年出版。

赵元任全集第十四卷

赵元任著。本卷收入赵元任早年为《科学》等杂志撰写的数十篇科普文章，以及将文学与科学完美结合的哲学博士论文。北京商务印书馆 2004 年出版。

陈铁卿（1892－1982）

铁卿名刚，以字行，天津人。清宣统三年（1911）入天津南开中学，曾为校刊《校风》主编。入政界后，历任河北省政府科长，肃宁、献县、昌平等县县长。日本侵华期间，曾任伪河北省公署参事。抗战胜利后，任敌伪产业处理局日用品处理委员会秘书。对古钱币颇有研究，多年来致力搜集、鉴识、考证。中华人民共和国成立后曾任天津市文史馆研究馆员。

河北省概况

陈铁卿编。民国三十年（1941）十二月河北省公署印，有图。《天津地方史资料联合目录》著录，北京图书馆和天津社科院图书馆藏。

河北省县名考原

陈铁卿撰。民国二十一年（1932）油印本，一册，北京图书馆和天津师范大学图书馆藏，见各馆藏目录。

河北省通志县沿革表

陈铁卿、张承谟、于鹤年编。河北省通志馆民国二十一年

（1932）铅印本，一册。《津人著述存目》著录。北京图书馆和
天津图书馆藏，见各馆藏目录。

河北省行政区划沿革新考

陈铁卿撰。民国二十四年（1935）铅印本，北京图书馆藏，
见馆藏目录。

河北省沿革图稿

陈铁卿编绘。载有上自春秋，下至民国十七年（1928）前
河北省疆域沿革图八十八幅，以不同颜色标出了古今县治名称
及疆界。民国二十二年（1933）天津河北月刊社套色石印本。《天
津地方史资料联合目录》著录。北京图书馆和天津图书馆藏。

河北石苑（第一集）

陈铁卿编。河北省政府河北月刊社民国二十四年（1935）五
月出版，新编《天津通志·出版志》附录《津版古今图书选目》
著录。是书对河北汉代祀三公碑、封龙山碑、三公山神碑、三公
山碑、白石神君碑进行考释。每碑均详论其立碑年代，碑址所在
地理环境，历史沿革，古碑传流概况，碑立形制、尺寸、行数、
字数等，凡史籍或方志中有记载者均一一录出。最后为碑文释文。

唐易州刺史田峟德政碑考释

陈铁卿撰。民国二十八年（1939）油印本，一册，北京图
书馆藏，见馆藏目录。

保定莲池经幢考

陈铁卿撰。民国二十八年（1939）油印本，一册，北京图
书馆藏，见馆藏目录。

古泉新知录

陈铁卿撰。民国三十年至三十五年（1941-1946）油印本，
四册（缺第三册）。《天津地方史资料联合目录》著录，天津图

书馆藏。

古钱史话丛稿

天津烧河楼教案始末记

文稿杂存

陈铁卿撰以上三书，见《近代天津人物录》本传提及。其中《古钱史话丛稿》乃系中华人民共和国成立后将原油印本《古泉新知录》汇编成的古泉学著作。

于鹤年

近代天津学人。二十世纪四十年代曾在私立浙江中学（今天津市第二十中学）任职。精于历史和地理研究，有著名史学家顾颉刚的"学术知音"之称。具体生平不详。

河北通志县沿革表

于鹤年与陈铁卿、张承谟合撰。线装一册。《津人著述存目》著录，民国二十一年（1932）河北省通志馆铅印本，北京图书馆和天津图书馆藏，见各馆藏目录。

天津卫考初稿

于鹤年撰。本书是对天津卫的历史沿革及地理位置、行政经济、军事等所做的考证，论述了金、元两朝直沽与军事海运的关系及直沽之所在；明朝建卫情况；天津卫与军政、漕运、盐政的关系；清朝的天津卫及后来改设州、府（附设县）等一系列发展变化。原载《河北月刊》民国二十三年（1934）第二卷第三、四期。同年排印出版，线装一册。《天津地方史资料联合目录》著录，天津图书馆藏。

谜语俱乐部选粹二集

于鹤年、董痴公等编。别题《谜语选粹》。民国间石印本，一册，北京图书馆藏，见馆藏目录。

张承谟

近代天津人。生平不详。

河北省春秋战国时代疆域考一卷

张承谟撰。《津人著述存目》著录，民国二十二年（1933）河北月刊社铅印本；《天津地方史资料联合目录》著录，线装一册，天津图书馆藏。

河北通志县沿革表

张承谟与陈铁卿、于鹤年合撰。《津人著述存目》著录，民国二十一年（1932）河北省通志馆铅印本。北京图书馆和天津图书馆藏，见各馆藏目录。

蔡俊元

近代天津人，任天津理教第十任领众。曾整顿发展理教，纠正了理教中相沿已久的一些繁琐的清戒规律。民国十七年（1928）当选为天津理教联合会理事长。

理教弘明集

蔡俊元撰。是书为宣扬理教之作，民国二十八年（1939）北京文岚印书局出版；《天津地方文献提要目录》著录，天津图书馆藏。

刘髯公（1893-1938）

髯公原名学庸，字仲儒，武清杨村人。回族。曾充当清新军士兵、法国驻华使馆文书，和天津法租界工部局侦探长。民国十三年（1924）创办《新天津报》。抗战初期宣传抗日甚为激烈。民国二十六年（1937）天津沦陷，被日寇逮捕，遭严刑拷打。后经天津各清真大寺阿訇联名具结保外就医，不久逝世。

丙寅战史

刘髯公著。书分上下两卷，叙述北洋军阀之间的几次战争。上卷出版于民国十五年（1926）五月，下卷出版于次年五月，均由天津新天津报馆出版，是为新天津报丛书。《天津地方史资料联合目录》著录，天津社科院图书馆藏。

杨凤鸣（1893-？）

凤鸣字岐山，近代天津人。早年学医。民国二十年（1931）在大连开设岐山医院。课馀和医馀好为小诗，尤工七绝。

杨岐山诗集六卷

杨凤鸣撰。《天津地方史资料联合目录》著录，民国三十四年（1945）石印本，天津师范大学图书馆藏。是书分课馀二卷和医馀四卷，前有王季烈等人序。自序实为编辑凡例，共八则。全书有诗千馀首。后有莱阳尹拙安题跋作南北曲一套。

刘清扬（1894-1977）

女，天津人。回族。民国八年（1919）天津直隶女子师范学校毕业，次年冬赴法勤工俭学。民国十二年（1923）回国。早年曾参加过中国同盟会活动和五四运动。回国后从事妇女运动，是中国妇女运动的先驱者之一。九一八事变后积极投入救亡运动。抗日战争胜利后继续从事民主运动。民国三十七年（1948）十月进入华北解放区。中华人民共和国成立后历任政务院文化教育委员会委员、河北人民政府委员、全国妇联副主席等职，并被选为全国人大一、二、三届代表及全国政协一、二、三届委员。"文化大革命"期间备受摧残。

保卫华北的游击战

刘清扬等著。此为多人文章的合集，刘清扬所撰《活跃的华北游击战》为其中的第一篇。汉口生活书店民国二十七年（1938）出版，北京图书馆藏，见馆藏目录。

华凤卜（1894-1983）

凤卜字世五，近代天津人。清宣统二年至民国六年（1910-1917）就读于南开中学和南开大学。民国七年（1918）在中学任教。民国十九年（1930）起长期在河北省立图书馆（今天津图书馆前身）工作，经验丰富，多次组织大型书目编制。

河北省立第一图书馆书目

华凤卜主编，民国二十六年（1937）河北省立第一图书馆书目铅印本，一册；又民国三十七年（1948）油印本，存二十八册，天津图书馆藏，见馆藏目录。

明集杂识三十七卷

华凤卜撰。1983年天津图书馆影印民国间油印本，三册，天津图书馆藏，见馆藏目录。

刘　纶（1896-1969）

纶字叔杰，出身于天津"八大家"之一"土城刘家"。原天津直隶甲种水产学校毕业，后留学日本北海道帝国大学。民国九年（1920）学成回国，相继在天津和营口两地水产学校任教。后回天津水产专科学校任水产加工科主任兼教授。1952

年调任青岛山东大学水产系教授，至 1958 年退休回北京定居。其与原天津水产专科学校校长张元第和教务主任郑紫宸系同年出生、同入甲种水产学校，同赴日本留学，又同返母校工作，被誉为"天津水产三杰"。

食品化学

刘纶编。讲述各种营养素及食品的种类名称、成分、性质等。上海商务印书馆民国十六年（1927）出版，天津图书馆藏，见馆藏目录。

水产动物化学（上册）

（日）大岛幸吉著，刘纶译。北京科学出版社 1958 年出版，天津图书馆藏，见馆藏目录。

顾　随（1897－1960）

随本名宝随，原籍河北清河。民国四年（1915）十八岁时至天津求学，考入北洋大学。两年后转入北京大学英文系，改名顾随，取字羡季，又自号苦水。毕业后在天津河北女师学院与北京燕京大学、辅仁大学两地任教。中华人民共和国成立之初一度担任辅仁大学中文系主任。1953 年转赴天津，在河北大学前身之天津师范学院任教，晚号驼庵。后在天津病逝，享年仅六十四岁。

无病词三卷

顾随撰。民国十六年（1927）铅印本，一册，北京图书馆和天津图书馆藏，见各馆藏目录。

味辛词二卷

顾随撰。民国十七年（1928）铅印本，一册，北京图书馆和天津图书馆藏，见各馆藏目录。

荒原词一卷

顾随撰。后附《弃馀词》，民国十九年（1930）铅印本，一册，北京图书馆藏和天津图书馆藏，见各馆藏目录。

留春词

顾随撰。与《苦水诗存》合作一册，民国二十三年（1934）铅印本，北京图书馆藏，见馆藏目录。

苦水诗存

顾随撰。与《留春词》合作一册，民国二十三年（1934）铅印本，北京图书馆和天津图书馆藏，见各馆藏目录。

苦水作剧三种附录一种

顾随撰。民国二十五年（1936）铅印本，北京图书馆和天津图书馆藏，见各馆藏目录。子目包括《祝英台身化蝶》一卷、《马郎妇坐化金沙滩》一卷、《垂老禅僧再出嫁》一卷，附录《飞将军百战不封侯》一卷。

苦水作剧

顾随撰，叶嘉莹辑。顾随自号"苦水"，此为其杂剧集。台北桂冠图书公司1992年出版。

顾羡季先生诗词讲记

顾随讲，叶嘉莹笔记，顾之京整理。是书根据叶嘉莹在二十世纪四十年代听顾随先生讲古典诗词时所作之课堂笔记整理而成，全书分驼庵诗话、驼庵说诗两大部分。1992年台北桂冠图书有限公司出版；2006年北京中国人民大学出版社改题《顾随诗词讲记》，用简体字出版。

驼庵诗话

顾随讲，叶嘉莹笔记，顾之京整理。本书内容包括驼庵诗话、驼庵论诗语录、驼庵文话、驼庵论学语录四部分。天津人民出版社 2007 年出版。

顾随诗文论丛

顾随撰，顾之京整理。天津人民出版社 1995 年出版，1997 年增订 2 版。

顾随随笔

顾随撰。本书收其代表作，分为文与岁月，人与名作，书与禅宗三部分，包括《夏初》《关于诗》《诗书中讨生活》等作品。北京大学出版社 2008 年出版，为《大学者随笔书系》之一。

顾随说禅

顾随撰。是书共分揣龠录、佛典翻译文学选、禅与诗三卷，多为谈禅文章，后附张中行《怀念顾羡季先生》文。上海古籍出版社 1998 年出版；又，南宁广西人民出版社 2005 年出版。

顾随论学精要

顾随撰。本书主要内容有：《诗经》谈片、《项羽本纪》分析、东坡词说、宋诗略说、太白古体诗散论、论杜甫七绝等。天津人民出版社 2007 年出版。

顾随文集

顾随撰。上海古籍出版社 1986 年出版。

顾随全集四卷

顾随撰。第一卷为创作卷，收入其诗、词、曲、小说、散文作品；第二卷为著述卷，收入其学术论文、研究文章；第三卷为讲录卷，收入其讲演、讲课的文稿；第四卷为书信日记卷，收入其书信二百多篇、日记两卷。全集收录了顾随现存全部著作。石家庄河北教育出版社 2000 年出版，全四册。

陈邦怀（1897-1986）

邦怀字保之，室名嗣朴斋。原籍江苏，十九世纪二十年代，曾任近代著名学者、爱国实业家张謇的秘书。民国二十年（1931）北迁来津，在中国银行任文书职务。早年研究商周文字，是一位古文字学家和考古学家。1954年受聘为天津市文史研究馆馆员，1979年任天津市社会科学院历史研究所研究员、顾问，同时兼任天津文史研究馆副馆长等职。所著有：

殷墟书契考释小笺

陈邦怀撰。民国十四年（1925）出版，得到著名学者王国维肯定。

殷契拾遗

陈邦怀撰。民国十六年（1927）出版。以上两书对当时尚处在开拓阶段的甲骨学做出了一定贡献。

说文古文校释

段注说文札记

甲骨文零拾

殷代社会史料征存

陈邦怀撰以上四书，前二种已少见，后二种均于1959年由天津人民出版社出版，对于甲骨文字考证及商代四方风名、宫寝制度、先公旧臣发微多有创见。

一得集

陈邦怀撰。济南齐鲁书社1989年出版。书分上下两卷，上卷是作者关于古文字、古器物研究方面的成果，收文六十二篇，考辨翔实，论证精审，有很多创见；下卷为古籍文献序跋，收文四十四篇，作者突破了一般序跋文的通例，融入自己的研究所得，因而有较高的学术价值。

嗣朴斋金文跋

陈邦怀撰。是书系著者将金文研究心得所写成诸器铭文的跋文汇编成，论及的器物上自商，下至战国，内容涉及文字考释、句读训诂、史料订补、器物断代等方面，创见颇多。1993年由香港中文大学用增删缮写清稿本影印出版。

顾桐峻（1898—1933）

评书演员，天津人。其父顾云亭系英致长的掌门大弟子。桐峻自幼从父学艺，由于聪颖精明且学艺用心，几年间将《包公案》《大宋八义》等大书均学到手，同时还学到《于公案》，故被公认为是得英致长真传最全面的继承人，在青年时期即成为新一代评书演员中的佼佼者。二十世纪二十年代中期《新天津报》和《新天津晚报》相继约请其将评书《大宋八义》写成文字稿逐日连载，继之又将刘葆初未竟之作《于公案》写出，同时在《新天津报》连载，并分别结集成书。

大宋八义二十三卷

顾桐峻著。武侠小说，铅印本，一卷一集，共二十三册。天津新天津报营业部于民国二十三至二十八年（1934—1939）分集出版。《天津地方史资料联合目录》著录，天津图书馆藏。

于公案

顾桐峻著。侠义公案小说，现存第五、第十二及十三这三集，分别于民国二十七至二十九年（1928—1940）由新天津丛书出版部出版发行。天津图书馆藏，见馆藏目录。

何心冷（1898-1933）

江苏苏州人，原上海《国闻周报》编辑，常写小说与文艺评论。民国十八年（1929）九月来津，任《大公报》副刊《小公园》主编，其格调清新，活泼多样，深受津门读者的欢迎，并有不少投稿人从此而成名。民国二十一年（1932）又兼任新辟专栏《摩登》的编辑工作，刊载读者来信，解答读者疑难和有关法律问题，开其他各报社会服务版的先河，在当时天津社会上也有一定影响。后积劳病卒于天津。

小上海

何心冷撰。散文集。上海冰庐出版部民国十五年（1926）出版，北京图书馆藏，见馆藏目录。

抵押品

何心冷撰。散文集。上海冰庐出版部民国十六年（1927）出版，天津图书馆藏，见馆藏目录。

袁克权（1898-1942）

克权字规厂，生长于天津。袁世凯之五公子，端方之婿。端方赠他宋版百衲本《史记》，故自号"百衲"。师从桐城派大家吴闿生，受教于大教育家严修和有联圣之名的方地山。曾留学英国。善旧体诗。

百衲诗集

袁克权撰。收民国三年（1914）诗作二十六首，时年十六岁；民国四年（1915）诗作一百三十八首，时年十七岁。前有吴闿生题序。

偶权馆诗集

袁克权撰。收民国四年（1915）十二月十二日至次年三月二十二日间诗作四十一首，时年十七岁。民国间铅印本，一册，北京图书馆藏，见馆藏目录。

苫庐诗集

袁克权撰。收民国五年（1916）六月六日后诗作五十八首，时年十八岁。民国间铅印本，一册，北京图书馆和天津图书馆藏，见馆藏目录。

弄潮馆诗集

袁克权撰。收民国五年至六年间（1916–1917）诗作一百二十首，有吴芝瑛题封。民国间铅印本，一册，北京图书馆和天津图书馆藏，见馆藏目录。

百衲诗存

袁克权撰。收民国五年至七年间（1916–1918）诗作二百八十三首。前有易顺鼎、夏寿田、陈方恪题词共二页。民国间铅印本，一册，北京图书馆和天津图书馆藏，见馆藏目录。

忏昔楼诗集

袁克权撰。一作《忏昔楼诗存》一卷。收民国七至九年间（1918–1920）诗作二百十七首。民国间刻本，一册；又铅印本，一册，北京图书馆和天津图书馆藏，见馆藏目录。

袁克权诗集

袁克权著。袁克权撰以上六册诗集，均为民国六至九年间（1917–1920）的刻本，共有旧体诗作八百八十三首。其中《百衲诗存》和《忏昔楼诗存》是他的女儿保存的，其馀四集《百衲诗集》《偶权馆诗集》《苫庐诗集》和《弄潮馆诗集》，则是从日本东京都立中央图书馆复印而来（其实，国内北京图书馆都有收藏）。刻本编纂刊出时，其父袁世凯已经去世。诗中既有袁氏称帝前后，袁克权的写景抒怀，读书咏史，酬答师友，抚今追昔之作；而更多的则是家国巨变后的感触，劫后馀生的思考，触景生情的慨叹。此次汇总一起，天津古籍出版社2008年平装铅印本出版。

宫白羽（1899—1966）

白羽本名万选，字竹心，白羽为笔名，原籍山东东阿，出生于河北青县马厂。民国十七年（1928）来到天津，长期在报社、电讯社任职。二十七年（1938）因在《庸报》连载《十二金钱镖》一举成名。同年创办正华学校，次年创办正华学校出版部，从事编写武侠小说。中华人民共和国成立后因研究甲骨金石之学，被聘为天津市文史研究馆馆员。生前曾任天津市文学工作者协会常务理事，天津文联委员。

甲金证史诠言

宫白羽撰。为研究甲骨金文的论文集，原连载于民国三十二年（1943）的《新天津画报》，后重新发表于香港的《中华国学》，不久《天津文史》又转载。单行本未见。

话柄

宫白羽撰。自传性回忆录。内收有鲁迅写给他的几封信。天津正华学校民国二十八年（1939）十二月出版。

心迹

宫白羽撰。自传体小说。未见。

报坛隔闻

宫白羽撰。社会小说。未见。

片羽

宫白羽撰。短篇创作集。未见。

雕虫小草

宫白羽撰。小品文集。未见。

灯下闲话

宫白羽撰。小品文集。未见。

三国话本

宫白羽撰。是为专门研究小说戏剧的论文集。未见。

恋家鬼

宫白羽撰。滑稽文集。未见。

青衫豪侠

宫白羽著。这是宫白羽的第一部武侠小说,民国十六年（1927）在北京《世界日报》副刊以《粉骷髅》的题目刊出前两章,至民国二十年（1931）由天津《益世晚报》载完,全书十三章,连载时还曾题作《白刃青衫》。民国三十一年（1942）,前六章以《青林七侠》的书名由天津正大书局出版,后七章以《粉骷髅》书名出版。最后是民国三十六年（1947）六月由上海协和书店以《青衫豪侠》书名出版。1992年出版的《宫白羽武侠小说全集》,即据此版本排印,编为第九种。

吉林七侠

宫白羽著。一作《青林七侠》。见前。

粉骷髅

宫白羽著。原题《青林七侠》,又名《大侠粉骷髅》。内容影射媚日汉奸褚谊民;"因为反对武侠,写成了侦探小说模样"。时在九一八事变之前。见前。

黄花劫

宫本羽著。白羽第二部武侠小说，"写的是宋末元初，好像武侠，又似抗战"；末了不知不觉地把抗日名将张自忠也写进去，对"前方杂牌军队如何被逼殉国"，深致愤慨。时在九一八事变之后。民国二十二年至二十四年（1933–1935）在报上连载，原名《黄花劫》。1949年上海百新书店出版时改题为《横江一窝蜂》。

横江一窝蜂

宫本羽著。原名《黄花劫》，见前。今版《宫白羽武侠小说全集》收作第十二种。

摩云手

宫白羽著。最早刊于伪满《麒麟》杂志，连载二十四章；民国三十一年（1942）北京文兴书局分三卷出版，共四十二章。民国三十七年（1948）上海励力出版社分三集再版。今版《宫白羽武侠小说全集》收作第十种。

十二金钱镖

宫白羽著。原连载于民国二十七年（1938）天津《庸报》，同年由天津书局出版第一集。此后各集均由天津正华出版部出版。全书共有十七卷（集），总八十一章，共一百二十余万字。前十六卷写于抗战胜利之前，故事未结束；抗战胜利后，补撰末一卷，更名为《丰林豹变记》，连载于天津《建国日报》，乃总结全书。书叙袁振武和俞剑平师兄弟反目而导致二十年后有劫镖寻仇，比武斗智的故事。今版《宫白羽武侠小说全集》收作第一种。

血涤寒光剑

宫白羽著。《十二金钱镖》二部作，写于民国二十九年

（1940），次年由天津正华出版部出版。今版《宫白羽武侠小说全集》收作第二种。

狮林三鸟

宫白羽著。为上书的更名，结尾比原作《血涤寒光剑》少万馀字。

毒砂掌

宫白羽著。《血涤寒光剑》续集，1949年上海广艺书局出版。今版《宫白羽武侠小说全集》收作第三种。

武林争雄记

宫白羽著。民国二十八年（1939）十二月连载于北京《晨报》，详述袁、俞师兄弟结怨始末。十七章以下为郑证因代撰，民国二十九年（1940）八月至次年十一月由天津正华出版部出版。今版《宫白羽武侠小说全集》收作第四种。

牧野雄风

宫白羽著。此为《武林争雄记》的续编，民国三十一年（1942）白羽因病请好友郑证因代笔在报刊连载。次年天津正华出版部出版卷一时曾大加增删。卷四约在民国三十三年（1944）初印行，是正华出版部印行的最后一部白羽小说，正华亦从此关闭。民国三十六年（1947）上海励力出版社分上下册再版。今版《宫白羽武侠小说全集》收作第五种。

联镖记

宫白羽著。民国二十八年（1939）初在《北京实报》连载，同年六月卷一单行本由天津正华出版部印行。至民国三十一年二月陆续出版六卷。今版《宫白羽武侠小说全集》收作第六种。

大泽龙蛇传

宫白羽著。民国三十年（1941）十一月十五日连载于北京《立言画刊》，至三十三年十二月底全部载完。为《联镖记》续集，本书未写完，作者曾在天津《真善美画刊》发表续作，与《河朔七雄》嫁接，以《雁翅镖》《青萍剑》系列作的书名出版单行本。今版《宫白羽武侠小说全集》收作第七种。

偷拳

宫白羽著。书叙杨露蝉学艺事，实多血泪。民国二十八年（1939），天津正华出版部出版时为二十章。抗战胜利后，上海励力出版社将其改名为《惊蝉盗技》，于民国三十六年（1947）再版，增至二十二章。今版《宫白羽武侠小说全集》收作第八种。

太湖一雁

宫白羽著。民国三十五年（1946）下半年在报刊连载，次年八月元昌印书馆出版出单行本，上海正气书局总经销。今版《宫白羽武侠小说全集》收作第十三种。

河朔七雄

宫白羽著。今版《宫白羽武侠小说全集》收作第十四种。

雁翅镖

宫白羽著。民国三十六年（1947）天津《真善美》画刊连载，1949 年重庆中央印书馆出版、大华书店总经销。今版《宫白羽武侠小说全集》收作第十五种。

青萍剑

宫白羽著。《雁翅镖》《青萍剑》实为同一部书的上下卷，今版《宫白羽武侠小说全集》收作第十六种。

子午鸳鸯钺

宫白羽著。别题《弹剑记》。今版《宫白羽武侠小说全集》收作第十七种。

剑底惊螟

宫白羽著。民国三十六年（1947）六月上海正新出版社出版，续集四章于同年十二月由上海元昌印书馆出版。今版《宫白羽武侠小说全集》收作第十一种。

雄娘子

宫白羽著。此为《剑底惊螟》的续编，今版《宫白羽武侠小说全集》收作第十八种。

龙舌剑

宫白羽著。1949年上海正气书局再版。今版《宫白羽武侠小说全集》收作第十九种。

侠隐传技

宫白羽著。民国三十六年（1947）九月上海励力书局出版。封面印为《侠隐传技》，目录印为《侠影传技》。今版《宫白羽武侠小说全集》收作第二十种。

秘谷侠隐

宫白羽著。民国三十七年（1948）出版，原版残缺无下集和版权页。内容简介和目录印为《秘谷侠影》，出版说明与编辑说明印做《秘谷侠隐》。今版《宫白羽武侠小说全集》收作第二十一种。

缘林豪杰传

宫白羽著。此为应香港《大公报》之约，于1956年在该报上连载的生平最后一部武侠小说。今版《宫白羽武侠小说全集》收作第二十二种。

宫白羽武侠小说全集

宫白羽原著，其子宫以仁搜集整理。内收宫白羽武侠作品二十二种，子目见上。其中《秘谷侠隐》只存上半部，且有残缺，但为了不致有遗珠之憾，仍收入全集，以便读者鉴赏。北岳文艺出版社 1992 年出版。

裴学海（1899–1970）

学海曾用名裴会川，原籍河北滦县。民国十六年（1927）考入北京清华国学研究院，受业于当时著名学者梁启超、陈寅恪、赵元任等。毕业后来津长期从教，由天津河北省立第一中学至天津六中（原即铃铛阁中学）；中华人民共和国成立后经郭沫若推荐，认为大才小用，遂由天津六中调新建的津沽大学（一度改名为天津师范大学）后定名为河北大学，出任中文系古汉语教研室主任，是我国现代著名的汉语言文字学家之一，早在中学任教时即有学术论文发表和专著出版。

中古虚词集释十卷

裴学海撰。本书汇集了清人刘琪《助字辩略》、王引之《经传释词》、俞樾《古书释义举例》及近人杨树达《词铨》、章炳麟《新方言》等书成果，补充疏漏，纠正失误，多所申证创新。民国二十一年（1932）商务印书馆出版，1954 年中华书局又重印。1965 年修订本后附有《经传释词正误》《本书说解述要》《类书引古书多以意改书》三篇论文，是对《集释》的补充，其学术价值不亚于《集释》。各大图书馆都有收藏。

音韵讲义五种

裴学海撰。是书为其在天津讲学时的授课讲义，由其学生余明善等汇编成，内容包括《切音浅说》《古书疑义举例续补》

《左传札记》《大学疑义订解》《中庸疑义订解》五种，二十世纪八十年代油印本，笔者曾得到一本，后送人了。

对高中文学课本注释的商榷

裴学海撰。《天津师范学院丛书》之一，原天津师范学院1957年油印本，北京图书馆藏，见馆藏目录。

古汉语

裴学海编。原天津师范学院1957年油印本，分上下二册，北京图书馆藏，见馆藏目录。

姚灵犀（1899–1963）

灵犀本名君素，字袞雪，号灵犀，以号行世，江苏丹徒人。擅诗古文辞，民国时期成名于天津文艺界，为梦碧词社成员，曾主办消闲刊物《南金》。二十世纪三十年代，在天津娱乐小报《天风报》副刊"黑旋风"主编专栏《采菲录》，专门刊载与缠足有关的文字。新中国成立后卒于北京。特例选入本《志》。

采菲录

姚灵犀编。副题"中国妇女缠足史料"，共六册，初编、续编由天津时代公司于民国二十五年（1936）一月、二月印行，三编、四集由天津书局于民国二十五年（1936）十二月及二十七年（1938）二月印行；三十年（1941）又有"新编"和"精华录"问世。全书收集缠足史料、品莲文学、禁缠放足运动资料、政府法令、宣传文章、时人心得种种，并附有大量照片和插图，是至今为止整理汇编缠足史料最为齐全的著作。北京图书馆藏，见馆藏目录。

采菲新编

姚灵犀编。天津时代公司民国二十五年（1936）再版铅印本，一册，北京图书馆藏，见馆藏目录。

采菲精华录

姚灵犀撰。民国三十年（1941）铅印本，一册，中华民俗史之一，妇女缠足史料。北京图书馆藏，见馆藏目录。

麝尘集

姚灵犀编订。民国二十五年（1936）天津铅印本，平装一册，属子部杂家类杂述，为《未刻珍品丛传》之一的单行本，蓝印。前有姚灵犀序。首都图书馆藏，为吴晓铃赠书，有吴晓铃题记。见馆藏目录。

未刻珍品丛传

姚灵犀编校。收录姚藏稿本三种：《闺艳秦声》，著者署名古高阳西山樵子，歌房帏帷燕昵之曲十二首；《塔西随记》，著者署名萍迹子，述曲巷狎邪之事；《麝尘集》，姚灵犀编订，记姬侍怨诽之语，收诗五十馀首。姚灵犀在书前作弁言一篇云："呜呼。宇宙之间，文人众矣，抑郁不自得，乃寄情于艳闻琐事，以翼其言之无罪，而闻之者好之之可传也。然而传不传无定也。宇宙之间，好女子之沦为姬侍者亦众矣，抑郁不自得，乃形诸吟咏，以翼其或闻于世也。然而闻不闻无定也，世间类此之文字，散佚摧烧者，曷可胜数。而此三者获存，不可谓非幸事也。"民国二十五年（1936）天津姚灵犀铅印本，平装一册。蓝印。首都图书馆藏，著录作十集二十卷，为吴晓铃赠书，有吴晓铃题记，见馆藏目录。另，太原山西省图书馆亦藏，北京图书馆据此有缩微品。

瑶光秘记

姚灵犀著。天津书局民国二十七年（1938）出版。未见。

瓶外卮言

姚灵犀著。全书分研究论文和词语解释两部分，是中国第一部《金瓶梅》研究专著，反映了二十世纪上半期的研究水平。天津书局民国二十九年（1940）铅印本，一册。北京图书馆藏。今有天津市古籍书店 1989 年影印本。

思无邪小说

姚灵犀编撰。又名《艳海》，或易名为《髓芳髓》。姚灵犀耗费十五年时间收集种种"獭祭之书籍"，"古今小品，涉及香艳者，上起经史，下逮说部，选取录若干则，或加笺注"，集结成书。其记录有关性文化的资料一时罕有其匹。民国三十年（1941）天津书局铅印本，平装一册，前有姚灵犀弁言。首都图书馆藏，为吴晓铃赠书，见馆藏目录。

苦乡绮梦录六十八回

赵亦新著，姚灵犀删润。民国三十年（1941）天津书局铅印本，平装二册，前有姚灵犀、曾经沧海主人、王禹人、梦秋生序。首都图书馆藏，吴晓铃赠书，见馆藏目录。

孙学曾（1900-？）

学曾字正荪，天津教育家、诗人。抗日战争中为私立三义庄小学校及女子学校校董、城南诗社社长。战后与李金藻等创设崇化中学并出任副校长。

孤云集

孙学曾辑。是书为其夫人李糺卿亡故后的哀挽录，民国三十二年（1943）白纸铅排线装本，一册不分卷，书口标"双清堂丛刊"。正文收录孙氏夫妇族亲和友朋近百人之祭文、诔词、挽辞及诗词联等；内有《城南诗社同人公祭文》，列名三十七位，是为当时城南诗社成员。书后有孙学曾撰悼亡诗十六首。夫人李糺卿（1912-1943），字缦云，为严台孙画弟子。

天津图书馆藏，见馆藏目录。

郑证因（1900—1960）

　　证因原名郑汝霈，天津西沽人。自幼家贫，广读诗书。曾在北平国术馆学太极拳，因此对武术较为了解，熟知黑帮规矩。年轻时曾教过私塾，后为生活所迫，即从事武侠小说的创作，属"帮会技击派"。其代表作《鹰爪王》正续集共一百零三回，达两百馀万字，民国三十年（1941）连载于天津《369画报》。在向报社投稿的过程中，结识了宫白羽，并协助他经办正华出版部。1950年后曾在北京通俗读物出版社工作，后被调往河北省文化艺术学院图书馆。以下为其所创作的武侠小说：

武林侠踪

天津艺林书店民国三十年（1941）至三十二年（1943）出版。全四册。存。

黄衫客

天津新华书局民国三十年（1941）至三十二年（1943）出版。全四册。存。

风尘三杰

北京书店民国三十一年（1942）至三十二年（1943）分四册出版。存，缺第三册。

一字乾坤剑

天津云流出版社民国三十二年（1943）出版，一册。存。

女侠黑龙姑

天津云流出版社民国三十二年（1943）出版。残存第二、三两册。

矿山喋血

北平流云出版社 1949 年出版，上下两册。

女侠燕凌云

北京新华书局民国三十七年（1948）出版。

离魂子母圈

北京新华书局、上海励力出版社民国三十七年（1948）出版，正、续集。

边塞双侠

北京新华书局、上海励力励力出版社民国三十七年（1948）出版，正、续集。

双凤歼仇

北京新华书局、上海励力出版社 1949 年出版。

昆仑剑

北京新华书局、上海励力出版社 1949 年出版。

鹰爪王

上海励力出版社 1949 年至 1950 年分二十二册出版。

续鹰爪王

上海励力出版社出版，不明出版时间。

大漠惊鸿

上海励力出版社民国三十六年（1947）出版。有复印本。

子母金梭

上海励力出版社民国三十六年（1947）出版。

贞娘屠虎

上海励力出版社民国三十六年（1947）出版。有复印本。

五凤朝阳刀

上海励力出版社民国三十七年（1948）出版。有复印本。

铁伞先生

上海励力出版社民国三十七年（1948）出版，正、续集。

五英双艳

上海励力出版社民国三十七年（1948）再版。

金刀访双煞

上海励力出版社 1949 年出版，正、续集。

巴山剑客

上海励力出版社 1949 年出版。

云中雁

上海励力出版社 1949 年出版，正、续集。

嵩岭双侠

上海励力出版社 1949 年出版。

闽江风云

上海励力出版社 1950 年出版，正、续集。

龙虎风云

上海励力出版社出版，不明出版时间。

绿野恩仇

上海正气书局民国三十六年（1947）出版，上下册。

南荒剑侠

上海正气书局民国三十六年（1947）出版。

龙虎斗三湘

上海正气书局民国三十七年（1948）出版。

铁笔峰

上海正气书局民国三十七年（1948）出版。

铁拂尘

上海正气书局民国间出版。

龙江奇女

上海正气书局1949年出版。

边荒异叟

上海正气书局1949年出版。

牧野英雄

上海正气书局1950年出版。

铁狮王

上海三益书店民国三十七年（1948）出版，正、续集。

铁狮镖

上海三益书店民国三十七年（1948）出版，正、续集。

铁狮旗

上海三益书店1949年出版，正、续集。

黑凤凰

上海广艺书局民国三十七年（1948）出版。

蓉城三老

上海广艺书局1949年出版。

峨眉双剑

上海广艺书局 1949 年分四册出版。

铁铃叟

上海广艺书局 1949 年出版。

丐侠

上海广艺书局 1949 年出版。

青狼谷

上海广艺书局 1949 年出版。

塞外豪侠

上海广艺书局 1949 年出版，正、续集。

淮上风云

上海广艺书局 1949 年出版，正、续集。

琅琊岛

上海广艺书局 1949 年出版，上下两册。

苗山血泪

上海广艺书局 1950 年出版，正、续集。

风雪中人

上海广艺书局 1950 年出版，上中下三册。

尼山劫

上海广艺书局 1950 年出版。

孤雏铁虎

上海广艺书局 1950 年至 1951 年出版，分三册。

杨柳青

上海广艺书局出版，日期不详，正、续集。

侠盗扬镖记

上海元昌印书馆民国三十六年（1947）第一版。

雪山四侠续集

上海元昌印书馆民国三十七年（1948）出版。缺正集。

金陵吕云娘

上海元昌印书馆 1949 年出版，正、续集。

回头崖

上海元昌印书馆 1949 年出版。

铁马庄

上海元昌印书馆 1949 年至 1951 年出版。

龙凤双侠

上海元昌印书馆 1950 年出版。

万山王

上海元昌印书馆出版，出版时间不明。

女屠户

上海元昌印书馆出版，出版时间不明。

幽魂谷

上海元昌印书馆出版，出版时间不明。

凤城怪客

上海汇文书店 1950 年出版。存四册。

太白奇女

上海汇文书店 1950 年出版，正、续集。

秦岭风云

上海汇文书店 1950 年出版。

小天台

上海汇文书店 1951 年出版。

戈壁双妹

上海汇文书店 1951 年出版。存三册。

铁指翁

上海汇文书店 1951 年出版。

白山双侠

上海汇文书店出版，正续集，不明出版时间。有复印本。

风陵渡

一题枫菱渡。上海协和书店、正华书店 1950 年、1951 年出版，正、续集。

荒山侠踪

上海正华书店 1950 年至 1951 年出版。存一至七册。

金鹰斗飞龙

上海正华书店 1951 年出版。

太极手

上海正华书店 1951 年出版。

鹤顶春回

上海正华书店 1951 年出版。

火中莲

上海正华书店 1951 年出版。

霜天雁影

上海正华书店 1951 年出版。存三册。

天南逸叟

上海育才书局民国三十六年（1947）出版，正、续集。

七剑下辽东

上海育才书局民国三十七年（1948）出版，四册。

孤形剑

上海育才书局 1949 年出版，正、续集。

燕尾镖

上海育才书局 1950 年出版，正、续集。

野人山

上海育才书局出版，不明年月，存下册。

钱塘双剑

上海元益印书馆 1949 年出版。

一字剑

上海元益印书馆 1949 年出版。

铁燕金蓑

上海元益书局 1949 年出版。

剑门侠女

上海独立书局民国三十七年（1948）出版，上下册。

终南四侠

上海协新书局 1949 年出版。

烽火忠魂

上海新流书店 1950 年出版，一至四册。

塞外惊鸿

上海新流书店 1950 年至 1951 年出版，一至五册。

乌龙山

上海新流书店 1950 年出版，正、续集。

大侠铁琵琶

上海合众图书公司出版，日期不详。

天山四义

上海海风书店 1951 年出版。

郑证因著以上八十八种武侠小说，或原版足本，或残存本，或复印本，津门藏书家胡立生均有收藏，见其未刊稿《我的藏书目》著录。

边城侠侣

郑证因著。本书含《火烧少林寺》。花城出版社 1992 年出版。胡立生《我的藏书目》著录。

飞豹奇遇

江汉侠踪

风尘怪客

风尘三剑

岷江侠女

黑妖狐

火焚少林寺

郑证因著以上七部武侠小说，除《火焚少林寺》或为《边城侠侣》所含之《火烧少林寺》异名外，其他均不知版本和收藏处。

王芸生（1901-1980）

芸生原名德鹏，天津人，原籍静海。出身贫寒，自学成才。民国十八年（1929）八月进入天津《大公报》馆，成为一名职业新闻记者。此后历任该报天津、上海、重庆等版编辑、主笔、总编辑等。中华人民共和国成立后任《大公报》社长，并被选为中华全国新闻工作者协会副主席。

六十年来中国与日本七卷

王芸生著。原连载于天津《大公报》"研究日本"专栏。

民国二十三年（1934）五月由天津《大公报》馆结集出版。原计划从清同治十年（1871）订立的《中日修好条规》至九一八事变。当时由于战争影响，未能出齐，只出了七卷，写到五四运动时的中日关系。其中第一卷卷首有《古代关系之追溯》，详记古代中日关系的发展。第二卷附论《李鸿章之功罪》，第三卷附论《中俄密约辨伪》，第四卷附论《辟所谓"秘密协定书"》。每册前均有照片多幅。《天津地方史资料联合目录》著录，天津各大图书馆有藏。

六十年来中国与日本全八卷

王芸生著。中华人民共和国成立后，作者对原七卷本《六十年来中国与日本》加以修订和增删，另用大事记形式，记述从巴黎公社至九一八事变的中日关系成卷八，是为增订八卷足本。1982年由北京生活·读书·新知三联书店出版2005年再版。

芸生文存第一集

王芸生著。内收作者在《大公报》上发表的《中国的外交病》《日本外交之历史观》《今日之美俄日》《中东路简史》《从历史上观闽变》等三十七篇文章，民国二十六年（1937）年六月由上海《大公报》馆再版。《天津地方史资料联合目录》著录，天津社科院图书馆和天津师范大学图书馆藏。另有1989年由上海书店影印的《民国丛书》本，在第一编内。

由统一到抗战（芸生文存第二集）

王芸生著。内收《前进吧中国》《寄北方青年》《如何建立太平洋的新秩序》《沪战引言》《战时外交》等四十六篇文章，另附游记《赣行杂记》《青岛游记》《蓟门内外》等三篇。上海《大公报》馆民国二十六年（1937）出版，北京图书馆藏，见馆藏目录；1989年上海书店影印出版，编入《民国丛书》第一编内。

诸葛亮新论

王芸生等合著。诸葛亮研究论文集，内收王芸生撰《诸葛亮》等六篇论文，附录《三国志诸葛亮传》《年谱》。收入《读者之友社丛刊》，民国三十四年（1945）重庆读者之友社出版。近代书局民国三十五年（1946）再版，北京图书馆和北京大学图书馆藏，见各馆藏目录。

日本半月

王芸生著。此为作者于第二次世界大战后访问日本的通讯报导集，内收《战后日本人的思想及其对华的感识》《通货膨胀与黑市经济》《教育与文化剧变之中》《远东国际法庭与战犯》《日本议会与政党人物》《一串感想》等十二篇文章。上海《大公报》馆民国三十六年（1947）出版。北京图书馆和北京大学图书馆藏，见各馆藏目录。

台湾史话

王芸生著。北京中国青年出版社 1955 年出版，1978 年第 3 次印刷。北京图书馆和北京大学图书馆藏，见各馆藏目录。

英敛之时代的旧大公报

王芸生、曹谷冰合著。出版项不详，北京图书馆藏，见馆藏目录。

张弘弢（1901-？）

弘弢字异荪，谱名恩纶，世居天津。民国二年（1913）十三岁时始受业于武清王效良师，至民国九年冬辍学。以有芦阳醝务之行，先后在长芦和河南新乡等地醝馆任职。生平喜碑帖古玩，精诗词歌赋，十三岁起每年都有诗作。与武清诗人和雨花石收藏家王猩酉关系密切；又且与津城王守恂、王墨青等为忘年交，并写有《悼华石斧乡长》和《悼严范孙乡前辈》诗。为城南诗社成员。

奇芸室诗荟六卷附诗馀一卷

张弘弢撰。是书为作者三十岁以前之诗作，分六集：自十三岁至十九岁所作为《受天集》，二十至廿三为《煮海集》，廿六以前者为《行路集》，廿九以前者为《出山集》，三十岁时客胜芳，成《胜日寻芳集》，第六集名曰《春宵说梦》，则均香奁咏也，都凡六卷七百馀首。其卷二有《贺猩酉喜得天然石盂歌》并序，可见王之嗜石。前有武清王猩酉、关士英两人序，民国二十二年癸酉（1933）秋八月印于河南新乡客次，石印本，一册，北京图书馆和天津图书馆藏，见馆藏目录。

妙吉祥庵诗稿上下二卷

张弘弢撰。是书为作者三十岁后之诗作，分上下两卷。卷上"自辛未小样后至壬申岁暮二年内得诗七十六首，因思雕虫小技，壮夫不为；壮不知悔，虽尚为之，曰《不为集》"；卷下收癸酉"春初至岁暮一载中得诗六十六首，偶思独身远游，别开生面，曩之以为难者，今觉亦易易耳。上而国家天下，亦不过如是，取佛经如是我闻之义，曰《如是集》"。王猩酉序之为"《不为》则迹近老聃，《如是》则禅参阿佛"。前有七二老人王守恂手批云："诗本性情，词华其后来之点缀也。作者天性纯厚，时于诗中见之。斯为得诗之本源，但文质不容偏胜，声韵采色自不得不讲求。其讲求之法，只是多看多读，吾贤其勉之。"又注曰："第一卷多性情语，第二卷则文质俱胜。"民国二十四年（1935）石印本，一册，北京图书馆和天津图书馆藏，见馆藏目录。

王赓纶（1902- ？ ）

赓纶字叔扬，天津人。城南诗社成员，民国二十八年（1939）《城南诗社齿录》作三十八岁，故推知其生年。民国二十九年庚辰（1940）曾为赵元礼所著《藏斋随笔》之第十集作序，末署"受业王赓纶谨撰"，其他不详。

珠光室诗话六卷

王赓纶撰。手稿曾于 2009 年在天津国拍今古斋公司以底价 1000 元拍卖。另存 1962 年油印本，一册，前有壬寅岁（1962）七十一岁老人金钺序。吉林大学图书馆藏，见馆藏目录。

苏吉亨（1902-1951）

吉亨原名昌泰，天津人。北平艺术专科学校毕业，擅丹青且善戏曲。曾任北洋大学教授等职，组织有绿蕖画社，二十世纪三十年代在天津国画界甚有影响。

中国绘画史

苏吉亨编校，陈师曾讲述。民国二十三年（1934）天津百城书局出版。本书共十二章，简介自先秦至清各朝代的绘画、画院、画家及派别。天津图书馆藏，见馆藏目录。《津人著述存目》曾有著录。

图案画讲义

苏吉亨编。河北省立女师学院民国二十五年（1936）出版，天津图书馆藏，见馆藏目录。

杜联喆（1902–1994）

女，天津人。燕京大学历史系毕业，及后赴美留学，成为旅美汉学、历史学者。与夫婿房兆楹（1908–1985）同是历史学家，以明清史见长。

丛书书目续编初集

杜联喆编。民国二十年（1931）北平震东印字馆承印本。《津人著述存目》著录。

三十三种清代传记引得

杜联喆与房兆楹合编。民国二十一年（1932）燕京大学图书馆引得编纂处铅印本。

以上二种，均见《津人著述存目》著录。

增校清朝进士题名碑录附引得

杜联喆与房兆楹合编。民国三十年（1941）北平哈佛引得社出版。

刘豁轩（?　–1976）

豁轩名明泉，原籍蓟县。民国八年（1919）考来天津上学，由初中部直至南开大学毕业。民国十七年（1928）应堂兄刘浚卿之约，出任天津《益世报》总编辑，并曾代社长职。浚卿故后，则继任为报社总经理兼总编辑，聘请名家主笔政，不断革新内容，社论以敢言著称，深受读者欢迎。中曾被解职改就燕京大学新闻系主任。抗战胜利后回津恢复《益世报》，不久又赴欧美考察新闻事业。民国三十七年（1948）离开报社。中华人民共和国成立后，曾在北京从事国外科技情报翻译工作。

报学论丛

刘豁轩撰。民国三十五年（1946）十二月由天津益世报馆出版，内收《明日的中国报纸》《报纸的新闻自由和社会自由》《报纸与社会服务》《战争时期的报纸》《此次欧战的宣传》等十一篇文章。该书又有同年大公报馆版本。《天津出版志》附《津版古今图书选目》著录。

万　　曼（1903–1971）

曼原名万礼黄，笔名万曼，天津人。另有笔名匡术、冶夔离、徐蒙等。民国九年（1920）入天津新学书院，并参加赵景深组织的绿波社。民国十二年（1923）毕业后任职伊文思图书公司、德商天利洋行，仍坚持写作。民国十八年（1929）后历任南开中学、济南师范、南洋中学、洛阳中学、天水师范、梓潼师范、开封高中、武昌育杰中学等教职。抗战期间先后任《前哨》《北海文艺》和天水《陇南日报》主编，嗣后到重庆从事古典文学研究。中华人民共和国成立后任中原教育部编审科长、河南文教出版社副社长。1951年调开封师院（即今河南大学）中文系，历任副系主任、副教授，现代文艺教研室主任、院科委副主任、学报主编等职。一生著作颇丰。

淡霞和落叶

万曼著。书分三辑："淡霞"收小说七篇，"歌次"收新诗七首，"落叶"收读书札记八则。上海新文化书社民国十三年（1924）印行，为《绿波社小丛书》之一，北京大学图书馆藏，见馆藏目录。

学习文字的方法

万曼著。河南文教厅编审科编辑，为一通俗读物。出版地不详，文教出版社 1951 年印行。北京图书馆和北京大学图书馆藏，见各馆藏目录。

现代作品选讲

万曼编著。武汉湖北人民出版社 1956 年出版。北京图书馆和天津图书馆藏，见各馆藏目录。

白居易传

万曼著。武汉湖北人民出版社 1956 年出版。北京图书馆和天津图书馆藏，见各馆藏目录。

唐集叙录

万曼著。此为一唐代诗文别集的专题目录书，著录有传本的唐人诗集、文集和诗文合集等共一百零八家。中华书局 1980 年出版。又开封河南大学出版社将之作为"百年河大国学旧著新刊"之一于 2008 年出版。

杜甫传

万曼著。开封河南大学出版社 1992 年出版。

万曼文集

万曼著。收录《西汉辞人年谱》《古代风物杂考》《唐集叙录》《金登科记考》等文学研究著作，为"河南大学名家文存"之一。开封河南大学出版社 2007 年出版。

方显廷（1903–1985）

显廷，天津人，原籍浙江宁波。民国十年（1921）留学美国，主修经济学，获耶鲁大学经济学博士学位。民国十八年（1929）一月受聘来津，任南开大学社会经济研究委员会（后改为经济研究所）的研究主任兼文学院经济系经济史教授，长期在津工作。至民国三十五年（1946）赴上海中国经济研究所任执行所长。转年底，受聘参加联合国亚洲及远东经济委员会工作，任经济调查研究室主任。1985年病逝于日内瓦寓所。其著作多数是在天津任职期间完成的，故特例收入本志。

天津之工业

方显廷著。天津南开大学经济学院民国十九年（1930）铅印本，一册。《天津地方史资料联合目录》著录，天津社科院图书馆藏。

天津地毯工业

方显廷编。此为《工业丛刊》第一种。书分七章，讲述地毯的历史及产区、地毯工业组织、地毯的织法、分类及销售，地毯工人及工会组织，分析天津地毯工业概况与衰落原因，提出改良的建议。书前冠穆序和自序，书末附正误表。天津南开大学社会经济委员会民国十九年（1930）版，《天津地方史资料联合目录》著录，天津图书馆、天津社科院图书馆、天津市历史博物馆和天津市档案馆藏。

天津织布工业

方显廷编。此为《工业丛刊》第二种，南开大学经济学院民国二十年（1931）铅印本，一册。《天津地方史资料联合目录》著录，天津图书馆和天津社科院图书馆、天津市档案馆藏。

天津针织工业

方显廷编。此为《工业丛刊》第三种，南开大学经济学院民国二十年（1931）铅印本，一册，有表。《天津地方史资料联合目录》著录，天津图书馆、天津社科院图书馆、南开大学图书馆和天津市档案馆藏。

天津之粮食及磨房业

方显廷编。此为《工业丛刊》第四种，南开大学经济学院铅印本，一册；《天津地方史资料联合目录》著录，天津图书馆和天津市档案馆藏。

近代欧洲经济史讲义大纲

方显廷编。天津南开大学经济学院民国二十二年（1933）一月出版，本书各章后附有西文参考书目。《天津地方史资料联合目录》著录，南开大学图书馆藏。

经济地理讲义大纲

方显廷著。天津南开大学经济学院民国二十二年（1933）版，《天津地方史资料联合目录》著录，天津社科院图书馆藏。

中国之棉纺织业

方显廷著。内分八章：概述中国棉纺织业的历史及区域分布，棉花的生产及贸易，棉纺织品的制造与销售，棉纺织业的劳工、组织状态，棉织品的进出口贸易，并分析中国棉纺织业的前景。附录统计图表二十一种、有关文契七种。末附参考书目录、修正中国纱厂一览表（1930年）等。上海国立编译馆民国二十三年（1934）出版。《天津地方史资料联合目录》著录，南开大学图书馆馆藏。

中国之合作运动

方显廷著。南开大学经济学院民国二十三年（1934）版，有表。《天津地方史资料联合目录》著录，南开大学图书馆馆藏。

中国之工业讲义大纲

方显廷、谷源田合编。南开大学经济研究所民国二十三年（1934）版，《天津地方史资料联合目录》著录，南开大学图书馆藏。

天津棉花运销概况

方显廷主编。书前冠何序，大部分为表，内分六节，论述天津棉花量在全国出口中所居地位，棉花的销售市场、组织形式、价格变迁，天津棉花运销中存在的问题及改进办法，末附天津棉花统计表。天津南开大学经济研究所民国二十三年（1934）铅印本。《天津地方史资料联合目录》著录，天津图书馆、南开大学图书馆和天津历史博物馆藏。

华北乡村织布工业与商人雇主制度

方显廷著。南开大学经济研究所民国二十四年（1935）版，《天津地方史资料联合目录》著录，天津社科院图书馆和南开大学图书馆藏。

由宝坻手织工业观察工业制度之演变

方显廷、毕相辉合著。内分三节，介绍宝坻县的环境及手工业，分析华北新式乡村工业的兴起、演进及衰落过程。天津南开大学经济研究所民国二十五年（1936）铅印本。《天津地方史资料联合目录》著录，南开大学图书馆藏。

论华北经济及其前途

方显廷著。南开大学经济研究所民国二十五年（1936）出版，叙述华北的地理环境、土地、人口、农产、矿产工业、交通、贸易、金融、财政及华北的经济前途。《天津地方史资料联合目录》著录，天津社科院图书馆藏。

中国经济研究

方显廷著。书分上下册，属《南开大学经济研究所丛书》，内有天津工业、金融、贸易与交通等资料。长沙商务印书馆民国二十七年（1938）出版。书前冠序。《天津地方史资料联合目录》著录，天津社科院图书馆和南开大学图书馆藏。

中国工业资本问题

方显廷著。书共七章，内容有：自清同治元年（1862）以来中国工业各阶段的发展史、中国工业化的程度以及外资所占的地位、计划经济与工业建设、工业化与手工业的前途、中国工业化的资本问题等。附录战时西南工业建设的途径。长沙艺文丛书编辑部民国二十八年（1939）出版。北京图书馆藏，见馆藏目录。

中国战后经济问题研究

方显廷著。本书收录了民国时期南开大学经济研究所当时已发表的有关战后经济问题的论文共计二十四篇，分为国际经济与中国、经济政策、工业区位、币制外汇和对外贸易五部分。重庆商务印书馆民国三十四年（1945）出版。书前冠序和编例。北京图书馆藏，见馆藏目录。

中国战时物价与生产

方显廷编。本书按文章内容分为"总论""就业与生产""利率与物价""物价生产与财政金融政策"四编，选辑《战时物价理论》《稳定物价的目的与手段》《充分就业理论与战时经济政策》等文章。重庆商务印书馆民国三十五年（1946）出版，为《南开大学经济研究所丛书》之一。北京图书馆和天津图书馆藏，见各馆藏目录。

方显廷回忆录——一位中国经济学家的七十自述

方显廷著，方露茜译。方显廷是我国二十世纪三、四十年代与马寅初、刘大钧、何谦齐名的四大经济学家之一。民国十八年（1929）他受聘于天津南开大学，任社会经济研究委员会的研究主任兼文学院经济系经济史教授。方教授学术思想精深，治学态度严谨，工作作风扎实，从中国的国情出发，纯熟地运用现代经济学研究方法，研究了中国工业化的历史、现状和发展。本书是这位中国经济学家的七十自述。北京商务印书馆 2006 年出版。

刘云若（1904-1950）

云若名兆麟，以字行，天津人。民国时期的著名小说家。先后任《北洋画报》《商报》《天风报》副刊编辑或主编，在报上连载社会言情小说。抗日战争前曾在津创办《大报》，因转载杜重远写的《闲话皇帝》被查封。

春风回梦记八回

刘云若著。是书为其处女作小说，原在《天风报》上连载。后出单行本，分上下二册，天津大陆广告公司民国二十年（1931）四月出版。《民国时期总书目》著录，北京图书馆藏。人民出版社 1989 年新版。

碧海青天十回

刘云若著。社会长篇言情小说，别题《情天恨海》。民国二十七年（1938）八月天津金城印书局再版，《民国时期总书目》著录，上海图书馆藏。今有长沙湖南文艺出版社 1998 年新版铅印本。

同命鸳鸯

刘云若著。社会言情小说，上海广艺书局民国二十九年（1940）出版，分上下二册。《民国时期总书目》著录，上海图书馆藏。

蜀山剑侠传

刘云若著。长篇武侠小说，原题还珠楼主著，上海正气书局民国二十九至三十七年（1940–1948）出版，五十册，未出完，全几册不详。《民国时期总书目》著录，上海图书馆藏。天津图书馆缺十二、二十七、二十八、三十，计四册。

小扬州志

刘云若著。社会言情小说。沈阳鸿兴书局民国三十年（1941）六月出版，分前、续二集。《民国时期总书目》著录，上海图书馆藏。1986年又有百花文艺出版社重排本。

旧巷斜阳

刘云若著。社会长篇小说。天津文华出版社民国三十年（1941）八月至民国三十二年（1943）五月出版，共几册不详。《民国时期总书目》著录，北京图书馆所藏仅有第五册和第十册。今有百花文艺出版社1995年重排本分三册；北京团结出版社2007年铅印本分二册。

恨不相逢未嫁时

刘云若著。社会长篇小说，重庆学生书局民国三十六年（1947）出版。本册只有一至三回，全书共几回，分几册，不详。《民国时期总书目》著录，北京图书馆藏。1987年百花文艺出版社重排本书题下括注"原名《旧巷斜阳》"，见前。

换巢鸾凤

刘云若著。天津励力出版社民国三十年（1941）出版，分三册。天津图书馆藏，见馆藏目录。

酒眼灯唇录

刘云若著。卷一，天津生流出版社民国三十年（1941）出版；中集，天津励力出版社民国三十二年（1943）出版；卷三，天津生流出版社民国三十年（1941）出版。天津图书馆藏，见馆藏目录。

京华春色八回

刘云若著。社会言情小说，上海广艺书局民国三十七年
（1948）年十月出版。《民国时期总书目》著录，上海图书馆藏。

冰弦弹月记

刘云若著。社会小说，上海正气书局1949年出版，共四册。
封面书名为《冰弦弹月》，并冠有"武侠长篇"字样。《民国时
期总书目》著录，上海图书馆藏。第一册出版年月不详，所藏
已是再版本，出版日期是1951年。天津图书馆藏上海正气书
局1949年原版本，见馆藏目录。

春水红霞

刘云若著。社会言情小说。天津励力出版社出版，作天津
商报馆铅印本。《民国时期总书目》著录，上海图书馆所藏仅
见下册，民国三十年（1941）八月新一版。

梨花魅影

刘云若著。此为中篇小说，长春满洲杂志社民国三十二年
（1943）一月出版。书前有刘玉璋的序。本书为《麟麒》新年
号附录。《民国时期总书目》著录，北京图书馆藏。

轮蹄（第一集）

刘云若著。此为长篇社会小说，原题"还珠楼主"著，
天津励力出版社民国三十二年（1943）九月出版。《民国时
期总书目》著录，上海图书馆藏。天津图书馆也有收藏，见
馆藏目录。

娲嫿英雄

刘云若著。长篇社会小说，北京书店民国三十四年（1945）
六月出版；又有上海平津书店民国三十六年（1947）二月出版。
《民国时期总书目》著录，北京图书馆和上海图书馆藏。

歌舞江山

刘云若著。社会小说，天津书局民国二十九年（1940）出版，分上下二册，《天津出版志·津版古今图书选目》著录，未明收藏单位。

湖海香盟

刘云若著。本书为《新北京报丛书》，属社会言情小说。天津五洲书局民国三十五年（1946）十月出版，分上下两册。《天津出版志·津版古今图书选目》著录。天津图书馆藏，见馆藏目录。

红杏出墙记十二回

刘云若著。上海励力出版社出版，分六册，天津图书馆藏，见馆藏目录。今有百花文艺出版社1987年重排本，分二册，和西安华岳文艺出版社1988年重排本，分三册。

粉墨筝琶

署刘云若著。社会长篇小说。北平一四七画报社民国三十五至三十七年（1946-1948）出版，天津图书馆藏，见馆藏目录。今有百花文艺出版社1987年铅印本，七回，结尾有附注云："小说连载至此，《一四七画报》停刊，天津、北平相继解放，《粉墨筝琶》即中止写作。作者喜悦地迎接了新中国的诞生，另为天津《新晚报》撰写新的长篇小说《云破月来》，不幸于1950年突以脑溢血逝世，年五十岁。《粉墨筝琶》因而永无续稿了。"

刘云若文集

刘云若著，王泽荣编选。本书为《中国现代文学名著百部》丛编之一，收录刘云若著长篇小说《春风回梦记》一部，中篇小说《恨不相逢未嫁时》和《海誓山盟》两部，以及刘云若小传、主要著作书目。北京华夏出版社 2000 年出版。

李燃犀

燃犀别号大梁酒徒，天津人。早年曾拜相声前辈海文泉为师，为相声票友；又曾任《津报》《晓报》编辑，创作有相声《抓张子》《奇席面》《人比菜》等。他曾认娱园老人戴愚庵为师，民国三十二年（1943）将戴传授的《化蜡钎》改编为笑剧《孝子》，由他参与导演，很受欢迎。熟悉天津的民俗风情。中华人民共和国成立后，他撰写的《天津的"混混儿"》和《旧天津的婚礼习俗》等文章，发表于《天津文史资料选辑》。生卒年不详。

津门艳迹

李燃犀著。封面注为掌故小说，天津文化社民国三十年（1941）印行，天津师范大学图书馆藏，见馆藏目录。1986 年百花文艺出版社据此翻印重版。

王研石（1904—1969）

近代中国著名新闻工作者，哈尔滨人。北京朝阳大学肄业，抗战前曾任哈尔滨《国际协报》总编，独家报道过日寇蓄意制造的万宝山事件和马占山抗日事迹。民国二十二年（1933）冬十月，受天津《益世报》之聘离哈来津任采访部主任，并兼任上海《申报》和《新闻报》驻津特派员。因报导华北战事，民国二十六年（1937）被日寇囚系半载。出狱后辗转去到后方，又因撰文反对国民党封锁陕北红军，在重庆坐牢五年。抗战胜利后曾任重庆《时事新报》总编和建国新闻学校教授。民国三十六年（1947）六月回到天津，任《益世报》总编，中华人民共和国成立后《益世报》停刊，因他精通俄语，被政府安排到市中苏友好协会工作，后调天津图书馆负责俄文书编目。直至"文革"中病逝。曾用笔名公磊、公敢、大枭等。

被日寇囚系半载记

王研石著。民国二十五年（1936）七月十九日，王研石因在报上报道中国军民抗日事宜，被驻津日宪兵逮捕入狱，至同年十二月二十八日释出，"计日被禁一百六十三日，论月恰为半年"，出狱后即以日记形式，追忆狱中见闻，包括有邵冠祥、曹镇华、周谦等"海风"三烈士，和《新天津报》社长刘髯公与《益世报》经理生宝堂在狱中受虐情况，揭露日军暴行，著为《被日寇囚系半载记》。民国二十七年（1938）八月在汉口出版，由生活书店发行。天津图书馆和天津社科院图书馆有收藏。

实践新闻采访学

王研石著。1949 年贵阳文通书局出版，北京图书馆藏，见馆藏目录。

汪桂年

近代天津人，天津官立中学毕业。民国二十年（1931）曾任市教育局办事员，后在《大公报》当记者和编辑，中华人民共和国成立后在《河北文史资料》上发表过文章。生卒年不详。

老子通诂

汪桂年撰。《津人著述存目》著录，民国二十四年（1935）铅印本。未见。

玉篇反切考

汪桂年撰。天津艺文学会民国二十四年（1935）铅印本。

《天津地方史资料联合目录》著录，天津图书馆藏。

王文光

文光字斗瞻，近代天津人。受业赵荠。曾为崇化学会教师，讲授《学统》兼古文和写作。后为天津博物院董事。

天津广智馆说略

王文光撰。《天津志略》第十六编《文艺》著录。未见。

天津陈哲甫教授事迹

王文光撰。民国三十七年（1948）出版，出版者不详，天津图书馆藏，见馆藏目录。

俞祖鑫

祖鑫字品三，北京大兴人。后来天津，参与创办天津博物院，并任董事。精篆书，曾在天津美术馆主讲书法篆刻理论，介绍金石文物拓片等，又在崇化学会讲授《说文解字》。是城南诗社成员。

第一次实业调查

俞品三撰。专门记载直隶省各县物产，民国六年（1917）出版，转引自 2006 年《今晚报》载《崇化学会的教职员及其薪水》文。

烹饪实习目录

俞祖鑫笔记。该书详细记载了各种食品的烹饪技法，如炸大虾、红扒牛舌、剔骨鸡、麩子面等直隶官府菜。直隶省商品陈列所刊印。

品三集稿

俞祖鑫著。1980 年天津社会科学院图书馆编印。

卓星槎

天津人，抗战前后曾在崇文学会讲授骈体文和逻辑学。其他不详。

听雪山房诗稿一卷

卓星槎撰，卓启垠辑。抄本，一册，天津师范大学图书馆藏，《天津地方史资料联合目录》著录。

刘玉柱

近代天津人。生平不详。

珠算约选

刘玉柱撰。《天津志略》第十六编《文艺》著录。未见。

何肇葆（1904-1988）

女，籍贯不详。原天津耀华中学国文教员。抗战期间为抵制日寇奴化教育，被推为进步组织"天津教育促进会"理事。中华人民共和国成立后调天津师范学院（今师范大学）中文系，"文革"前即被评为副教授。精于古文辞。终身未婚，1988年卒，享年八十四岁。

骈文略述一卷

何肇葆编。书分四章：（一）总论，讲骈文释名、骈文与我国文字之关系、骈文之批评、骈文之体裁；（二）方法，讲修辞（包括对偶、用典、炼字）、用韵、谋篇；（三）作家与作风，从汉魏六朝、唐宋讲到清代；四作品选读，有蔡邕、崔暖、嵇康、范晔、徐陵、刘令、刘峻、吴均、曾燠、洪亮吉、汪中、汪藻等人十三篇代表作。书后附《耀华中学国文编辑大意》，民国间由耀华中学排印出版，天津图书馆藏，见馆藏目录。

李霁野（1904－1997）

安徽霍邱人，著名教育家、作家和翻译家。民国十六年
（1927）肄业于燕京大学中文系。后在河北天津女师学院、辅
仁大学、百洲女师学院等地任教。民国三十六年（1947）赴任
台湾大学外语系教授和系主任。1949年回天津至终，历任南
开大学外语系系主任、天津市文化局局长、天津市文联主席、
全国政协委员等职。民国十一年（1922）开始发表作品，1952
年加入中国作家协会，曾任中国作协名誉副主席。生前作品有
（包括译作，按出版时间先后为序）：

往星中

李霁野著。北京未名社民国十五年（1926）出版，中国科
学院图书馆藏。

影

李霁野著。自著小说集。北京未名社出版部民国十七年
（1928）出版，北京大学图书馆藏；上海开明书店民国二十二
年（1933）出版，中国科学院图书馆藏。

文学与革命

（苏）托洛茨基著，韦素园、李霁野译。北京未名社民
国十七年（1928）出版。本书共分两部，第一部《当代文
学》，写于民国十一年至十二年（1922－1923）间，专门论
述苏联当时的文学；第二部《前夜》，写于清光绪三十四年
（1908）至民国三年（1914）俄国十月革命间，主要谈二十
世纪初俄国和西欧的各种社会政治问题和文化问题。北京
大学图书馆藏。

黑假面人

（俄）安特列夫著，李霁野译。上海北新书局民国十七年（1928）出版，北京大学图书馆藏；未名社同年出版，中国科学院图书馆藏。

不幸的一群

（俄）陀思妥耶夫斯基著，李霁野译。北京未名社出版部民国十八年（1929）出版，中国科学院图书馆和北京大学图书馆藏。

近代文艺批评断片

（美）刘威松著，李霁野译。北京未名社出版部民国十八年（1929）出版。

被侮辱与被损害的

（俄）陀思妥耶夫斯基著，李霁野译。上海商务印书馆民国二十年（1931）出版，北京大学图书馆藏；上海译文出版社1984年重版。

虎皮武士

（格）卢斯塔维里著，李霁野译。格鲁吉亚古代小说，南方印书馆民国三十三年（1944）出版，北京大学图书馆藏；作家出版社和人民文学出版社同于1954年出版。

简·爱

（英）勃朗特著，李霁野译。重庆文化生活出版社民国三十四年（1945）出版，上海文化生活出版社民国三十五年（1946）再版，北京大学图书馆藏。中华人民共和国成立后上海新文艺出版社1956年出版，西安陕西人民出版社1982年出版

四季随笔

（英）吉辛著，李霁野译。台湾省编译局民国三十六年

（1947）出版，中国科学院图书馆和北京大学图书馆藏。上海
人民出版社 2007 年重版。

史达林格勒

（苏）涅克拉索夫著，李霁野译。上海文化工作社 1949
年出版。中国科学院图书馆和北京大学图书馆藏。

卫国英雄故事集

（苏）班菲罗夫著，李霁野译。前苏联现代小说集，北京
知识书店 1950 年出版，北京大学图书馆藏。

难忘的一九一九（三幕剧）

（苏）维什湼夫斯基著，李霁野译。出版地不详，1951 年
出版，北京大学图书馆藏。

鲁迅精神

李霁野著。上海文化工作社 1951 年出版，中国科学院图
书馆和北京大学图书馆藏。

山灵湖

（苏）叶夫理莫夫等著，李霁野译。选收前苏联短篇小说
十一篇，上海平明出版社 1953 年出版，中国科学院图书馆和
北京大学图书馆藏。

在斯大林格勒战壕中

（苏）涅克拉索夫著，李霁野译。上海文化工作社 1953 年
出版。中国科学院图书馆和北京大学图书馆藏。

回忆鲁迅先生

李霁野著。上海新文艺出版社 1956 年出版。

海河集

李霁野著。上海文艺出版社 1960 年出版。

纪念鲁迅先生

李霁野著。陕西人民出版社 1976 年出版。

给少男少女

李霁野著。重庆出版社 1983 年出版。

鲁迅先生与未名社

李霁野著。人民文学出版社 1984 年出版。

妙意曲

李霁野译。英国抒情诗二百首，四川人民出版社 1984 年出版。

乡愁与国瑞

李霁野著。中国现代诗歌选，重庆出版社 1986 年出版。

李霁野文集

李霁野著。百花文艺出版社 1991 年出版。

李霁野文集

李霁野著。是书收录李霁野的全部作品，分九卷。前三卷为创作，包括散文、游记、诗歌和小说，如《乡愁与国瑞》《给少男少女》《温暖集》《马前集》《意大利访问记》，以及唐宋诗词启蒙等作品。其散文旁征博引，风格清新，语言考究，旗帜鲜明；其诗歌胸襟开阔，激情洋益，紧随时代步伐。其中关于鲁迅研究的成果更为我国鲁迅研究提供了珍贵的史料。第四卷到第八卷为译著，他的翻译始终以进步的革命文学为主流，译作忠于原著，他的《简·爱》译本曾受到鲁迅、茅盾、胡适等文学大师的肯定和称赞，并与巴金、冰心等著名翻译家同时获得中国"彩虹翻译奖"。第九卷是他的书信及译著发表年表。全书共八册，百花文艺出版社 2004 年出版。

温公颐（1904-1996）

公颐原名寿链，字公颐，福建龙岩人。民国十七年（1928）毕业于北京大学哲学系，曾任北京大学、北平师范大学教授。抗日战争期间随学校南迁。抗战胜利后返回京津。民国三十六年（1947）受聘于天津河北省立女子师范学院（后更名为河北师范学院），任中文系教授和主任。1959年奉调组建南开大学哲学系并任系主任，一直到1987年退休。为我国著名哲学家和逻辑学家，曾任首届中国逻辑学会副理事长、学术顾问，天津哲学学会会长，天津逻辑学会会长等职。中国民主同盟盟员，原天津市政协委员。

哲学概论

温公颐编译。以美国新黑格尔学派哲学家康宁汉的《哲学问题》一书第二版为蓝本，并采纳了北大教授张真如及泡尔生的观点编译而成。内容包括：绪论（哲学之意义、哲学与人生、哲学与宗教、常识科学与哲学）；知识篇（认知之诸路、判断为认知之方式、判断为认知方式之基础、判断对象之性质及其情状、判断之确实性、真实之标准、思想之自由）；范畴篇（物质、空间与时间、演化、心灵、社会）；价值篇（评价与价值及各种价值，美之价值，善与自由意志，善之保存，不朽之信仰，善之保存，神之信仰）；附录（知识之性质与确实：历史的考察、参考书举要、读哲学书的方法）。商务印书馆民国二十六年（1937）出版，为《大学丛书》之一。首都图书馆藏，见馆藏目录。

道德学

温公颐著。主要按照康德及黑格尔学说体系阐述伦理学理论和实例，以英国马肯棨的《伦理学手册》为蓝本。全书分为四编：第一编论道德学之旨归，第二编分析道德行为之心理和社会的要素，第三编讨论各家之道德标准，第四编则为实际道德生活之考察。商务印书馆民国二十六年（1937）出版，为《大学丛书》之一。首都图书馆藏，见馆藏目录。又1972年第二版，1980年第三版。

逻辑学

温公颐著。高等教育出版社1958年出版。

类比推理在实践中的运用

温公颐著。河北人民出版社1959年出版。

中国逻辑思想论文选（1949–1979）

汪奠基、温公颐、梁启雄等合选。附中华人民共和国成立以来的中国逻辑史专著书目，生活·读书·新知三联书店1981年出版

先秦逻辑史

温公颐著。先秦逻辑史是我国逻辑史中最光辉灿烂的一页，也是世界逻辑史上最古的一颗宝贵的明珠。如果先秦逻辑史是发轫于邓析、奠基于墨翟的话，那么，它就比希腊的亚里士多德还要早一百多年。上海人民出版社1983年出版。

逻辑学基本教程

温公颐主编。天津人民出版社1987年出版。

中国逻辑史教程

温公颐主编。上海人民出版社1988年出版。

中国逻辑史教程（修订本）

温公颐、崔清田合编。本书包括《周易》的逻辑思想、儒家的逻辑思想、名家的逻辑思想、墨家的逻辑思想、秦汉时期

的逻辑思想、近现代中国逻辑科学的发展等内容。南开哲学教
材系列，南开大学出版社 2001 年出版；又 2012 年出版。

归纳逻辑教程

温公颐、崔清田合编。南开哲学教材系列，南开大学出版
社 2012 年出版。

中国中古逻辑史

温公颐著。上海人民出版社 1989 年出版。

中国近古逻辑史

温公颐著。本卷描写了北宋至 1840 年鸦片战争前夜为止，
许多巨大政治经济的变化给逻辑发展产生的重大影响。上海人
民出版社 1993 年出版。

温公颐文集

温公颐著。山西高校联合出版社 1996 年出版。

焦菊隐（1905-1975）

菊隐原名承志，艺名菊影，后自改为菊隐。天津人。早年
在天津读中小学。民国十三年（1924）被保送上北平燕京大学。
民国二十四年（1935）赴法留学，专攻戏剧，获巴黎大学文学
博士学位。民国二十七年（1938）年回国后先在广西、四川等
地大学任教，抗战胜利后返回北平。其在三十年代末起开始涉
足导演实践。中华人民共和国成立后曾任北京师范大学文学院
院长兼西语系主任及北京人民艺术剧院副院长兼总导演。他是
我国近代著名的导演艺术家、戏剧理论家和翻译家。

他张

夜哭

焦菊隐著以上二种。焦氏在天津上中学时就有散文诗和小

说创作，以上两书即为其诗作结集，民国十七年（1928）由上海北新书局出版，《津人著述存目》著录。未见。

女店主

（意）哥耳独尼著，焦菊隐改作。剧本，上海北新书局民国十六年（1927）出版，北京图书馆藏，见馆藏目录。

现代短剧译丛

（美）爱理司·斯密司选，焦菊隐译。收（爱尔兰）西古尔英生撰《熔石田》，（德）符尔达撰《我俩》，（英）苏周撰《受困的人》，（美）渥尔克撰《煮扁豆》《大卫大人戴了一顶王冠》，（美）歌鲁弗撰《汤波生的幸运》等十二个短剧。上海商务印书馆民国十八年（1929）出版。北京图书馆藏，见馆藏目录。

安魂曲

（匈）贝拉巴拉兹著，焦菊隐译。三幕剧。文化生活出版社民国三十二年（1943）重庆出版，民国三十六年（1947）迁上海再版。北京图书馆藏，见馆藏目录。

金戈红粉

（法）高乃依著，焦菊隐译。重庆中国文化事业社民国三十四年（1945）出版，北京图书馆藏，见馆藏目录。

娜娜

（法）左拉著，焦菊隐译。长篇小说。上海文化生活出版社自民国三十六年（1947）始，连着三年再版。1956年改由上海新文艺社出版，北京图书馆藏，见馆藏目录。

樱桃园

（俄）契科夫著，焦菊隐译。长篇小说。上海作家书屋出版，北京图书馆藏，见馆藏目录。

文艺·戏剧·生活

（苏）N·丹钦科著，焦菊隐译。是书为回忆录，包括安东·契科夫、新剧场的诞生、玛克沁姆·高尔基、第一次国外巡回、艺术剧院的托尔斯泰因素等五部分。上海文化生活出版社民国三十六年（1947）出版。上海平民出版社1953年新译本，1956年上海新文艺社再版。1982年北京中国戏剧出版社出版。北京图书馆藏，见馆藏目录。

未完成的三部曲

（苏）高尔基撰，焦菊隐译。上海文化生活出版社1949年出版，北京图书馆藏，见馆藏目录。

海上历险记

（美）爱伦坡撰，焦菊隐译。长篇小说，上海晨光出版公司1949年出版，北京图书馆藏，见馆藏目录。

爱伦坡故事集

（美）爱伦坡作，焦菊隐译。此为一短篇小说集，收入《黑猫》《莫尔格街的谋杀案》《玛丽·萝薏的神秘案》《金甲虫》《登龙》等五篇。上海晨光出版公司1949年出版，北京图书馆藏，见馆藏目录。

夫妇

（苏）高尔基撰，焦菊隐译。剧作。北京天下图书公司1950年出版，北京图书馆藏，见馆藏目录。

骨肉之间

（苏）高尔基撰，焦菊隐译。剧作。北京天下图书公司1950年出版，北京图书馆藏，见馆藏目录。

前夜

阿芬诺根诺夫撰，焦菊隐译。剧作。上海平民出版社1950年出版，北京图书馆藏，见馆藏目录。

草原的太阳

巴甫连科著，焦菊隐译。儿童文学，中篇小说。上海平民出版社 1950 年出版，北京图书馆藏，见馆藏目录。

爱国者

劳克著，焦菊隐译。三幕剧，副题"谢尔盖耶夫工程师"。北京天下图书出版公司 1950 年出版，上海平民出版社 1953 年再版。北京图书馆藏，见馆藏目录。

龙须沟（演出本）

老舍原著，焦菊隐改编。剧本。上海文化生活出版社 1951 年出版，北京图书馆藏，见馆藏目录。

导演的艺术创造

焦菊隐撰。上海文化生活出版社 1951 年出版，北京图书馆藏，见馆藏目录。

A·托尔斯泰小说选集

（苏）托尔斯泰撰，焦菊隐译。上海和北京两地人民出版社 1951 年同时出版，北京图书馆藏，见馆藏目录。

果戈里的手稿及其他

（南斯拉夫）巴拉西撰，焦菊隐译。上海平民出版社 1954 年出版，北京图书馆藏，见馆藏目录。

在工地上：第一个职务

（苏）安东诺夫著，焦菊隐译。小说。上海平民出版社 1954 年出版，北京图书馆藏，见馆藏目录。

契诃夫戏剧集

（俄）契诃夫著，焦菊隐译。剧作选。上海平民出版社 1954 年出版，又 1980 年上海译文出版社出版，北京图书馆藏，见馆藏目录。

海鸥

（俄）契诃夫著，焦菊隐译。四幕喜剧。香港中流出版社
1957 年出版，北京图书馆藏，见馆藏目录。

三姊妹

（俄）契诃夫著，焦菊隐译。四幕剧。香港中流出版社
1957 年出版，北京图书馆藏，见馆藏目录。

凡尼亚舅舅

（俄）契诃夫著，焦菊隐译。剧作。香港中流出版社 1957
年出版，北京图书馆藏，见馆藏目录。

耶戈尔·布雷乔夫和别的人

（苏）高尔基著，焦菊隐译。剧作。中国戏剧出版社 1960
年出版，北京图书馆藏，见馆藏目录。

焦菊隐戏剧论文集

焦菊隐著。戏剧艺术理论著作。上海文艺出版社 1979 年
出版。

焦菊隐戏剧散论

焦菊隐著。中国戏剧出版社 1985 年出版，北京图书馆藏，
见馆藏目录。

菊隐艺谭

焦菊隐著。本书收《艺术的精神》《说新歌剧》《论莫里哀》
等近四十篇文章。天津百花文艺出版社 2000 年出版。

美丽的妇人：阿·托尔斯泰作品精选

（俄）阿·托尔斯泰著，焦菊隐译。本书精选了阿·托尔
斯泰各个历史时期的中短篇佳作，包括《沟》《戴夹鼻眼镜的
人》《古航线》等。北京文化艺术出版社 2002 年出版。

焦菊隐论导演艺术

焦菊隐著。本书收《契诃夫与其海鸥》《向斯坦尼斯拉夫斯基学习》《话剧向传统戏曲学习什么》等五十多篇文章。北京中国戏剧出版社 2005 年出版。

焦菊隐文集

焦菊隐著，阳翰笙主编。全十册。其中一至三册为理论卷，内容包括"职业化"的剧团，论易卜生——为易卜生诞辰百年纪念，论莫里哀——《伪君子》序，舞台光初讲，今日之中国戏剧等；第四册为作品卷，内容包括回忆录、早期散文诗、散文、随笔、短篇小说、中篇小说几部分，收录了《我的童年》《城外》《蝴蝶之心》《不寐》《逃婚者》《重庆小夜曲》等；五至十册为翻译卷，收录了多篇译文和译作，包括《熔石田》《女店主》《说谎人》《海鸥》《万尼亚舅舅》《道斯提加埃大月亮的恩惠》《娜娜》等。全书于 2005 年由北京文化艺术出版社出版。各大图书馆有藏。

沈　浮（1905-1995）

原名恩吉，笔名哀鹃，艺名百宁，天津人。生于工人家庭。十岁上小学，初中未毕业即到一家照像馆当学徒，还当过乐手、抄写员和报纸的编辑。民国十三年（1924）考入天津"北方影片公司"当演员。"北方"倒闭后，他与友人合作创办"渤海影片公司"，自编自导并主演了故事片《大皮包》。"渤海"倒闭后，曾在《国强报》担任副刊主编。民国二十二年（1933）应邀赴上海联华影业公司任《联华画报》编辑，后任编剧、演员、导演。中华人民共和国成立后，导演了《李时珍》《老兵新传》《北国江南》《丰收之后》《万紫千红总是春》等片。生前曾是全国政协委员、上海电影家协会主席。

金玉满堂

沈浮著。四幕悲剧。成都华西晚报出版部民国三十一年（1942）出版。北京图书馆藏，见馆藏目录。

小人物狂想曲

沈浮著。话剧剧本。重庆新生图书文具公司民国三十四年（1945）出版发行。湖北省图书馆藏，北京图书馆有缩微品，见馆藏目录。

万家灯火

沈浮与阳翰笙合撰。电影文学剧本。北京中国电影出版社1957年出版。

丰收之后

沈浮、徐韬改编。电影文学剧本。北京中国电影出版社1957年出版。

万紫千红总是春

沈浮等著，电影文学剧本。上海文艺出版社1960年出版。

查良镛（1906–1934）

海宁查氏第二十二世孙，与诗人穆旦（查良铮）同辈，属北迁支。生于天津恒德里大院。十六岁考入南开大学，学电机工程。二十岁毕业结婚，后赴美俄亥俄大学读硕士。回国工作约四年，后因肠疾医治失误病故，时年二十八岁。

制粉浅说

查良镛著。为制粉丛书第一种。天津三津寿丰面粉股份有限公司民国二十年（1931）铅印本。《天津地方史资料联合目录》著录，天津图书馆藏。

吴云心（1906-1989）

原名堉威，字吉如，笔名有萧仲纳、甲乙木等。祖籍浙江嘉兴。出生于直隶威县（今属山东），后定居天津。自幼勤奋好学，砥砺成才。民国十四年（1925）毕业于南开高中。后投身新闻事业，历任《益世晚报》和天津《益世报》副刊《语林》主编，至终笔耕不辍六十年，驰骋于新闻、文学、戏剧、美术各个领域，均有所成就，在天津新闻界素以"多才多艺"著称。

阴山背后

吴云心（署名萧仲纳）著。中篇小说，明写鬼蜮世界，暗喻当时现实。天津大业书局民国二十八年（1939）出版。《天津地方史资料联合目录》著录，天津师范大学图书馆藏。

大侠别传

吴云心（署名萧仲纳）著。中篇小说。天津大陆广告公司民国三十年（1941）出版。《天津地方史资料联合目录》著录，天津师范大学图书馆藏。

狐狸精

吴云心著。中篇小说，正文书局出版。未见。以上三书出版后，曾遭日伪当局查禁。

黄花集

吴云心著。北方文化流通社民国二十五年至二十六年间（1936-1937）出版，《天津出版志》附录著录。未见。

吴云心文集

吴云心著。是书收录吴云心生前所作杂文、散文、诗词、小说、戏曲、论文、回忆录等，共五十馀万言。1990年由天津古籍出版社出版发行。其中的《抗战前天津文艺界杂忆》《天津报海钩沉》和《摇落集》等回忆录，对了解近代天津文化出版界情况很有史料价值。

黄佐临（1906-1994）

佐临本名作霖，原籍广东番禺，出生于天津，曾在天津新学书院学习。民国十四年（1925）留学英国，回国后任天津亚细亚火油公司高级职员，并在天津新学书院和南开大学任教。民国二十四年（1935）再次赴英留学，获英国剑桥大学文学硕士学位，同时在伦敦戏剧学馆学习导演，研究欧美戏剧电影流派。抗日战争爆发后回国，先在四川江安国立戏剧专科学校任教，不久到上海，从此开始戏剧和电影的导演工作。中华人民共和国成立后长期担任上海人民艺术剧院的领导职务，并出任中国剧协副主席和全国人大代表、政协委员等职。

梁上君子

黄佐临改编。三幕闹剧，据匈牙利剧作家莫纳的"A Doktor Ur"改编，上海世界书局民国三十三年（1944）出版，北京图书馆藏，见馆藏目录。

荒岛英雄

黄佐临著。据巴雷的"The Admirable Crichton"改编，上海世界书局民国三十四年（1945）出版，北京图书馆藏，见馆藏目录。

处女的心

黄佐临等著。内收佐临、黄宗江改编的《处女的心》和他人改编的《风流老人》《同病相怜》等五个剧本。重庆联益出版社民国三十七年（1948）出版，北京图书馆藏，见馆藏目录。

电影导演阐述集

黄佐临著。电影导演文集。北京中国电影出版社 1959 年出版。北京图书馆藏，见馆藏目录。

激流勇进

黄佐临、同浴根据胡万春小说《内部问题》改编的话剧剧本。北京文化部艺术事业管理局 1964 年内部交流剧本，北京图书馆藏，见馆藏目录。

导演的话

黄佐临著。话剧导演艺术经验谈。上海文艺出版社 1979 年出版，天津图书馆藏。

我与写意戏剧观

黄佐临著，江流编。本书是从戏剧艺术大师黄佐临六十年来的大量文章和学术研究、报告、讲话、导演工作经验总结等文稿中，经选编完成的艺术性很强的文集。北京中国戏剧出版社 1990 年出版，北京图书馆藏，见馆藏目录。

往事点滴

黄佐临著。上海书店出版社 2006 年出版，天津图书馆藏。

王赣愚（1906－1997）

原籍福建福州。民国十四年（1925）考入清华大学政治学系。十八年被选派到美国哈佛大学留学，获政治学硕士和博士学位。民国二十二年（1933）底回国，在南京中央政治学院任教授。二十四年起来天津，任教于南开大学；抗战军兴，随校南迁，在西南联大政治系任教。民国三十五年（1946）联大结束，应聘到美国州立华盛顿大学政治系、远东系执教。1949 年再度回国来津，任南开大学财经学院院长；1952 年院系调整后任经济系教授；1985 年后任国际经济系教授，至终。生前曾任民盟天津市主任委员。

中国的政治改造

王赣愚著。长沙《文史丛书》编辑部民国三十年（1941）出版。未见。

民主独裁和战争

王赣愚著。金华浙江正中书局民国三十年（1941）出版，武汉湖北省图书馆藏，北京图书馆有缩微品，见馆藏目录。

中国地方政府

王赣愚著。民国三十四年（1945）英文版。未见。

新政治观

王赣愚著。本书内分向理智的反抗、对集团的重视、政治象征与宣传、政治上的进步观、政治的战争观、战争的政治原因等八章。上海大东书局民国三十五年（1946）出版，北京图书馆藏，见馆藏目录。

民治新论

王赣愚著。本书从伦理、政治、经济等角度论述民治理论，具体解说自由、平等、权利、义务等概念。上海大东书局民国三十五年（1946）出版，北京图书馆藏，见馆藏目录。

经济成长阶段论

王赣愚著。不明出版单位和存佚情况。

黄德功（约 1907-1934）

德功字立夫，天津人。早期崇化学会学员中之高第者。严范孙爱其才，留在严府的私家图书馆从事古籍整理工作。惜英年早逝，享年才二十七岁。郭霭春有悼诗题《黄立夫学长》，或年长于郭；而石永茂于丙子闰三月撰文谓，"忆囊昔壬申之合影，亡友立夫实始其议"，则黄当卒于壬申、丙子（1932-1936）间。

通鉴目录校文

读通鉴札记

以上为黄德功的两部遗稿。上有崇化学会主讲章式之的亲笔批改，被评为是"传世之作"。原由同窗郭蔼春保存，现已捐赠天津图书馆收藏。见 2006 年《今晚报》副刊载李炳德《也谈摄于明伦堂的照片》文。但查馆藏目录，未见著录，不知藏何处。

国文观摩社课卷二卷

黄德功书。抄本，二册，天津图书馆藏，见馆藏目录

金大本（1907-1948）

天津金氏族人，称金钺为族祖。清华大学毕业，后留校图书馆工作。其它不详。

津人著述存目二卷

金大本编著。民国二十六年（1937）清稿本，分卷上卷下线装二册。卷上为书名目录，卷下为著者目录，每卷后另附官书目录。有高凌雯和金钺笺注，天津图书馆藏。另天津师范大学图书馆藏有民国二十六年（1937）铅印本上册，前有叙云："本自民国二十三年秋为母校图书馆采访旧籍，先后二年，每得乡人撰著，即为另纸撮记，期效沔阳卢先生之《四库湖北先正遗书提要》，而自为《津人著述提要》一书。嗣读《新志艺文》，始知乡贤著述半皆待梓，其稿本之藏于家者固已秘不示人，而家业凌替者更不知流落何方。采访既已不易，购求更属

维艰，爰改初衷，别辑存目，乃就《新志艺文》重为排比，旁参诸志以及公私书目，再益以年来所见，遂成是编……民国二十六年元旦金大本志于喜金石录斋。"后附识语云："编辑是书，承华世五凤卜表叔及李叔扬应耆姻丈代集资料，孟定生广慧伯岳为题书面，而室人孟效苏昭蕙复襄同校对，盛意均足感荷，谨志于此，以示谢忱。"从中亦可知其社会关系。

杜颖陶（1908-1963）

颖陶曾名璟，一名联齐；笔名有绿依、剑啸、北婴、云土、涩斋等。天津杨柳青人。父亲杜彤为清光绪十八年（1892）进士，官至新疆提学使并署布政使。颖陶即出生于新疆迪化（今乌鲁木齐市）。七岁回天津，在杨柳青镇上小学。中学先在天津南开中学上，与万家宝（即曹禺）为同班学友，后转校往北平艺术专门学校。及后在太平湖畔的民国大学毕业。长期从事戏曲史研究，学过京剧和昆曲。后在程砚秋、金仲荪主持的中国戏曲音乐院研究所任研究员和图书处主任。中华人民共和国成立以后又随程砚秋剧团旅行南北各地，考察地方戏曲，并担任中国戏曲研究院图书资料室和编辑室主任。著作有：

记玉霜簃所藏抄本戏曲

杜颖陶编。民国间铅印本，一册，北京图书馆藏，见馆藏目录。

董永沉香合集二卷

杜颖陶辑。上海出版公司1955年版，为民间文学资料丛书之一。又，上海古典文学出版社1957年出版。

岳飞故事戏曲说唱集

杜颖陶编。上海古典文学出版社1957年出版。杜颖陶又与俞芳合编，上海古籍出版社 1985 年出版。

水浒戏曲集第一集

傅惜华、杜颖陶编。上海古典文学出版社 1957 年出版。

曲海总目提要补编

杜颖陶署名"方婴"编著。人民文学出版社 1959 年出版，《中国戏曲史料丛刊》（内部发行）。

中国古典戏曲论著集成

傅惜华、杜颖陶编校。中国戏曲出版社 1959 年出版。

刘炎臣（1908－1996）

炎臣字基汉，天津人。民国时曾任报刊记者和编辑，中华人民共和国成立后任市劳动局职员及天津纺织厂干部，1972年退休。中国国民党革命委员会成员，1987 年被聘为天津市文史馆馆员。

名伶影集

刘炎臣编。天津三友美术社民国三十年（1941）出版。《天津通志·出版志》附录著录。未知存佚情况。

菊花锅

刘炎臣著。本书为沦陷区出版物，包括皮簧、昆曲、杂耍等类，收入伶人轶事、剧事评论、歌场记述等文章二百二十七篇。天津三友美术社民国三十年（1941）出版。《天津出版志》附录著录。北京图书馆藏，见馆藏目录。

津门杂谈

刘炎臣著。本书为杂文集，收九十馀篇，内容涉及天津的历史名胜古迹、风俗习惯、社会生活等。天津三友美术社民国三十二年（1943）出版。原天津师范大学图书馆有藏，现不知存佚情况。北京图书馆有缩微品，见馆藏目录。

韩侍桁（1908-？）

侍桁原名韩云浦，另有笔名东声、索夫等，天津人。早年毕业于天津同文书院，曾留学日本。民国十九年（1930）参加"左联"，次年执教于广东中山大学。民国二十三年（1934）起任中山文化教育馆特约编译，民国二十六年（1937）后任中央通讯社特约战地记者和该社编审。民国三十一年（1942）任重庆文风书店总编辑，民国三十三年（1944）创办国际文化服务社。1950年任齐鲁大学教授。其后在上海编译所、上海译文出版社工作。出版著、译有：

现代日本小说

韩侍桁译。日本短篇小说集。上海春潮书局民国十八年（1929）出版，据有关文献著录。未见。

近代日本文艺论集

（日）小泉八云等著，韩侍桁辑译。文艺论述。上海北新书局民国十八年（1929）出版，天津图书馆藏，见馆藏目录。

西洋文艺论集

韩侍桁辑译。上海北新书局民国十八年（1929）出版，天津图书馆藏，见馆藏目录。

俄国文学史

（俄）克鲁炮特金著，韩侍桁译。上海北新书局民国十九年（1930）出版，上海和天津图书馆藏，见各馆藏目录。

英文法的研究

韩侍桁译。原书分两编，本书为第一编，收研究文法的文章三十篇。上海北新书局民国二十年（1931）出版，北京图书馆藏，见馆藏目录。

铁甲列车

（苏）符舍伏洛特·伊凡诺夫著，韩侍桁译。长篇小说。上海神州国光社民国二十一年（1932）出版，北京图书馆藏，见馆藏目录。

胭脂

韩侍桁著。散文集。新中国出版社民国二十二年（1933）出版。未见。

文学评论集

韩侍桁著。收《杂论中国文学》《杂论现代日本文学》《文艺的事实与真理》《关于文坛的倾向与考察》《论文学介绍》《写实主义文学的发生》《张资平先生的写实主义》《沈从文先生的小说》等二十篇论文。上海现代书局民国二十三年（1934）出版，北京图书馆藏，见馆藏目录。

小文章

韩侍桁著。理论、杂文合集。分四辑：第一辑文艺问题讨论，第二辑讽刺杂文，第三辑著作研究和书评，第四辑社会见闻随感，共收文五十馀篇。这些文章都是从作者民国二十二年（1933）写作并发表的文章中选出的。上海良友图书印刷公司民国二十三年（1934）出版，上海图书馆藏，北京图书馆有缩微品，见馆藏目录。

文学的畸人

（日）小泉八云讲演，韩侍桁译。上海商务印书馆民国二十三年（1934）出版，上海图书馆藏，见馆藏目录。

塔拉斯布尔巴

（俄）郭歌尔著，韩侍桁译。中篇小说。上海商务印书馆民国二十三年（1934）出版。据有关文献著录。未见。

两个伊凡的故事

（俄）郭歌尔著，韩侍桁译。中篇小说。上海商务印书馆民国二十三年（1934）出版。据有关文献著录。未见。

参差集

韩侍桁著。论文集。收《文坛上的新人》《"子夜"的艺术思想及人物》《文艺简论》《通俗文学解剖》《研究的断片》《泰纳的艺术哲学》《关于艺术的认识与艺术的表现》等七篇文艺论文。上海良友图书印刷公司民国二十四年（1935）出版，北京图书馆和天津图书馆藏，见各馆藏目录。

英国短篇小说集

韩侍桁选译。内收《水手舅父》（兰姆）、《妖婆姑母》（兰伯）、《爱与死》（吉伯龄）、《异父兄弟》（加斯凯尔夫人）、《蜘蛛网之家》（吉星）、《一匹花马的故事》（哈德生）、《猫与爱神》（般涅特）、《三个陌生德人》（哈代）、《野莓子》（高斯华绥）等十篇。上海商务印书馆民国二十四年（1935）出版。又，长沙商务印书馆民国二十八年（1939）出版，北京图书馆、上海图书馆和天津图书馆藏，见各馆藏目录。

十九世纪文学主潮

（丹麦）乔治·勃兰兑斯著，韩侍桁译。欧州文学史。上海商务印书馆民国二十四年至二十六年（1935–1937）分四册出版，据有关文献著录。未见。又，人民文学出版社1958年出版第一卷，题名《流浪者的文学》，北京图书馆藏，见馆藏目录。

郭果尔研究

（日）冈崤泽秀虎著论文，韩侍桁译。中华书局民国二十六年（1937）出版，上海图书馆藏，见馆藏目录。

浅见集

韩侍桁著。论文集。收《现时期文艺批评之诸问题》《理论与实践》《文学革命者的胡适的再批判》《郭沫若诗歌的反抗精神》《书与人》《居友的艺术观》等六篇文学评论。中华书局民国二十八年（1939）出版，北京图书馆和天津图书馆藏，见各馆藏目录。

红字

（美）霍桑著，韩侍桁译。长篇小说。重庆文风书局民国二十九年（1940）出版。未见。又，1954年上海文艺联合出版社版和1956年上海新文艺出版社版，北京图书馆和天津图书馆藏，见各馆藏目录。

哥隆克人

（俄）列·托尔斯泰著，韩侍桁译。长篇小说。重庆文艺奖助金管理委员会出版部民国三十二年（1943）出版，北京图书馆藏，见馆藏目录。

虎皮骑士

（格鲁吉亚）路斯塔威里著，韩侍桁与北芒合译。中世纪格鲁吉亚民族史诗。上海国际文化服务社民国三十三年（1944）出版，北京图书馆藏，见馆藏目录。

战争的插曲

（土耳其）S·亚果等著，韩侍桁译。短篇小说集。内收《磨坊》[（土耳其）S.亚果]，《再会吧，儿子》[（波）E.斯村普林斯卡]，《柠檬》[（苏）M.普黎施文]，《战争的插曲》[（德）H.罗顿贝尔格]，《少来一杯》[（意）L.斯巴达]，《塞尔维亚之歌》[（塞尔维亚）B.巴拉慈]，《三个弃儿》[（西班牙）C.M.亚恭纳达]等十二篇短篇小说。重庆商务印书馆民国三十三年

（1944）出版，北京图书馆藏，见馆藏目录。

海的诱惑

韩侍桁著。小品文集。上海博文书店民国三十六年（1947）出版，上海图书馆藏，见馆藏目录。

拜伦评传

（丹麦）乔治·勃兰兑斯著，韩侍桁译。上海国际文化服务社民国三十七年（1948）出版。未见。

海涅评传

（丹麦）乔治·勃兰兑斯著，韩侍桁译。上海国际文化服务社民国三十七年（1948）出版，未见；又，1953年再版，上海图书馆藏，见馆藏目录。

俄罗斯人剪影

（苏）高尔基著，韩侍桁译。内收散文三十七篇，描述了包括托尔斯泰和契诃夫在内的数十位俄罗斯人的性格特征，据英译本《我的日记的片断》转译，上海国际文化服务社1949年出版。北京图书馆和上海图书馆藏，见馆藏目录。

哈吉·慕拉

（俄）列夫·托尔斯泰著，韩侍桁译。中篇小说。1950年上海平明出版社出版，北京图书馆藏；又，上海国际文化服务社1953年出版，北京图书馆、上海图书馆和天津图书馆藏，见各馆藏目录。

法国作家评传

（丹麦）乔治·勃兰兑斯著，韩侍桁译。上海国际文化服务社1951年出版。北京图书馆、上海图书馆和天津图书馆藏，见各馆藏目录。

赌徒

（俄）陀思妥耶夫斯基著，韩侍桁译。长篇小说。文光书店 1951 年出版，1953 年第二版。北京图书馆和上海图书馆藏，见各馆藏目录。

莫斯科的黎明

（苏）凡·苏洛夫著，韩侍桁译。四幕话剧剧本。上海国际文化服务社 1951 年出版，北京图书馆和上海图书馆藏，见各馆藏目录。

巨浪

（苏）爱伦堡著，韩侍桁与千羽合译。长篇小说，原名《九级浪》。上海国际文化服务社 1952 年出版，北京图书馆、上海图书馆和天津图书馆藏，见各馆藏目录。

家庭的幸福

（俄）列夫·托尔斯泰著，韩侍桁译。中篇小说集。泥土社 1955 年出版。北京图书馆藏，见馆藏目录。

卡斯特桥市长

（英）托玛斯·哈代著，韩侍桁与淑勤合译。长篇小说。上海出版公司 1955 年出版。又，上海新文艺出版社 1957 年新 1 版。

妇女乐园

（法）左拉著，韩侍桁译。长篇小说。上海文艺出版社 1959 年出版，1963 年重印；上海译文出版社 1980 出版，1994 年再印。

英雄国

（芬兰）伦洛特整理，韩侍桁译。上下册，史诗。上海文艺出版社 1962 出版。

你往何处去

（波兰）显克微支著，韩侍桁译。长篇历史小说。上海文艺出版社 1980 出版。又，上海译文出版社 2001 年出版。

雪国

（日）川端康成著，韩侍桁译。长篇小说。上海译文出版社 1981 出版。

古都

（日）川端康成著，韩侍桁译。长篇小说。上海译文出版社 1985 出版。

卡勒瓦拉：民族史诗

（芬兰）隆洛德编纂，韩侍桁译。上海译文出版社 1985 出版，上下二册。此或即前书《英雄国》的改版。

闲话连篇

韩侍桁等著，朱波编。杂文集。远方出版社 1998 年出版。

靳　以（1909—1959）

原名章方叔，天津人。少年时代就读于天津南开中学，后入上海复旦大学国际贸易系，积极参加新文学运动，开始文学创作。大学毕业后以写作和编辑为生，先后与郑振铎、叶圣陶等合编文学刊物。民国二十七年（1938）担任内迁重庆的复旦大学国文系教授；三十五年夏随校迁回上海，任国文系主任。中华人民共和国成立后继续从事创作和编辑工作，曾任作协上海分会副主席。曾主持大型文学刊物《收获》的编辑工作。

圣型

靳以著。短编小说集。内收《圣型》《陨》《溺》《灰晕》《俘》《沉》《教授》《凋之昙》《卖笑》等九篇小说。上海现代书局民国二十二年（1933）出版，北京图书馆和天津图书馆收藏。

群鸦

靳以著。短篇小说集，收《群鸦》《父亲》《黑影》等八篇小说。上海新中国书局民国二十三年（1934）出版，为《新中国文艺丛书》之一。后改名为《黑影》，民国三十六年（1947）上海博文书店出版，北京图书馆和天津图书馆收藏。

青的花

靳以著。短篇小说集。上海生活书店民国二十三年（1934）出版。

虫蚀

靳以著。短篇小说集，内收《没有用的人》《老人》《虫蚀》《游絮》《陨落》《天堂里》《烬》《下场》《离群者》等九篇小说。上海良友复兴图书印刷公司民国二十三年（1934）出版，为《良友文学丛书》之一，北京图书馆和天津图书馆收藏。

珠落集

靳以著。短编小说集，内收《暮》《父女》《人间人》《溺》《鼠》《灰晕》《珠落》《沉》《结婚》等九篇小说。上海文化生活出版社民国二十四年（1935）出版，为《文学丛刊》之一，北京图书馆和天津图书馆收藏。

残阳

靳以著。短编小说集，内收《槛》《夜》《巨轮》《残阳》《卖笑》《凛寒中》《圣型》《陨》《独生者》《晚夏》等十篇小说，上海开明书店民国二十四年（1936）出版，为《开明文学新刊》之一，北京图书馆和天津图书馆收藏。

秋花

靳以著。中篇小说。上海文化生活出版社民国二十五年（1936）出版，为《文学丛刊》之一，北京图书馆藏。

黄沙

靳以著。短编小说集，内收《去路》《残叶》《雪朝》《亡乡人》《雨季》《过载的心》《雾晨》《黄沙》等八篇小说。上海文化生活出版社民国二十五年（1936）出版，为《文学丛刊》第三集之一，北京图书馆藏。

猫与短简

靳以著。散文集，分"短简""猫及其它"和"社会相"三部分，收《往日的梦》《关于我自己》《生活与猫》《猫》《弟弟》《亡者》《社会一相》《医生》《一班人》等二十一篇。上海开明书店民国二十六年（1937）出版，为《开明文学新刊》之一，北京图书馆和天津图书馆藏。

远天的冰雪

靳以著。短编小说集。上海文化生活出版社民国二十六年（1937）出版，三十七年（1948）三版；又香港中流出版社有限公司1978年新版，北京图书馆和天津图书馆藏。

渡家

靳以著。散文集，收《渡家》《求乞者》《人之间》《造车的人》《兄和弟》《在车上》《仆人》《祖母》《家》《我们低猫》《灯》《处决》《古寺之行》《天地》《孩子》等四十篇。上海商务印书馆民国二十六年（1937）出版，为《文学研究会创作丛书》第二集，北京图书馆和天津图书馆藏。

靳以短篇小说一集

靳以著。为《圣型》《群鸦》《青的花》三书合集。上海开明书店民国二十九年（1940）出版，北京图书馆藏。

雾及其它

靳以著。散文集。本书收《雾》《墙》《烛》《鸽》《花草

的生长》《叫卖》《江南春》《上山的路》《给不相识的友人们》
《近感》《旅中杂记》等十六篇。上海文化生活出版社民国
二十九年（1940）出版，天津图书馆藏；1949年第三版，北
京图书馆藏。

火花

靳以著。散文集。重庆烽火社民国二十九年（1940）出版。

遥远的城

靳以著。短编小说集。重庆烽火社民国二十九年（1940）
出版。

洪流

靳以著。短编小说集。重庆文化生活出版社民国三十年
（1941）出版。

红烛

靳以著。散文集。重庆文化生活出版社民国三十一年
（1942）出版，上海文化生活出版社民国三十五年（1946）出版，
天津图书馆藏；上海文化生活出版社1951年第二版，北京图
书馆藏。

前夕 1-4 部

靳以著。长编小说。重庆文化生活出版社民国三十一年至
三十六年（1942-1947）出版，天津图书馆藏。

众神

靳以著。短编小说集，内收《人们》《别人的故事》《乱离》
《众生》《众神》《他们十九个》等六篇小说。上海文化生活出
版社民国三十一年（1942）沪上版，天津图书馆藏；重庆文化
生活出版社民国三十三年（1944）渝一版，太原山西省图书馆
藏，北京图书馆有缩微品。

鸟树小集

靳以著。散文集。福建南平国民出版社民国三十二年（1943）出版。

沉默的果实

靳以著。散文集。内收《沉默的果实》《我的怀念》《等待》《鸟和树》《被砍伐了的树》《合唱》《鸭子》《我怎样写〈前夕〉的》《悼萧红和满红》等十九篇。重庆中华书局民国三十四年（1945）出版，为《中华文艺丛刊》第一种，北京图书馆藏。

春草

靳以著。中篇小说，自序谓继《秋花》一书而写。上海文化生活出版社民国三十五年（1946）出版，为《文学丛刊》第八集，北京图书馆藏。

血与火花

靳以著。杂文集。上海万叶书店民国三十五年（1946）出版，天津图书馆藏。

黑影

靳以著。短编小说集，内收《父亲》《黑影》《困与疚》《娴君》《姊妹》《结束》《群鸦》《旋》等八篇小说。上海博文书店民国三十六年（1947）年发行，山西省图书馆藏，北京图书馆有缩微品。

生存

靳以著。短编小说集，内收《被煎熬的心》《扑向了祖国》《路》《晚宴》《生存》等七篇小说。上海文化生活出版社民国三十七年（1948）出版，北京图书馆藏。

人世百图

靳以著，散文集。上海文化生活出版社民国三十七年

（1948）出版，天津图书馆藏。

新编大一国文下册

署名"章靳以"编纂。为高等学校语文教材。上海商务印书馆 1950 年出版，北京图书馆藏。

光荣人家

靳以著。为小说、剧本、散文、短简合集。上海平明出版社 1951 年出版，为《新中国文艺丛书》第一种，北京图书馆和天津图书馆藏。

靳以散文小说集

靳以著。为小说、剧本、散文、短简合集。上海平明出版社 1953 年出版，北京图书馆和天津图书馆藏。

祖国——我的母亲：朝鲜战场四十天

靳以著。散文集。上海平明出版社 1953 年出版，北京图书馆和天津图书馆藏；又上海新文艺出版社 1956 年出版，北京图书馆藏。

过去的脚印

靳以著。小说、散文合集。人民文学出版社 1955 年出版，北京图书馆和首都图书馆藏。

佛子岭的曙光

靳以著。散文、特写集。上海新文艺出版社 1955 年出版，北京图书馆和天津图书馆藏。

向"茹尔宾一家"学习

靳以著。文学评论集。上海新文艺出版社 1955 年出版，为《文艺作品阅读辅导丛书》之一，北京图书馆和天津图书馆藏。

工作、学习与斗争

靳以著。短论集。上海新文艺出版社 1956 年出版，北京图书馆和天津图书馆藏。

江山万里

靳以著。散文、特写集。上海新文艺出版社 1957 年出版，北京图书馆和天津图书馆藏。

心的歌

靳以著。散文、特写集。上海新文艺出版社 1957 年出版，北京图书馆和天津图书馆藏。

幸福的日子

靳以著。散文、报道合集。人民文学出版社 1959 年出版，北京图书馆和天津图书馆藏。

热情的赞歌

靳以著。小说、散文、杂文、诗歌合集。上海新文艺出版社 1960 年出版，北京图书馆和天津图书馆藏。

靳以文集上下卷

靳以著。靳以文集编辑委员会编，人民文学出版社 1964 年上卷出版，1986 年下卷出版。

同根草

靳以著。散文集。宁夏人民出版社 1983 年出版。

靳以选集（1—5 卷）

靳以著。第一卷《前夕》上，第二卷《前夕》下，第三卷《秋花》《春草》，第四卷短篇小说，第五卷散文。四川人民出版社 1983 年出版。

靳以散文小说集

靳以著。上海文艺出版社 1984 年出版。

靳以散文选集

靳以著，章洁思编。百花文艺出版社 1995 年出版。

靳以文集

靳以著，易咏枚编选。本书收《秋花》《春草》二中篇小说，《圣型》《黄沙》《生存》等十篇短篇小说和《火》《窗》《回忆鲁迅先生》等十篇散文。华夏出版社 2000 年出版。

华粹深（1909–1981）

满族，原籍北京，前清学部侍郎宝熙之孙。自幼酷爱戏剧，民国二十四年（1935）毕业于清华大学中文系，二十世纪四十年代初即有处女作《哀江南》剧本问世。四十年代后期来天津南开大学中文系任教授。在教学之馀，致力戏曲改革工作，并创作、整理、改编戏曲剧本二十馀种。生前曾兼任天津市戏曲学校副校长、中国戏曲家协会天津分会副主席。

华粹深剧本选

是书收华粹深创作与改编整理的京剧《哀江南》《窃符救赵》《虎皮井》《智赚解差》《大泽乡》，昆曲《牡丹亭》，河北梆子《窦娥冤》《秦香莲》《打金枝》等。他早期的观剧随笔《听歌人语》辑为附录。侯作卿编辑，中国戏剧出版社1984年出版。

石永茂（1909–1975）

永茂一作永懋，字松亭，原籍山东茌平。少时在天津，读书于严范孙所办之崇化学会，后留校任教。好古文，钻研经史诸子皆有创见。中年任教之暇著述甚丰，名其斋曰"求际斋"，拟将所著书集为《求际斋丛书》，未果。另并擅长行草，还长于中医。"文革"期间因反对批儒致死。

读书杂识一卷

论语札记二卷

孟子札记二卷

大学札记一卷

中庸札记一卷

毛诗一得四卷

尚书志疑四卷

周礼志疑四卷

春秋左氏传辨订十二卷

石永茂所撰以上诸书，见民国二十五年（1936）一月十四日《大公报》所载《一个研究国学的团体——天津崇化学校概况》介绍。后补订或现存者有：

古文概论不分卷

石永茂撰。民国间油印本，一册，天津图书馆藏，见馆藏目录。

庄子正七卷

石永茂撰。据《吴云心文集·摇落集》提及，是书分《叙例》《叙要》《论内编及本经》《辨史纪本传之疑》及《考例》等五部分，前有民国三十二年（1943）卢弼序。书中认为庄子真思想仍是儒家，渊源于颜回、闵子骞，力辟世传其师承子夏之说。其书原名《庄子斫垩》，经卢弼为之作序，提出一些问题，复经补正，改名《庄子正》。民国三十五年（1946）天津大公报馆出版。天津图书馆藏民国三十四年（1945）石印本，一册，见馆藏目录。

论语错简考证

石永茂撰。金息候为之序。《吴云心文集·摇落集》提及。未见。

论语正九卷首一卷

石永茂撰。线装两册，天津大公报馆民国三十五年（1946）

出版。又求益斋铅印本，天津图书馆藏，见馆藏目录。

孝经正不分卷

石永茂撰。民国三十六年（1947）铅印求际斋丛书本，一册，天津图书馆藏，见馆藏目录。

大学中庸礼运三经正三卷

石永茂撰。民国三十六年（1947）中国文化复兴会铅印本，一册，天津图书馆藏，见馆藏目录。

巢章甫（1910-1954）

章甫单名巢章，字章甫，一作章父，别字凤初、符瑞，号一藏，原籍江苏武进（今属常州市），后久居天津。室名海天楼、静观自得斋，别号海天楼主。自幼聪颖好学，曾为海上名医，钻研岐黄之道，擅长内、外科。后师从寿玺（石工）和张大千，为大风堂门人。工书画，精篆刻，通鉴赏，喜收藏，还在《天津民国晚报》上辟有《艺文新语》专栏，撰写艺林名人逸事、金石书画、收藏鉴赏、风俗人情等内容的文章，可惜中华人民共和国成立以前的单行著作不易得见了。

巢凤初医案

海天楼藏秦汉印谱

十六册，又名《海天楼藏印》，共拓十二部。

静观自得斋藏印

齐白石印存

海天楼札记

或题《海天楼谈薮》。以上五书据有关文章记载，笔者未见。

珏厂诗词不分卷

寿石工撰，巢章甫辑。内收《珏厂近诗》《珏厂题画诗》

《呓词六十首》《鸾西琴趣》等，民国间抄本，一函四册，天津图书馆藏，见馆藏目录著录。石工名玺，以字行，号珏庵，别署印丐、珏厂。浙江绍兴人，因久寓北京，自称"越人燕客"。为近代篆刻大师，且工书善诗词，著有《治印琐谈》《珏庵印存》《珏庵词》等。巢章甫为其弟子，故所辑《珏厂诗词》，可供校勘寿玺诗词作品参考。

海天楼艺话

巢章甫撰。巢星初等整理。北京人民美术出版社2009年出版。是书共收入中华人民共和国成立以前的艺文随笔一百六十八则，并配有图片七十馀幅（件），所涉及的艺苑人物和艺林掌故颇多。所记之事，多为亲身经历或亲耳所闻，所以有较高的可信度和参考价值。其中既有名闻海内外的书画家、篆刻家和收藏家，也有许多当年平津一带的"小名头"书画家或文人等，今人多已不知其名，由巢章甫的文章而为后人所知悉。这也是研究、了解艺术家如张大千、徐悲鸿、齐白石、寿石工、于非闇……诸大师及其书画、篆刻等艺术杰作之不可多得的历史文稿。

曹　禺（1910–1996）

曹禺本名万家宝，字小石，出生于天津，原籍湖北潜江。自幼爱好文学和戏剧。天津南开中学毕业。民国十七年（1928）入天津南开大学读书，次年转入清华大学专攻西洋文学。毕业后曾到天津河北女子师范学院教书，同时从事剧本创作。中华人民共和国成立后曾任中国戏剧协会副主席、北京人民艺术剧院院长等职。

雷雨

曹禺编。四幕剧，书前有作者序。上海文化生活出版社民国二十五年（1936）出版，重庆文化生活出版社民国三十五年（1946）再版，《民国时期总书目》著录，上海图书馆藏。

原野

曹禺编。三幕剧，另有序幕。上海文化生活出版社民国二十五年（1936）出版，《民国时期总书目》著录，北京图书馆、上海图书馆、重庆图书馆藏。

日出

曹禺编。四幕剧，书末附作者跋。上海文化生活出版社民国二十五年（1936）出版。《民国时期总书目》著录，北京图书馆和上海图书馆藏。

黑字二十八

曹禺、宋之的编。四幕剧，原名《全民总动员》。重庆正中书局民国二十九年（1940）出版。《民国时期总书目》著录，北京图书馆、上海图书馆、重庆图书馆藏。

蜕变

曹禺编。四幕剧，书末附作者的《关于"蜕变"二字》一文。长沙商务印书馆民国二十九年（1940）出版，上海文化生活出版社民国三十年（1941）一月又版。《民国时期总书目》著录，北京图书馆、上海图书馆、重庆图书馆藏。

正在想

曹禺编。独幕剧，上海文化生活出版社民国二十九年（1940）出版，《民国时期总书目》著录，北京图书馆、上海图书馆、重庆图书馆藏。

北京人

曹禺编。三幕剧。重庆文化生活出版社民国三十年（1941）出版，上海文化生活出版社同年十二月再版，《民国时期总书目》著录，北京图书馆、上海图书馆、重庆图书馆藏。

家

曹禺编。四幕剧，据巴金的同名小说改编。重庆文化生活出版社民国三十一年（1942）出版，上海文化生活出版社三十六年九月第三版。《民国时期总书目》著录，北京图书馆、上海图书馆、重庆图书馆藏。

艳阳天

曹禺编。电影剧本。文化生活出版社民国三十七年（1948）出版。

明朗的天

曹禺编。最初发表于1954年的《剧本》和《人民文学》，原为四幕七场剧，1954年由人民文学出版社出版，后经作者修订成三幕六场。

迎春集

曹禺著。散文集，1958年北京出版社出版。

曹禺选集

曹禺著。收录话剧剧本《雷雨》《日出》《北京人》三种，1961年人民文学出版社出版。

胆剑篇

曹禺执笔，与梅阡、于是之合作。五幕话剧，1962年由中国戏剧出版社出版。

王昭君

曹禺编。五幕历史剧。1972年四川人民出版社出版。

曹禺论创作

曹禺著。中国现代作家论创作丛书，上海文艺出版社1986年版。

曹禺全集

曹禺原著，田本相、刘一军主编。精装本全七卷：第一卷至第四卷为话剧剧本，第五卷为戏剧论著，第六卷为小说、诗歌、散文、书信及其他文章，第七卷为改译、翻译剧本和电影剧本等，并附录《曹禺年表》。各卷均按发表年月日先后编次。花山文艺出版社 1996 年出版。

孙毓棠（1911–1985）

原籍江苏无锡，出生于天津。曾就读于南开中学和南开大学（肄业），后转入北平清华大学历史系。民国二十二年（1933）清华毕业后在天津河北省立女子师范学院史地系任教。二十四年留学日本东京帝国大学历史学部后转文学部。抗日战争爆发后回国，历赴广西省立高中和云南大学、西南联大师范学院史地系任教。抗战胜利后任清华大学历史系副教授、教授；中还曾应英国牛津大学皇后学院和美国哈佛大学之聘赴英、美为客座研究员。1952 年起先后任中国科学院经济研究所和历史研究所（后改为中国社会科学院历史研究所）研究员，对中国经济史研究贡献甚大。早年还对诗歌艺术方面多所探索和追求，诗歌创作深受闻一多诗风影响，是新月派诗人之一。

梦乡曲

孙毓棠著。新诗集。民国二十年（1931）震东印书馆出版，首都图书馆藏。又，民国二十二年（1933）自印本，天津南开大学图书馆藏，见各馆藏目录。

海盗船

孙毓棠著。新诗选集。北平立达书局民国二十三年（1934）出版，北京图书馆和天津图书馆藏。另有复制本收入《民国籍粹丛编》，天津南开大学图书馆藏。见各馆藏目录。

宝马

孙毓棠著。分两卷：上卷收长诗《宝马》，写汉武帝为求得大宛宝马派李广利西征的故事，全诗近八百行，这是一部长篇史诗；下卷收《老马》等三十馀首短诗。上海文化生活出版社民国二十八年（1939）出版，北京图书馆藏。复制本收入《民国籍粹丛编》，天津南开大学图书馆藏。见各馆藏目录。

传记与文学

孙毓棠编著。为《建国文艺丛书》第一集，内收《论新传记》《传记的真实性和方法》《历史与文学》《文年絮话》《旧诗与新诗的节奏问题》《谈抗战诗》《生活的文学》等七篇文章。重庆正中书局民国三十二年（1943）出版，天津图书馆和首都图书馆藏，另北京图书馆有缩微品，见各馆藏目录。

孙毓棠诗集

孙毓棠著，余太山编。收录孙毓棠创作的诗歌、散文诗、译诗及诗论等。其中包括卷一《梦乡曲》，卷二《海盗船》，卷三《宝马》，卷四《秋灯》，附卷含有译诗十馀首，其中以《鲁拜集》最为著名。还收有诗序、散文诗和散文等。在本书中，读者既能感受到浪漫的诗情，又能体悟到历史的深沉。北京商务印书馆 2013 年出版。

中国古代社会经济论丛（第一辑）

孙毓棠著。民国三十二年（1943）云南省经济委员会出版，南开大学图书馆藏，见馆藏目录。

中日甲午战争前外国资本在中国经营的近代工业

孙毓棠著。上海人民出版社 1955 年出版，北京图书馆和天津图书馆藏，见各馆藏目录。

中国近代工业史资料

孙毓棠编。北京科学出版社 1957 年出版。又，中华书局 1962 版，为《中国近代经济史参考资料丛刊》之二。台北文海出版社 1978 年影印本，收入《近代中国史料丛刊续编》第六十二辑，北京图书馆藏。

抗戈集

孙毓棠著。收录作者二十世纪五十年代后发表的多篇论文，对十九世纪帝国主义在工业、铁路、银行、借款等方面的对华侵略进行了研究。中华书局 1981 年出版，北京图书馆和天津图书馆藏。

中国社会经济史研究论集（第一辑）

孙毓棠等主编。书名页编者为《平准学刊》编辑委员会。本学刊是中国社会经济史研究论集。本辑包括"问题讨论""商业史论综"等部分。北京中国商业出版社 1985 年出版。

秦汉史

孙毓棠主编。为《中国大百科全书·中国历史》的秦汉史卷，中国大百科全书出版社 1986 年出版。

孙毓棠学术论文集

孙毓棠著。本书收录《中国古代社会经济发展之趋势》《汉代的农民》《两汉的兵制》《汉代的交通》《清初土地分配不均的一个实例》等十九篇论文，这些论文写于二十世纪三十年代至八十年代。中华书局 1995 年出版，2005 年重印，为《现代史学家文丛》之一。

大慈恩寺三藏法师传

（唐）释慧立著，孙毓棠点校。中华书局 2000 年出版，为《中外交通史籍丛刊》之二。玄奘法师（602–664）是唐代著名

僧人、旅行家、学者、翻译家，曾西行印度求法。本书记述了
法师的一生。

孙毓棠集

孙毓棠著，中国社会科学院科研局组织编选。本书收有
《十九世纪中国近代工业的兴起与工业无产阶级的诞生》《中日
甲午战争前外国资本在中国经营的近代工业》《中日甲午战争
前资本主义在中国设立的银行》等文章，详细介绍了十九世纪
中国近代工业的兴起与工业无产阶级的诞生、中日甲午战争赔
款的借款、中日甲午战争前资本主义各国在中国设立的银行等
内容。中国社会科学文献出版社 2007 年出版，为《中国社会
科学院学者文选》之一。

朱　星（1911-1982）

一名星元，江苏宜兴人。早年离乡至沪，入教会学校习法文
和拉丁文；又先后师从唐文治、马相伯和陈垣等著名学者，国学
根柢深厚。民国十九年（1930）从无锡国专毕业，二十四岁时离
沪北上，先后任教于天津工商学院和北洋大学。中华人民共和国
成立后则调天津师范学院和河北北京师范学院，任中文系教授和
学院副院长。1979 年在中国大百科出版社工作。次年重返教育
战线，任天津师范学院（今天津师范大学）研究生导师，从事语
文教学和研究，曾任天津市语文学会副理事长、天津市科学联合
会社会科学部副主任委员、中国训诂学会常务理事、中国语言学
会及中国音韵学会理事等职，是当代著名语言学家。

中国近代诗学之过渡时代论略

朱星元述。出版地不详，民国十九年（1930）出版。北京
大学图书馆藏，见馆藏目录。

中国文学史外论

朱星元著。上海东方学术社民国二十四年（1935）出版。天津图书馆和北京大学图书馆藏，见馆藏目录。

战国纵横家学研究

朱星元著。上海东方学术社民国二十四年（1935）出版。北京大学图书馆藏，见馆藏目录。

天主教教义提纲

狄守仁著，朱星元译。民国二十六年（1937）天津崇德堂发行，共三卷四十四章。卷一耶稣启示给我们应信的真理，卷二耶稣指示给我们应尽的义务，卷三耶稣付给我们常生的方法。民国二十七年（1938）第二版，讲述耶稣基督其人其事以及他给人们的启示。《天津地方史资料联合目录》著录，天津图书馆藏

星元诗集

朱星元著。收诗一百十六首，词二十八首，译诗七首。书前有作者自序。《民国时期总书目》著录，天津著者刊，民国二十八年（1939）六月出版，北京图书馆藏。

天主实义

（意）利马窦述，朱星元、田景仙合编。民国三十年（1941）天津崇德堂发行。书分上下卷，上卷包括解释世人错认无主，论人魂不灭大异禽兽等四篇，下卷包括辩排轮回六道戒杀生之谬说而揭斋素正志，释解意不可灭并论死后必有天堂地狱之赏罚以报世人所为善恶等四篇。《天津地方史资料联合目录》著录，天津图书馆藏。

道德训练讲义

朱星元著。是书为伦理学教材，论述了伦理学的一般问题，

分道德之意义，道德之现象、特性、特质、要素，道德观念之由来，道德判断之方法，道德之目的，与知行之关系等八章。出版项不详。北京图书馆藏，见馆藏目录。

决斗

朱星著。《朱星独幕剧百篇》之一，收《出塞》《敌人》《教训》等十个独幕剧。民国三十七年（1948）北平著者刊。北京图书馆藏，见馆藏目录。

五四

朱星著。《朱星独幕剧百篇》之二，收《弱者》《洋大人》《复仇》等十个独幕剧。上海中国文化服务社民国三十七年（1948）出版。北京图书馆和北京大学图书馆藏，见各馆藏目录。

周易解放

朱星著。是书一名《周易经义考释》，是文字学方面著作，每字先求其古形，进而再求其古义，在古书学和古文字学的研究方面很有贡献。北京中国文学院 1949 年出版。北京图书馆和北京大学图书馆藏，见各馆藏目录。

识字教学的基本知识

朱星著。天津大众书店 1950 年出版，1952 年第三版。天津图书馆和北京图书馆藏，见各馆藏目录。

新文体概论

朱星著。北京五十年代出版社 1954 年出版。天津图书馆和北京图书馆、北京大学图书馆藏，见各馆藏目录。

怎样学习普通话

朱星著。是书为普通话基本知识。河北人民出版社 1956年出版。北京图书馆藏，见馆藏目录。

语言学概论

朱星著。是书为语言学专著，分绪论、语言的社会本质、语言的起源和发展，语言学各部分的基本概念和语言的分类等方面。天津人民出版社 1957 年出版。天津图书馆和北京图书馆藏，见各馆藏目录。

古代汉语概论

朱星著。天津人民出版社 1959 年出版。天津图书馆和北京图书馆藏，见各馆藏目录。

河北方言概述

朱星主编。河北人民出版社 1960 年出版。

汉语普通话小史

朱星著。中国文字改革委员会 1966 年油印。

汉语语法学的若干问题

朱星著。该书分为二十四个小题目，讲语法学的基本知识与理论知识，是有关现代汉语语法研究方面的著作。河北人民出版社 1979 年出版。天津图书馆和北京图书馆藏，见各馆藏目录。

古代汉语

朱星主编。上下二册，天津人民出版社 1980 年出版。

金瓶梅考证

朱星著。天津百花文艺出版社 1980 年出版。

中外语法比较

朱星著。1980 年成书。未见。

汉语词义简析

朱星著。是书将词义分为四十多类，是当时词义分析最为详细的词义学著作。湖北人民出版社 1981 年出版，1985

年再版。

古代文化基本知识

朱星编著。是书为中学语文教师编写，天津人民出版社
1982 年出版。

篇章结构及教学

朱星著。甘肃人民出版社 1983 年出版。

中国文学语言发展史略

朱星著。北京新华出版社 1988 年出版。

中国语言学史

朱星著。台北洪叶文化事业公司 1996 年出版。

朱星古汉语论文选集

朱星著。台北洪叶文化事业公司 1996 年出版，为《国学
精粹丛书》之一，北京图书馆藏，见馆藏目录。

中国皇帝评论

朱星著。本书是一部史学评论作品，全面解析中国皇帝制
度。剖析了帝王名号的含义、皇帝的产生过程、皇帝的四种特
权和四种欲望、皇帝的阴谋诡计——帝王术，并提出了皇帝是
人民的灾难的观点，最后评析了七个值得纪念的中国皇帝。北
京中国国际广播出版社 1990 年出版。另有图文本，中华书局
2005 年出版。

郭蔼春（1912-2001）

蔼春字瑞生，天津人。民国二十二年（1933）毕业于崇化
学会历史专修科，曾任崇化中学校长。中华人民共和国成立后
历任天津中医学院教授、医史教研室主任。长期从事教学、医
史研究及文献整理工作。治儒习医，文医会通，工诗善词，学

识渊博，尤精于目录学，是当代中医医史文献学家。

读经臆录四卷

说文校异记十卷

汉书颜注古段字诂六卷

续资治通鉴目录二十卷

续资治通鉴地理今译二十卷

文选善注补正八卷

郭蔼春所撰以上六书，见载《大公报》民国二十五年（1936）一月十四日《一个研究国学的团体——天津崇化学会概况》文著录。或未刊，未见流传。

两汉经学史不分卷

郭蔼春讲述。民国间崇文学会讲义油印本，一册，天津图书馆藏，见馆藏目录。

颜习斋学谱

郭蔼春撰。上海商务印书馆 1957 年出版。

中国医学史年表

郭蔼春撰。黑龙江人民出版社 1978 年出版，1984 年再版

河北医籍考

郭蔼春著。河北人民出版社 1979 年出版。

黄帝内经素问校注语译

郭蔼春著。天津科技出版社 1981 年出版。

八十一难经集解

郭蔼春、郭宏图合编。天津科技出版社 1984 年出版。

中国分省医籍考

郭蔼春主编。是书在查阅全国约四千种地方志基础上，著录医籍八千馀种，附录作者小传四千馀篇，是我国目前著录医

籍最多的一部传录体医学目录专著，且分省排列，体现地域特色。全书二百多万字，分上下两册由天津科技出版社出版，上册出版于 1984 年，下册出版于 1987 年。

现代针灸医籍

郭蔼春主编。湖南科学技术出版社 1985 年出版

续资治通鉴目录

郭蔼春著。山西教育出版社 1987 年出版。

黄帝内经灵枢校注语释

郭蔼春著。天津科技出版社 1989 年出版，1997 年再版。

黄帝内经词典

郭蔼春主编。天津科技出版社 1991 年出版。

黄帝内经素问校注

郭蔼春主编。上下二册，人民卫生出版社 1992 年出版。

黄帝内经素问语译

郭蔼春主编。人民卫生出版社 1992 年出版。

新医林改错

郭蔼春著。太原山西科技出版社 1992 年出版。

东医宝鉴

原朝鲜许浚等编著，天津中医学院郭蔼春等校注。本书是一部综合性医书，分内景篇、外形篇、杂病篇、汤液篇和针灸五类，共二十三卷，在朝鲜医家所撰的汉方医著中最负盛名，对指导临床和文献研究都颇具参考价值。中国中医药出版社 1995 年出版。

伤寒论校注语译

郭蔼春、张金玲编著。天津科技出版社 1996 年出版。

清史稿艺文志拾遗

郭蔼春著。华夏出版社 1999 年出版。

灵枢经校释

郭蔼春著。《灵枢经》是《黄帝内经》的重要部分，是我国古典医药书籍。郭蔼春对此作了较为详细客观的校释，以便读者更好地理解。人民卫生出版社 2001 年出版。

金匮要略方论校注语译

郭蔼春著。中国中医药出版社 1999 年出版。

内经知要补注语释

郭蔼春著。天津科技出版社 1993 年出版。

王辛笛（1912-2004）

辛笛名馨迪，祖籍江苏淮安，生于天津。曾就读于南开中学，民国二十四年（1935）清华大学外文系毕业，后入英国爱丁堡大学研究英国文学。民国二十八年（1939）回国，在上海光华大学，暨南大学任教。从中学时代即酷爱文学，十七岁时第一次在天津《大公报》发表诗作。抗战胜利后，曾任中华全国文艺协会候补理事兼秘书。中华人民共和国成立后曾被选为全国第一届文代会代表。著作有：

珠贝集

王辛笛与弟辛谷合著。诗集。内收其成名作《航》等。北平光明印刷局民国二十五年（1936）出版。

夜读书记

王辛笛撰。散文和评论集。民国三十七年（1948）上海森林出版社出版。1996 年陕西师范大学出版社另加《续记》重印。

手掌集

王辛笛撰。新诗集。星群出版公司民国三十七年（1948）出版。1988 年上海书店影印出版。1989 年台湾大雁书店加导

读和附录出版。1996 年杭州浙江文艺出版社加附录出版。又
1998 年北京中国文联出版公司据民国三十七年（1948）森林
出版社版排印出版。

九叶集

王辛笛和八位诗友的诗合集，重现了二十世纪四十年代现
代诗歌的风采，"九叶"诗派由此得名。南京江苏人民出版社
1981 年出版。

辛笛诗稿

王辛笛撰。诗集。人民文学出版社 1983 年出版。

八叶集

王辛笛和诗友的诗合集。三联书店香港分店 1984 年出版。

印象·花束

王辛笛撰。诗集。上海文艺出版社 1986 年出版。

王辛笛诗集

王辛笛撰。香港专业出版社 1989 年出版。

二十世纪中国新诗辞典

王辛笛主编。上海汉语大辞典出版社 1997 年出版。

琅环偶拾

王辛笛撰。散文新集。上海教育出版社 1998 年出版。

尼古拉斯·尼克尔贝

王辛笛校对翻译。上海译文出版社 1998 年出版。

吟水吟集

王辛笛撰。旧体诗集。香港翰墨轩出版社 2002 年出版。

梦馀随笔

王辛笛著。本书收录了作者的随笔作品，文章有《看图识
字》《展笑尝新》《父与子》《杂志与新精神》《英美俚语字典谈》

《少年读书乐》等。南京凤凰出版社 2003 年出版。

孙　犁（1913-2002）

原名孙树勋，曾用笔名孙芸夫、芸斋等，河北安平人。保定育德中学毕业，当过小学老师。民国二十七年（1938）投身冀中人民的抗日战争，历任冀中抗战学院、华北联合大学、延安鲁迅艺术学院教员和晋察冀通讯社、晋察冀日报、晋察冀边区文联编辑，1949 年随军进城，长期在天津日报社工作，主持文艺副刊，培养文学新人甚多。其早期作品质朴清新，晚年沉郁隽永，风格鲜明，影响深广，是"荷花淀派"开创者。曾任中国作家协会理事、作协天津分会副主席等职。晚年终于天津。

怎样写作

孙犁著。出版地不详，华北书店民国三十二年（1943）出版，北京大学图书馆藏。

文学入门

孙犁著。威县冀南书店民国三十六年（1947）出版；同年饶阳冀中新华书店出版，天津图书馆藏。

荷花淀

孙犁著。香港海洋书屋民国三十六年（1947）出版，东北书店出版（出版年月不详），天津图书馆藏。另有通俗读物出版社 1955 年版，人民文学出版社 1959 年版，中国文联出版公司 1996 年版等。

嘱咐

孙犁著。北京天下图书公司 1949 年出版，天津图书馆藏。

芦花荡

孙犁著。上海群益出版社 1949 年出版，天津图书馆藏。

文艺学习

孙犁著。上海文化工作社 1950 年出版，北京大学图书馆藏。另有上海文化工作社 1953 年版，上海新文艺出版社 1956 年版，作家出版社 1964 年版（给《冀中一日》作者们）等，天津图书馆藏。

文学短论：续编

孙犁著。上海文化工作社 1950 年出版，天津图书馆藏。

采蒲台

孙犁著。小说集。北京三联书店 1950 年出版，另有作家出版社 1954 年版，天津图书馆藏。

村歌

孙犁著。北京天下图书公司 1950 年出版，天津图书馆藏。另有人民出版社 1961 年版。

风云初记

孙犁著。长篇小说。人民文学出版社 1951 年出版，又 1955 年出版。另有作家出版社（三集）1963 年版，人民出版社 1980 年版，人民出版社 2002 年版等。

农村速写

孙犁著。通俗读物出版社 1954 年出版，天津图书馆藏。

平原上的故事

孙犁著。天津人民出版社 1957 年出版。

铁木前传

孙犁著。天津人民出版社 1957 年出版，又 1959 年版；又百花文艺出版社 1978 年版。

白洋淀纪事

孙犁著。短篇小说集。中国青年出版社 1958 年出版。

津门小集

孙犁著。百花文艺出版社 1962 年出版。

文学短论

孙犁著。作家出版社 1963 年出版，又人民文学出版社 1978 年出版。

白洋淀之曲

孙犁著。百花文艺出版社 1964 年出版。

耕堂杂录

孙犁著。河北人民出版社 1981 年出版。

澹定集

孙犁著。属随笔类，内容包括有《答吴泰昌问》《读作品记》《读冉准舟近作散文》《读一篇散文》《万里和万卷》等，百花文艺出版社 1981 年出版。又山东画报出版社 1999 年编入《耕堂劫后十种》出版。

孙犁小说选

孙犁著。成都四川人民出版社 1982 年出版。

孙犁文集

孙犁著。百花文艺出版社 1982 年出版，全五册。

耕堂散文

孙犁著。广州花城出版社 1982 年出版，1984 年再版。

尺泽集

孙犁著。是书内容包括芸斋小说、报纸的故事、亡人逸事、"古城会"、第一次当记者等。其中有"芸斋小说"五篇，是前几集中所没有的。此外，"小说杂谈""芸斋琐谈"也是新出现的文体。"小说杂谈"收录十七篇短文，是作者几十年创作经验的总结。天津百花文艺出版 1982 年出版。又山东画报出版社 1999 年编入《耕堂劫后十种》出版。

孙犁文论集

孙犁著。人民文学出版社 1983 年出版。

孙犁诗选

孙犁著。郑州河南少年儿童出版社 1983 年出版。

书林秋草

孙犁著。北京三联书店 1983 年出版。

孙犁散文选

孙犁著。人民出版社 1984 年出版，2005 年再版。

远道集

孙犁著。百花文艺出版社 1984 年出版；1999 年山东画报出版社编入《耕堂劫后十种》出版。

编辑笔记

孙犁著。太原山西人民出版社 1985 年出版。

耕堂序跋

孙犁著。长沙湖南人民出版社 1988 年出版。

耕堂读书记

孙犁著。百花文艺出版社 1989 年出版。

孙犁文集

孙犁著。全套八册。第一册收中短篇小说；第二册为长篇小说《风云初记》；第三册为诗文散歌；第四册为文学理论；第五册为杂著；第六册为续编一小说、散文、诗歌、戏剧；第七册为续编二文艺理论；第八册为续编三杂著，百花文艺出版社 1992 年出版。

孙犁书话

孙犁著。北京出版社 1996 年出版。

孙犁自序

孙犁著。北京团结出版社 1998 年出版。

书衣文录

孙犁著。济南山东画报社 1998 年出版。

晚华集

孙犁著。本书共收作品三十多篇，属随笔类，内容包括平原的觉醒、在阜平——《白洋淀纪事》重印散记、关于《子夜》的回忆、吃粥有感、服装的故事等。前有方纪、韩映山、阿凤的书序。百花文艺出版社 1979 年出版。又山东画报出版社 1999 年编入《耕堂劫后十种》出版。

秀露集

孙犁著。本书是作者的杂文作品集，包括戏的梦、书的梦、画的梦、石子病期琐事、乡里旧闻等。其中《文学和生活的道路》是作者最重要的一篇生平自述和经验总结，涉及各个方面，丰富翔实；《善暗室纪年摘抄》是作者自撰的年谱一类的文字。百花文艺出版社 1979 年出版。又 1999 年山东画报出版社编入《耕堂劫后十种》出版。

老荒集

孙犁著。是书收小说五篇，杂文十九篇，读书记四篇，另有"书衣文录"若干，实际是日记断片，是随手写在包书纸上的记事文字，片言只语，长短不一。上海文艺出版社 1986 年出版；又 1999 年山东画报出版社编入《耕堂劫后十种》出版。

陌巷集

孙犁著。百花文艺出版社 1984 年出版；1999 年山东画报出版社编入《耕堂劫后十种》出版。

无为集

孙犁著。百花文艺出版社 1987 年出版。1989 年人民出版社出版，1999 年山东画报出版社收作《耕堂劫后十种》出版。

如云集

孙犁著。百花文艺出版社 1992 年出版，山东画报出版社 1999 年编入《耕堂劫后十种》出版。

曲终集

孙犁著。百花文艺出版社 1995 年出版，山东画报出版社 1999 年《耕堂劫后十种》出版。

芸斋梦馀

孙犁著。散文。人民日报出版社 1996 年出版，2007 再版。

芦花荡荷花淀

孙犁著。人民文学出版社 2001 年出版。

幸存的信件：给淮舟的信

孙犁著。长征出版社 2003 年出版。

孙犁散文选集

孙犁著。百花文艺出版社 2004 年出版。

孙犁全集

孙犁著。本书收入已发表、出版的孙犁作品和目前能够搜集到的佚文、书信等，编为十一卷。一至九卷以作品出版时间先后为序，兼顾类别、体裁以及各卷字数；第十卷按体裁分类，以作品发表或写作时间先后为序；第十一卷以致各收信人的第一封信的时间先后为序。本《全集》主要以二种不同《孙犁文集》及《芸斋书简》《芸斋书简续编》等为底本，参照其它版本进行校勘，并做了必要的编辑加工和体例调整，原则上只保留孙犁原注，不作新注，必须注时，标明"编注"，原稿中无法辨认的字，以"□"代之。人民出版社 2004 年出版，全十一卷。

芸斋英华

孙犁著。上海文汇出版社 2005 年出版。

孙犁散文（插图珍藏版）

孙犁著。人民文学出版社 2005 年出版。

书的梦

孙犁著。京华出版社 2005 年出版。

孙犁精选集

孙犁著。燕山出版社 2005 年出版。

李光璧（1914-1976）

光璧又名昭平，河北省安国县人。民国二十六年（1937）毕业于北京大学中文系，次年参加革命工作，历任冀中区行政公署文书，北京大学文学院讲师、副教授，保定河北省立师范学校副教授，北京中国大学国文系副教授。中华人民共和国成立前夕来津，任河北女子师范学院历史系教授兼主任，并于 1950 年下半年与京津两地学者创办《历史教学》刊物任主编。后为天津师范学院及随后改名之河北大学历史系教授。

中国通史纲要二十二讲

李光璧编。国立北京大学文学院民国间铅印本，北京图书馆藏，见馆藏目录。

诗选补编

李光璧编。国立北京大学文学院民国间铅印本，北京图书馆藏，见馆藏目录。

望中国迎头勃兴之粗计划初稿十三章

李光璧著。民国二十四年（1935）石印本，北京图书馆藏，见馆藏目录。

明朝对瓦剌的战争

李光璧与赖家度合撰。华东人民出版社 1954 年出版。

中国科学技术发明和科学技术人物论集

李光璧与钱君晔合编。上海三联书店 1955 年出版。

明代御倭战争

李光璧著。本书叙述明初至嘉靖时期倭寇侵扰中国沿海情形，明朝对日本的交涉和御倭战争的经过。上海人民出版社 1956 年出版。

中国历史人物论集

李光璧、赖家度、来新夏合编。生活·读书·新知三联书店 1957 年出版。

明清史论丛

李光璧编。湖北人民出版社 1957 年出版。

明朝史略

李光璧著。本书原是作者在天津师范学院讲授明清史课程讲稿的一部分，经过修改和补充而成，概略地阐述明代社会经济和政治文化的历史。全书分八章，从明帝国的建立，至清军入关和汉族人民的抗清斗争；最后总述明朝的文化。武汉湖北人民出版社 1957 年出版。

中国农民起义论集

李光璧主编。北京三联书店 1958 年出版。

中国古代史通俗讲话

李光璧编著。通俗读物出版社 1958 年出版，天津图书馆藏。

于谦和北京

李光璧与赖家度合撰。本书叙述正统十四年（1449）瓦剌进攻明朝，在土木堡俘虏明英宗后直逼北京时，以于谦为首的爱国之士展开京师保卫战，击败瓦剌入侵的经过，同时亦可作为于谦的传记看。北京出版社 1961 年出版。

鲁　藜（1914－1999）

原名许度地，另有笔名许徒弟、许流浪、鲁加等。福建同安人，三岁随家侨居越南。民国二十一年（1932）回国，入集美乡村师范实验学校。次年参加反帝大同盟和左联。二十七年（1938）入延安抗日军政大学。三十一年（1942）在鲁迅艺术文学院任教。抗战胜利后在晋察冀边区文联和北方大学中文系工作。1949 年进城任天津市文学工作者协会主席，主编《文艺学习》月刊。1955 年受胡风事件牵连，被押送天津郊区板桥农场劳改。1979 年“文革”结束始得平反，复任天津市文联和作协领导，并兼北京《诗刊》编委。后病卒于津，享年八十五岁。

醒来的时候

鲁藜著。诗集，收诗十九首。上海希望社民国三十六年（1947）出版。天津图书馆和北京大学图书馆藏。

锻炼

鲁藜著。叙事诗集。上海海燕书店 1949 年出版。天津图书馆藏。

星的歌

鲁藜著。诗集。上海新文艺出版社 1954 年出版。天津图书馆藏。以上三种为中华人民共和国成立以前的著作，其中后两种在 1955 年曾遭查禁。

毛泽东颂

鲁藜著。诗集。天津知识书店 1950 年出版，北京大学图书馆藏

英雄的母亲

鲁藜著。诗集。

李村沟的故事

鲁藜著。长篇报告文学集。上海新文艺出版社 1951 年出版，北京大学图书馆藏。

枪

鲁藜著。散文小说集，共收十二篇文章。上海群益出版社 1951 年第二版，北京大学图书馆藏。

时间的歌

鲁藜著。诗集。上海新文艺出版社 1953 出版，天津图书馆藏。

红旗手

鲁藜著。诗集。作家出版社 1954 年出版，北京大学图书馆藏。

未来的勇士

鲁藜著。通俗读物出版社出版。以上七种是解放初期的著作，其中注有出版单位的后五种书，曾于 1955 年遭查禁。

鲁藜诗选

鲁藜著。人民文学出版社 1983 年出版，天津图书馆藏。2001 年又被花城出版社编入《诗世界丛书》出版。

天青集

鲁藜编。南京江苏人民出版社 1983 年出版，天津图书馆藏。

鹅毛集

鲁藜著。百花文艺出版社 1983 年出版，天津图书馆藏。

鲁藜诗文集

鲁藜著。这是鲁藜生前著作的结集，分四卷：第一、二卷为诗歌，第三卷为散文、小说，第四卷为评论、书信和日记。作家出版社 2004 年出版。

石　挥（1915-1957）

原名石毓涛，天津人，为天津"八大家"杨柳青石家后人。少时在北京上学，后做过铁路车童、牙医学徒和电影院的售票员。民国二十五年（1936）初登话剧舞台。二十九年（1940）去到上海，相继参加了中国旅行剧团、上海剧艺社、苦干剧团、中国演剧社等艺术团体，演出过《家》《大雷雨》等十多部重要剧目，导演过《福尔摩斯》等话剧，被人们誉为"话剧皇帝"。三十年（1941）进入电影界，第一部影片是在金星影片公司拍摄的《乱世风光》中任主要角色。民国三十六年（1947）到 1951 年间共主演了十二部影片，导演了三部影片。其中《我这一辈子》是他根据老舍的原著自编、自导、自演的优秀作品，曾荣获文化部颁发的优秀影片奖。1953 年进入上海电影制片厂担任演员兼导演。1957 年被错划为"右派"，含冤去世，后平反。

天涯海角篇

石挥著。柯灵编选，内收《天涯海角篇》《舞台语》《一个

演员的手册》《演技教练》等四篇文章，后二篇为译作。上海
春秋杂志社民国三十五年（1946）出版，天津图书馆和北京图
书馆藏，见各馆藏目录。

石挥谈艺录

石挥著，魏绍昌编。上海文艺出版社 1982 年出版。

孙家琇（1915- ？ ）

女，原籍浙江余姚，出生于天津。父亲是天津水产学校
校长，后为直隶教育厅厅长。民国二十二年（1933）天津中西
女中毕业，被保送入燕京大学英国文学系。二十四年（1935）
赴美国留学，获蒙特霍留克大学研究院戏剧文学系硕士学位。
二十八年（1939）回国后，在西南联合大学、武汉大学、金陵
大学、南京戏剧专科学校任教，同时从事戏剧创作。抗日战争
期间创作有抗日独幕剧《富士山上的风云》和活报剧《太阳出
来了》等。中华人民共和国成立后，历任中央戏剧学院戏剧文
学系主任、教授，中国莎士比亚研究会副会长、文化部艺委会
委员，中国文联委员、中国剧协理事，第六届全国政协委员。

复国（又名吴越春秋）

孙家琇著。以《浣纱记》为蓝本改编的四幕历史剧。重庆
商务印书馆民国三十三年（1944）出版，天津图书馆藏，见馆
藏目录。

十二个月

（苏）马尔沙克著，孙家琇译。四幕儿童剧。北京三联书
店 1950 年出版；又，中国青年出版社 1954 年新一版。

马克思、恩格斯和莎士比亚戏剧

孙家琇编。专著，中国戏剧出版社 1981 年出版。

论莎士比亚四大悲剧

孙家琇著。收入论《哈姆雷特》《李尔王》《麦克白斯》《奥瑟罗》的文章六篇，附英国莎学专家肯尼斯·缪斯的文章四篇。中国戏剧出版社1988年出版。

莎士比亚与西方戏剧

孙家琇著。收《所谓"莎士比亚问题"纯系无事生非》《从莎剧看莎士比亚的戏剧观》，以及译文《布莱希特怎样理解莎士比亚》等三十馀篇文章。成都四川教育出版社1994年出版。

莎士比亚辞典

孙家琇主编。本书内容包括莎士比亚的时代背景和文化传统，莎士比亚的生平创作和艺术特征，莎士比亚作品和姐妹艺术，历代西方莎士比亚研究与演出，莎士比亚在中国等。河北人民出版社1992年出版。

杜金铭（1916- ？ ）

金铭字箴予，天津人。幼从学于邓鹤亭。民国十八年（1929）入崇化学会，七年间成果甚丰，惜未见出版。四十年代为崇化学会讲师，讲授《通鉴》和《古文辞类纂》等课程。还曾任木斋中学教务主任。中华人民共和国成立之初，在学术上也有所建树。

论语札记二卷

孟子札记二卷

礼记札记四卷

尚书札记四卷

资治通鉴考证六卷

孟子刘熙注疏证二卷

孟子经学师承考二卷

汉表释例二卷

两汉地理沿革考二卷

杜金铭所撰以上诸书，见民国二十五年（1936）一月十四日《大公报》所载《一个研究国学的团体——天津崇化学校概况》介绍，惜未见传存。下为其后来的专著：

中国儒学史纲要

杜金铭著。民国三十二年（1943）北平国立华北编译馆出版，北京图书馆藏，见馆藏目录。是书论述儒家学说发展和演化的历史，共六章：儒学的起源，儒学的创始，儒学的分歧，儒学与阴阳家及方士的融合，儒学与玄学及释道两教的融合，儒学的复古与革新。书末附研究儒学的入门书目。

邵冠祥（1916-1937）

江苏宜兴人，民国二十三年（1934）秋考来天津河北省立水产专科学校渔捞科学习。自小爱好诗歌创作。二十五年，他与诗友曹镇华、白莹、简戎等创建海风诗歌小品社，并主持编辑出版《诗歌小品》文学期刊，后改名为《海风》。他是当时中国诗歌作者协会和天津诗歌作者协会会员。二十六年七月，因积极宣传抗日和揭露日军在华暴行，在临毕业离校前遭日特绑架杀害，年仅二十一岁。

风沙夜

邵冠祥著。这是一部诗集，收诗二十五首。臧克家题写书名，王亚平为之作序。后有《自跋》云："这里留下的并不算我的好诗，我的诗在试探中。许多朋友鼓励我到现实的路上去，我很感激。往后如果我是写诗，那末，把这些来结束我'自己的歌唱吧。'"民国二十五年（1936）天津商报馆排印出版。笔者亲见其书。

白河

邵冠祥著。这是作者的第二部诗集，"一共收集了二十二首短诗，完全是在《风沙夜》之后写成的"；书名原是"想用《旅歌》的，及到《白河》写出之后（揭露日本驻军在天津制造海河浮尸案罪行的长诗），觉得这题目可以纪念我这年里所生活的处所，便无意中改取了它"。民国二十六年（1937），作为《海风丛书》之三在天津出版。《白河自序》见载于同年七月十五日《益世报》副刊《语林》。天津图书馆藏有此书。

晚集

邵冠祥著。这是作者的小品散文集。民国二十六年（1937）六月二日天津《益世报》副刊《语林》上刊有作者《晚集题记》云："这里收集的几十篇东西，便是每天夜晚在较清醒的幻觉里留下的"，故称"晚集"。大概因其后不久，被日特绑架杀害，是书未及刊行。笔者曾从当时有关报刊上收辑得二十馀篇小品散文、诗文评论和书序题跋，如《我的姓》《舟山的渔村》《雨》《秋在天津》《烟台的海岸》《褪色的故事》《诗与抒情》《诗歌大众化的内容与形式上的检讨》《我对国防诗歌的一点意见》《评路工之歌》《读自己的写照评》《评运河集》《大桥序》等。

张守谦（1916－2008）

笔名关永吉，原籍静海县，后移家天津。先后就读于河北省立第一中学和北平汇文中学，又自学考入北平师范大学教育系。读初中时即创作有诗歌和小说，后长期从事编辑工作，曾任汉口《大楚报》总编，又发表大量杂文和文学评论文章，被誉为是"抗战时期华北沦陷区乡土文学代表人物"。中华人民共和国成立前夕曾在上海创办大众书店，1951年回天津转入教育战线。离休前在天津师范大学图书馆从事古籍整理和明清小说研究。

食客集

怀狐集

寻梦庵杂文

张守谦撰以上三书，均为编年杂文集，选收民国三十年（1941）至三十三年（1944）发表之杂文，三十三年八月编纥并发表编后记，因故未能印出，见《关永吉代表作》后所附《关永吉主要著作书目》著录，前有《食客集》手迹书影，原书稿已不知下落。

秋初

张守谦（署名关永吉）著。短篇小说集，内收《秋初》《夜风》《混人》《一日》《养家》《生死》《找事》等七篇小说。北京新民印书馆民国三十三年（1944）出版，为《新进作家集》之一。天津图书馆藏。

风网船

张守谦（署名关永吉）著。短篇小说集，内收《流民》《秘书陈岫和他的朋友》《风网船》《恋爱》等五篇小说。北京华北作家协会民国三十四年（1945）出版，为《华北文艺丛书》之一，天津图书馆藏。

秘书陈岫和他的朋友

张守谦（署名关永吉）著。短篇小说单行本，汉口大楚报社民国三十四年（1945）出版。

苗是怎样长成的

张守谦（署名关永吉）著。中篇小说。汉口大楚报社民国三十四年（1945）出版，为《快读文库》之一，北京图书馆藏。

流民

张守谦（署名关永吉）著。短篇小说集。汉口大楚报社民国三十四年（1945）出版。

牛

张守谦（署名关永吉）著。长篇小说。汉口大楚报社民国三十四年（1945）出版，为《南北丛书》之一，天津图书馆藏。

敬乡笔述

徐士銮原著，张守谦点校。为《天津风土丛书》之一，天津古籍出版社1986年出版。

津门纪略十二卷

羊城旧客撰，张守谦点校。与《天津皇会考》等合编，为《天津风土丛书》之一，天津古籍出版社1988年出版。

精神降鬼传

张守谦点校。惺惺居士原著，为"中国神怪小说大系"之一，沈阳辽沈出版社1992年出版。

中国古典小说大辞典

张守谦为主编之一。河北人民出版社1998年出版。

关永吉代表作

张守谦（署名关永吉）著，封世辉编选。本书收录了《一个贼的故事》《一日》《秋初》《秘书陈岫和他的朋友》等十三篇短篇小说和一篇中篇小说《牛》。华夏出版社1999年出版，为《中国现代文学百家》自强文库之一种。

在园杂志

刘廷玑原著，张守谦点校。《历代史料笔记丛刊》清代之一种，中华书局 2005 年出版。

黄白莹（1917－1941）

原名黄冠义，笔名白莹、白丁、欧阳丽娜，原籍广东南海，出生于天津一个广东厨师家庭。家贫上学不多，当过童工。但自幼好学，劳动之馀博览群书，少年时即开始创作和发表诗歌作品。七七事变爆发前，他与邵冠祥等组织了新诗歌团体"海风社"，积极以笔作刀枪，宣传抗日。天津沦陷后，随"平津学生流亡同学会"南下山东，参加抗日战争。后在肥西的一次对日战斗中壮烈牺牲，时年二十四岁。

白莹诗集

黄白莹撰。海风文艺丛书之一，民国二十五年（1936）出版，见《吴云心文集·抗战前天津文艺界杂忆》著录。未见。

海河夜之歌

简戎，白莹合著。此为一散文集，是作为《海河丛书》之二出版的，民国二十六年（1937）铅印本，天津图书馆藏，《天津地方史资料联合目录》著录。

穆　旦（1918－1977）

穆旦原名查良铮，曾用笔名梁真，祖籍浙江海宁，出生于天津。少年在南开中学读书时便对文学有浓厚兴趣，开始写诗。民国二十四年（1935）考入北平清华大学外文系，抗战爆发后随学校辗转于长沙、昆明等地。二十九年在西南联大毕业后留校任教。1949 年初赴美留学，获文学硕士学位。

1953 年回国后任南开大学外文系副教授，开始从事外国诗歌的翻译，是一位卓有成就的诗人和翻译家。其诗作将西欧现代主义和中国诗歌传统结合起来，诗风富于象征寓意和心灵思辨，是"九叶派"的代表性诗人。中华人民共和国成立以前即已出版诗集三部：

探险者

穆旦著。诗集。昆明崇文印书馆民国三十四年（1945）出版，北京大学图书馆藏，见馆藏目录。

穆旦诗集

穆旦著。诗集。民国三十六年（1947）五月在沈阳自费出版，天津图书馆藏，见馆藏目录。又，中国文联出版公司1996 年据此重新排印出版。

旗

穆旦著。收民国三十年至三十四年间（1941–1945）诗作二十五首。上海文化生活出版社民国三十七年（1948）出版。北京大学图书馆和辽宁省图书馆藏，北京图书馆有缩微品，见各馆藏目录。

文学概论

（苏）季摩菲耶夫著，查良铮译。上海平民出版社 1953 年出版。

文学发展过程

（苏）季摩菲耶夫著，查良铮译。上海平民出版社 1954 年出版。

怎样分析文学作品

（苏）季摩菲耶夫著，查良铮译。上海平民出版社 1955 年出版。

文学原理：文学底科学基础

（苏）季摩菲耶夫著，查良铮译。上海平民出版社 1955 年出版。

穆旦诗全集

穆旦著。中国文学出版社 1996 年出版。

穆旦诗集

穆旦著。本书收作者民国二十八年至三十四年间（1939-1945）创作的诗歌作品《合唱》《防空洞里的抒情诗》《从空虚到充实》《不幸的人们》等近六十首。人民文学出版社 2000 年出版。

穆旦文集

穆旦著，梦辰编选。本书收作者《野兽》《童年》《防空洞里的抒情诗》《玫瑰之歌》等新诗约六十首，还收有《梦》《普希金的“寄西伯利亚”》等诗歌评论九篇。华夏出版社 2000 年出版。

穆旦译文集

穆旦译。全八卷，一至二卷为（英）拜伦著《唐璜》，三卷《拜伦诗选》《济慈诗选》，四卷《雪莱抒情诗选》《布莱克诗选》《英国现代诗选》，五卷《欧根·奥涅金》《普希金叙事诗选》，卷六至七《普希金抒情诗选》，卷八《丘特切夫诗选》《朗费罗诗选》和（美）查尔斯·维维安著《罗宾汉传奇》。人民文学出版社 2005 年出版。

穆旦诗文集（一）

穆旦著。本书收入作者民国二十三年（1934）到 1976 年间创作的诗歌一百六十六首，其中包括以前未发表过的作品。第一卷的卷末附录有《穆旦自选诗集存目》和《穆旦晚期诗作遗目》。人民文学出版社 2006 年出版。

穆旦诗文集（二）

穆旦著。本书收入作者民国十三年（1924）至 1963 年发表过的各类散文、随笔、评论共十六篇；民国三十二年（1943）至 1977 年致亲友书信六十九封，以及 1959 年至 1977 年断断续续所写下的日记。人民文学出版社 2006 年出版。

张秀亚（1919－2001）

女，河北省沧县人，幼时随家迁天津。民国二十一年（1932）入省立女子师范学校读书，二十四年即在天津《大公报》《益世报》和《国闻周报》上发表文章，抗战前夕并参加了以邵冠祥为首的进步文学社团海风社。二十七年考入北平辅仁大学中文系，次年转入西洋文学系。毕业后入本校研究所史学组。民国三十二年（1943）到四川重庆任《益世报》副刊编辑，抗战胜利后回北平辅仁大学任教。三十七年到台湾，先后任台中静宜英专和台湾辅仁大学教授。1996 年移居美国与子女团聚，后卒于彼地，享年八十二岁。生前曾获台湾首届中山文艺奖和首届文艺金奖，著作甚伙，用本名写诗歌，用陈兰笔名写散文，用亚兰笔名写小说，用心井笔名写其他文章，另有译著等。

青苔诗集

张秀亚撰。民国二十六年（1937）天津出版，出版单位不详。据有关文献著录。

大龙河畔

张秀亚撰。小说和散文集。天津北方文化流通社民国二十六年（1937）出版，为海风丛书之一。天津图书馆和北京图书馆有藏，见馆藏目录。

皈依

张秀亚撰。第一部中篇小说。北平保禄书局民国二十八年（1939）出版。

幸福的泉源

张秀亚撰。第二部中篇小说。北平保禄书局民国三十年（1941）出版。

珂罗佐女神

张秀亚撰。短篇小说集。重庆红蓝出版社民国三十二年（1943）出版。

三色堇

张秀亚撰。在台湾出版的第一部文集。台北重光文学社1952年出版；台北尔雅出版社1981年增订重版。

寻梦草

张秀亚撰。短篇小说集。台北商务印书馆1953年出版。

牧羊女

张秀亚撰。散文集。台北虹桥出版社1953年出版。

七弦琴

张秀亚撰。小说。高雄大业出版社1954年出版。

感情的花朵

张秀亚撰。短篇小说集。台北文坛社1956年出版。

凡妮的手册

张秀亚撰。散文集。高雄大业出版社1956年出版。

水上琴声

张秀亚撰。诗集。彰化乐天出版社1956年出版。

怀念

张秀亚撰。散文集。高雄大业出版社 1957 年出版。

爱琳日记

张秀亚撰。散文集。台北三民书局 1958 年出版。

女儿行

张秀亚撰。小说。台中光启社 1958 年出版。

少女的书

张秀亚撰。散文集。台北妇友月刊社 1961 年出版。

两个圣诞节

张秀亚撰。散文集。台中光启社 1961 年出版。

北窗下

张秀亚撰。散文集。台中光启社 1962 年出版。

张秀亚选集

张秀亚撰。高雄大业出版社 1964 年出版。

张秀亚散文集

张秀亚撰。高雄大业出版社 1964 年出版。

曼陀罗

张秀亚撰。散文集。台中光启社 1965 年出版。

秋池畔

张秀亚撰。诗集。台中光启社 1966 年出版（水上琴声之增订版）。

湖上

张秀亚撰。散文集。台中光启社 1967 年出版。

我与文学

张秀亚撰。散文集。台北三民书局 1967 年出版。

那飘去的云

张秀亚撰。短篇小说集,《女儿行》的增订版。台北三民书局 1969 年出版。

心寄何处

张秀亚撰。散文集。台中光启社 1969 年出版。

艺术与爱情

张秀亚撰。散文集。台北三民书局 1970 年出版。

书房一角

张秀亚撰。散文集。台中光启社 1970 年出版。

张秀亚自选集

张秀亚撰。短篇小说集。台北皇冠出版社 1970 年出版。

水仙辞

张秀亚撰。散文集。台北三民书局 1973 年出版。

天香庭院

张秀亚撰。散文集。台北先知出版社 1973 年出版。

秀亚自选集

张秀亚撰。散文集。黎明出版社 1975 年出版。

人生小景

张秀亚撰。散文集。台北水芙蓉出版社 1978 年出版。台中晨星出版社 1985 年再版。

我的水墨小品

张秀亚撰。散文集。台北道声出版社 1978 年出版。

写作是艺术

张秀亚撰。文艺理论。台北东大出版社 1978 年出版

诗人的小木屋

张秀亚撰。文艺理论。台中光启社 1978 年出版

湖水秋灯

张秀亚撰。散文集。台北九歌出版社 1979 年出版。

石竹花的沉思

张秀亚撰。散文集。台北道声出版社 1979 年出版。北京群众出版社 1995 年再版。

白鸽·紫丁花

张秀亚撰。散文集。台北九歌出版社 1981 年出版。

海棠树下小窗前

张秀亚撰。散文集。香港星岛出版社 1984 年出版

爱的轻歌

张秀亚撰。散文集，原名为《凡妮的手册》。台北论坛出版社 1984 年出版。

杏黄月

张秀亚撰。散文集，原名为《怀念》。台北林白出版社 1985 年出版。湖北长江文艺出版社 1993 年再版。

爱的又一日

张秀亚撰。诗集。台北光复书局 1987 年出版。

张秀亚作品选

张秀亚撰。散文集。陕西人民出版社 1987 年出版。

快乐的奥秘

张秀亚撰。四川文艺出版社 1988 年出版。

月依依

张秀亚撰。散文集。人民日报出版社 1996 年出版。

张秀亚人生感情散文

张秀亚撰。长沙湖南文艺出版在 1998 年出版。

与紫丁香有约

张秀亚撰。散文精选集。台北九歌出版社 2002 年出版。(另有与法国 Lefeuvre 合著的西洋艺术史著作十一册，翻译著作十馀种，略)

张秀亚全集

张秀亚撰，于德兰编。共十五卷，其中诗歌一卷，散文八卷，小说二卷，译著二卷，艺术史二卷。各卷又包括多种。台南台湾文学馆 2004 年出版。

蓟　县

平　恒（410—486）

恒字继叔，后魏时蓟（即今天津蓟县）人。居家耽勤诵读，博闻多通。被征为中书博士，又出为幽州别驾。廉贞寡欲，不营资产，妻子不免饥寒。后迁秘书丞，卒赠都昌侯。

帝臣略注

平恒撰。书名为编者拟。据［民国］《蓟县志·人物》本传载："自周至魏，历代帝王传代之由，贵臣升降之绪，皆撰录品第，商略是非，名曰'略注'，合百馀篇。"［光绪］《顺天府志·艺文》著录，谓"《略注》百馀篇"，久佚。

高　闾（？—522）

闾字阎士，本名驴，后魏渔阳（即蓟州）雍奴（今天津武清区东）人。少有令名。博经史，下笔成章。司徒崔浩见而奇之，乃改名闾而字。仕为中书侍郎。承明初历中书令、给事中。前后历官六朝，凡国家诏令颂赞之类，皆出其手。文章与高允相上下，时称"二高"。终太常卿，卒谥"文"。

燕志一卷

高闾著。[光绪]《顺天府志·艺文》著录，转引自《隋书·经籍志》和《新唐书·艺文志》，原本十卷，已佚。今有清人汤球辑本，《中国丛书综录》著录，见存《广雅书局丛书》本和《丛书集成初编》本，均作一卷，记北燕冯跋事，属载纪类。北京图书馆藏，见馆藏目录。

高刺史集三卷

高闾撰。《隋书·经籍志补》著录。原书已佚，今《全上古三代秦汉三国六朝文》存其文十二篇。见涂宗涛撰《天津市历代主要作家考略》，载天津社会科学院历史研究所编《天津历史资料》第十五期。

高阁士集三十卷

高闾著，书名为编者拟。[光绪]《顺天府志·艺文》著录作"集三十卷"，转引自《隋书·经籍志》。《北史》作四十卷。《魏书》本传谓："闾文章富逸，为显祖所知，命造《鹿苑颂》《北伐碑》。显祖善之。文明太后重闾，诏令书檄碑铭赞颂皆其文也。"《胡叟传》："闾作《宣命赋》，叟为之序，均亡。惟《谏讨淮北表》《议断禄表》《请筑长城表》《应诏陈损益表》《谏应曹虎表》《论淮南不应留戍表》《至德颂》并《表》，均见本传。《请使公孙崇、韩显宗参知音律表》，见《律历志》。《请裁邺中密后庙应罢应新表》，见《礼志》一。《对诏议祫禘》，见《礼志》一。又《通典》卷五十六《宗议五德议》，见《礼志》一；《既葬即吉议》见《通典》卷八十。《济阴太守魏悦颂德碑》并序，见《列女·房氏传》。"是书久佚，有文散见《魏书》本传和《礼志》等。

阳　固（467－523）

固字敬安，后魏时北平无终（今蓟县）人。少倜傥任侠，年二十六始折节读书，有文才。历官北平太守，有惠政。久之，以公事免。后除给事中，领侍御史。肃宗即位，除尚书考功郎，寻除步兵校尉，加宁远将军。北魏熙平二年（517），除洛阳令。神龟末，辟从事郎中。北魏正光二年（521），加镇远将军。卒谥"文"。固刚直雅正，不畏强御，居官清廉，终殁之日，家无馀财。

阳固集

阳固撰。《旧唐书·经籍志》著录。原书已佚，今《全汉三国晋南北朝诗》存其诗二首，《全上古三代秦汉三国六朝文》存文二篇。见涂宗涛撰《天津市历代主要作家考略》，载天津社会科学院历史研究所编《天津历史资料》第十五期。

阳休之（509－582）

休之字子烈，右北平无终（今蓟县）人。阳固之子。少勤学，爱文藻，弱冠擅声，仕魏历官中书侍郎，天统时除吏部尚书，凡所选用，才地俱允。周武帝平齐，拜上开府和州刺史。隋开皇初罢。

韵略一卷

阳休之撰。《中国丛书综录》著录，有任大任辑《小学钩沉》本和马国翰《玉函山房辑佚书》等丛书本，也有清嘉庆、同治、光绪诸朝的单刻本，北京图书馆藏，见馆藏目录。1987年江苏广陵古籍刻印社曾据清嘉庆二十二年（1817）山阳汪廷珍刻本影印。

幽州人物志

阳休之撰。《隋书·经籍志补》著录。未见传存。

阳刺史集三十卷

阳休之撰。《新唐书·艺文志》著录。原书已佚，今《全汉三国晋南北朝诗》存其诗四首。见涂宗涛撰《天津市历代主要作家考略》，载天津社会科学院历史研究所编《天津历史资料》第十五期。

平贞慎

贞慎字密，一字间人，唐渔阳（今天津蓟县）人。北齐司空鉴之曾孙。以司成馆进士补庐州慎县尉。累官至监察御史，巡察河南。唐武后景龙中，以东都留守拜常州刺史。致仕，年八十卒。

孝经义

平贞慎著。〔光绪〕《顺天府志·艺文》著录，转引自《新唐书·艺文志》孝经类，云卷亡。

河南巡察记十卷

平贞慎著。〔光绪〕《顺天府志·艺文》著录，转引自张说《平君神道碑》。久佚。

养德传一篇

平贞慎撰。〔光绪〕《顺天府志·艺文》著录，转引自《唐志》杂传记类，云卷亡。

淳孝传一篇

友悌传

先君亲友传十卷

平氏家谱十卷

平氏家志十卷

平贞慎集十卷

平贞慎撰以上六种，均见［光绪］《顺天府志·艺文》著录，转引自张说《平君神道碑》，早佚，故《新唐书·艺文志》未著录。

鲜于向（693−755）

向字仲通，以字行，唐渔阳（今天津蓟县）人。唐天宝末以乡贡、进士仕至京兆尹。历御史中丞、剑南节度使。以忤杨国忠被贬。涉学明经。

坤枢十卷

鲜于向著。［民国］《蓟县志·人物·著作》著录。［光绪］《顺天府志·艺文》著录作转引自颜真卿撰《鲜于公神道碑铭》，佚。

鲜于向文集十卷

鲜于向著。［光绪］《顺天府志·艺文》著录作转引自颜真卿《鲜于公神道碑铭》。《新唐书·艺文志》著录同。佚。

帅夜光

［民国］《蓟县志》误作"师夜光"。唐渔阳帅姑庄（今属天津蓟县）人。唐开元十二年（724）上授校书郎，直国子监。

三玄异义三十卷

帅夜光著。［民国］《蓟县志·人物·著作》著录作《三元要义》。此据［光绪］《顺天府志·艺文》。《新唐书·艺文志》著录同。佚。

窦　仪（914-966）

仪字可象，五代北宋间蓟州渔阳（今天津蓟县）人。年十五能属文。学问优博，风度峻整。五代晋天福中进士，周显德中拜端明殿学士。入宋迁工部尚书，俄加礼部尚书。太祖赵匡胤欲相之，赵普忌仪刚直，不果。及卒，赠右仆射。

重详定刑统三十卷

窦仪著。是书为窦仪官北宋工部尚书兼判大理寺时，奉太祖诏，重新校定之刑法律例，故又题《宋刑统》。[光绪]《顺天府志·艺文》著录为"未见"。《贩书偶记》卷八著录有民国七年（1918）国务院法制局以天一阁抄本校刊之《宋刑统》和民国十一年（1921）吴兴刘承干校勘之《嘉业堂丛书》本，各大图书馆藏，另见《中国丛书综录》。

端揆集四十五卷

窦仪著。[光绪]《顺天府志·艺文》著录，转引自《宋史·艺文志》。佚。

窦　俨（919-960）

俨字望之，五代北宋间蓟州渔阳（今天津蓟县）人。仪弟。幼能属文，性夷旷，好贤乐善，于昆弟中尤号才俊。晋天福进士，周显得中拜翰林学士，判太常侍，受诏考正雅乐。宋初转礼部侍郎。当时祀事乐章、宗庙谥号，多所撰定，议者服其该博。

周正乐一百二十卷

窦俨著。[光绪]《顺天府志·艺文》著录，另见《补五代史艺文志》。按《宋史》本传，周世宗诏俨考正雅乐，俨校钟磬筦钥之数，辨清浊上下之节，复举律吕，旋相为宫之法，迄今遵用。《翰苑群书》云："世宗显德五年（958）冬，将立岁仗前一日，亲至于乐悬之下，问雅音于工师，皆不能答，因令俨知太常卿事，与枢使王朴同详定之。乃用古累黍之法，以审其度，造成律准，其形如琴而巨，凡十三弦，以定六律六吕，旋相为宫之义。世宗善之。"是书盖当时所作。《宋史·艺文志》作《大周正乐》八十八卷。卷数不同。久佚。

义训十卷

窦俨撰。［光绪］《顺天府志·艺文》著录，转引自《宋史·艺文志》小学类。佚。

窦俨文集七十卷

窦俨著。［光绪］《顺天府志·艺文》著录，见《宋史》本传。佚。

东汉文类三十卷

窦俨辑。［光绪］《顺天府志·艺文》著录，见《宋史·艺文志》总集类。佚。

坤仪令

周通礼

窦俨撰以上二书，见《补五代史艺文志》著录。佚。

赵 普（922－992）

普字则平，宋蓟人（今天津蓟县）。初事太祖为书记，能以天下事为己任。太宗时拜太师，封魏国公。历相两朝，决事如流。普初寡学术，太祖劝以读书，自是手不释卷，尝谓太宗曰："臣有《论语》一部，以半部佐太祖定天下，以半部佐陛下致太平。"卒封韩王，谥忠献。

艺祖受禅录一卷

赵普与曹彬合撰。记太祖初生及幼时事特详。［光绪］《顺天府志·艺文》著录为"存"。未见。

龙飞记一卷

赵普撰。［光绪］《顺天府志·艺文》著录为"存"。是书作于建隆元年（960），记太祖受禅事。普时为枢密学士，盖太祖即位之初也。然普既有《受禅录》，何以又为此书？疑与《受禅录》皆后人所依托，以普及曹彬为文武佐命，各假其名耳。未见。

赵普奏议一卷

赵普撰。［光绪］《顺天府志·艺文》著录，转引自《宋史·艺文》别集类。佚。

烟波钓叟歌

赵普撰。明善成堂刻本，北京图书馆藏，见馆藏目录。

赵韩王集三卷

赵普著。［光绪］《顺天府志·艺文》著录，转引自《世善堂书目》。另《直斋书录解题》谓："韩王开国功臣，不以文著，而《慧星》《班师》二疏，天下至今称颂。"未见。

赵韩王遗稿十卷

赵普著。《中国文学家大辞典》转引自《直斋书录解题》。未见。

张　斛

斛字德容，金渔阳（今天津蓟县）人。约金太祖天辅年（1118）前后在世。仕宋为武陵守。金建国，理索北归，官秘书省著作郎。善书画，工诗，宇文虚中颇激赏之。

南游诗

北归诗

张斛撰以上二书，见《补辽金元艺文志》和《补元史艺文志》著录。[民国]《蓟县志·人物·著作》本传谓："今《全金诗》存其十八首。"

刘　中

中字正夫，金时渔阳（今蓟县）人，取宋明昌五年（1194）词赋经义第。诗清便可喜，赋甚得楚辞句法；尤长于古文，典雅雄放，有韩柳气象。其弟子王若虚、高法飔等皆有名于时。尝从军，授应奉翰林文字。军还，授右司都事（据《中州集》卷四"刘中小传"）。

刘正夫文集

刘中撰。卷数不详，金人元好问《中州集》卷四"刘中小传"中提及。原书已佚，今《中州集》卷四中尚存其诗二首。见涂宗涛撰《天津市历代主要作家考略》，载天津社会科学院历史研究所编《天津历史资料》第十五期。

窦汉卿（1196-1280）

汉卿名默，一作杰，字子声，金时蓟人（即今蓟县）。善医，妙于针。有死去经日者，胸前稍温，针之立起。宋庆立祥符间，曾治太子疾愈，被封为太师。

铜人针经密语

标幽赋

指迷赋

五经要语

窦汉卿撰以上四书，见《补辽金元艺文志》和《补元史艺文志》著录。未见。

针经指南

题窦杰撰。[民国]《蓟县志·人物·著作》和《全国中医图书联合目录》著录。有日本抄本（内有丹黄批校），中国中医研究院图书馆藏；有《针灸四书》本，一为元至大四年（1311）刻本，鄞县天一阁古物保存所藏；一为1983年人民卫生出版社铅印本，各大图书馆有藏。新有依据以上两种版本校点整理的《天津中医药珍本集成》本，中国文史出版社2008年出版。该书收录了"针经标幽赋"和"流注通玄指要赋"等经典针灸文献，并系统介绍了手足三阴三阳十二经表里干支配合及针刺治疗的补泻手法等，是我国针灸学中很有价值的早期著作之一。

窦太师流注指要赋

题窦杰撰。《全国中医图书联合目录》著录。有《济生拔萃》本，上海涵芬楼民国二十七年（1938）据元刻本影印，天津图书馆藏。另有《丛书集成初编》本等。

疮疡经验全书十二卷

原题窦杰撰，窦梦麟续增。又名《窦氏外科全书》。[民国]《蓟县志·人物·著作》和《全国中医图书联合目录》著录。有清康熙三十六年（1697）桐石山房刻本和康熙五十六年（1717）陈氏浩然楼刻本，天津图书馆和天津医学院图书馆、天津中医学院图书馆均有收藏。今有1995年济南齐鲁书社影印出版的《四库全书存目丛书》本。又有《天津中医药珍本集成》点校本，中国文史出版社2008年出版。

李　衍（1245—1320）

衍一作李修衍，字仲宾，号息斋道人，元蓟丘（今天津蓟县）人。博学多技，善画枯木竹石。皇庆中，官至浙江行省平章政事。卒谥文简。

竹谱十卷

李衎撰。《四库全书总目提要》著录原本久佚，今从《永乐大典》录出，凡分四门，曰画竹谱、墨竹谱、竹态谱、竹品谱。于画之程武，竹之种类，无不详尽，非但游艺之资，抑亦博物之助。另有《美术丛书》和《画论丛刊》一卷本，以及《知不足斋丛书》和《丛书集成初编》详录七卷本，见《中国丛书综录》著录。

老子解四卷

李衎著。［光绪］《顺天府志·艺文》著录，转引自钱大昕《元史·艺文志》释道类。未见。

鲜于枢（1256-1301）

枢字伯机，号困学山民，又号直寄老人，元渔阳（今天津蓟县）人。至元间以材选，为浙江行省都事。后官太常侍典簿。善词赋，工行书及画，文望与赵孟頫相伯仲。

鲜于枢书石鼓歌三种

鲜于枢书，《写字》编辑部编。上海百家出版社 2005 年出版，为《中国古代法帖经典选粹》之一。

鲜于枢书法精选

鲜于枢书，白立献、陈培站编。河南美术出版社 2008 年出版，为《中国历代书法名家作品精选系列》之一。

纸笺谱一卷

鲜于枢撰。《中国丛书综录》著录，属子部工艺类文房器物之属。有清顺治三年（1646）宛委山堂《说郛续》本，见第

三十六卷。另有日本昭和十六年（1941）日本佐藤滨次郎铅印
单行本，北京图书馆藏，见馆藏目录。今有上海古籍出版社影
印《说郛续》本，各大图书馆有藏。

困学斋杂录一卷

鲜于枢撰。《四库全书总目提要》著录，以所录当时诗
话杂事为多，故厉鹗跋称，卷中金元人诗，可补刘祁《归潜
志》之阙。然编次颇乏伦贯，疑偶然抄记，后人录其墨迹成
帙也。属子部杂家类。有《四库全书》本及新影印四库本。
原底本抄本，现藏北京图书馆，见王重民《中国善本书提要》
著录。另有《知不足斋丛书》本，《畿辅丛书》本，《丛书集
成初编》本，《说郛》商务印书馆本；《养素轩丛灵》本作《困
学斋杂记》；《说郛》宛委山堂本和《古今说部丛书》本作《相
学斋杂抄》，各大图书馆有藏，见《中国丛书综录》著录。
今上海古籍出版社 1993 年影印本，为《四库笔记小说丛书》
之一种。

困学斋诗集二卷

鲜于枢撰。《中国丛书综录》著录，收入《宋元四十三家
集》，明万历中刻本，北京图书馆和上海图书馆藏。

困学斋集一卷

鲜于枢撰。《中国丛书综录》著录，收入《元诗选》二集
丙集，清康熙四十一年（1702）刊，各大图书馆有藏。

刘君锡

字号不详，人称"白眉翁"，燕山（今蓟县一带）人。元
时曾官省奏。性方介，人或有短，正色责之。家虽贫甚，不屈
节。所制戏曲颇多，盛行于时（据明无名氏撰《录鬼簿续编》

"刘君锡小传")。

庞居士误放来生债

刘君锡撰。杂剧。《中国丛书综录》著录,有《元曲选》乙集本和《元曲大观》本。

石梦卿三丧不举

贤大夫正疏广东门宴

刘君锡撰以上二杂剧,据《录鬼簿续编》著录,均佚。见涂宗涛撰《天津市历代主要作家考略》,载天津社会科学院历史研究所编《天津历史资料》第十五期。

崔 富

富字教之,明蓟县上醴泉人。正统六年(1441)辛酉科举人。知邓州,改知南通州,升两浙运司同知。年未六十即求退。学问该博,又工词赋。曾增修《家礼集说》,重较《声律发蒙》,刊《教民条约》等。

盐政一览

崔富撰。[民国]《蓟县志·人物·著作》著录。未见。

李孔昭(1613—1660)

孔昭字光四,号潜翁,直隶蓟州(今天津蓟县)人。明崇祯十六年(1643)进士。博洽群籍,能诗善书。朝事坏,不赴廷对,以所给牌坊银助军需,去隐盘山。入清后,屡征不起,以孝事母,授徒滦蓟津沽间,成就甚众。及卒,门人私谥"安节先生"。

秋壑吟一卷

李孔昭著。[民国]《蓟县志·人物·著作家》本传谓:先生"所著《秋壑吟》一卷,清康熙时州牧杨公天佑初刻之于蓟,乾隆间王公询再刻之于宝坻。后板皆散失。李观澜得玉邑南河侯氏藏本,曾跋之云:'先生著作甚伙,其传世者仅《秋壑吟》一书,而《秋壑吟》所存者又只此一册,后之览者其幸珍之'云云"。《贩书偶记》卷十四更明确著录为康熙乙丑(1685)刊,乾隆辛未(1751)重刊。今北京图书馆藏有清乾隆十七年(1752)青箱楼刻本,一册,又光绪二十七年(1901)《蓟州刘氏丛刻》木活字本一册,见馆藏目录;天津图书馆则藏有光绪间刻本。另〔民国〕《蓟县志·艺文》全录其诗,凡一百四十馀首,文一篇。王询序云"有三百篇之遗风",又"先生爱陶诗,自号潜翁,其出处与靖节同,诗亦摹拟惟肖"。

杨大年

大年名允长,以字行。清蓟州布衣。善诗。遨游山水间,情往兴来,苍茫欲绝,为一时名流所咨赏。朱秀水《日下旧闻》、王新城《古欢乐》往往摘采之。

蘅香草诗集

杨大年撰。《大清畿辅书征》著录。未见传本。《国朝畿辅诗传》存诗一首,题《谢王子题蘅香草》。

萧晶玉

清代女作家,相传出生在蓟县城南郭家庄,约生活在康熙年间。成年后嫁与宝坻县庠生项达善为妻。

十粒金丹十二卷六十六回

萧晶玉撰。别题《宋史奇书》,此为讲唱文学说部书。书中地名如上米仓、下米仓、别龙山,影射今蓟县境内之上仓、下仓、别山各镇；乐亭、凤凰山则更直写其地。而人物事故则系凭空结撰，意在彰善瘅恶、劝忠劝孝。庄谐并作，逸趣横生。原序有"泥玉沈珠、兰生荆内；花为良友，月是知音"各语，确可断为名媛才女之作。所写高梦鸾以一女子，横枪跃马，出奇制胜，斩敌人头，泄胸中恨，不必有此事，不可无此想，非所谓托深情于毫素者乎。天津师范大学图书馆藏有清光绪十九年（1893）上海书局铅印本。其它版本很多，中华人民共和国成立后又有整理出版的，但多不明作者为谁。

卢有猷

有猷字吉士，清蓟州人。康熙间廪生。

四书遵注知言集十四卷

事物类考

卢有猷撰以上二书，见［民国］《蓟县志·人物·著作》著录。附有李江《龙泉园集》题跋一则云："有人持抄本书一函来售，阅之，其书名《事物类考》，则郡人卢有猷吉士所辑也。书凡十六本，为类凡若干卷，末则附之以图。其采择精核，缮写端正，乃吉士所手录者。先是于张子方茂才得吉士所辑《四书遵注知言集》十四卷，今年归之吉士裔孙素存茂才。至是乃为书属其仍畀之素存，而酬助之意。素存必谨藏之，不令其遗失也。是时余方修州志，而此书适出，艺文志内又增一书目，吉士为不朽矣。"此二书均系抄本，后人或已佚失，未见刊传。

释智朴

智朴俗姓张，号拙庵，清僧人，原籍江南徐州。十五岁出家。三十五岁至盘山，结庐于青沟。积数年之力，创修山志。

又善诗，清圣祖玄烨巡幸至此，曾令唱酬。卒，其徒葬之于盘谷寺东。

盘山志十卷补遗四卷

释智朴撰。原书十卷，分五门，曰名胜，曰人物，曰建置，曰游幸，而首之以山图，末则附以诗文。已复为补遗四卷，共十四卷。体例严洁，非他山志所及，盖得王士祯、朱彝尊参订之力为多。有清康熙三十年（1691）刻本，南开大学图书馆藏；清同治十一年（1872）修补本，天津图书馆和天津师范大学图书馆藏。见《天津地方史资料联合目录》著录。

百愚禅师语录二十卷

南阳释净斯撰，蓟州盘山门人智朴编。清康熙四年乙巳（1665）刊。《贩书偶记》卷十二著录。未见。

盘谷诗二卷

驾幸青沟恭纪一卷

存诚录一卷二刻一卷

青沟偈语一卷

台山游一卷

辛壬蔓草一卷

电光录一卷

盘谷后集一卷

释智朴撰以上八书，清康熙间刻。《贩书偶记》卷十八著录。其中除《青沟偈语》另藏外，其他未见。

青沟偈语一卷

释智朴撰。清康熙间刻本，一册，北京图书馆藏，见馆藏目录。

拙庵朴大师电光录一卷

释智朴撰，德珍记录。清康熙三十八年己卯（1699）刊。《贩书偶记续编》卷十二著录。未见。

盘山谷寺拙庵朴禅师尺牍一卷

释智朴撰。清康熙间孙国宾刻本。新编《天津通志·出版志》著录。未见。

谷响集

云鹤集

释智朴撰以上二书，［民国］《蓟县志·人物·著作家》著录。未见。

盘谷集一卷

释智朴撰。清康熙间刻本，二册，北京图书馆藏，见馆藏目录。

李 润

润字德辉，号完齐，清蓟州人。嘉庆十四年（1809）己巳科进士，即用知县。著有：

学庸讲义

学治略述

李润撰以上二书，见［民国］《蓟县志·人物·著作》著录，谓已佚。

孙庆兰（1781-？）

庆兰字石亭，号云门外史，自署"蓟门人"，即今天津蓟县。清嘉庆间为左相托文定公（托津）之司阍。道光九年（1829）被迁谪长安。

归去来集不分卷

孙庆兰撰。清道光二十三年（1843）自序于京都琉璃厂学城堂。全书录诗词三百一十三篇，其中记道光九年被讹入狱及遣戍事甚详。《清人诗文集总目提要》著录，北京图书馆藏。

观　荣

荣字青农，号默林，索绰络氏，满洲正白旗人。原籍东北长白，先人来隐蓟州田盘已逮三世。默林尝一司淮榷，遽返山中，萧然物外。工诗词，善画梅。与天成寺僧寄禅交。

挂月山庄诗抄二卷

观荣撰。［民国］《蓟县志·人物·著作》著录，谓有诗三百首，高淡清妙。其弟竹楼观察梓。为之序者如严桂龄、姚元之，皆一时名人。北京图书馆藏有清抄本和清道光十五年（1835）家刻本，见馆藏目录和《清人别集总目》著录。

张晓村

晓村字不详，清蓟州人。初官于浙，再官于闽，宦游凡二十馀年，驰驱南北，凡八万里，足迹履十省。生平无他好，惟喜吟诗，凡所过名山大川、奥区古迹，无不见之于诗。所至必与其地之骚人墨客流连唱和。诗稿凡数种：

渔阳樵唱

崆峒樵唱

南楼鸿雪

鹤砂吟

南北舟中吟

己庚南北草

南游小草

捧檄吟

闽中草

寻找乐处

崆峒樵唱诗馀一卷

张晓村撰以上诸书，见［民国］《蓟县志·人物·著作》著录。李观澜跋谓："清新流利，自足以传，比于元之鲜于伯机、明之李光四"云。未见传存。

方德醇

德醇字粹庵，清蓟州人。生平不详。

养菊说

方德醇撰。前有清同治十二年（1873）自序。书分养根、择地、栽苗、防雀、养干、养枝、留苞、养苞、养叶、宿粪、晒土、登盆十二目。见载刘化风辑《蓟州刘氏丛刻》，清光绪间本活字本。北京图书馆藏，见馆藏目录。

李　江（1834－1883）

江字观澜，号龙泉山人，清直隶蓟县（今属天津）人。咸丰五年（1855）举人，同治元年（1862）进士，供职驾部。居数年，将补官，乃告归。以旧居让之寡嫂诸侄，独奉母结精舍于穿芳峪龙泉山下，力田种树以供甘旨，著书论道以教后学。与同县王晋之为道义交。

乐在其中

李江撰。载《蓟州刘氏丛刻》，北京图书馆藏，见馆藏目录。

同人睹快乐二卷

李江与赵绅合撰。前有李江引云："竹楼与观澜商作同人睹快故事，约法三章曰，一不落古人窠臼，二扫去平庸，三间欲其有关系。观澜难之。竹楼曰：为其难者，乃无难者耳。观澜曰诺。"咸丰甲寅（1854）前三日题。卷一为赵绅著，凡十二则；卷二为李江著，凡十九则。载刘化风辑《蓟州刘氏丛刻》，清光绪间木活字本。北京图书馆藏，见馆藏目录。

龙泉园集八种十二卷

李江著。内含《龙泉园语》四卷，《诗草》一卷，《文草》一卷，《尺牍》一卷，《题跋》一卷，《兰阳养疴杂记》一卷，《见闻录》一卷，《乡塾正误》二卷，类皆身心性命之学。清光绪二十年（1894）刊，首都图书馆和天津师范大学图书馆藏；民国十二年（1923）刊，中国社科院文学所藏。见《清人诗文集总目提要》著录。另有其弟子王树屏辑之《龙泉师友遗稿合编》本，清光绪二十二年（1896）刊；又民国七年（1918）重刊，北京图书馆和天津师范大学图书馆藏。

赵　绅

绅字竹楼，清蓟州人。与李江善。其他不详。

同人睹快乐二卷

赵绅、李江合撰。同前述，载刘化风辑《蓟州刘氏丛刻》，清光绪间木活字本。北京图书馆藏，见馆藏目录。

王晋之（1835－1888）

晋之字竹舫，晚号问青山人，清蓟县人。世为望族。性友，好读书，尤喜先儒性理之学。咸丰五年（1855）乙卯科举人。

以城居烦扰，奉亲携弟迁于城东穿芳峪，种树开田，牵萝补屋，与二弟躬亲操作，以奉甘旨。时其同年友龙泉山人李江亦奉母居此，相与讲求身心性命之学。历掌乐亭、永平等处书院，从游多知名士。卒年五十四。所著：

广三字经一卷

蕉轩氏撰，王晋之、张谐之重订。清光绪九年（1883）刊，见《津河广仁堂所刻书》，《中国丛书综录》著录。

王竹舫书目及杂著三篇

王晋之撰。清同治间刻本，一册，北京图书馆藏，见馆藏目录。

珍珠囊补遗药赋

李明元著，王晋之重订。是书共四卷，前两卷综述药性的寒热温平，用药的方法，畏、反禁忌等；后两卷分部按味介绍药物的性味、效用和主治病症。载《中国医药大成》第二集药物类，北京图书馆藏，见馆藏目录。

雷公炮制药性解

李中梓著，王晋之重订。是书共六卷，分金石、果、谷、草、木、菜、人、禽兽、虫角等九部，共收药物三百三十馀种，分别加注。载《中国医药大成》第二集药物类，北京图书馆藏，见馆藏目录。

山居琐言一卷

王晋之撰。清末北洋官报局石印本，为《农学丛书》之一种。北京图书馆藏，见馆藏目录。

问青园集十二种十三卷

王晋之著。是书为独撰丛书，内含：《山居琐言》一卷，《沟洫私议》一卷图说一卷，《贡愚录》一卷，《问青园课程》一卷，

《园语》一卷,《诗草》一卷附词,《文章》一卷,《题跋》一卷,《尺牍》一卷,《手帖》一卷,《家书》一卷,《遗嘱》一卷。清光绪二十二年(1896)刊,首都图书馆藏。《清人诗文集总目提要》著录。另有《尤泉师友遗稿合编》本,《中国丛书综录》著录,北京图书馆和天津师范大学图书馆藏。

李树屏 (1846-1903)

树屏字小山,号梦园,别号李髯,清蓟县人,居城东穿芳峪村。早年受知于万尚书藕舲。以家贫,无意进取,教读养亲,馆于万尚书、王半塘(鹏运)侍御两家十馀年。工诗文及音韵之学。于篆刻尤工。尝鸠资刻龙泉、问青两先生遗集。半塘所刻《四印斋词》,考校精确,亦皆君力。曾手抄丛抄、续丛抄一百八十馀种。生平著述有:

龙泉图志

梦园杂著

梦园辛未日记

梦园散集、尺牍题跋

红蓼花轩词

铁籁词

八家村馆文草、尺牍、编年诗略

己癸吟草

识贫

梁门遇警日记

李树屏撰以上诸书,见[民国]《蓟县志·人物·著作》著录。其中除《识贫》一卷载清光绪间《蓟州刘氏丛刻》木活字本藏北京图书馆(馆藏目录著录)外,其他未见。

龙泉师友遗稿合编

李树屏辑。是书收录清人李江撰《龙泉园集》和王晋之撰《问青园集》二种，子目各见前。有清光绪二十年（1894）原刻本、光绪二十二年（1896）重印本和民国七年（1918）校印本三种。北京图书馆和天津师范大学图书馆藏，见各馆藏目录。

刘化风（1870－？　）

化风字树声，近代蓟县人。清季武庠生，曾戏号"半斗道人"。笃交游，重义气，而又雅好文事。藏书至富，研讨无已；以诗自娱，终身不倦。晚年于村东园中筑室以教授弟子，颜曰"溪东别馆"，自号"溪东老圃"。

味虚簃诗草六卷

刘化风撰。［民国］《蓟县志·人物·著作》著录。据查阅，首都图书馆有藏，系民国二十五年（1936）铅印本，线装四册。前有《溪东老圃六十岁小像》和"己巳（1929）四月"自题诗一首。书分《愿学集》上下二卷，《漫与集》一卷、《罄效集》一卷，皆起自清光绪甲午（1894）至民国二十二年（1933），为感事赋物以抒其怀抱之作；卷五、卷六为《感旧诗》，撰亡友六十人的小传并各配以五七言或长短歌行诗，有遵化李增和燕山潘晏如序。是书为门人所请而刊行。书后有受业卢熙为跋云："先生于书无不读，著述等身，有《味虚簃丛书》行世。现年六十馀，不废吟哦。熙为每以所著诗文付梓为请，而先生则谦抑不遑，未之许。今年及门诸人皆以为请，爰裒集所为诗，得数百首以付手民。"另有民国二十四年（1935）受业张景良识语。天津图书馆也有藏，民国二十五年（1936）铅印本，作五卷，见馆藏目录。

味虚簃丛书

刘化风辑。[民国]《蓟县志·人物·著作》著录，谓"如邑人李孔昭之《秋壑吟》，武清张晓蓉之《蕉雪轩词》，与夫师友可传可歌之佳构，搜辑靡遗，惜未刊行"。前引受业卢熙为所撰《味虚簃诗草跋》亦云：先生"著述等身，有《味虚簃丛书》行世"。未见。此或即下书。

蓟州刘氏丛刻

刘化风辑。内收清人宋舒恂撰《存存堂笔记》、张鹏翼（或即前谓之张晓蓉）撰《蕉雪轩诗》、方德醇撰《养菊说》、李孔昭撰《秋壑吟》、李江撰《乐在其中》、李鬐（即李树屏）撰《识贫》、瑞征撰《怀友诗三十首》、赵绅撰《同人赌快》二卷、鹿学尊撰《浮生四幻》以及无名氏（或即刘化风本人）撰《金田村匪迹纪略》十种。清光绪间木活字印本，北京图书馆藏，见馆藏目录。此或即前书《味虚簃丛书》的异名。

郑云生

云生字露坛，清蓟县澂水头人。同光间郡生员段书瀚之高足。小试屡黜，处之怡然。年四十不复进取，授徒于家，以道德诱掖后进。

灵虚境一百回

郑云生著。是书为一说部书，凡三百馀万言，以寓言形式，演天理战胜人欲之奥旨。[民国]《蓟县志》卷四《人物》本传著录。未见传存。

金凤翥（1871-1935）

凤翥字粟山，号叔子，蓟县三岔口（今属渳溜乡）人。清季以冠军入庠，补廪膳生。后设帐授徒。宣统元年（1909）任县劝学总董。民国五六年充县师范学校校长。民国九年（1920）任乙种农业学校校长，沾溉后学，人服其德。工书法，喜篆隶，获者珍之。所著有：

　　西园诗草

　　西园杂录

　　西园窗稿

　　养正史略

　　渔阳志略

　　蓟县乡土地理

　　蓟门琐录

　　古今趣海

　　都门日记

　　山堂随录

　　通国皆兵

　　借镜

　　仁学辨难

　　老农经验谈

　　家庭闲话

　　养正韵言

　　左氏韵联

金凤翥撰以上十七种手稿原藏于家，见［民国］《蓟县志·人物·著作》著录。新编《蓟县志》则谓均于民国三十年（1941）刊行于世。未见。

仇锡廷（1883-？）

　　锡廷名恩彤，蓟县仇店子（今五百户乡）人。清末秀才。壮年执教乡里。辛亥后协助赵彤宣等人创办蓟县高小。五四运动中率先用白话文讲课，后并自出资金开办师资训练班，宣传身教。后应聘编修县志。

[民国] 蓟县志十卷首一卷

　　仇锡廷纂。《中国地方志联合目录》著录，民国三十三年（1944）铅印本，南开大学和天津师范大学图书馆藏。

聂崇岐（1903-1962）

　　崇岐一作崇歧，曾用名弭南公，字筱珊，直隶蓟州（今天津蓟县）人。民国十七年（1928）毕业于燕京大学。长期执教于燕京大学。曾任燕京大学引得编纂处编辑、副主任，北平中法汉学研究所研究员兼通检部主任，燕京大学图书馆代理主任、教授、代理教务长。中华人民共和国成立后于1952年到中国科学院任近代史研究所研究员，曾参与《宋史》和《资治通鉴》两书的点校，以及有关捻军、中法战争、中日战争和洋务运动等《中国近代史资料丛刊》的编辑工作。

宋史地理志考异一卷

　　聂崇岐撰。《中国丛书综录》著录，见载《二十五史补编》（开明书店铅印本、中华书局重印本）《宋史》部分。

补宋书艺文志一卷

　　聂崇岐撰。《中国丛书综录》著录，见载《二十五史补编》（开明书店铅印本、中华书局重印本）《宋书》部分。

春秋经传引得

聂崇岐等编纂。原哈佛燕京学社引得编纂处出版。上海古籍出版社 1983 年据以影印再版。是书以《十三经注疏》为底本编制。经传的排列，首为经文，次《公羊》《谷梁》《左氏》。按中国字庋撷法排列，另附以四角号码检字和汉语拼音检字字序排列。

食货志十五种综合引得、艺文志二十种综合引得

洪业、聂崇岐等编。上海古籍出版社 1986 年据哈佛燕京学社引得编纂处原版影印；另有将原十六开本缩印为大三十二开本的，笔者即购有此书。其中《艺文志二十种综合引得》前有聂写于民国二十二年（1933）一月二十二日的长序，洋洋数万言，分述历代藏书概况、目录学史略、各目录的优劣、中国图书分类新法、本引得的编制方法和价值等，可以看作一部中国目录学简史。哈佛燕京学社引得编纂处编纂的"引得丛刊"涉及《尚书》以外的《十三经》、前四史、四种先秦诸子，以及期刊索引等共六十四种，如《礼记引得》《三国志及裴注综合引得》《太平御览引得》《文选注引书引得》《杜诗引得》，以及后来北平中法汉学研究所中心通检组编纂的"通检丛刊"十六种等，聂崇岐都是主要的编纂者，因为种类繁多，本《志》只收录以上三种，其他就从略了。

九一八至双九日寇侵华大事记

聂崇岐编。记述九一八事变至日军投降的日本侵华大事。民国三十五年（1946）大中杂志社出版，首都图书馆藏，见馆藏目录。

宋役法述

聂崇岐撰。《燕京学报》第三十三期抽印本，民国三十六

年（1947）十二月书林书局印。一作民国燕京大学北平刻本。

中外历史年表

聂崇岐参编。生活·读书·新知三联书店 1958 年出版，又中华书局 1961 年出版。

中国历代官制浅释

聂崇岐撰。出版单位不详，1958 年出版。

金钱会资料

聂崇岐编。上海人民出版社 1958 年出版。

捻军资料别集

聂崇岐编。上海人民出版社 1958 年出版。

刘坤一遗集

聂崇岐主编。中华书局 1959 年出版。

宋史丛考

聂崇岐著。收录关于中国古代史方面的研究论文和札记共十二篇，大都是据原稿刊印的。中华书局 1980 年出版，套装全二册。

宝坻县

牛　夐（1502-1602）

夐字近山，明顺天府宝坻县人。博学好古，为文典雅。嘉靖二十三年（1544）充岁贡，曾任宜川、六合、太原诸县教谕，升太原教授。后辞职归家，四十年足不至城市，而四方慕名者来访无虚日。万历二十九年（1601）时已百岁，屡举宾筵，并得皇帝所赐羊酒粟帛。后无疾而终。

近山樵唱集

牛夐撰。［乾隆］《宝坻县志·人物》本传著录。未见。

杜立德（1611-1691）

立德字纯一，号敬修，明清之际宝坻人。明崇祯十六年（1643）进士。入清后官至保和殿大学士兼礼部尚书。在朝居相位十馀年。清康熙二十一年（1682）五月以疾乞休。卒谥文瑞。

康熙满汉品级考六卷

杜立德奉敕编。属史部职官类。清康熙间刻本，《续修四库全书总目提要》著录。未见。

太傅诗选一卷

杜立德撰。集部别集类。清刻本，《大清畿辅书征》和《续修四库全书总目提要》著录。是集为立德亲自选编，卷前有刘正宗序，略谓立德之诗，登临啸咏，揽物兴思，发抒怀抱，则杨柳梧桐之句，不足肖其光霁，摹其冲夷也。华而不靡，廉而不刿，跌宕而不佻激；玉润珠明，规圆矩折，读其诗则知其人矣。刻本未见。《国朝畿辅诗传》存其诗五首。

王　焌

焌字子千，号南区，清宝坻人。喜博览，负意气。康熙间以贡生授光禄寺丞。晋刑部郎。与朱彝尊，姜宸英、赵执信辈樽酒流连。后出守惠州，晚游吴越而终。

忆雪楼诗集二卷

王焌撰。又名《王侍御集》，《贩书偶记》著录为清康熙三十六年（1697）王氏贞久堂刻本。有毛际可、朱彝尊序。北京图书馆藏。又有清乾隆间重刻本。前因"内有屈大均序，并与屈大均唱和诗甚多"，曾于乾隆四十六年（1781）为两江总督奏准列目销毁。今有《四库禁毁书丛刊》本。

忆雪楼诗集七卷

王焌撰。清抄本。除《忆雪楼诗》二卷外，另有《还庚集》《嵘衡游草》《少年偶存》《并乡集》各一卷。有王焌印，当是稿本。《清人诗文集总目提要》著录，浙江绍兴鲁迅图书馆藏。

南村居士集十一卷

王焌撰。稿本。计《蜀装吟》二卷，《写忧集》二卷，《蕉鹿吟》二卷、《复写忧集》二卷，《芦中吟》一卷，《洞上草》一卷，《快山吟》一卷。《清人诗文集总目提要》著录，浙江省图书馆藏。

苑瀛佩

　　瀛佩字蜚鸣，清宝坻人。康熙十七年（1678）岁贡生。少颖悟，读书过目即通晓。尝苦家少藏书，悉鬻所遗产购书数千卷，贫至无以自给。人或尤曰"聚书能疗饥耶"？瀛佩坦腹示之笑曰："此殊不枵。"其风致如此。后官广平训导。

蜚鸣诗集二卷

蜚鸣文集二卷

　　苑瀛佩撰以上二书，《大清畿辅书征》著录。未见。

苑瀛珊

　　清宝坻人。

诗古文四卷

　　苑瀛珊撰。［乾隆］《宝坻县志》著录。未见

王师旦

　　师旦字淑莘，宝坻人。清康熙间岁贡，官容城训导。在任十六年，士多化之，学者称盘峰先生。盘峰为李光四栖隐处，师旦曾从之学，高山仰止，可知其所得力矣。

文庙备考二十卷

　　王师旦官容城时葺学宫、备祭器所辑。民国间抄本，二册，附图。北京图书馆藏，见馆藏目录。

斯文稿

南华注

年齿谱

淑萃文集

王师旦撰。《顺天府志·宁河关志》云：其寓海上时，门人刘源、崔体乾、崔瑞麟存其语录三十篇而藏之。以上四种，《大清畿辅书征》著录。未见原书。

淑萃诗集

王师旦撰。《国朝畿辅诗传》卷二十六著录，存诗二首。原书未见。

芮复传（1682–1775）

复传字宗一，号衣亭，清宝坻人。康熙四十八年（1709）进士，由中书改钱塘知县，政声翕然，上召见授温州知府。过杭上，民欢呼；守温五年，督臣以治有成效，入奏擢温处道。

衣亭诗草一卷

芮复传撰。清抄本，《续修四库全书总目提要》著录。是集为其生平之作，手自删定，一篇一咏，皆能力追古风，有裨于世道者。《红豆树诗话》谓"其诗皆有逸气"。《国朝畿辅诗传》选诗五首，《晚晴簃诗汇》也选有其诗。原书未见。

董觐光

觐光字牧亭，清宝坻人，乾隆二十七年（1762）举人，官江西试用知县。

牧亭诗草

董觐光撰。[光绪]《顺天府志·艺文》著录为"存"。未见。《国朝畿辅诗传》卷四十四存诗一首。

王毓柱（1718-？）

毓柱字秀子，号畏堂，清宝坻人。候选布政司理问。嘉庆元年（1796）年近八旬，预千叟宴之列。

粤游吟一卷

王毓柱撰。［光绪］《顺天府志·艺文》著录为"存"，并说明"此诗皆游历粤省所作"。《清人别集总目》著录有乾隆刻本，北京图书馆藏。

竹香楼诗一卷

王毓柱撰。［光绪］《顺天府志·艺文》著录为"存"，转见《国朝畿辅诗传》卷四十七，录诗三首。

竹香楼诗集五卷

王毓柱撰。《清人诗文集总目提要》著录。此为先生未刊足本，含《竹香楼初集》《竹香楼二集》《粤游吟》（又名《畏堂诗草》，有清乾隆间单刻本）、《豫装草》《式矩集》，集各一卷。清抄本，北京图书馆藏。封里有乡后学史树青1962年识语云："秀子先生诗格高迈，名重畿左。嘉庆元年（1796）近八旬，预千叟宴之列，亦一乡之人瑞也。"

芮熊占

熊占字飞庵，清宝坻人。乾隆四十五年（1780）副贡生。尝言凡读书者，不理会孟子"尚志"二字，不足以为士；作人者，打不破财色二关，不足以为丈夫。即此可想见其为人。工诗，以抒写性灵为主。

蕉亭闲咏一卷

芮熊占撰。清嘉庆年间刻本，《续修四库全书总目提要》

著录。是集古今绝律百数十首。卷前陈雯序略云：先生诗清和淡远，冷然而善，悠然而不尽。李光庭序略云：公诗抒写性情，发响天籁，出入于香山、放翁之间而自成一家。《国朝畿辅诗传》存诗一首。原书未见。

王振绪

振绪号蕙圃，清宝坻人。乾隆四十八年（1783）举人。官蔚州学正。

澹园草

王振绪撰。《大清畿辅书征》卷四著录。未见。《国朝畿辅诗传》卷四十九存诗一首。

王殊洽（？ －1840）

殊洽字耕心，号寤厓，清宝坻人。

寤厓诗草一卷

王殊洽撰。清咸丰十年（1860）刊，《续修四库全书总目提要》著录，收近体诗二百馀首。其门人迁安高继珩序云："寤厓夫子生平喜为诗，所作不下三四千首，顾不自收拾，随作随弃。自甲戌（1814）以后，始劝其存稿，集录二十年，缮成四卷，辗转遗失。后继珩检点残稿，复抄得两卷，删定选集，成一卷焉。"此书安徽省图书馆有藏，《清人诗文集总目提要》著录。

王殊渥

殊渥字佩新，号古愚，清宝坻人。乾隆五十九年（1794）举人。初补浙江芦沥场大使，署济宁知州。嘉庆十八年（1813）

调历城，后擢济东泰武临道盐运使。卒年六十。

且住为佳轩诗二卷

王殊渥撰。清道光十三年（1833）刻本，《续修四库全书总目提要》著录。此集皆古近体诗，按体编排，无序跋。陶梁《红豆树馆诗话》称其"诗不多作，然抒写性灵，时多佳句"。《国朝畿辅诗传》卷五十二收其诗四首，《晚晴簃诗汇》亦录有其诗。[光绪]《顺天府志·艺文》著录为"存"。未见。

李光里（1768-1822）

光里字勉庵，清宝坻人。光庭兄。乾隆五十四年（1789）拔贡生，官献县教谕。后授苏州总捕同知，以母年老，改京职，入为刑部员外郎。嘉庆十三年（1808）举于乡，次年成进士，补刑部员外郎，擢郎中，授江西吉安知府。寻调京内用。卒于家，年五十五。

春熙堂诗稿二卷

李光里撰。据徐世昌《大清畿辅先哲传·文学传》七载："光里能为诗，官同知时奉檄运粮兰州，有《西行纪略诗》一卷；与唐仲冕、洪亮吉、孙星衍诸名士传笺唱酬，有《花坞联吟集》一卷；官部郎时查案闽浙，有《湖山日记诗》一卷；其平生与其弟光庭唱和者尤多，编为一帙，曰《同怀唱和草》，附《日记诗》后，总名《春熙堂诗稿》，光庭序之以行。"今存《春熙堂诗稿》二卷，为《秦陇纪行草》，即《西行纪略诗》和《湖山日记草》各一卷，系番禺张维屏评选，清道光十一年辛卯（1831）刊，《贩书偶记》著录。前有同年陈运镇序，称其诗"时出隽语，领异标新"。弟光庭跋其尾云："廿载名场，半生心血，文字之乐，友于之情，尽在于此。"诗多纪事，间亦抒情。《清人诗文集总目提要》著录，北京图书馆藏，另见馆藏目录。

李光庭（1778— ？ ）

光庭字朴园，清宝坻人。光里弟。乾隆六十年（1795）举人。以内阁中书出为黄州知府，有循名。咸丰五年（1855）重宴鹿鸣，时论荣之。

经史喻言八卷

李光庭辑。清道光二十八年（1848）戊申刻本。《贩书偶记续编》卷十一和《大清畿辅书征》著录。摘录经史中语厘之。北京图书馆藏，见馆藏目录。

乡言解颐五卷

李光庭撰。清刻本，《大清畿辅书征》著录。自识云：农谚童谣、村歌舆诵，散见史传者，颇能备天时地理人情物态之蕃变；而音节之高下长短，亦出于天籁之自然。于是随手记录，分别部居，为《乡言解颐》五卷。今有中华书局1982、1997（重印）点校本和新编《续修四库全书》影印本。

吉金志存四卷

李光庭辑。前二卷专录钱币，后二卷录及鼎彝钟铎，而砖瓦之属附焉。《贩书偶记》著录，清咸丰九年（1859）刊。北京图书馆藏，见馆藏目录。天津图书馆藏作清石印本，见馆藏目录。

虚受斋诗抄二十卷

李光庭撰。清道光辛卯（1831）年刻本，《贩书偶记续编》著录。此为光庭在黄州时所录而付其友番禺张维屏题识之诗集。《清人诗文集总目提要》著录，北京大学图书馆藏六卷本，中国科学院图书馆有十二卷本，北京图书馆藏十四卷本，中国社会科学院文学所有二十卷本。

朴园感旧诗一卷

李光庭撰。清光绪二十五年（1899）刻本，一册，北京图书馆和天津图书馆藏，见馆藏目录。

步雪联吟一卷

李光庭辑。清道光间刻本。《续修四库全书总目提要》著录。这是乾隆末年，光庭以内阁中书出任黄州知府时，与诸友的唱酬诗集。未见。

陶李唱和诗二卷

李光庭辑。清咸丰七年（1857），光庭作《八十自寿》诗四章，陶梁和之，因与订交，故题《陶李唱和集》。按是集大旨拟渊明、太白之笔，为吟咏性灵之作。《续修四库全书总目提要》和《大清畿辅书征》著录。未见。

翁斋诗四卷

李光庭辑撰。《大清畿辅书征》著录。未见。

春雨草堂梦馀吟

李光庭撰。［光绪］《顺天府志·艺文》著录，据采访册。未见。

王 墀

墀字步玉，号六桥，清宝坻人。嘉庆十三年（1808）进士，官山西长治县知县。

游盘诗一卷

王墀撰。《大清畿辅书征》著录。《国朝畿辅诗传》收诗一首。［光绪］《顺天府志·艺文》著录为"存"。未见。

王　城

城号金垣，清宝坻人。墀弟。诸生。

万里行吟草

王城撰。《大清畿辅书征》著录。原书未见，《国朝畿辅诗传》卷五十九存诗一首。

李　葆

葆字莘樵，清宝坻人。光里子。嘉庆二十一年（1816）举人，官山东博兴知县。

南行自话诗稿一卷

李葆撰。《大清畿辅书征》著录。未见。

李　菡（1796－1863）

菡字丰垣，号滋园，清宝坻人。道光二年（1822）进士，改庶吉士。三年，授编修，官至工部尚书。同治二年（1863）卒，谥文恪。

挹芳轩诗四卷

李菡撰。《大清畿辅书征》著录。未见。

高继珩（1797－1865）

继珩字寄泉，原籍河北迁安。年十四而孤，依宝坻外家王氏以居，故书多作清宝坻人。读书能刻苦自立，喜为诗古文辞。年甫逾冠，嘉庆二十三年（1818）中举人，授栾城教谕，移大名。咸丰四年（1854）以军功保荐知县，官广东博茂场盐课大使。曾参与天津梅成栋所结梅花诗社。又被大名府太守陶梁聘为天雄书院主讲，并襄校《国朝畿辅诗传》。卒年六十九。

扬芬录

高继珩等辑。清咸丰八年（1858）刻本，北京图书馆藏，见馆藏目录。杨氏（1836–1855），吴世珍之未婚妻，殉夫。

［道光］栾城县志十卷首一卷末一卷

高继珩纂。时任栾城县教谕。清道光二十六年（1846）刻本。《续修四库全书总目提要》和《中国地方志联合目录》著录。天津图书馆藏。

演教论语一卷

高继珩撰。是书为阐明福建谢金銮著《教谕语》而作，一改学远而为平易，始于立品、端本、知耻，而约以治经读史，兼及诗赋策论正字，立为三十三条。清咸丰十年（1860）刊。有《培根堂全稿》本和《津河广仁堂所刻书》本存世。《中国丛书综录》著录。

蜨阶外史四卷续编二卷

高继珩撰。是书为其主天雄书院时，于茶馀酒半，朋友聚谈，遇可传可敬、可喜可愕之事，归辄篝灯笔之，命曰《蜨阶外史》。原四卷，［光绪］《顺天府志·艺文》著录有清咸丰十年（1860）刻本，今见存《培根堂全稿》本，《中国丛书综录》著录。是书杂记乡曲委琐之事，用意深厚，笔亦条畅。记今居十之七，稽古仅十之一，大半皆直隶事，而顺天尤多。

培根堂诗抄十二卷

高继珩撰。是书录诗约五百首，分《丁沽萍泛集》《丁沽帆影集》《天雄集》《栾台集》《河间集》《后天雄集》《居庸集》《枌乡感旧集》《西笑集》《北辙南帆集》《珠海集》《珠海归帆集》各一卷，前有张世光序，又陶梁小引，又樊彬撰传。《中国丛书综录》著录，有《培根堂全稿》本行世。天津图书馆藏单行本。

培根堂诗抄一卷

高继珩撰。《中国丛书综录》著录，有《柳堂师友诗录初编》本。

培根堂诗抄三卷

高继珩撰。《天津地方史资料联合目录》著录，清同治十三年（1874）刻本，天津历史博物馆藏。

铸铁砚斋诗二卷续编二卷

高继珩撰。《中国丛书综录》著录，有《培根堂全稿》本。

养渊堂古文一卷

高继珩撰。《中国丛书综录》著录，有《培根堂全稿》本。

养渊堂骈体文二卷

高继珩撰。《中国丛书综录》著录，有《培根堂全稿》本。

味经斋制艺一卷

高继珩撰。清道光二十七年（1847）刊，《中国丛书综录》著录。有《培根堂全稿》本。

海天琴趣词一卷

高继珩撰。《中国丛书综录》著录，有《培根堂全稿》本。

词馀一卷

高继珩撰。《中国丛书综录》著录，有《培根堂全稿》本。

培根堂全稿（一名寄泉类稿）

高继珩著。是书为高继珩的独撰丛书。清道光至同治间高氏刻本。《中国丛书综录》著录，共收书九种附一种，计三十二卷。子目分见前录。北京大学和清华大学图书馆藏。

高顺贞（1821-？）

顺贞字德华，清宝坻县人。高继珩女，直隶试用知县江西刘垂荫妻。同治十三年（1874）尚在世。

翠微轩诗稿三卷

高顺贞撰。《中国丛书综录》著录，附《培根堂全稿》后；又《清人诗文集总目提要》著录，有清同治三年（1864）刻本，中国科学院图书馆藏。另外《历代妇女著作考》转引《大清畿辅书征》著录有《坌翠轩诗集》。未见。

刘　栻

栻字析邻，清宝坻人。布衣。

一石山房诗一卷

刘栻撰。《大清畿辅书征》著录。未见。《国朝畿辅诗传》卷五十九存诗二首。

李鹤元

鹤元字仲云，清宝坻人。光庭孙。官山东通判。

羯鼓三挝斋诗稿四卷

李鹤元撰。《大清畿辅书征》卷六著录。未见。

蒋国祚

国祚字梅中，清直隶宝坻人。隶汉军镶蓝旗，蒋毓英子，国祥弟。

两汉纪字异同考一卷

蒋国祚撰。《续修四库全书总目提要》和《中国丛书综录》

著录，有《辽海丛书》本。

黄帝内景经一卷

蒋国祚注。《中国丛书综录》著录，有重刊《道藏辑要》尾集本。

黄帝外景经三卷

蒋国祚注。《中国丛书综录》著录，有重刊《道藏辑要》尾集本。

梅中诗存不分卷

蒋国祚撰。《清人诗文集总目提要》著录，清刻本，中国社会科学院文学研究所藏。

李　庶

庶字晴可，一作勤可，直隶宝坻人。少与其二兄以文名历下（山东济南），时称"三李"。与屺庐陈琪交最久。家贫而无忧色，清标绝俗，盖不可一世人也。"迨乙巳（1905）由粤（广东）之历下，朝日同游者殆五百日，不幸中道迁逝"，约当卒于1906至1907年间。（见"旧历壬子（1912）除夕建德周学渊"撰《张李二君诗存序》）

颏斋诗存一卷

李庶撰。收诗十三首，附词二十首，民国二年（1913）与张樾荫撰《般若村人诗存》合刊，总题为《张李二君诗存》，周学渊撰有总序，另有"旧历癸丑（1913）正月祁阳陈琪"撰《颏斋诗序》。天津图书馆藏，见馆藏目录。

李湛田（1873- ？ ）

湛田字丹孙，号伯愚，近代宝坻人。清光绪三十年（1904）

进士。监生出身，后留学日本。民国二年（1913），冯国璋呈请任命为直隶省内务司科长。民国十一年至十三年（1922–1924）任江苏淮安关监督，与张謇有公务往来。

通信要录十三章

（日）坂野铖次郎撰，方兆鳌译，李湛田校。清宣统元年（1909）邮传部图书通译局铅印本，属史部政书类邦记交通运输。首都图书馆藏，见馆藏目录。

水运

杨志洵译，李湛田校。清宣统元年（1909）邮传部图书通译局铅印本，属史部地理类水道。首都图书馆藏，见馆藏目录。

静馥室爱别离语不分卷

李湛田撰。《清人诗文集总目提要》著录，民国二十年（1931）铅印本，首都图书馆藏。

宁河县

张洪阳

清宁河人。其他不详。

问奇集

张洪阳撰。《天津通志·出版志》附录《津版古今图书选目》著录，转引自《宁河县志》所引杜立德所作《序》。清康熙间刻本。未见。

邵廷杰

廷杰字雪樵，清康雍间宁河营城人。诸生。生平无意功名，肆志于古文碑帖，珍藏甚富。工诗。

吟巢诗抄三卷

邵廷杰撰。[光绪]《顺天府志·艺文》和《大清畿辅书征》卷五著录。未见。《国朝畿辅诗传》卷五十三存诗一首。

翟际华

际华字少华，号梅野，清宁河人。诸生。

寒竽小草十卷

翟际华撰。《大清畿辅书征》卷六著录，转引清《顺天府志》谓："少华侨寓盘山，吟咏自遣。殁后其友杜骏搜遗篇付梓"。《国朝畿辅诗传》卷五十九存诗一首。天津图书馆藏《寒竽小草》不分卷附《挽词》一卷，清嘉庆八年（1803）刻本，一册。

高天秩

天秩，清宁河人。绩学早卒。

独树斋诗

高天秩撰。《大清畿辅书征》卷六著录。未见。

魏人龙

人龙字景勋，清宁河人。道光元年（1821）恩贡生。诗文赋冠绝一时，但体弱多病，无意仕进。于天津、静海执教十馀年，门生多显达。晚年归乡设馆，远近争来就学，终年六十馀岁。

诗书易精义

魏人龙撰。［光绪］《宁河县志·人物》本传提及。未见。

戴襄清（1803-1874）

襄清原名传洙，字凫川，清汉沽留庄（原属宁河县）人。道光五年（1825）举人。十五年（1835）以大挑二等授武邑教谕，主讲观津书院。咸丰五年（1855）主持燕山书院。同治二年（1863）选为磁州学正。

磁州志

戴襄清修。《大清畿辅书征》卷六著录，转引［光绪］《顺天府志》谓："襄清夙耽书史，手不释卷，此志盖官学正时所修"。《中国地方志联合目录》著录，有［同治］《磁州续志六卷首一卷》，清同治十三年（1874）刻本，天津图书馆和南开大学图书馆有藏。此或即戴襄清参纂本。

高　静（1810—1873）

静字尊谊，号慎庵，清宁河人。天秩子。道光二十四年（1844）举人，官望都教谕，所著有：

周易参考三卷

高静辑。《大清畿辅书征》卷六著录。有清宣统元年（1909）宁河高氏思贻斋刻本，北京图书馆藏，见馆藏目录。

看诗随录一百三十卷

高静选。《大清畿辅书征》卷六著录。是书辑录周秦汉魏六朝唐宋元明以迄国朝人之诗凡数百家，编次不以时代为后先，而文质并录，诸体毕赅。观其取与进退之间则多主于文言，以阐扬诗教为宗旨。有王树柟、洪良品、戴襄清三人序。北京图书馆藏有《看诗随录》一百三十卷两套，一作九册，一作十六册，清光绪十九至二十二年（1893—1896）宁河高氏继善堂刻本，见馆藏目录。天津图书馆藏八十九卷，中缺二十六至二十九卷，清光绪二十二年（1896）刻本四十二册，见馆藏目录。另首都图书馆藏光绪十九年（1893）不分卷，刻本，一册，见馆藏目录。

看书随录二十卷

高静选。《大清畿辅书征》卷六著录。未见。

诗话二卷

高静撰。《大清畿辅书征》卷六著录。未见。

慎庵古今体诗四卷诗馀一卷

高静撰。《大清畿辅书征》卷六著录，有自序；《续修四库全书总目提要》著录为清同治辛未（1871）抄本。未见。天津图书馆藏清光绪六年（1880）宁河高氏刻本别附试帖一卷，合四册；北京图书馆藏题《慎庵古近体诗》五卷，二册，见各馆藏目录。

慎庵遗稿八卷

高静撰。是书为著者自己编定，计古近体诗四卷，录诗四百零六首，陈学棻、戴彬为之序，又有自序。陈序谓其诗"悱恻缠绵，皆有关人心世道"。词稿一卷，收词三十五首，许善昌为之序。试帖诗馀诗八十一首，苗如兰为之序。另有赋稿一卷。光绪间由其子棠恩、赓恩刻，《清人诗文集总目提要》著录，天津图书馆藏。另中国科学院图书馆藏有赋稿。

廉兆纶（1811-1867）

兆纶字葆醇，号琴舫，清宁河人。道光二十年（1840）进士，改翰林院庶吉士，授编修，历官至工部右侍郎。同治元年（1862）罢归家居，六年卒，年五十七。

资治通鉴评剩

廉兆纶评，廉俭辑。清末抄本，四册，版心题《宁河廉琴舫侍郎通鉴评剩》，卷前附《大清畿辅先哲传》大臣本传。北京图书馆藏，见馆藏目录。

廉琴舫侍郎奏稿

廉兆纶撰。清康氏庆馀堂抄本，四册，北京图书馆藏，见馆藏目录。

评点兵书五种十九卷

廉兆纶撰。内含《孙子》三卷、《吴子》二卷、《司马法》三卷、《六韬》六卷附逸文一卷，另有宋人陈规撰《守城录》四卷。清抄本，载《宁河廉琴舫侍郎遗书》内，北京图书馆藏，见后。

楞严会归评注

廉兆纶评注。上海中华书局民国十四年（1925）铅印本，北京图书馆藏，见馆藏目录。

深柳堂集二卷

廉兆纶撰。抄本，《大清畿辅书征》卷六著录。未见。

深柳堂集四卷附词一卷

廉兆纶撰。《清人诗文集总目提要》著录，抄本。北京大学图书馆藏，六册；北京师范大学和中国社会科学院近代史所藏，五册。另，北京图书馆藏民国间抄本，五册，见馆藏目录。

廉琴舫墨迹汇存不分卷

廉兆纶撰。《清人诗文集总目提要》著录，稿本，四册，北京图书馆藏。

廉琴舫集七种

廉兆纶撰。《清人诗文集总目提要》著录，抄本，中国科学院图书馆藏。

宁河廉琴舫侍郎遗书

廉兆纶撰。此为一丛书，内含《奏议》《军务稿》《评点兵书五种》（见前）等。清抄本，北京图书馆藏，见馆藏目录。

许　铃

铃字金声，清宁河人。

周礼选要集注

仪礼选要集注

许铃撰以上两书，《大清畿辅书征》卷六著录。未见。

王　训

训字金泽，清宁河县人。廪贡生。候选训导，授徒不计报酬，终生研究儒家典籍，以阐研经训为主，对《论语·乡党篇》研究尤深。

乡党启蒙

王训撰。［光绪］《宁河县志》卷八《人物》本传提及。未见。

王培新（1823-？）

培新字造周，清长芦（今属天津汉沽区）人。咸丰二年（1852）中副车。家贫授徒，及门成材者甚众。后因棘闱屡踬，乃摒弃举子业，专致力于诗。

蓄墨复斋诗抄四卷

王培新撰。清光绪二十二年（1896）四本堂刻本。前有天津杨光仪序和梅宝璐、李庆辰题辞，并有乐亭史梦兰跋云："大集古近各体，俱如幽燕老将，气韵沈雄。其忧时感事之作，及表彰忠孝节烈诸章，尤能发潜阐幽，不遗馀力。诗无不与题副，即当无不以诗传。杨香吟先生称其远绍义山，近追梅村云"。《清人诗文集总目提要》著录，天津图书馆藏。

刘通源

通源字鹏山，号步岑，清宁河诸生。

六一小草
步岑剩集
刘通源撰以上二书,《大清畿辅书征》著录。未见。

戴彬元（1836-1889）

彬元字君仪，号愚卿，一作虞卿，又作渔青，清宁河人，戴襄清之长子。光绪五年（1879）举人，次年联捷成进士，钦点翰林院庶吉士，后做朝廷编修，三品官衔。工诗善书，有"南黄（自元）北戴"之称，文章风采过人。

朝卷考
戴彬元撰。清光绪间石印本，一册。北京图书馆藏，见馆藏目录。

戴彬元等书札
戴彬元等撰。稿本，一册，北京图书馆藏，见馆藏目录。

司空诗品
彬元诗集
戴彬元撰以上二书。未见。

高赓恩（1840-1917）

赓恩字熙庭，一作曦亭，清宁河人。静子。同治元年（1862）举人，光绪二年（1876）进士。改庶吉士，授编修，典试四川者一，典试湖南者一。十八年，以赞善升用。二十二年补左右赞善，晋中允，出为陕安道。二十六年至都召见，以京堂候补擢内阁学士。适义和团事起，上疏乞休旋里，丁巳年（1917）卒，年七十八，特旨予谥文通。

周易大象应大学说一卷

高赓恩撰。《续修四库全书总目提要》著录，清光绪二十三年（1889）刻本，北京图书馆和天津图书馆藏，见各馆藏目录。

万委一原表一卷

高赓恩撰。《大清畿辅书征》著录，抄本。按据《高垫先府君著述目录表》，是书抄寄张愚生，将与其《万象一原图》合刻。未见。

读史类记四卷

高赓恩撰。《大清畿辅书征》著录，抄本。未见。

蜀輶公牍二卷

高赓恩撰。《大清畿辅书征》著录，抄本。未见

高氏族谱四卷

高赓恩撰。是编又分为六卷，《大清畿辅书征》著录。抄本。未见。

双峰祠记二卷

高赓恩撰。《大清畿辅书征》著录，抄本。未见。按是书记孙征君祠事，门人王鹄庵己酉刻于陕西。清宣统元年（1909）刻本，北京图书馆藏，见馆藏目录。

罕譬记二卷

高赓恩撰。《大清畿辅书征》著录。未见。

北塘陈烈妇传略一卷续编一卷

高赓恩辑。陈烈妇为陈学讲之妻刘氏（1881–1904），书签题《烈妇陈刘氏遗迹》。清宣统间刻本，二册，北京图书馆藏，见馆藏目录。

怀宁张氏节孝忠烈传

高赓恩等撰。清末刻本，一册，北京图书馆藏，见馆藏

目录。

旌表节孝姜母张太孺人传一卷

高赓恩撰。民国六年（1917）铅印本，一册，天津图书馆藏，见馆藏目录。

［光绪］绥远志十卷首一卷

贻谷修，高赓恩纂。《大清畿辅书征》著录。清光绪三十四年（1908）刻本，收藏单位见《中国地方志联合目录》著录，天津、北京各大图书馆都有。

［光绪］土默特旗志十卷

贻谷修，高赓恩纂。《中国地方志联合目录》著录，清光绪三十四年（1908）刻本，天津图书馆藏。

［光绪］归绥道志四十卷

高赓恩撰。《中国地方志联合目录》著录，清光绪三十四年（1908）修，民国抄本，内蒙古自治区图书馆藏。

历代儒言要醒集六卷

高赓恩撰。《大清畿辅书征》著录，是书春秋后至唐一卷，宋二卷，元明一卷，清二卷，计收八百三十馀人。抄本。未见。

古今儒行标宗一卷续集一卷

高赓恩撰。《大清畿辅书征》著录，抄本。未见。

古今箴铭集四卷

高赓恩撰。《大清畿辅书征》著录，按是书古至唐一卷，宋一卷，元明一卷，清一卷。抄本。未见。

慈帏引谚

高赓恩撰。《大清畿辅书征》著录，抄本。未见。

思贻斋日录迂言

高赓恩撰。《大清畿辅书征》著录。按是书共十三卷，后芟为八卷。抄本。未见。

日录药言二卷

高赓恩撰。《大清畿辅书征》著录。按是书正一卷刻于长安，续一卷寄张愚生待刻。未见。

释言别义二卷

高赓恩撰。《大清畿辅书征》著录。按是书平声一卷，上去入一卷，亦名《训义知新》。抄本。未见。

克欲要言一卷

高赓恩撰。《大清畿辅书征》著录，抄本。未见。

精一辨一卷

高赓恩撰。清光绪刻本，一册，天津图书馆藏，见馆藏目录。

蜀中小试弊窦一卷

高赓恩撰。《大清畿辅书征》著录。未见。

蜀学编二卷

方守道初辑，高赓恩重辑。清光绪十四年（1888）成都尊经书局刻本，一册，天津图书馆藏；又光绪二十七年（1901）锦江书局刻本，一册，北京图书馆藏，见各馆藏目录。

蜀中先正文选四卷

高赓恩撰。《大清畿辅书征》著录，刻本。未见。天津图书馆藏《蜀中先正文选》初集不分卷，清光绪刻本，二册，见馆藏目录。

陆王亭疑三卷续三卷

高赓恩撰。《大清畿辅书征》著录，刻本。按据《高垫先府君著述目录表》，是书有自序，刻于陕西。近续三卷，胡诗龄太守处存副。未见。

思贻斋杂著编十卷

高赓恩撰。《大清畿辅书征》著录。清宣统二年（1910）刻本，线装一册，首都图书馆藏，见馆藏目录。

庭寄谕诗一册

高赓恩撰。《大清畿辅书征》著录，抄本。未见。

童子歌诗六卷

高赓恩撰。《大清畿辅书征》著录。是书连前集四卷，补《小学统歌选》二卷。抄本。未见。

上斋记事诗一卷

高赓恩撰。《大清畿辅书征》著录。清光绪二十七年（1901）成都传宝书刻本，一册，北京图书馆藏，见馆藏目录。

思贻斋古今体诗二十一卷

高赓恩撰。《大清畿辅书征》著录。按是书有《负米集》《木天集》《侍直集》《蜀轺集》《湘楂集》《还直集》《芝坊集》《掌经集》《汉轺集》《汉轺后集》《金书集》《内殿集》《参雅集》《东归集》《洛居集》《塞游集》《留洛集》《之秦集》，均刻于京陕，《上斋纪事》刻于蜀秦。《续修四库全书总目提要》著录有《思贻斋古今体诗》不分卷，《上斋记事诗》一卷，光绪三十三年（1907）岐山李氏刻本。《清人诗文集总目提要》著录有《思贻斋古近体诗》二十一卷，宣统三年（1911）刻，卷一及卷十九以下原缺，北京图书馆藏。

思贻斋诗约存不分卷

高赓恩撰。清光绪三十四年（1908）刻，民国二十四年（1935）重印，吉林大学图书馆藏，见馆藏目录。

思贻斋四六馀稿二卷

高赓恩撰。《大清畿辅书征》著录，抄本。未见。

王 燮 （1848-1900）

燮字襄臣，一字湘岑，清宁河芦台镇人。清代名将王锡朋曾孙，语音学家王照之大哥。擅长诗文书法。年十二补县学生。以贫故，袭职官京城右营都司，管永定泛。清光绪二十四年（1898）升左营游击，总管巡漕，加总兵衔，仓场侍郎论荐燮有文武才，以参将升用。三十六年义和团事起，殉难。

秦园诗抄三卷

王燮撰。《大清畿辅书征》卷六著录，抄本。另，《续修四库全书总目提要》著录谓："是集之诗，皆燮游宦之作。"抄本未见。今北京图书馆藏有清光绪间铅印本，一册，收诗词一百五十二首，书签题《王湘岑将军遗稿》，见馆藏目录。

秦园诗草一卷诗馀一卷

王燮撰。光绪间铅印本，一册，天津图书馆藏，见馆藏目录。

杞忧摭言一卷

王燮撰。《大清畿辅书征》卷六著录。前《秦园诗草》有贺涛序略云："公诗之外，又有《摭言》一卷，大抵皆慨时事，及自伤不遇，以慷慨淋漓之笔，寄托于吟咏之间。余爱其文而悲其意，尝讽诵之，今亦不能举其词也。"抄本。未见。

王 照 （1859-1933）

照字藜青，号小航，别号芦中穷士，晚又号水东老人。近代宁河县人。清光绪二十年（1894）进士，官至礼部主事。光绪二十四年（1898）因参与戊戌变法，逃亡日本，后潜行回国，隐居天津，着手创编官话拼音字母。辛亥革命后，继续宣传白话教育的推广与普及。他是我国早期拼音字母专家。民国二年（1913）曾进京参加读者统一会，被选为副会长。

读左随笔一卷

王照撰。民国十九年（1930）刊，有《水东集初编》五种本，《中国丛书综录》著录。存。

三体石经时代辨误二卷

王照撰。民国十四年（1925）铅印本，《续修四库全书总目提要》著录。未见。

续补三体石经时代辨误一卷

王照撰。民国十六年（1927）铅印本，《续修四库全书总目提要》著录。北京图书馆藏，见馆藏目录。

增订三体石经时代辨误二卷

王照撰。民国十九年（1930）刊，有《水东集初编》五种本，《中国丛书综录》著录。

卫经社稿一卷

王照撰。《续修四库全书总目提要》著录，民国十七年（1928）刻本。此或即下书。

表章先正正论一卷

王照撰。书名页题《卫经社水东稿》，民国十七年（1928）刊。北京图书馆藏，见馆藏目录。另有《水东集初编》五种本，《中国丛书综录》著录。

方家园杂咏纪事一卷附杂记一卷

王照撰。是书收诗二十首，每篇详注事实，记晚清逸闻。民国十七年（1928）宁河王氏刊《水东集上编》四种本，《东北地区古籍线装书联合目录》著录，吉林大学图书馆藏。北京图书馆藏《水东集初编四种》或同此，见馆藏目录。另民国二十年（1931）宁河王氏刊《水东集初编》五种本亦收，《中国丛书综录》著录。

航泊轩吟草不分卷

王照撰。民国二十年（1931）刊，《清人诗文集总目提要》著录，辽宁省图书馆藏。另见《水东集上编》四种本。

雪泥一印不分卷

王照撰。民国十四年（1925）刊，《清人诗文集总目提要》著录，辽宁省图书馆藏。

三草删存三卷

王照撰。此书包括《雪泥一印草删存》一卷、《照胆台吟草删存》一卷，《下里吟草删存》一卷。民国十四年（1925）铅印本。《东北地区古籍线装书联合目录》著录，辽宁省图书馆藏。另有《水东集上编四种》本，见下。

小航文存四卷

王照撰。民国十九年（1930）刊，有《水东集初编》五种本，《中国丛书综录》著录，存。另有单行本，《清人诗文集总目提要》著录，中国人民大学图书馆藏。近年台湾已将其编入《近代中国史料丛刊》第二十七辑，集中多篇有关拼音字母论文。

水东集上编四种

王照撰。是书包括《小航文存》四卷、《三草删存》三卷。《航泊轩吟草删存》二卷、《方家园杂咏纪事》一卷四种。民国二十年（1931）宁河王氏刻本，《东北地区古籍线装书联合目录》著录，吉林大学图书馆藏。北京图书馆藏《水东集初编四种》或同此，见馆藏目录

水东集初编五种

王照撰。此为王照独撰丛书，民国间刻本。子目包括前述《小航文存》四卷、《增订三体石经时代辨误》二卷、《读左随笔》一卷、《表章先正正论》一卷和《方家园杂咏纪事》一卷杂记一卷等五种计十卷。《中国丛书综录》著录，北京图书馆和北京师范大学图书馆藏。天津图书馆也有收藏，见馆藏目录。

官话合声字母

王照撰。此书原名《官话合声字母序例及关系论说》。1957年据清光绪本景印。《中国丛书综录》著录，有北京文字改革出版社辑《拼音文字史料丛书》本行世。

官话字母读物八种

王照撰。1957年据刻本景印，《中国丛书综录》著录，有北京文字改革出版社辑《拼音文字史料丛书》本行世。子目包括《拼音对文三字经》《拼音对文百家姓》《对兵说话》《地文学》《植物学》《动物学》《家政学》《人人能看书》（一名《拼音官话报》）等。

许兆禄（1868-1928）

兆禄字荷生，一字鹤笙，世居宁河，为塘沽新河庄人。晚年自署"窝中老鹤"。

老鹤吟草

许兆禄撰。书名据卷端题，收律诗二百九十一首。民国二十四年（1935）宁河许氏铅印本。《天津通志·出版志》附录著录。北京图书馆藏，见馆藏目录。

释倓虚（1875-1963）

倓虚俗姓王，名福庭，河北省宁河县（今属天津市）北塘庄人。民国六年（1917）四十三岁时在天津清修院礼叩清池和尚为师，披剃为僧，取法名隆衔，法号倓虚。同年秋，赴宁波观宗寺，由谛闲法师为其受戒，成天台宗第四十四代传人。三年后去东北、华北各地讲经说法。民国二十一年（1932）应叶恭绰之邀到青岛筹建湛山寺，并任第一任住持。中亦曾回津负责修建天津大悲院，并创办大悲佛学院。此后南下广州主持复兴光孝寺，又应聘为香港弘法精舍华南佛学院院长。1950年任香港佛教联合会会长，主持创办中华佛教图书馆。后在香港弘法精舍圆寂。生前在兴办佛教教育、建设佛教道场、复兴东北佛教等方面贡献巨大，是一位佛学造诣弘深、著述甚多的高僧。

大乘起信论讲义

释倓虚撰。青岛湛山寺印经处民国间印行。书前有编者序，作于民国二十四年（1935）五月，分上下卷。河南省图书馆藏，北京图书馆有缩微品，见馆藏目录。

般若金刚经通俗集义心经讲义汇刊

倓虚讲，余晋稣等编。内分《金刚经通俗集义》和《般若波罗密心经讲义亲闻记》两部分。济南佛教流通处民国间印行。河南省图书馆藏，北京图书馆有缩微品，见馆藏目录。

净土传声

倓虚著。论述佛法与世法关系。另有倓虚《覆显定居士书》，龙灿《劝人速断肉食免罹灾难文》。民国二十八年（1939）出版，出版地不详。北京图书馆藏，见馆藏目录。

普贤行愿品随闻记

倓虚讲。青岛湛山寺印经处民国间印行，书口题名"大方广佛华严经入不可思议解脱普贤行愿品随闻记"。河南省图书馆藏，北京图书馆有缩微品，见馆藏目录。

观世音菩萨普门品讲录

倓虚讲。青岛湛山寺印经处民国间印行，卷端题"妙法莲华经观世音菩萨普门品讲录"。河南省图书馆藏，北京图书馆有缩微品，见馆藏目录。

金刚般若波罗密经随闻记

释倓虚撰。青岛湛山寺印经处民国三十一年（1942）印行。北京图书馆藏，见馆藏目录。

天台传佛心印记注释要二卷

释怀则述，释传灯注，释倓虚释要。青岛湛山寺印经处民国三十一年（1942）印行。北京图书馆藏，见馆藏目录。

读经随笔

倓虚著。包括唯心说、释如来十种通号释意、释一切法皆是佛法真意等篇。青岛湛山寺印经处民国三十一年（1942）印行。河南省图书馆藏，北京图书馆有缩微品，见馆藏目录。

妙法莲华经观世音菩萨普门品随闻记

倓虚讲，保贤记。青岛佛教同愿会民国三十一年（1942）印行。北京图书馆藏，见馆藏目录。

影尘回忆录

倓虚讲述，大光记录，吴云鹏整理。本书是一部倓虚法师的自述年谱，台北龙文出版社1993年出版。又，北京宗教文化出版社2003年出版。

湛山大师法汇

倓虚生前所有著述，后由其弟子汇辑，书分三册四编：第一编《经释》，第二编《论绎》，第三编《论文》，第四编《影尘回忆录》。书前有序和大师传略及凡例，书后有附录。香港湛山寺出版。

齐燮元（1879–1946）

燮元字抚万，号耀珊，近代宁河人。保定陆军速成学堂毕业，又肄业于陆军大学。为北洋军中直系军阀核心人物之一，曾任江苏督军和苏皖赣三省巡阅使，授上将军衔。日本发动侵华战争后投敌叛国。抗战胜利后以汉奸罪被捕处决。

孝经浅解导言

齐燮元撰。民国二十八年（1939）铅印本第三版，北京图书馆藏，见馆藏目录。

武庙历代名将传赞

齐燮元纂。前后共刻四十六石，分刻历代名将八十九人之像赞。北京图书馆藏有其四十六张拓片，见馆藏目录。

日本两军神

齐燮元撰。军事人物。大分县高山活版社民国十四年（1925）版，天津图书馆藏，见馆藏目录。另民国二十七年（1938）据日本大正十四年（1925）铅印本影印，一册，出版地、出版者均不详，北京图书馆藏，见馆藏目录。

陆军第六师演习记事二卷

齐燮元撰。民国八年（1919）石印本，天津图书馆藏，见馆藏卡片目录。

三十年四月八日会议指示事项

齐燮元撰。关于军事教育方面的，民国三十年（1941）伪治安总署印刷所印，天津图书馆藏，见馆藏目录。

孙润宇代求墨宝

齐燮元等书。民国二十三年（1934）稿本一册，北京图书馆藏，见馆藏目录。

颜李语要

齐燮元编。有关颜李学派，一册。民国十年（1921）出版，出版地、出版者不详。天津图书馆藏，见馆藏目录。

东野文编

齐燮元撰。民国三十年（1941）铅印本，北京图书馆藏，见馆藏目录。另见《东北地区古籍线装联合目录》著录，吉林大学和东北师大图书馆藏。

东野诗存

齐燮元撰。《宁河县志·人物》提及。民国三十一年（1942）铅印本，一册，北京图书馆藏，见馆藏目录。

陈恭澍（1907-？）

天津宁河县人，原籍福建。黄埔军校第五期警政科毕业，后进南京中央军校特别研究班。民国二十一年（1932）加入"力行社"，成国民党军统特务，曾任天津站站长，北平站站长，多次参与政治谋杀活动，人称"辣手书生"。民国二十九年（1940）春在上海被日伪逮捕，转任汪伪政府特工总部科长、处长。民国三十四年（1945）秋被国民党上海当局逮捕，越二年获释。1949 年到台湾，曾任"国防部"情报局第二处少将处长。1969 年退休，撰写军统工作回忆录《英雄无名》。

蓝衣社内幕

陈恭澍著。著者站在日伪立场上，介绍国民党特务组织蓝衣社的组织、活动和暴行。上海国民新闻图书印刷公司民国三十一年（1942）出版。天津图书馆藏，见馆藏目录。

北国锄奸

陈恭澍著。军统工作回忆录《英雄无名》第一部，台北传记文学出版社 1981 年出版。

河内汪案始末

陈恭澍著。军统工作回忆录《英雄无名》第二部，台北传记文学出版社 1983 年出版。

上海敌后抗日行动

陈恭澍著。军统工作回忆录《英雄无名》第三部，台北传记文学出版社 1984 年出版。

抗战后期反间活动

陈恭澍著。军统工作回忆录《英雄无名》第四部，台北传记文学出版社 1986 年出版。

平津地区绥靖戡乱

陈恭澍著。军统工作回忆录《英雄无名》第五部，台北传记文学出版社 1988 年出版。

武清县

李可桢（1618-1691）

可桢字克生，别号坦斋，清武清人。年十四补诸生，文誉日著，事孀母四十馀年，以孝闻；亲没哀毁骨立，岁时孺慕，终身如一日。性好义，视人事如己，振贫贷乏、掩骼施粥无虚岁。倡修学宫邑乘，捐腴田为义学费。当道皆旌其门。贡入成，均不仕。清康熙三十年（1691）卒，年七十四。

伐檀集

宝德堂诗集

李可桢撰以上二书，均见自《大清畿辅书征》著录。另，张英撰《墓志》云：克生"博极诗古文词，寝食经史，探索源流；含英咀华，自成体格。一时碑版之文，多出其手"。未见原书。

赵之符（1625-1686）

之符字尔合，号怡斋，清武清人。顺治十六年（1659）进士。历官都察院左佥都御史。居谏官十三年，颇有刚直之名。卒祀乡贤祠。

赵金宪奏疏二卷

赵之符撰。清刻本。[民国]《天津县新志艺文》著录，谓是编辑其儤直吏垣九年间所进条奏凡二十有八篇，殆未焚之草。大兴王熙序称"有宣公之恺切，无长孺之戆直"，可以知其梗概。熙又尝为之符志墓，历叙尝所建白者，其事目多为是集所未备。盖前此在户、兵两垣时所为先有一集，今已不可得。此外尚传二疏，一曰《请停无益烦费》，一曰《请停部臣差审》（见《武清县志》），则又官金御史所上者也。今北京图书馆藏清康熙间刻本《奏疏》不分卷两册，见馆藏目录。

怡斋文集

赵之符撰。[民国]《天津县新志艺文》著录。未见。

曹文鲁

文鲁字唯公。清武清人。国学生。家居事母以孝闻。母卒之日，哀毁骨立，间族为之饭僧者三百馀人。或劝之仕，唯答曰："盘谷自适，须富贵何为？"晚年博综群书，有得于中，辄汇录成帙。

沂水漫录

曹文鲁撰。《大清畿辅书征》著录。未见。

曹　传（1670-1735）

传字书言，号近野，晚自号虚极道人，清武清王庆坨人。诰赠儒林郎翰林院检讨坦之公子。颖敏纯粹，读书有独到之解；为文每出人意表。兼工诗画，而书法尤卓焉成家。丁年失怙，事母备极孝养。性复慷慨好施，创庆成书院以育人才；捐巡哨船只以苏民困，乡鄙德之。

近野轩诗存四卷

曹传撰。此书不见书目著录，清乾隆十五年（1750）精刻本，收古今诗三百五十八首。前有乾隆十二年海宁陈世偁等人序。是书为其八世孙、今人曹洁如捐赠给天津图书馆收藏者，并恭撰有《先八世祖近野公史料集存》，内含《年谱》《寿序》《征诗启》《行述》《墓志铭》等。另，北京图书馆藏据乾隆间刻静电复制品和民国九年（1920）安次马氏抄本，见馆藏目录。

曹　涵（1701–1768）

涵字奕汪，号牧渔，别号毅斋，清武清县王庆坨人。曹传之次子。康熙六十年（1721）辛丑科进士，选庶吉士。雍正元年（1723）授翰林院检讨，充《大清一统志》国史馆编修，办理水利营田事多。雍正十一年（1733）告休，以诗文书画自娱。

［乾隆］武清县志

吴翀修，曹涵、赵晃纂。《中国地方志联合目录》著录，清乾隆七年（1742）刻本，天津图书馆藏；民国二十八年（1939）王文琳铅印本，南开大学图书馆藏。

奕汪文稿
迪吉斋漫记

曹涵撰以上两书，据《三津地楹联》附录《撰联者及相关人士简介》著录。

王延襄

延襄字子阳，号老圃，清武清人。乾隆时诸生。曾偕文安纪曾藻游广西，后因困不能归，课徒自给，遂家桂林。龙州公荐其为李松圃先生掌书记。居水东门逍遥楼畔，小阁面山，图史罗列，为娱老计。嘉庆二十年（1815）尚在世。不数年后，与其子相继谢。

老圃诗稿一卷

王延襄撰。《续修四库全书总目提要》著录，清刻本。是集内收古近体诗百馀首。前有大兴李云章序，谓其诗文宗法杜、韩，才力特健；笔如其人，雄直古朴，无一丝侧媚气。《国朝畿辅诗传》卷五十三录诗二首。原书未见。

赵锡绶

清雍阳（即今武清县）人。生平不详。

云峰书屋集印谱无卷数

赵锡绶篆。《贩书偶记》卷十著录，清嘉庆九年（1804）德润堂印本。

竹亭摹勒一卷

赵锡绶篆。清嘉庆十一年（1806）铅印本。《天津通志·出版志》附录《津版古今图书选目》著录。

印香阁印谱

赵锡绶篆，清铅印本。

以上三印谱，网上均有传，说明尚存世。

张　坦（武清）

坦字春衢，清武清人，生平不详。

杂说通解一卷外集四卷

张坦撰。《杂说》包括河图说、洛书说、九畴占卦说、连山归藏说、八索九邱说、伏羲画卦说、易经占卦说等；外集分天、地、人、物四部卷，前有《杂说例言》八则，清道光十八年闽县杨际华拜识。《贩书偶记》卷三著录，属经部诸经总义类，道光十八年（1838）刊。经查阅，北京图书馆和首都图书馆藏，见各馆藏目录，后者笔者亲去查阅。

陈　寅

寅字紫岫，晚号铁如，清武清人。

兰雪斋诗抄

陈寅撰。《晚晴簃诗汇》卷一百六十九著录，存诗三首。原书未见。

张鹏翼（1841−1892）

鹏翼字若云，号晓蓉，原籍武清，后寄居玉田老宋庄。清同治三年（1864）举于乡，光绪十四年（1888）始选沧州学正。教授乡里，多所成就。春官十二上，濒得复失，而以广文终，牢骚感慨一发于诗。

蕉雪轩诗

张鹏翼撰。见载刘化风辑《蓟州刘氏丛刻》，清光绪间木活字本。北京图书馆藏，见馆藏目录。

曹蔼臣

武清王庆坨镇人。清光绪十三年（1887）癸巳科举人，官至四川奉节县知县，以才优守洁、勤政爱民著称。武昌革命骤起，遭地方歹徒杀害。

寄傲轩诗抄

曹蔼臣撰。见胡庚辰撰《武清发现寄傲轩诗抄》文，载《天津史志》2002 年。"寄傲"取陶渊明《归去来辞》中"倚南窗以寄傲"之意。书中有诗四十馀首和原新疆巡抚袁大化等四人序。诗和序言中涉及了当时社会风情和政局的一些情况，有一定史料参考价值。民国十四年（1925）铅印本，不见书目著录。

郭家声（1870-1945）

家声字琴石，直隶武清人。清光绪二十九年（1903）进士，任八旗高等学堂教习。民国初聘为辅仁大学名誉教授。

新法种植录

郭家声辑。民国间铅印本，一册，载《笠园丛抄》，北京图书馆藏，见馆藏目录。

郭家声乡试朱卷

郭家声撰。清光绪癸巳（1893）恩科顺天乡试朱卷，清光绪间刻本，一册，北京图书馆藏，见馆藏目录。

丁酉直省乡墨知言

王焯、郭家声评选。清光绪间图书集成局铅印本，四册。北京图书馆藏，见馆藏目录。

忍冬书屋诗集六卷

郭家声撰。民国五年（1916）琉璃厂宣元阁铅印本，一册，北京图书馆藏，见馆藏目录。

忍冬书屋诗集八卷

郭家声撰。民国十九年（1930）铅印本，有像有自序，起光绪十三年至民国十九年，录诗七百二十二首，多记事之作。《清人诗文集总目提要》著录，北京图书馆、首都图书馆和天津社科院图书馆藏。

忍冬书屋诗续集八卷

郭家声撰。《清人诗文集总目提要》著录，民国二十一年（1932）铅印本，北京图书馆藏。又民国三十一年（1942）武清郭氏铅印本，北京图书馆藏，见馆藏目录。

忍冬书屋诗续集不分卷

郭家声撰。《清人诗文集总目提要》著录，民国二十九年（1940）铅印本，首都图书馆藏。

秘密怪洞

（日）晓风山人著，郭家声、孟文翰译述。此为一社会小说，上海商务印书馆民国四年（1915）出版。北京图书馆藏，见馆藏目录。

王猩酋（1876－1948）

猩酋原名文桂，字馨秋，中年易字星球，晚年更用猩酋，又号道人，别号净饭王、石器猿人，武清县王庆坨镇人。清末秀才。工书画，善考据。居家设塾四十馀年，潜心教育，除教授经史之外，间及诸子百家。本人还通医术，倡素食，主薄葬，曾写有《薄葬说》，在当地有着崇高的声誉。生前癖好雨花石的收藏与鉴赏，与同村张轮远和南京人许问石一起，成为雨花石的“石坛三杰”，人誉之为“南许北张天津王”。

雨花石子记

王猩酋著。是书为他一生鉴赏、收藏雨花石的记录和总结，对于现代雨花石的收藏、鉴赏有深远影响。民国三十二年（1943）东莞张江裁拜袁堂铅印本，收入张江裁辑《中国史迹风土丛书》十三种第一册。又胡庚辰辑，中国文联出版社《场景文化丛书》本，2006年出版。

猩酋老人诗文选

王猩酋原作，曹作锐、胡庚辰、王澍选辑。文化艺术出版社 2006 年出版，选诗一百四十三首，文一百六十篇。

阎德华

武清县人。民国时期著名武术师，师承同邑瓦房村人周玉祥。其他不详。

少林破壁

阎德华著。本书为《少林破壁》第一集，内容包括撞掌、掖掌、白猿搬枝、截腿、巧倒银瓶、双换掌、左右坡腿、搜肚掌、太公钓鱼等少林拳三十四招。以其手掌法的拆解使用为核心，配以双人对练拆招技法图解详加说明。民国二十五年（1936年）由天津商报馆出版。《天津地方史资料联合目录》著录，天津图书馆藏。此书日后曾在港台等地以《八卦掌使用法》《八卦掌图说》等名目多次再版。2000 年山西科学技术出版社出版发行有该书的影印本。

太极玄门剑谱

阎德华著。民国二十四年（1935）出版。未见。

张轮远（1899-1986）

武清王庆坨人，幼聪慧好学，少时考入天津南开私立学校，与周恩来同学。后入北京大学法律系，师从国学大师黄侃、吴北江。卒业后考取司法官，调任天津高等法院推事。七七事变日寇铁蹄深入，乃托病告归。一生癖石，榜其斋名"万石斋"，为北方有名的藏石家。1980 年被聘为天津文史馆馆员。晚年以诗文自娱。所著有：

七奇老人传

张轮远编。民国时天津出版。未见。

万石斋灵岩大理石谱

张轮远编撰。分灵岩石谱和大理石谱两部分。天津大公报馆民国三十七年（1948）铅印本，一册。《天津地方史资料联合目录》著录，天津图书馆藏。

杜建时（1906 — 1989）

建时号际平，武清杨村人。曾就读于天津南开中学及北京志成中学。后入东北讲武堂。毕业后充当中下级军官。民国二十年（1931）考入南京陆军大学，后又被保送入美国堪萨斯州陆军参谋大学。民国二十六年（1937）回国，任第九战区参谋处少将处长，后调升中央陆军军官学校长沙分校中将主任。民国三十四年（1945）四月，曾随中国代表团参加在美国旧金山举行的联合国成立大会。抗战胜利后历任天津市副市长兼北宁铁路护路司令、天津市市长，直至1949年天津解放。中华人民共和国成立后任全国政协委员。

建时言论集

杜建时著。天津丛刊编辑委员会编，天津市政府秘书处编译室民国三十七年（1948）十月铅印本。《天津地方史资料联合目录》著录，天津图书馆、天津社科院图书馆和天津师范大学图书馆、天津档案馆藏。

天津市修筑城防工事经过情况简略

杜建时撰。《天津地方史资料联合目录》著录，天津档案馆藏。

刘　坦（1910-1960）

坦原名允恭，号田骄，中年改名坦。武清县王庆坨人。九岁随塾师王猩酉习读经史。十六岁迫于生计执教于小范口小学，后又就教于天津杨柳青学校。民国二十九年（1940）辞职回乡，潜心史籍考证，研究星岁纪年，成就突出，甚得专家好评。

史记纪年考三卷

刘坦撰。长沙商务印书馆民国二十七年（1938）出版，北京图书馆藏，见馆藏目录。

论星岁纪年

刘坦著，历史研究编辑委员会编辑。北京科学出版社1955年出版，北京图书馆藏，见馆藏目录。

中国古代之星岁纪年

刘坦著。北京科学出版社1957年出版，北京图书馆藏，见馆藏目录。

静海县

元　默（？—1635）

默字中象，明静海人。万历四十七年（1619）进士，授河南怀庆府推官，行取吏科给事中。寻以不附当权宦官而失职。崇祯元年（1628）复起为吏科给事中。六年春，以金都御史巡抚河南，率官兵与李自成起义军对抗。八年复为农民军俘获，后获释，卒于家。

剿贼图记

元默撰。［民国］《静海县志》戌集《人民部·文艺志·著作》（以下省称《静海县志·文艺》）著录，作《剿匪图说》一卷，当为著者于明崇祯六至八年间巡抚河南时，为对抗李自成农民起义军而作。北京图书馆藏清道光元年（1821）金陵甘福刻本和清同治十一年（1872）石印本两种各一册，有图，见馆藏目录。

高尔俨（1606—1654）

尔俨字中孚，一字岱舆，静海人。明崇祯十三年（1640）进士，授翰林院编修，明亡时曾归附李自成起义军。清初征补原官。顺治二年（1645）擢侍读学士。升至吏部尚书，加太子太保。不久又起补弘文院大学士。以疫作，请假旋里。卒年四十九，赠少保，谥文瑞。

孝经释略

劝善

西铭衍义

高氏手评资治通鉴

高尔俨撰以上四种，引自《大清畿辅书征》及其他有关文献著录。原书未见。

古处堂集四卷

高尔俨撰。《贩书偶记续编》著录，有清康熙甲辰三年（1664）男恒懋刻本，又名《高文瑞公集》。《四库全书总目提要》存目部分著录云："是集大抵应酬之作，亦尚沿明季馀习"。有王崇简序略云：尔俨沈涵经史，波澜诸子百家，而性情流衍其中，能境而形，皆其不得不完者。《清人别集总目》著录，北京图书馆、福建师范大学图书馆藏。今又有济南齐鲁书社1997年编辑《四库全书存目丛书》影印本。

宫伟镠（1611-1680）

伟镠字紫阳，一字紫玄，号紫悬，又号锄弦，别号桃都漫士，直隶静海人，寄居江苏泰州。明崇祯十六年（1643）进士，授翰林院检讨，充主讲官。未就。入清不仕，筑春雨草堂，以著书为事。工诗词。以布衣遗民终。

说文解字十二卷

宋人李焘原编，宫伟镠补。此书即《说文解字五音韵谱》，始东终甲。明末吴陵宫紫阳刻本，北京图书馆藏，见馆藏目录。

微尚录存六卷

宫伟镠撰。《中国丛书综录》著录,属史部地理类,有《海陵丛刻》本存世。

紫阳遗墨

宫伟镠书。民国间上海大众书局影印本,北京图书馆藏,见馆藏目录。

庭闻州世说六卷续一卷

宫伟镠撰。《中国丛书综录》著录,属子部杂学类,有《海陵丛刻》本存世。

先进风格一卷

宫伟镠撰。《中国丛书综录》著录,属子部杂学类,有《海陵丛刻》本存世。

春雨草堂别集八卷

宫伟镠撰。《中国丛综录》著录,属集部别集类,有《海陵丛刻》本存世。

春雨草堂集三十四卷别集三十卷宦稿五卷

宫伟镠撰。《清人诗文集总目提要》著录。作者手订所著二十馀种,原名《澹堂晓业》,欲别为晓、午、晚三函。其子梦仁辑已刻著述二十馀种,总为《春雨草堂集》,计诗文三十四卷,又三十卷为别集,另宦稿五卷。清康熙四十年(1701)刻,中国社会科学院文学所藏。前有赵士麟总序,又《震淡堂晓业》原序十五通。序者为李青、陈丹衷、宋之绳、张恂、余怀、李楷、阎尔梅、高尔俨、唐允甲、林古度、嵇宗孟、杜祝进、王潢、姚佺等。又子梦仁所作例言。凡诗词十六卷、杂文十八卷,多记清初史事。别集为《庭闻州世说》正续编七卷,皆记宋明佚事笔记;《先进风格》一卷,为读书笔记;《南宫旧德录》十卷,则记述祖德事迹;《春雨堂题咏》八卷及《留行赠别诗》四卷,皆题赠唱酬之作。崇祯十六年(1643)后有《奚囊日记》《方舟记》。晚年追遡畴昔,有《自叙年谱》,记其生平而未梓。天津图书馆有民国十八年(1929)抄本,十三册,计《春雨草堂集》三十四卷别集三十卷,见馆藏善本卡片目录。

史略词话正误二卷

李清、宫伟镠同撰。《贩书偶记》卷八著录。无刻书年月,约清康熙间刊。未见。

廿一史弹词

杨慎撰,李清、宫伟镠正误。清道光五年(1825)刻本,二册,北京图书馆藏,见馆藏目录。

杜依中

依中字遯公,号致虚,静海人。明诸生。崇祯末尝上书献十七策,皆关天下大计。怀宗嗟异,于纸尾批为"贾陆重生"。入清后隐居不出。清初以宿儒高行荐,不应,人称"征君"。

雨花诗集一卷

杜依中撰。清康熙年间刻本,《大清畿辅书征》和《续修四库全书总目提要》著录。是集收古今体诗凡数十首,实有幽燕老将如许沈雄之气。则其含酸茹苦,其时其地使然,故说诗必论世。考吴应箕评此集云:"读遯公诗,知北地之才,不独崆峒一人耳。"原书未见。《津门诗抄》卷二十一存诗十一首。《国朝畿辅诗传》卷十五存诗六首。

杜其旋

其旋字考之,号雪窗,静海人。依中子。入清隐居乐道,善属文，浮沉诸生间。筑屋三楹，吟啸其中。临死诫其子葬中庭花竹间。

咏云斋诗集一卷

杜其旋撰。清道光年间刻本，《大清畿辅书征》和《续修四库全书总目提要》著录。是集凡古今绝律数十首。卷端有韩菼序，谓其诗"和平淡远之中，寄托感慨"。未见。《津门诗抄》卷二十一存诗六首。《国朝畿辅诗传》卷二十六存诗三首。

雪窗集

杜其旋撰。《静海县志》著录。未见。

高恒懋（1627- ? ）

恒懋字励昌，号干甫。静海人。尔俨子。清顺治八年（1651）举于乡，十六年成进士。历大宁教谕。以亲老改奉天教授。曾将恩荫让同族兄弟，甚得声誉。

山雨楼文稿

高恒懋撰。《大清畿辅书征》著录。未见。

励杜讷（1628-1703）

杜讷字近公，一字澹园，清静海人。初冒姓杜，为生员，精楷书。康熙二年（1663）廷选善书之士，应试得第一，参与缮写《世祖实录》。书成叙劳，授福建福宁州同知，留南书房行走。又举博学鸿词。十九年特授编修，充日讲起注居官。二十一年复励姓。官至刑部侍郎。卒谥文恪，赠礼部尚书，加太子太保。

松乔堂集三卷

励杜讷撰。《大清畿辅书征》著录，转引《静海县志》谓：

是书前二卷为应制诗，后一卷为松乔堂存稿。有门人陈元龙序。《清人诗文集总目提要》著录，清雍正间刻，中国科学院图书馆藏。

别苑唱和诗册

励杜讷、孙岳颁、陈廷敬、张英等撰。稿本，一册，北京图书馆藏，见馆藏目录。

宫梦仁（1632－1713）

梦仁原名宗，字充宗，一字定山，号定庵，清直隶静海人，寄籍泰州。伟镠子，廪监生。康熙八年（1669）顺天府举人，十二年成进士。授翰林院庶吉士，贵州道监察御史等，后官至福建巡抚、提督军务。

宫侍御奏疏

宫梦仁撰。《续修四库全书总目提要》著录，清康熙间刻本，北京图书馆藏，见馆藏目录。

［康熙］湖广通志八十卷图一卷

宫梦仁、姚淳瀛同撰。清康熙二十三年（1684）刊，《贩书偶记》卷七和《中国地方志联合目录》著录，各大图书馆有藏。

文苑英华六十卷

宫梦仁选辑。子部类书类，清康熙四十三年（1704）思敬堂刻，北京图书馆和天津图书馆藏，见馆藏目录。

读书纪数略五十四卷

宫梦仁纂辑。子部类书类，清康熙四十八年（1709）刊，北京图书馆和天津图书馆藏，见馆藏目录。另有《四库全书》本和《忏花庵丛书》本，见《中国丛书综录》著录。

齐鲁诗

宫梦仁撰。［光绪］《天津府志·艺文》和［民国］《静海县志·文艺》著录。未见。《津门诗抄》卷二十一存诗二首,《国朝畿辅诗传》卷十九存诗九首。

边 憬

憬字觉先,清直隶静海县人。康熙八年（1669）举人,三十二年（1693）任河南修武知县。其他不详。

［康熙］修武县志四卷

边憬修,范琥纂。清康熙三十四年（1695）刻本,《中国地方志联合目录》著录,北京图书馆藏。

牛天宿

天宿字戴薇,号青延,清静海人。康熙二十六年（1687）举人,屡应会试不中,因倡立文社,培养后学。其门下士多中进士者,本人直至四十二年始成进士。授广西融县知县。抚苗民有惠政,俸满以治行,擢吏部主事。雍正初升河南同知,署辉县知县。以疾归。

谦受堂文集

牛天宿撰。《大清畿辅书征》和［民国］《静海县志·文艺》著录。不见传。《津门诗抄》卷二十一存诗三首,谓其"著有《谦受堂诗草》",与牛思凝所著同名,恐系家集本。

高缉睿

缉睿字尧臣,号镜庭。清静海人。少保尔俨孙、恒懋子。荫生。历官福建布政使。

崇古堂诗一卷

高缉睿撰。《大清畿辅书征》和《续修四库全书总目提要》著录，清刻本，收古近绝律数十首。未见。

镜山阁偶存一卷

高缉睿撰。《大清畿辅书征》和《续修四库全书总目提要》著录，清刻本，前有文数篇，后附诗十馀首。无序跋。未见。

宫鸿历（1656-1718）

鸿历字友鹿，别字恕堂，清静海人，寄籍泰州。伟镠子。廪贡生，少以诗鸣。壮岁游京师，读书萧寺中，常与一二贫士行歌于酒市人海间。康熙四十四年（1705）顺天府举人，四十五年（1706）成进士，授翰林院庶吉士，武英殿纂修官。所著有

瀛海策略四卷

散怀集三卷

合璧连珠集

棣园集

淮壖集

墨华词二卷

老骥嘶风之痩词二卷

宫鸿历辑著以上七书，不知版本和存佚。以下为见存者：

恕堂甲乙游草

宫鸿历撰。《大清畿辅书征》和［民国］《静海县志·文艺》著录。清康熙间刻本，兰州甘肃省图书馆藏，北京图书馆有缩微品，见馆藏目录。

恕堂诗七卷

宫鸿历撰。清康熙间刻本，北京图书馆藏。又，民国间抄

本，二册，钤有宫中之印，天津图书馆藏。吉林大学图书馆藏嘉庆二十一年（1816）刻本。见各馆藏目录。

宫鸿历诗选一卷

宫鸿历撰。《中国丛书综录》著录，有《江左十五子诗选》清康熙四十二年（1703）商邱宋氏委宛堂刻本和民国间石印。

恕堂公诗补

宫鸿历撰。收清康熙庚辰至壬午（1700–1702）间未刊诗作。泰州春雨草堂十七世孙宫省园手录并跋，毛装精抄本，一册，存。

励廷仪（1669–1732）

廷仪字会式，一字衣园，号南湖，清静海人。杜讷子。康熙三十九年（1700）进士，选庶吉士。累迁内阁学士，充经筵讲官，擢掌翰林院事。雍正初，升刑部尚书。七年（1729）加太子少傅，赐"矜慎平恕"额。寻迁吏部尚书，仍专管刑部事。卒谥文恭。

双清阁诗稿八卷

励廷仪撰。《大清畿辅书征》和《续修四库全书总目提要》著录，是集依体分编，前有张廷玉、张鹏翀序。廷玉序略云：公诗喜自道其性情，不事雕琢，辞约而旨远。鹏翀序略云：公诗才情粲发，格律浑成，而性情温厚，措词和雅，读之使人油然生忠孝之心。尤长于乐府歌词，激昂磊落，自写胸臆。《清人诗文集总目提要》著录为"乾隆三年（1738）励宗万刻，北京图书馆藏"。另，南开大学图书馆藏有二套，一残一精刻。

毛起鸿

起鸿字仪章，号毅庵，清静海人。康熙三十六年（1697）拔贡，受知于学使李光地。朝考第一，为韩菼所器重。四十二年领乡荐，学益进。为文疏宕有奇气。屡质春官，遂潜心著述，不复出。

周易约旨一卷

毅庵诗文集

毅庵杂著

毛起鸿撰以上三书，《大清畿辅书征》著录。未见。［民国］《静海县志·文艺》存其诗文有《修城隍庙大殿碑记》《塔下寺碑记》及《桃花寺竹窗烟雨》等。

徐湛思（1672－1755）

湛思字沛潢，清静海人。廪贡生。康熙五十四年（1715）武进士。以御前侍卫，因赋诗称旨，改授兵部员外郎，调刑部员外郎，升兵部郎中。历任山东兖曹道、广西按察使金都御史。后致仕归，卒于家。

通介堂诗稿

徐湛思撰。《大清畿辅书征》著录，转引《静海县志》谓，"是稿选入《熙朝雅颂集》"。

宫懋言（1673－1732）

懋言字书升，号淡庵，清静海县人，寄籍泰州。鸿历子。增生。康熙三十五年（1696）江南举人，四十二年（1703）成进士。授山西临汾县知县，山西克安府通判，袁州府知府。（其父鸿历，比其年长十七岁，而中举时间反迟其九年）。

［康熙］临汾县志八卷

宫懋言纂修。清康熙五十七年（1718）刻本。《中国地方志联合目录》著录，北京大学和上海图书馆藏。

励宗万（1705-1759）

宗万字滋大，号衣园，清直隶静海县人。廷仪子。康熙六十年（1721）进士，授编修，雍正间视学山西，先后条具便宜数十事，多见施行。乾隆间两任刑部侍郎，再起再斥。生平好诗词，尤工书。然负气纵恣，遇事疏率，故为人捃摭，屡致颠顿。后以光禄寺卿终。

京城古迹考

励宗万撰。新编《静海县志》第十二编《文化》（以下省作新编《静海县志·文化》）著录。北京图书馆藏有清乾隆间抄本，三册，见馆藏目录。又，1981年北京古籍出版社将其与《日下尊闻录》合订排印出版。

盛京景物辑要十二卷

励宗万辑。手写本，成书于清乾隆八年至十九年间。盛京即今沈阳，清入关前之旧都。乾隆曾二次东巡至此，励宗万均随侍，有机会了解和收集到有关盛京之景物。前三卷载康熙、雍正、乾隆有关盛京之诏文、谕旨及所作诗文，后九卷介经盛京之都城、坛庙、山陵、宫殿、苑囿、建置、疆域、山川、城池、关隘、邮驿、公署、职官、学校、古迹、名宦、祠祀、人物、隐逸、流寓、方伎、仙释、物产、艺文等，各条目之后均有辑者按语，说明辑此条的目的与意义。辽宁大学图书馆藏，见馆藏目录。

衣园遗稿

青箱堂集

励宗万撰以上两书。未见。

王不党

不党字兆棠，号雪岑。清静海人，宋王沂公曾之后。先代居山东益都，明初迁此，因著籍焉。不党少孤，丰姿凝秀，为同里励文恪公杜纳所深器。岁贡生。尝官浙江江山知县，清雍正十年（1732）莅任河南新郑，令乡民挖沟修渠，以消水患。

于役草

王不党撰。《大清畿辅书征》及［民国］《静海县志·艺文》著录。未见。《国朝畿辅诗传》卷三十存有其诗。

杜正灼

正灼字荫宇，号叔华，清静海人。依中之裔孙。岁贡生。

荫宇诗稿

杜正灼撰。清同治年间刻本，《大清畿辅书征》和《续修四库全书总目提要》著录。转引梅成栋语云："公五言古体，神骨苍劲，直接陈伯玉；近体得王、孟之髓。七言近体清微高古，绝似宋元人手笔。诗品之逸，幽香冷韵，其气如梅，与吾邑金芥舟、张念艺两先生，可称异曲同工。"《津门诗抄》卷二十一存诗三十一首。

卧鹏楼诗草

杜正灼撰。《国朝畿辅诗传》卷四十七著录，存诗二首。

杜昌言

昌言字谔堂，清静海人。岁贡生。

浣花庵诗集

杜昌言撰。《大清畿辅书征》著录。未见传本。《津门诗抄》卷二十一存其诗一十八首。

毛　士（1728－1799）

士字誉斯，一字若人，号梦蝶，清静海人。性好学，年十六补诸生，以学官不以礼待，遂拂衣去，绝意进取。曾从父泰初游盘山，三年始返。不久又游辽东、塞外。平生以游览天下为志，大江南北以至陕甘，胜水名山无不穷探其迹。晚年讲学柏山，后徙正定，因材施教，未尝倦怠。尝乞食郊野间，自号"一瓢"。自少至老，专攻《春秋》一经。著毕，七日不食死，年七十二，终身未娶，人谓"畸士，亦高人也"。

春秋三子传六卷首（一作"卷前答问"）一卷

春秋诸家解十二卷总论一卷

春秋三传驳语十卷首一卷

毛士撰以上三书，均见《中国丛书综录》著录，合题《毛士春秋三种》，清同治光绪间刻本。中国科学院图书馆藏。内《驳语》包括《公谷驳语》六卷、《左氏驳语》四卷和《总论》一卷。《畿辅通志》谓：是书约取《公羊》《谷梁》二传之说，删而存之；二传有未安，则补以泰初子之说，谓之《三子传》。泰初子者，其父也。又取左氏及汉唐宋以来诸儒之说《春秋》者，参以己说，谓之《诸家解》，以补《三子传》所未备。又取《三子传》之可疑者，断以己意，谓之《三传驳语》，以明所以去取之意。前有王肇晋序。另外，据［民国］《静海县志·文艺》载，毛士还有其它著作多种，不知内容和存佚情况，现列目如下：

四书语录

五经注疏

梦蝶集说陶

朱子学训

毛士撰以上四种，均未见传本。

睡生闲笔

毛士撰。［民国］《静海县志·文艺》著录。《津门诗抄》卷二十一转引《念堂诗话》载："静海毛誉斯，士负异禀，浪游于外，至于乞食，终生不娶。著有《闲生随笔》"。未见。

一瓢子诗抄

毛士撰。［民国］《静海县志·文艺》著录。未见。《津门诗抄》卷二十一存其诗一首，题《读放翁和渊明乞食诗有感》。今北京图书馆藏有《一瓢子诗辞选抄》，清宣统三年（1911）抄本，一册，或即该书异名，见馆藏目录。

佟大年

大年字海叔，清静海人。乾隆十年（1745）进士。由内邱教谕，授江西万年知县，调河南宝丰。后升湖北襄阳府同知，署郧阳知府。及告归，行李萧然，授徒自给。卒于家。

乐易斋文集

佟大年撰。《大清畿辅书征》与［民国］《静海县志·文艺》著录。未见。

牛思凝

　　思凝字方岩，清静海县人。乾隆十年（1745）进士，文名重一时。初补山东肥城知县，调诸城。十七年以卓异，历任贵州正安州、普安州知州，升黎平府同知，太定府知府。后回籍省墓，卒于家。

谦受堂诗草

　　牛思凝撰。[民国]《静海县志·文艺》著录。未见传本。《津门诗抄》卷二十一存其诗十首。

张宗榜

　　宗榜字又宾，清静海人。年少博涉经史，家贫授徒自给。乾隆十二年（1747）中举，初授怀安县教谕，以母丧而归。四十二年任文安县教谕，热心培养后学，重视品行教育。及因病卸任归家，贫寒如故。

诗经释言

　　张宗榜撰。《大清畿辅书征》和[民国]《静海县志·人物》著录。[光绪]《天津府志》谓：是书会辑诸说，折衷御纂定本以成之。未见。

杨伯年

　　伯年字号不详，清直隶静海县人。举人。乾隆四十年（1775）任石城知县（见[道光]《石城县志》卷四《职官志·知县》）。

[乾隆]石城县志八卷

　　杨伯年修，黄鹤雯纂。清乾隆四十六年（1781）刻本，《中国地方志联合目录》著录，故宫图书馆和上海图书馆藏。另有抄本，藏南京大学图书馆。此石城县在今江西省赣州地区。

杨继曾

继曾字目轩，清静海人。

拂云轩诗草

杨继曾撰。《大清畿辅书征》著录。未见。《津门诗抄》卷二十一引作《拂云轩诗草拾遗》，录诗二首。

高肇培

肇培字翼风，清静海人。乾隆四十四年（1779）举人。天性高迈，行文洒脱不羁。善恢谐，闻者多倾倒。惟恃才傲世，直斥人过。中年罹祸。后乃纵情山水，放怀诗酒，卒于家。

菜香斋诗集

高肇培撰。《大清畿辅书征》和［民国］《静海县志·文艺》、著录。未见。《津门诗抄》卷二十一存诗八首。

鹭庄闲咏

高肇培撰。《大清畿辅书征》和［民国］《静海县志·文艺》著录。未见。

袁正巳

正巳字作楷，号洛州，一作济州，清静海人。乾隆四十五年（1780）进士，补贵州铜仁县知县。性仁厚，每听讼，劝民改过迁善，不遽绳以法；然对大奸豪猾，却严惩不贷。后调贵阳府长寨理苗同知。旋告归，茅屋布衣仍如寒士。

周易思辨存参

袁正巳撰。《大清畿辅书征》著录，转引《静海县志》谓：是书其门人徐中丞昕为之付梓。未见。

诗经类考四卷

袁正巳撰。［民国］《静海县志·文艺》著录。未见。

酿花书屋一卷

袁正巳撰。新编《静海县志·文化》著录。笔者未见。

杜　刚

刚字近斋，号凤山，清静海人。少时质性极钝，而矢志甚坚；家窭贫，膏火不给，燃香照读，苦心孤诣，终成通儒。乾隆四十八年（1783）举于乡，嘉庆四年（1799）成进士，任奉天锦州教授，卒于官。

以文斋诗集

杜刚撰。《大清畿辅书征》和［民国］《静海县志·文艺》著录。未见。《津门诗抄》卷二十一存诗二首。

施德宁

德宁字静远，号致园，清直隶静海人。乾隆五十九年（1794）举人。

致园诗草

施德宁撰。［光绪］《天津府志·艺文》著录。未见。《国朝畿辅诗传》卷五十二存其诗一首，《津门诗抄》卷二十一存诗二首。

纪玘文

玘文字蕴山，号德晖。文安纪秋槎淑曾（官湖南盐法长宝道）长女，尝随父遍游江山之胜，秉父教，能诗。后适静海人乾隆己酉（1789）拔贡生李煌。夫妻极闺房唱和之雅。

近月亭诗稿四卷

纪玘文撰。《清人别集总目》著录，清嘉庆十九年（1814）重刻本，北京图书馆藏。另，《津门诗抄》卷二十存其诗九首。

萧　重

重字千里，号远邨，又号梅村，直隶静海人。博学工诗。清嘉庆间，补兴化莆田巡检，自号三十六湾梅花主人。迁金门县丞，宽厚爱人，与诸生林文湘为莫逆交；书院课士，文士翕然称之。既去任，饮酒赋诗以终。

剖瓠存稿诗二十卷

萧重撰。清乾隆年间萧氏家刻本，《大清畿辅书征》和《续修四库全书总目提要》著录，谓是集之诗，乐府歌行、五七言古近体，诸体俱备，中以五古为最佳。叙述身世，眷念友朋，议论古今，刻划山水，深心寄托，真气岔涌；《静海县志》谓其诗"悲愤似少陵，踔厉似柳州，文必穷而后工"。另《《静海县志》》载，萧重著有《萧斋剩稿》一卷、《三十六湾梅花书屋稿》二卷、《小还诗》二卷、《浯汇集》二卷、《鹭江游草》二卷、《梧汇续集》二卷、《絮萍小草》一卷、《倦还轩稿》二卷、《絮萍续草》三卷、《建溪游草》三卷，合共二十卷，或即该书的子目，笔者未见。

拟蒲阳乐府

萧重撰。《续修四库全书总目提要》著录，清道光五年（1825）刻本，二册。未见。

剖瓠存稿二十卷附乐府三卷

萧重撰。当为上二书的合刻。前有胶州柯培元序。清道光十四年（1834）客燕斋自刻。作者久官闽南，所作《浃漈草堂故址》《游南普陀》《杂咏莆阳名胜》十八首，《闽南十二月词》等，皆咏莆田名胜风物。《清人诗文集总目提要》著录，中国科学院图书馆和广东中山图书馆藏。另有吉林大学图书馆藏清道光十二年（1832）刻本，见馆藏目录。

边国干

国干字君佐，号海涛，清静海人。幼以贫废读，壮入武库，仍嗜学。善草书，尤长于诗画，尝画一瘦豹，自题以见意。闭门谢客，日以书史自娱。

托空谈一卷

边国干撰。其主旨在告戒贪利者。《大清畿辅书征》和［民国］《静海县志·文艺》著录。未见。

袁正瑞

正瑞字瑶圃，清静海人。诸生。博览工诗。

蕉窗存稿

袁正瑞撰。《大清畿辅书征》和［民国］《静海县志·文艺》著录。未见。《国朝畿辅诗传》卷五十三存诗二首。

刘　泮

泮号龙泉，清静海人。少厌章句，专心圣贤之学，发明经旨，特出独见，谓今之学者，学艺非学道。学道在明心性，明心性要在致知。旁引曲证，为箴为咏，洒洒数千百言。其文似宋人，而说理尤切中窾窍。壮岁始贡成均，任陈留、兴县知县。遇事持正，论者谓不负所学云。

方癯集

刘泮撰。［民国］《静海县志·文艺》和《大清畿辅书征》著录。未见。

毛　直

直字维清，清静海人。性钝，读书数十遍始成诵，然历久不忘，且能抉其精理，触类以通。好古文，不喜时艺。初应童试失败，遂不再应试。隐处海滨，授徒自给。喜诵毛诗。数十年足迹不至城市。

经易卼闻录

毛直撰。［民国］《静海县志·文艺》和《大清畿辅书征》著录。未见。

毛　典

典字徽五，清直隶静海人。乾嘉年间（1736–1820）学者。研究经学甚深，传至江南，人争宝之。

日记经学

毛典撰。［民国］《静海县志·人物》本传提及。未见。

牛曾诏

曾诏字凤衔，清直隶静海人。喜读书，家贫，授徒为生。嘉庆九年（1804）中举，仍勤学不辍。

尘定轩试帖

牛曾诏撰。［民国］《静海县志·人物》提及。未见。

刘秉心

秉心字性郛，清静海人。诸生。博学能文。嘉庆十五年（1810）乡试已拟元卷，以主试房官争论，卒不获，遂绝意进取。家居以著作自娱。

读史指掌

缇性粹言

古今文考辨

藜经堂文稿

刘秉心撰以上四书，均见自［民国］《静海县志·文艺》和《大清畿辅书征》著录。存佚不明。

刘涌涛

涌涛字仙槎，清静海人。诸生。性慷慨，不为崖岸。笃志学问，耄年不倦。

朦鹤馆诗文合抄

刘涌涛撰。《大清畿辅书征》和［民国］《静海县志·文艺》著录。未见。

杜麟孙

麟孙字石垞，号梦郊，清静海人。道光十七年（1837）拔贡，任临城教谕。博学，工骈俪文。

安雅堂诗一卷

杜麟孙撰。《大清畿辅书征》和［民国］《静海县志·文艺》著录。未见。

刘仲笺

仲笺字西楼，清静海人。咸丰十一年（1861）举人，同治二年（1863）进士。历官平陆、长子、太平知县。

醉经堂稿

绿净轩公暇录

绿净轩文集

刘仲笺撰以上三书，均见《大清畿辅书征》著录。存佚不明。

王荣第

荣第字蓉圃，清静海人。同治二年（1863）举人。三赴春官不第，闭户著书终其生。

诗韵辨音释义四卷

王荣第撰。《大清畿辅书征》著录。未见。

刘汝骥（1864-？）

汝骥字仲良，号李青，清直隶静海人，光绪二十一年（1895）进士，授翰林院庶吉士，官至安徽徽州府知府。

陶甓公牍十二卷

刘汝骥撰。新编《静海县志·文化》著录，清宣统三年（1911）安徽书局铅印本，四册，北京图书馆藏，见馆藏目录。合肥黄山书社1997年《官箴书集成》影印本。

戊午客吉林诗不分卷

刘汝骥撰。戊午年为民国七年（1918），民国八年（1919）石印本，北京图书馆藏，见馆藏目录。另《清人诗文集总目提要》著录，辽宁省图书馆亦藏。

高毓浵（1877-1956）

　　毓浵字淞泉，一作淞荃，号潜卿，一作潜子，近代静海人。清光绪二十八年（1902）乡试解元，次年成进士，散馆授编修，官翰林。三十三年曾被派往日本早稻田大学学习，回国后在京师大学堂讲授西方文化和历史。入民国后流落草野，一度出任江苏省督军公署秘书长和伪满洲国政府治安部参事。此后则在南京、上海以卖字为生，最后卒于北京。

顺天乡试闱墨

　　高毓浵等撰。补行光绪庚子辛丑恩正并科，清光绪二十八年（1902）刻本，一册，北京图书馆藏，见馆藏目录。

武庙祀典

　　高毓浵编。附治安部拟请建立武庙祀典议案和齐燮元撰《武成王论》，有朱印政字。民国二十八年（1939）铅印本，一册，北京图书馆藏，见馆藏目录。

武成王庙崇祀历代名将军传赞不分卷

　　高毓浵等书。稿本，一函四册，天津图书馆藏，见馆藏目录。

［民国］静海县志十二卷

　　白凤文等修，高毓浵纂。静海县志书局民国二十三年（1934）铅印本。《中国地方志联合目录》和《天津地方史资料联合目录》著录，天津各大图书馆藏。

草庐韵言抄存一卷

　　高毓浵撰。清宣统二年（1910）京华印刷馆铅印本，北京图书馆藏，见馆藏目录。

东游草一卷

高毓澎撰。清宣统二年（1910）京华印刷馆铅印本，北京图书馆藏，见馆藏目录。

潜子诗抄

高毓澎撰。内收《草庐韵言抄存》和《东游草》，实为上二书的合集。清宣统二年（1910）京华印刷馆铅印本，北京图书馆藏，见馆藏目录。

草庐韵言抄存附东游草

高毓澎撰。清宣统年间京华印书局铅印本，《清人别集总目》著录，安徽省图书馆和中科院图书馆藏。

湖游小草一卷

高毓澎撰。铅印本，《清人别集总目》著录，南京图书馆藏。

潜子诗抄二卷

高毓澎撰。清宣统元年（1909）京华印刷馆铅印本，《清人别集总目》和《清人诗文集总目提要》著录，浙江省和广东省图书馆藏。

潜子诗抄一卷

高毓澎撰。民国八年（1919）铅印本，《清人别集总目》和《清人诗文集总目提要》著录，广东省图书馆和首都图书馆藏。内有作者与袁祖光同游朝鲜，作《感韩事》诗四首，语极悲壮。

潜子诗抄十六卷

潜子文抄四卷

潜子骈体文抄四卷

微波词一卷

春秋大事表补二卷

读左传随笔一卷

共和诗一卷

清诗三百首上编六卷

投笔集笺二卷

砚北小品一卷

潜庵辑古佚书十二卷

高毓澎撰以上诸书，据［民国］《静海县志·文艺》著录和今人高立源撰《高紫峰与高毓澎事略》载。

高毓沄

女，静海人。生平不详，或系高毓澎同辈族人。

淑泉遗草二卷

高毓沄撰。清末民初抄本，北京图书馆藏，见馆藏目录。

芳草美人百咏一卷

消夏室杂咏二卷

高毓沄撰以上二书。未见。

毛景义

景义字退之，近代静海人。医人。

喉科选粹二卷

毛景义选。《全国中医图书联合目录》著录，1928年鸿记印务工厂铅印本，北京中医学院图书馆和上海医学院图书馆藏。

中西医话十卷

毛景义撰。《全国中医图书联合目录》著录，1922年江东茂记书局石印本，天津医学院、天津中医学院图书馆藏。

本草分经解四卷

毛景义撰。新编《静海县志·文化》著录。未见。

元桂垚

近代静海县人，生平不详。

棣华堂地学

元桂垚著。新编《静海县志·文化》著录。未见。

赵鲁源

近代静海县人，生平不详。

地理玄龙四卷

赵鲁源著。新编《静海县志·文化》著录。是书为堪舆风水著作，2000年，台湾武陵出版社已把它收入"风水系列"。

高恺基

近代静海县人，生平不详。

医药指南

高恺基著。新编《静海县志·文化》著录，说是"待梓"，或系稿本。未见。

毛时敏

近代静海县人，生平不详。

周易赞二卷
趋庭记一卷

毛时敏撰以上两书，新编《静海县志·文化》著录。未见。

边佑三

近代静海县人，生平不详。

痘疹精言

边佑三著，新编《静海县志·文化》著录。未见。

王雪潭

近代静海县人，生平不详。

退一步草堂

王雪潭撰，新编《静海县志·文化》著录。未见。

边　森

近代静海县人，生平不详。

管见录十卷

批西游记

九河图考

边森撰以上三书，新编《静海县志·文化》著录。未见。

方肇培

近代静海县人，生平不详。

鹭庄闲咏

方肇培撰。未见。

薛宗濂

近代静海县人，生平不详。

书法增补

薛宗濂撰。新编《静海县志·文化》著录。未见。

边齐贤

近代静海县人，生平不详。

四书讲义

边齐贤撰。新编《静海县志·文化》著录。未见。

杨葆和

近代静海人，生平不详。

鸿雪山房诗集

杨葆和撰。未见。

元殿元（1876—1942）

殿元字杏樵，静海县人。清光绪二十九年（1903）优廪生。民国十八年（1929）出任县修志局局长兼编辑部主任，民国二十三年（1934）完成了静海县第四部志书。

小学文字常识

魏隶别体集字

元殿元撰以上二书，新编《静海县志·文化》著录。未见。

杨汝泉

静海县人。抗战前曾任天津《大公报》记者和校对员。为人好学，博闻强记。好收集一些文史材料，并为集邮专家。性耿直，日伪时期生活艰苦而不就伪职。中华人民共和国成立后入知识书店，从事编校工作。因平时收集武训材料不少，著

《千古奇丐》一书，值电影《武训传》被批判而遭波及。"文革"
时更受冲击而致病卒。

滑稽故事类编

杨汝泉编。本书包括序谏、讽刺、寓言、诡辩、嘲讪、狂
放等十五类。天津大公报馆民国二十二年（1933）五月出版。
天津图书馆藏，见馆藏目录。

滑稽诗文集

杨汝泉编。本书包括诗话、联语、传记、书启、判词、赋、
七释、檄、疏、册、禅文等，以诗话为主，共十五编，材料摘
自报刊杂志。天津大公报馆民国二十二年（1933）九月出版。
天津图书馆藏，见馆藏目录。

谜语之研究

杨汝泉编。本书分谜语之意义、谜语朔源、谜语之范围等
6节。天津大公报馆民国二十三年（1934）四月出版。天津图
书馆藏，见馆藏目录。

赵望云塞上写生集

赵望云绘，冯玉祥题诗，杨汝泉说明。本书收赵望云在塞
上游历时写生画九十九幅，每幅画均有冯玉祥题诗和杨汝泉所
作说明。天津大公报馆民国二十三年（1934）出版。天津图书
馆藏，见馆藏目录。

义学症武七先生外传

杨汝泉著。讲武训兴学事。民国二十六年（1937）铅印本，
北京图书馆藏，见馆藏目录著录。

千古奇丐

杨汝泉著。讲武训兴学事，见《吴云心文集·摇落集》提
及，或即前书。未见。

刘骏声

民国间静海人。生平不详。

哈哈笑

刘骏声著。据有关文献著录。未见。

吴英华

民国间静海人。生平不详。

国学丛编

吴英华编纂。内收《古深喉音喻母考》《以文法校辞古书论》《论马叙伦氏"庄子义证"》《古音喉牙相通考》《"辞海"订补》《古文家之句式多盗袭前人说》《论教授经学之方针》《论识字之难》《近数十年国学概评》等十篇文章。民国三十年（1941）编者自刊于天津。北京图书馆藏，另有缩微品，见馆藏目录。

燕南杂记

春在梨花

侠鸾情凤

吴英华著以上三书，后二书为长篇小说，据有关文献著录。未见。

董秋斯（1899—1969）

秋斯原名绍明，笔名裘思。天津静海县人。文学翻译家。民国十五年（1926）毕业于燕京大学哲学系。同年底参加北伐战争，主编《血路》月刊。民国十九年（1930）参加左联和社联的发起工作，并主编《国际》月刊。民国三十四年（1945）

参与组织中国民主促进会，并任《民主》周刊编委。次年加入中国共产党。中华人民共和国成立后，历任上海翻译工作者协会主席、《翻译》月刊主编、中国作协编审、《世界文学》副主编，民国三十四年（1945）开始发表作品。1952年加入中国作家协会。译有：

女战士社会考

坎特尔著，董绍明译。上海大江书铺民国十九年（1930）版。书前冠译者叙言等。女战士社会乃西方各国流传甚广的一种传说，与我国传说中所谓女人相类似。著者认为女战士乃人类史上一种普遍的社会现象。包括希提亚的女战士及非洲的女战士两篇。书后有附录。北京图书馆藏，见馆藏目录。

苏俄的妇女

（美）斯密司著，董秋斯译。介绍苏联妇女概况，包括旧式的生活、乡村的妇女、妇女与教育、向着新家庭的过渡、结婚法之制度、革命的道德等十二章。上海中华书局民国十九年（1930）版。贵州省图书馆藏，北京图书馆有缩微品，见馆藏目录。

土敏土

（苏）革拉特珂夫著，董斯秋译。苏联长篇小说。上海新生命书局民国二十一年（1932）出版；又，北京志凯堂民国三十六年（1947）版；又，上海海燕书店1949年版；又，上海新文艺出版社1955年版。北京图书馆和天津图书馆藏，见各馆藏目录。

精神分析与马克思主义

（英）奥兹本著，董秋斯译。作者认为精神分析是一种纯实验科学，在观点上是辩证唯物的。马克思主义描写了客观生活，而精神分析描写的是主观生活，只有将两者结合起来，人类的行为才能得到适宜的描述。全书除约翰·斯特拉斯写的导言外，分为精神分析学、精神分析与马克思主义两卷，共十二章。前卷主要讲述弗洛伊德的精神分析理论，后卷阐述精神分析与马克思主义的共同性。重庆读书出版社民国二十九年（1940）版，又上海读书出版社民国三十六年（1947）第三版。浙江和湖南省图书馆藏，北京图书馆有缩微品，见馆藏目录。

记原子弹下的广岛

董秋斯译著。民国三十四年（1945）上海合群出版社出版。

索特（又名索溪）

（苏）列昂诺夫撰，董秋斯译。原苏联长篇小说，据英译本重译，上海新知书店民国三十五年（1946）版；又，北京三联书店1951年版；又，上海新文艺出版社1956年版，改题《索溪》。北京图书馆和天津图书馆藏，见各馆藏目录。

烟草路

（美）欧斯金·考德威尔著，董秋斯译。美国长篇小说。上海骆驼书店民国三十五年（1946）出版。

性健康知识

（德）布式克等著，董秋斯译。北京三联书店1991年据生活书店民国三十五年（1946）《性教育新版》本排印。北京图书馆藏，见馆藏目录。

能断金刚经浅解二卷

清净居士口授，董绍明笔受。民国三十六年（1947）石印本，北京图书馆藏，见馆藏目录。

大卫·科波菲尔

（英）狄更斯撰，董秋斯译。英国长篇小说。上海骆驼书店民国三十六年（1947）版，又北京三联书店 1950 年版，又人民文学出版社 1958 年版。北京图书馆和天津图书馆藏，见各馆藏目录。

相持

（美）斯坦倍克著，董秋斯译。美国长篇小说。上海骆驼书店民国三十七年（1948）版，天津图书馆藏，见馆藏目录。

红马驹

（美）斯坦倍克著，董秋斯译。美国长篇小说。上海骆驼书店民国三十七年（1948）版，天津图书馆藏，见馆藏目录。

马背上的水手——杰克伦敦传

（美）欧文·斯通著，董秋斯译。传记。上海海燕书店民国三十七年（1948）版，1949 年再版；中国青年出版社 1959 年版，又 1982 年再版。北京图书馆和天津图书馆藏，见各馆藏目录。

战争与和平

（俄）列夫·托尔斯泰著，董秋斯译。俄国长篇小说。上海书报杂志联合发行所 1949 年版，存上册；人民文学出版社 1958 年版，全四册。北京图书馆和天津图书馆藏，见各馆藏目录。

卡尔·马克思：人·思想家·革命者

（德）恩格斯等著，董秋斯等译。长春读者出版社 1949 年版，山西省图书馆藏，北京图书馆有缩微品，见馆藏目录。

跪在上升的太阳下

（美）加德维尔等撰，董秋斯译。散文集。上海三联书店 1949 年出版，北京三联书店 1950 年版，北京图书馆和天津图书馆藏，见各馆藏目录。

佳作

董斯秋辑译。上海出版公司 1951 年出版，北京图书馆和天津图书馆藏，见各馆藏目录。

美国黑人生活纪实

董斯秋辑译。现代美国小说。北京三联书店 1951 年出版，北京图书馆和天津图书馆藏，见各馆藏目录。

动物园科学文教参考资料

董绍明译。北京动物园 1957 年油印本。北京图书馆藏，见馆藏目录。

高原牛的家

（英）莱辛著，董秋斯译。作家出版社 1958 年版。北京图书馆和天津图书馆藏，见各馆藏目录。

大卫·科波菲尔（节选本）

（英）狄更斯撰，董秋斯译。英国长篇小说。北京商务印书馆 1959 年版。北京图书馆和天津图书馆藏，见各馆藏目录。

安静的森林

（以）罗丝·吴尔著，求思译。以色列童话选集。作家出版社 1963 年出版。北京图书馆藏，见馆藏目录。

弗洛伊德和马克思

（英）奥兹本著，董秋斯译。北京三联书店 1986 年版，北京图书馆和天津图书馆藏，见各馆藏目录。

张克忠（1903-1954）

克忠字子丹，静海县人。民国十一年（1922）考入南开大学化学系。旋于次年赴美留学，获麻省理工学院化工系理学博士学位。民国十七年（1928）回到南开大学任教。抗战期间随校迁至重庆和昆明。民国三十六年（1947）重返天津，任南开大学工学院院长兼化工系主任，并重建应用化学研究所。1951 年任天津市工业试验所所长。为国家知名的化学工程学家。

无机工业化学

张克忠、苏元复合编。书分热之发生、人工冷却、工业用水、硫酸、硝酸、肥料、玻璃等十九章。上海国立编译馆民国二十五年（1936）出版；上海商务印书馆 1951 年第七次印刷。北京图书馆藏，见馆藏目录。

有机工业化学

张克忠、赵镛声合编。书分油、脂及腊、油脂工业、香精业、制糖工业、发酵工业、造纸、橡皮、石油及制革等二十章。上海国立编译馆民国二十五年（1936）出版；上海商务印书馆 1950 年第四次印刷。北京图书馆藏，见馆藏目录。

工业化学

张克忠编著。第一册《燃料与燃烧》，第二册《酸碱与海水工业》，第三册《肥料工业》，分别于 1951 至 1953 年由上海商务印书馆印行。北京图书馆藏，见馆藏目录。

天津地区氏族家谱目录

（以族姓笔画为序）

（静海）于氏族谱四卷

于春林重修

民国七年（1918）抄本，四册。此为九修本。《中国家谱总目》著录，南开大学图书馆藏。

（静海）于氏家谱不分卷

于连镳主修

民国十九年（1930）独流彩华石印本，《中国家谱总目》著录，吉林大学图书馆藏。

（天津）王氏宗谱不分卷

王振钧等纂修

清光绪二十年（1894）槐荫堂刻本，四册。《中国家谱总目》著录，南开大学图书馆藏。

（天津）东门内二道街架阁库王氏谱大纲

纂修者不详

民国十三年（1924）抄本复印件，一册。始祖陈太君，载至十五世。《中国家谱总目》著录，上海图书馆藏。

（天津）牛氏族谱

牛元祥主修

清光绪二十八年（1902）刻本，《北京图书馆普通古籍家谱目录》著录，天津图书馆、北京图书馆藏。

（天津）卞氏宗谱不分卷

卞晋昌等纂修

始祖翼，清初人。始迁祖瑛，字泰岩，号渭珍，康熙末年自武进迁天津，故别题《武进卞氏北迁族谱》，初修于清同治三年（1864）。此为三修本，民国十九年（1930）证璞堂排印。《中国家谱总目》著录，天津图书馆、天津师范大学图书馆藏。

（宝坻）方氏族谱不分卷

方学诗纂修

始祖富，明代人。始迁祖淮，行三，清代人。清同治九年（1870）方学诗刻本，一册。《中国家谱总目》著录，中国人民大学图书馆藏。

（天津）龙氏家谱一卷

龙震撰

清康熙五十二年（1713）序刻本。《贩书偶记》卷十四著录，附《玉红草堂诗集》后。《天津地方史资料联合目录》著录，天津图书馆藏。

（天津）续修津门河东冯氏家谱不分卷

冯桓墀纂修

始祖大才，明代人。此谱又名《居俟堂冯氏谱记》，系三修本。1986 年据清光绪三十三年（1907）抄本复印，平装一册。《中国家谱总目》著录，天津历史博物馆藏。

（天津）亦政堂冯氏家谱不分卷

冯守诚等纂修

始迁祖盘。《中国家谱总目》著录作民国十二年（1923）油印本，四册，南开大学图书馆藏。原《中国家谱综合目录》著录作（清）冯晋初修，民国二十二年（1933）刻本，三册，亦南开大学图书馆藏。

（天津）华氏南支宗谱不分卷

华长卿修

始迁祖文炳，字益先，原籍江苏无锡梅里乡之隆亭，明季避兵乱奉母北迁，清康熙二年（1663）卜居天津。清道光二十六年（1846）木活字始修本，一册。《中国家谱总目》著录，天津图书馆和南开大学图书馆藏。

（天津）华氏家族遗事记闻

华泽濡撰

清光绪二十八年（1902）写刻本，一册。《天津地方史资料联合目录》著录，天津社科院图书馆和天津师范大学图书馆藏。

（天津）华氏晴云派天津支宗谱不分卷

华承彦续辑

先祖同上。清宣统元年（1909）铅印二修本，一册。《中国家谱总目》著录，天津社科院和南开大学、天津师范大学图书馆藏。

（天津）华氏通四堠阳晴公支谱十三卷首一卷末一卷

华步照、华钟灵等辑

版本不详。《中国家谱综合目录》著录，河北大学和华东师大图书馆藏。

（天津）华氏宗谱通四晴云公支

华堂辑

民国十四年（1925）刻本，《天津地方史资料联合目录》著录，天津社科院图书馆藏。

（天津）刘氏家谱附刘氏莹地家祠图说

刘文彬纂修

始迁祖家林，字福田，清代人。此为民国间抄本，三册，记事至民国六年（1917）。《中国家谱总目》著录，天津师范大学图书馆藏。

（天津）敦复堂刘氏家谱一卷

刘厚生主编

民国三十三年（1944）铅印本，《中国家谱总目》著录，天津档案馆藏。

（静海）刘氏家谱二卷

刘杰臣纂修

民国十六年（1927）序石印本，二册，《中国家谱总目》著录，日本、美国藏，国内已佚。

（武清）潞河刘氏宗谱二卷卷首一卷年谱一卷

刘坤纂修

清嘉庆二年（1797）潞河刘氏刻本。三册。《北京图书馆普通古籍家谱目录》著录，北京图书馆藏。潞河当为武清地。

（武清）杜氏家谱附宗支图坟图

杜鸿年等纂修

始迁祖金，明永乐初由浙江绍兴府山阴县迁武清杨村北一里北郑庄。初修于清嘉庆三年（1798）。此为三修本，民国三十二年（1943）铅印一册。《中国家谱总目》著录，北京图书馆、天津图书馆和河北大学图书馆藏。杜建时出于此族。

（宝坻）杨氏族谱不分卷

杨鲁玉纂修

始迁祖友，字辅仁，本居漠北，从元世祖入关，以功授指挥千户，戍宝坻，因以为家。清抄本，四册，记事至清雍正间，有王鸿绪、翁叔元、宋德宜撰文。《中国家谱总目》著录，上海图书馆藏。

（天津）杨氏族谱

杨汝泽修

清乾隆二十一年（1756）抄本，一册，《天津地方史资料联合目录》著录，天津社科院图书馆藏。

（天津）杨氏宗谱不分卷

合族纂修

始迁祖元口，字奎南，清代人。民国杨小亭抄本，二册。《中国家谱总目》著录，北京图书馆藏。

（宝坻）芮氏族谱不分卷

不明作者

明刻本，一册。《中国家谱总目》著录，中国人民大学图书馆藏。

（宝坻）芮氏族谱八卷

芮氏纂修

始迁祖毓，宋朝人。琦，明朝人。芮钊，明朝人，出于此族。清末抄本，八册。《中国家谱总目》著录，北京图书馆藏。

（天津）严氏两世事略

严修撰

民国四年（1915）石印本，一册，《天津地方史资料联合目录》著录，天津图书馆和天津社科院图书馆藏。

（天津）明汪来三世事迹汇存

天津社会教育办事处编

民国间印本，一册，《天津地方史资料联合目录》著录，天津历史博物馆藏。

（天津）李氏族谱不分卷

李文湘等纂修

始迁祖长丰，字如松，明代人。民国十七年（1928）四行堂石印本，一册。《中国家谱总目》著录，天津图书馆藏。

（天津）延古堂李氏家谱不分卷

李宝晋纂修，李钟瑨校订

始祖京琦，字同麟，清江苏苏州人。始迁祖大纶，字舒猷，行二，清康熙间移居天津。民国二十四年（1925）天津延古堂李氏铅印本，四册。《中国家谱总目》著录，天津图书馆、天津社科院图书馆和天津师范大学图书馆藏。

（天津）李氏宗谱不分卷

李效牧纂修

始祖虎，明代人。抄本，记事至民国二十七年（1938）。《中国家谱总目》著录，天津历史博物馆藏。

（宝坻）李氏谱稿

李大揆纂修

始迁祖仲银，明末由北京昌平县迁宝坻县张五甸村。其后裔又徙林亭镇，或居东门，或家东峰窝林。民国二十八年

（1939）打印本，四册，存卷载家传、家训、家书、著作、诗文等。《中国家谱总目》著录，上海图书馆藏。

（天津）沈氏族谱六卷
沈兆沄纂修

始祖定一，元代人。始迁祖景初，字君复，明代人。清道光二十八年（1848）刻本，一册，《中国家谱总目》著录，北京图书馆和中国科学院图书馆藏。

（静海）张氏家乘不分卷
张春景等修

始祖学满。明代敏始迁静海。清光绪十二年（1886）清德堂抄本，二册。《中国家谱总目》著录，美国哥伦比亚大学和犹他州图书馆藏。

（宝坻）陈氏家谱
陈联璧辑

始祖肇基，宋代人。始祖后裔于明永乐初迁居河北宝坻。肇源后裔明季迁河北武清。故题《陈氏南派大宗合谱》不分卷《陈氏北迁世谱》不分卷附《陈氏先贤言行录》一卷。民国九年（1920）天津石印本，七册。天津师范大学图书馆藏。

（宁河）邵氏宗谱不分卷
邵作荣修

始迁祖益谦，字延寿，明代移居河北宁河县营城。民国二十七年（1938）天津宜文斋铅印本，二册，《中国家谱总目》

著录，天津图书馆藏。

（静海）岳氏宗谱一卷

岳祖培纂修

始迁祖璟，字燮，明代人。民国三十年（1941）石印本，一册。《中国家谱总目》著录，中国科学院图书馆藏。

（天津）金氏世系表

金恭寿编

附见于《金氏家集》六卷本前，民国七年（1918）致远堂刻本。《天津地方史资料联合目录》著录，天津图书馆和天津师范大学图书馆藏。

（宝坻）单氏家乘

单焜修

始迁祖良高，明代人。清光绪二十九年（1903）木刻本，四册。《中国家谱总目》著录，河北大学图书馆藏。

（宛平）查氏支谱八卷首一卷未一卷

查禄百修

民国三十年（1941）铅印本，四册。《中国家谱综合目录》著录，中国社科院历史所、中央民族学院，吉林大学等图书馆藏。此即天津水西庄查氏谱系。

（天津）琴鹤堂赵氏族谱四卷首一卷

赵锋纂修，佚名重订

始祖常，宋元间人。始迁祖乞佳，原籍南直隶凤阳府临关感应乡第六都人，随朱元璋征战，明永乐二年（1404）调拨天津左卫小旗，子孙遂家焉。谱载序、原序、世袭全谱、世系图表。清末传抄光绪十八年（1892）修本，二册。《中国家谱总目》著录，天津图书馆藏。

（武清）赵氏族谱

赵作铎辑

始迁祖云，明初移居今北辰双口村。民国七年（1918）石印本，二册。《中国家谱总目》著录，天津社科院图书馆藏。

（天津）侯氏家谱不分卷

侯洵等修

始迁祖侯玉，明人。清乾隆四十九年（1784）刻本，四册。《中国家谱总目》著录，美国哥伦比亚大学和犹他州图书馆藏。

（天津）姜氏家谱六卷

姜宝堃重修

民国二年（1913）天津姜氏石印本，六册。《中国家谱综合目录》著录，美国藏。

（天津）河北姜氏宗谱不分卷

姜文奎纂修

始迁祖浩字耀波，一字兰轩，清道光间自河北盐山县姜家庄移居天津大沽口，业渔为生，传至三四世，转而营商。谱载

序、凡例、宗规、世系、墓志、传记、跋等。民国二十五年
（1936）天津沽上瀚静堂铅印本，一册。《中国家谱总目》著录，
上海图书馆和天津图书馆藏。

（天津）徐氏宗谱四十二卷

徐景京等辑

清乾隆间刻本，五册。《中国家谱综合目录》著录，中央
民族大学图书馆藏。

（天津）徐氏家谱

徐炘修

始祖钟麟，明末自浙江鄞县迁居顺天大兴县。始迁祖学渊
字源长，行二，清初始迁天津城内。清道光四年（1824）寿岂
堂刻本，一册。《中国家谱总目》著录，国家科学院图书馆和
天津图书馆藏。

（天津）徐氏家谱二卷

徐墀等修

先祖同上。清光绪十三年（1887）寿岂堂铅印本，一册。
《中国家谱总目》著录，美国哥伦比亚大学和犹他州图书馆藏。

续修天津徐氏家谱二卷

徐世昌纂修

先祖同上。清光绪三十四年（1908）寿岂堂铅印本，二册。
上卷序、凡例、敕诰、宗图、世系表；下卷事实、家训、书后。
北洋政府徐世昌出于是族。《中国家谱总目》著录，国家科学

院图书馆和天津历史博物馆藏。

续修天津徐氏家谱三卷

徐世昌编

三修本，先祖同上，谱据光绪三十四年（1908）本印，再增补记事至民国七年（1918）。徐世昌出于是族。内录旧序、凡例、宗图、家训、茔图、世系表、事实、列传、行述、墓志、墓表、书后、诗记等。民国七年（1918）寿岂堂铅印本，三册。《中国家谱总目》著录，北京图书馆、天津图书馆和天津师范大学图书馆藏。

（天津）怡怡堂郭氏族谱四卷

郭汝翼等纂

始迁祖尚智，明代人。清光绪二十年（1894）刻本五册，此为三修本。《中国家谱总目》著录，美国哥伦比亚大学和犹他州图书馆藏。国内仅大连图书馆藏。

（天津）黄氏族谱不分卷

黄文浚纂修

始迁祖回，明代人。抄本，书名据内容拟，记事至民国六年（1917）。《中国家谱总目》著录，北京图书馆藏。

（天津）崔氏族谱四卷

崔维蕃、崔联奎纂修

始迁祖士德，元代人。民国二十五年（1936）铅印本，六册。

《中国家谱总目》著录，中国社科院经研所藏。

（天津）解氏谱略
解洵等修

始祖得荣。始迁祖仕衢，字耀垣，清代人。民国间传抄清乾隆间抄本，二册。《中国家谱总目》著录，北京图书馆藏。

所见清代津人朱卷目录

（依出生年月先后为序）

杨秉铎（1719 年 11 月 4 日生）

秉铎字立三，号路徇，清天津人，民籍。

乾隆二十一年（1756）丙子科乡试朱卷

见《清代朱卷集成》第 92 册 157 页。

谈其学（1750 年 11 月 5 日生）

其学字习之，号素堂，清宁河县人，民籍。

乾隆三十九年（1774）甲午科乡试朱卷

见《清代朱卷集成》第 92 册 257 页。

齐嘉绍

清天津人，缺履历。

乾隆四十四年（1779）己亥科乡试朱卷

见《清代朱卷集成》第 92 册 351 页。

张绍廷（1761 年 10 月 5 日生）

绍廷字裕堂，号宾筵，清天津人，民籍。

嘉庆六年（1801）辛酉科乡试朱卷

见《清代朱卷集成》第 93 册 163 页。

王世绂（1787 年 12 月 19 日生）

世绂字字辨，号苏生，一号伯延，清武清县人，民籍。

嘉庆二十一年（1816）丙子科乡试朱卷

见《清代朱卷集成》第 94 册 81 页。

李　涵（1788 年 2 月 15 日生）

涵字涵之，号香雨，一号石揖，清天津人，民籍。

道光二年（1822）壬午科乡试朱卷

见《清代朱卷集成》第 94 册 319 页。

陈其蕴（1788 年 7 月 16 日生）

其蕴字藉人，号远山，一号鹤汀，清天津人，灶籍。

嘉庆十二年（1807）丁卯科乡试朱卷

见《清代朱卷集成》第 93 册 249 页。

殷嘉树（1801 年 7 月 13 日生）

嘉树原名家霖，字誉之，号晴岩，又号两帆，清天津人，民籍。

道光二十四年（1844）甲辰科会试朱卷

见《清代朱卷集成》第 13 册 115 页。

徐　埁（1802 年 5 月 19 日生）

埁字育藩，号芳田，清天津人，民籍。

道光二年（1822）壬午科乡试朱卷

见《清代朱卷集成》第 94 册 339 页。

殷序之（1803 年 8 月 27 日生）

序之字小东，号六皆，一作六痴，清天津人，民籍。

道光十五年（1835）乙未恩科顺天乡试朱卷

见《清代朱卷集成》第 97 册 323 页。

姚承恩（1804 年 12 月 12 日生）

承恩字桐云，号朗山，清天津人，民籍。

道光十三年（1833）癸巳科会试朱卷

单行本，天津图书馆藏。

董汇芳（1805 年 2 月 17 日生）

汇芳字春墅，号芟丛，清天津人，民籍。

道光十一年（1831）辛卯恩科乡试朱卷

见《清代朱卷集成》第 96 册 197 页。

徐界青（1808 年 1 月 19 日生）

界青字艺田，号云夫，清天津人，商籍。

道光十一年（1831）辛卯科乡试朱卷

单行本，天津图书馆藏。

赵文瀛（1808 年 12 月生）

清天津人，民籍。缺履历。

道光二十一年（1841）辛丑科会试朱卷

见《清代朱卷集成》第 12 册 337 页。

谈松林（1810 年 2 月 7 日生）

松林字雪庵，号小峰，清宁河人，民籍。

咸丰十一年（1861）辛酉科乡试朱卷

单行本，天津图书馆藏。

吴惠元（1810 年 8 月 12 日生）

惠元字仲孚，号霖宇，清天津人，民籍。

道光二十四年（1844）甲辰科会试朱卷

单行本，天津图书馆藏。

王大济（1811 年 1 月 13 日生）

大济字沧莱，号季瀛，又号春舫，清宝坻人，民籍。

道光十一年（1831）辛卯恩科乡试朱卷

见《清代朱卷集成》第 95 册 413 页。

杨云栋（1816 年 11 月 8 日生）

云栋字松崖，号石生，清天津人，民籍。

道光十五年（1835）乙未恩科乡试朱卷

见《清代朱卷集成》第 98 册 65 页。

王汝湄（1819 年 2 月 18 日生）

汝湄原名鼎源，字涧泉，号小松，清天津人，民籍。

道光二十三年（1843）癸卯科乡试朱卷

见《清代朱卷集成》第 98 册 385 页。

李德良（1819 年 5 月 11 日生）

德良字玉如，号伯起，清宝坻人，民籍。

道光二十九年（1849）己酉乡试朱卷（拔贡生）

见《清代朱卷集成》第 381 册 163 页。

李德坊（1821 年 3 月 1 日生）

德坊字小园，号仲言，清宝坻人，民籍。

道光二十九年（1849）己酉科乡试朱卷

见《清代朱卷集成》第 381 册 163 页。

李世珍（1821 年 6 月 5 日生）

世珍字聘卿，号筱楼，一号悔轩，清天津人，民籍。

同治四年（1865）乙丑科会试朱卷

单行本，天津图书馆藏。

陈　骏（1822 年 12 月 27 日生）

骏字子安，号和驭，清天津人，民籍。

咸丰二年（1852）壬子恩科会试朱卷

单行本，天津图书馆藏。

赵　新（1823 年 8 月 16 日生）

新字用铭，号晴岚，一号兰卿，清天津人，民籍。

道光二十三年（1843）癸卯科乡试朱卷

单行本，天津图书馆藏。

杨光仪（1825 年闰 3 月 1 日生）

光仪字子厚，号香吟，一号杏农，清天津人，民籍。

咸丰二年（1852）壬子科乡试朱卷

单行本，北京图书馆藏，见馆藏目录。

张　焜（1825 年 6 月 4 日生）

焜字子珍，号琢如，清宁河人，民籍。

咸丰十一年（1861）辛酉科乡试朱卷

单行本，天津图书馆藏。

杨景孟（1825 年 6 月 21 日生）

景孟字端甫，号峄亭，一号浩轩，清宝坻人，民籍。

咸丰六年（1856）丙辰科会试朱卷

见《清代朱卷集成》第 20 册 39 页。

王　澎（1826 年 5 月 23 日生）

澎榜名泉，字廉卿，号渔庄，清宝坻人，民籍。

咸丰三年（1853）癸丑科会试朱卷

见《清代朱卷集成》第 18 册 283 页。

王维珍（1827 年 9 月 1 日生）

维珍字席叔，号莲西，一号颖初，清天津人，民籍。

咸丰元年（1851）辛亥恩科乡试朱卷

见《清代朱卷集成》第 101 册 329 页。

赵辉棣（1827 年 9 月 20 日生）

辉棣字子韩，号萼芳，清宁河人，民籍。

同治十年（1871）辛未科会试朱卷

单行本，天津图书馆藏。

李诚蔚（1829 年 12 月 29 日生）

诚蔚字仲霞，号云岭，清宁河人，民籍。

同治三年（1864）甲子科乡试朱卷

单行本，天津图书馆藏。

李　慕（1831 年 3 月 5 日生）

慕字爱堂，号青士，清宝坻人，民籍。

同治十二年（1873）癸酉科乡试朱卷

见《清代朱卷集成》第 111 册 25 页。

华　镇（1835 年 8 月 16 日生）

镇字静伯，号幼云，清天津人，民籍。

同治六年（1867）丁卯科乡试朱卷

见《清代朱卷集成》第 106 册 275 页。

卞翊清（1836 年 5 月 23 日生）

翊清字镜溪，号鹿宾，清天津人，民籍。

同治三年（1864）甲子科乡试朱卷

见《清代朱卷集成》第 106 册第 3 页。

李敬亭（1836 年 10 月 4 日生）

敬亭字蓉轩，号伯华，清宁河人，民籍。

咸丰十一年（1861）辛酉科乡试朱卷

单行本，天津图书馆藏。

戴彬元（1837 年生）

清宁河人、民籍

光绪五年（1879）己卯科乡试朱卷

光绪六年（1880）庚辰科会试朱卷

单行本，天津图书馆藏。

苗如兰（1838 年 5 月 6 日生）

如兰字陵南，号仙洲，清宁河人，民籍。

同治三年（1864）甲子科乡试朱卷

单行本，天津图书馆藏。

张汝埭（1839 年 1 月 15 日生）

汝埭字兰亭，号石庄，清宁河人，民籍。

咸丰十一年（1861）辛酉科乡试朱卷

单行本，天津图书馆藏。

李桂攀（1839 年 8 月 14 日生）

桂攀字仰山，号秋谷，清宝坻人，民籍。

咸丰十一年（1861）辛酉科乡试朱卷（拔贡生）

见《清代朱卷集成》第 381 册 223 页。

华金寿（1839 年 12 月 5 日生）

金寿榜名铸，字桐士，号竹轩，一号祝萱，清天津人，民籍。

同治三年（1864）甲子科乡试朱卷

见《清代朱卷集成》第 106 册 275 页。

同治十三年（1874）甲戌科会试朱卷

单行本，天津图书馆藏。

高赓恩（1840 年 5 月 26 日生）

赓恩字幼莼，号熙迁，清宁河人，民籍。

同治元年（1862）壬戌恩科乡试朱卷

光绪二年（1876）丙子科会试朱卷

单行本，天津图书馆藏。

李桂联（1841 年 8 月 13 日生）

桂联字珠浦，号次谷，清宝坻人，民籍。

咸丰十一年（1861）辛酉科乡试朱卷

见《清代朱卷集成》第 381 册 223 页。

徐　浩（1841 年 8 月 22 日生）

浩字子正，号养吾，清宝坻人，民籍。

同治九年（1870）庚午科乡试朱卷

单行本，天津图书馆藏。

史从周（1842 年 11 月 24 日生）

从周字焕章，号郁文，清宁河人，民籍。

同治九年（1870）庚午科乡试朱卷

见《清代朱卷集成》第 108 册 111 页。

杨培之（1845 年 10 月 14 日生）

培之字心裁，号新斋，清天津人，民籍。

同治十二年（1873）癸酉科乡试朱卷

单行本，天津图书馆藏。

刘文治（1845 年 10 月 26 日生）

文治字华南，号湄舟，清天津人，民籍。

光绪十一年（1885）乙酉科会试朱卷

单行本，天津图书馆藏。

马存朴（1846 年 8 月 7 日生）

存朴字璞臣，号械才，一号幼溪，清宝坻人，民籍。

光绪六年（1880）庚辰科会试朱卷

见《清代朱卷集成》第 47 册 247 页。

查恩绥（1846 年 12 月 15 日生）

恩绥字承先，号荫阶，清天津人，民籍。

同治六年（1867）丁卯科乡试朱卷

单行本，天津图书馆藏。

赵鸢扬（1847 年 6 月 3 日生）

鸢扬字子青，号芷卿，清天津人，民籍。

光绪十八年（1892）壬辰科会试朱卷

见《清代朱卷集成》第 78 册第 3 页

刘荫椿（1849 年 2 月 7 日生）

荫椿字子年，一作芷年，清静海人，民籍。

光绪二年（1876）丙子恩科乡试朱卷

单行本，天津图书馆藏。

光绪十五年（1889）己丑科会试朱卷

见《清代朱卷集成》第 63 册 245 页。

李　铨（1849 年 3 月 4 日生）

铨字静叔，号绍唐，清天津人，民籍。

同治九年（1870）庚午科乡试朱卷

光绪九年（1883）癸未科会试朱卷

以上单行本，天津图书馆藏。

王用钦（1849 年 6 月 11 日生）

用钦字觐宸，号敬臣，清天津人，民籍。

光绪二年（1876）丙子恩科会试朱卷

见《清代朱卷集成》第 39 册 229 页。

赵世曾（1849 年 8 月 7 日生）

世曾字次颜，号星联，又号心莲，清天津人，民籍。

同治三年（1864）甲子科乡试朱卷

光绪三年（1877）丁丑科会试朱卷

以上单行本，天津图书馆藏。

萧世濂（1850 年 2 月 29 日生）

世濂字莲溪，号仲周，清武清人，民籍

光绪元年（1875）乙亥恩科乡试朱卷

单行本，见天津图书馆藏。

高凌霄（1850 年 5 月 25 日生）

凌霄字寓峰，号汉槎，清天津人，民籍。

光绪六年（1880）庚辰科会试朱卷

单行本，见天津图书馆藏。

华俊声（1850 年 5 月 26 日生）

俊声字和夫，号少兰，一号吟轩，清天津人，民籍。

光绪十六年（1890）庚寅恩科会试朱卷

见《清代朱卷集成》第 70 册 355 页。

查乘汉（1850 年 8 月 12 日生）

乘汉谱名以雍，字翰臣，号阆化，一号郎先，清天津人，民籍。

同治六年（1867）丁卯科乡试朱卷（副榜）

见《清代朱卷集成》第 354 册 117 页。

苏梦兰（1852 年 1 月 8 日生）

梦兰字少垣，号国香，一号佩卿，清宁河人，民籍。

光绪十八年（1892）壬辰科会试朱卷

单行本，天津图书馆藏。

曹隽瀛（1852 年 1 月 23 日生）

隽瀛字星槎，号藩舫，清天津人，民籍。

光绪八年（1882）壬午科乡试朱卷

单行本，天津图书馆藏。

光绪九年（1883）癸未科会试朱卷

见《清代朱卷集成》第 52 册 431 页。

倪文焌（1852 年 3 月 20 日生）

文焌字蔚山，号桂泉，清天津人，民籍。

同治十二年（1873）癸酉科乡试朱卷

见《清代朱卷集成》第 109 册 237 页。

李彦和（1852 年 4 月 23 日生）

彦和号巽亭，清天津人，民籍。

光绪元年（1875）乙亥恩科乡试朱卷

见《清代朱卷集成》第 112 册 43 页。

王铭恩（1852 年 5 月 24 日生）

铭恩字右屏，号黼宸，一号辅臣，清天津人，民籍。

光绪二年（1876）丙子科乡试朱卷

单行本，天津图书馆藏。

辛元炳（1852 年 9 月 30 日生）

元炳字虎臣，号蔚如，清天津人，民籍。

光绪五年（1879）己卯科乡试朱卷

单行本，天津图书馆藏。

王芝田（1852 年 10 月 7 日生）

芝田字兰佑，又字洞秋，号仲香，一号小洲，清宝坻人，民籍。

光绪十一年（1885）乙酉科乡试朱卷

单行本，天津图书馆藏。

张瑞芳（1853 年 8 月 10 日生）

瑞芳字香圃，号芷亭，清宝坻人，民籍。

光绪十六年（1890）庚寅恩科会试朱卷

见《清代朱卷集成》第 76 册 343 页。

高炳辰（1854 年 4 月 24 日生）

炳辰字焕卿，一字子枢，号仲安，清天津人，民籍。

光绪二年（1876）丙子科乡试朱卷

见《清代朱卷集成》第 113 册第 75 页。

华世铭（1854 年 4 月 29 日生）

世铭字新三，号允卿，清天津人，民籍。

光绪十六年（1890）庚寅恩科会试朱卷

单行本，天津图书馆藏。

李鹏池（1854 年 6 月 12 日生）

鹏池字桐庵，一字图南，号文斋，清天津人，民籍。

光绪二十年（1894）甲午科乡试朱卷（副榜）

单行本，天津图书馆藏。

陈源潾（1854 年 10 月 15 日生）

源潾字梅生，号麟洲，清宝坻人，民籍。

光绪九年（1883）癸未科会试朱卷

见《清代朱卷集成》第 53 册 423 页。

沈士镕（1854 年 10 月 27 日）

士镕字伯钧，号声甫，清天津人，民籍。

光绪六年（1880）庚辰科会试朱卷

单行本，天津图书馆藏。

徐世昌（1855 年 9 月 13 日生）

世昌字卜五，号鞠人，一号菊存，清天津人，民籍。

光绪十二年（1886）丙戌科会试朱卷

见《清代朱卷集成》第 60 册 57 页。

陈　骧（1855 年 9 月 22 日生）

骧原名学瀛，字子腾，号石琳，清天津人，民籍。

光绪二十四年（1898）戊戌科会试朱卷

单行本，天津图书馆藏。

刘彭年（1857 年 1 月 3 日生）

彭年字寿篯，号信庵，一作性庵，清天津人，民籍。

光绪十五年（1889）己丑科会试朱卷

见《清代朱卷集成》第 66 册 329 页。

徐世光（1857 年 4 月 21 日生）

世光字谱生，号友梅，一号剑华，清天津人，民籍。

光绪八年（1882）壬午科乡试朱卷

见《清代朱卷集成》第 117 册 169 页。

刘凤翰（1857 年 8 月 27 日生）

凤翰字蕙琳，号笙樵，清天津人，民籍。

光绪二十年（1894）甲午科会试朱卷

单行本，天津图书馆藏。

赵士琛（1857 年 9 月 19 日生）

士琛字续廷，号献夫，清天津人，民籍。

光绪十七年（1891）辛卯科乡试朱卷

见《清代朱卷集成》第 77 册 247 页。

光绪十八年（1892）壬辰科会试朱卷

单行本，天津图书馆藏。

张瑞芬（1857 年 12 月 10 日生）

瑞芬字兰舫，号杏村，清宝坻人，民籍。

光绪十六年（1890）庚寅科会试朱卷

见《清代朱卷集成》第 71 册 343 页。

李春泽（1858 年 5 月 28 日生）

春泽字我如，号润生，一作润民，清天津人，民籍。

光绪十一年（1885）乙酉科乡试朱卷

单行本，天津图书馆藏。

韩荫桢（1858 年 8 月 26 日生）

荫桢字济周，号茇州，清天津人，民籍。

光绪十七年（1891）辛卯科乡试朱卷

见《清代朱卷集成》第 123 册第 47 页。

朱　锦（1858 年 10 月 3 日生）

锦号云浦，清天津人，民籍。

光绪十五年（1889）己丑科会试朱卷

单行本，天津图书馆藏。

王　照（1859 年 5 月 8 日生）

照字黎青，号小航，清宁河人，民籍。

光绪二十年（1894）甲午恩科会试朱卷

见《清代朱卷集成》第 81 册 83 页。

邵刚中（1860 年 1 月 16 日生）

刚中字子毅，号象干，清宁河人，民籍。

光绪十九年（1893）癸巳科乡试朱卷

见《清代朱卷集成》第 125 册 357 页。

陶喆甡（1860 年生）

喆甡字浚愚，号仲明，清天津人，民籍。

光绪十九年（1893）癸巳科乡试朱卷

单行本，天津图书馆藏。

王　焯（1860 年 12 月 18 日生）

焯字景秋，号酌升，清宁河人，民籍。

光绪二十一年（1895）乙未科会试朱卷

见《清代朱卷集成》第 84 册 103 页。

刘嘉琛（1861 年 1 月 8 日生）

嘉琛字费南，号幼樵，清天津人，民籍。

光绪二十一年（1895）乙未科会试朱卷

单行本，天津图书馆藏。

严　修（1861 年 3 月 12 日生）

修字梦扶，号范孙，清天津人，民籍。

光绪九年（1883）癸未科会试朱卷

单行本，天津图书馆藏。

华学淇（1861 年 12 月 24 日生）

学淇字薇卿，号卫胆，一号松舟，清天津人，民籍。

光绪八年（1882）壬午科乡试朱卷

单行本，天津图书馆藏。

华学澜（1862 年 10 月 10 日生）

学澜字瑞安，号莱山，清天津人，民籍。

光绪十一年（1885）乙酉科乡试朱卷

光绪十二年（1886）丙戌科会试朱卷

以上单行本，天津图书馆藏。

华凤章（1862 年 11 月 9 日生）

凤章字诏衔，号纪峯，清天津人，民籍。

光绪十一年（1885）乙酉科乡试朱卷

光绪十二年（1886）丙戌科会试朱卷

以上单行本，天津图书馆藏。

刘学谦（1864 年 7 月 9 日生）

学谦字益斋，一字地山，号退庵，清天津人，民籍。

光绪十二年（1886）丙戌科会试朱卷

单行本，天津图书馆藏。

查尔崇（1864 年 9 月 15 日生）

尔崇字洵生，号峻丞，一号隽丞，清天津人，民籍。

光绪十一年（1885）乙酉科乡试朱卷

单行本，天津图书馆藏。

庞奎垣（1865 年 5 月 19 日生）

奎垣字星联，号继孙，一号乐耕，清天津人，民籍。

光绪十九年（1893）癸巳科乡试朱卷

单行本，天津图书馆藏。

姜秉善（1866 年 10 月 23 日生）

秉善字少云，号仲虞，一号彝训，清天津人，民籍。

光绪二十四年（1898）戊戌科会试朱卷

单行本，天津图书馆藏。

杜　彤（1866 年 11 月 27 日生）

彤字子丹，号仰滋，清天津杨柳青人，民籍。

光绪十八年（1892）壬辰科会试朱卷

单行本，天津图书馆藏。

朱式泉（1867 年 5 月 24 日生）

式泉字仲红，清静海人，民籍。

光绪十七年（1891）辛卯科乡试朱卷

见《清代朱卷集成》第 123 册 141 页。

陈恩荣（1867 年 10 月 28 日生）

恩荣字拓圃，号泽普，一作季桐，清天津人，民籍。

光绪十九年（1893）癸巳科会试朱卷

单行本，天津图书馆藏。

曹蚰孙（1868 年 7 月 18 日生）

蚰孙字易庭，一字念荻，号仪陆，清天津人，民籍。

光绪二十一年（1895）乙未科会试朱卷

见《清代朱卷集成》第 84 册 165 页。

魏　震（1869 年 10 月 19 日生）

震字恐斋，号梯云，清天津人，民籍。

光绪二十四年（1898）戊戌科会试朱卷

单行本，天津图书馆藏。

郭家声（1870 年正月 25 日生）

家声字琴石。号芩室，清直隶武清人，民籍。

光绪十九年（1893）癸巳恩科顺天乡试朱卷

单行本，北京图书馆藏，见馆藏目录。

郑德贵（1870 年 6 月 15 日生）

德贵字伊农，号湘亭，一号香龄，清天津人，灶籍。

光绪十九年（1893）癸巳科乡试朱卷

见《清代朱卷集成》第 125 册 231 页。

曹葆珣（1871 年 4 月 27 日生）

葆珣字仲璘，号希远，清直隶武清人，民籍。

光绪二十一年（1895）乙未科会试朱卷

见《清代朱卷集成》第 84 册 71 页。

朱式曾（1871 年 11 月 9 日生）

式曾字叔沂，清静海人，民籍。

光绪十九年（1893）癸巳科乡试朱卷

见《清代朱卷集成》第 123 册 141 页。

孟锡珏（1872 年 10 月 27 日生）

锡珏字玉双，顺天府宛平县府学附生，祖籍天津，民籍。

光绪二十四年（1898）戊戌科会试朱卷

见《清代朱卷集成》第 86 册 131 页。

刘宝慈（1873 年 5 月 7 日生）

宝慈字扫云，号竹生，清天津人，民籍。

光绪二十年（1894）甲午科会试朱卷

见《清代朱卷集成》第 126 册 267 页。

李湛田（1873 年 8 月 9 日生）

湛田字丹孙，号伯愚，清宝坻人，民籍。

光绪二十六年（1900）庚子科乡试朱卷

见《清代朱卷集成》第 129 册 179 页。

李秉元（1876 年 2 月 11 日生）

秉元字幼庵，号干资，清天津人，民籍。

光绪二十年（1894）甲午科乡试朱卷

单行本，天津图书馆藏。

主要参考书目

续修四库全书总目提要　影印本　齐鲁书社 1997 年版

中国丛书总录　上海图书馆编　上海古籍出版社 1982 年版

贩书偶记及续编　孙殿起录　上海古籍出版社 1980–1982 年版

清人别集总目　李灵年、杨忠主编　安徽教育出版社 2000 年版

清人诗文集总目提要　柯愈春著　北京古籍出版社 2002 年版

全国中医图书联合目录　薛清录主编　中医古籍出版社 1991 年版

中国家谱总目　王鹤鸣主编　上海古籍出版社 2008 年版

民国时期总书目　北京图书馆编　书目文献出版社 1986–1997 年版

中国地方志联合目录　中科院北京天文台编　中华书局 1985 版

［光绪］重修天津府志　（清）沈家本修　光绪二十五年（1899）刻本

［光绪］顺天府志　（清）周家楣修　光绪十至十二年

（1884–1886）刻本

　　［民国］重辑静海县志　白凤文、高毓彤纂　民国二十三年（1934）刻本

　　［民国］重修蓟州志　仇锡廷编修　民国三十三年（1944）刻本

　　津门诗抄　（清）梅成栋辑　道光四年（1824）思诚书屋刻本

　　国朝畿辅诗传　（清）陶樑辑　道光十九年（1839）红豆树馆刻本

　　津门选举录　（清）陈垲编　清刻本

　　清代朱卷集成　顾廷龙主编　台湾成文出版有限公司1992年版

　　近代天津人物录　政协天津文史资料研究委员会编　1987年印

　　大清畿辅书征　徐世昌纂　民国天津徐氏铅印本

　　［民国］天津县新志·艺文（单行本）　高凌雯编　民国十九年（1930）刻本

　　天津志略　宋蕴璞辑　民国二十年（1931）北京蕴兴商行铅印本

　　津人著述存目　金大本著　民国二十六年（1937）清稿本

　　天津地方史资料联合目录　天津地方史资料联合目录编辑组编　1980–1982年印行

书名笔画索引

注：年号保留，不参加排序

六画

七画

九画

十六画

十七画

人名笔画索引

后　记

　　搁置多年，拙著《天津艺文志》终将出版面世了，感谢国家图书馆出版社的大力支持，使之有了供大众检验并服务于社会的机会。

　　《天津艺文志》是天津地方志中的一个重要组成部分，它不仅反映了一个地方的文化发展状况，同时也可为编写天津通史提供原始资料信息。如不见旧志著录的清咸丰同治间人郝福森著《津门闻见录》，就详细记录了鸦片战争期间英法联军两次犯津史实，和太平军北伐抵津受阻的具体情况，以及当时官府和百姓的不同反应与表现。又如近人王研石著《被日寇囚系半载记》，反映了芦沟桥事变发生前后，日本驻屯军在天津犯下的滔天罪行，以及天津人民的不屈抗争等。这些都可充实天津通史的内容而不致于空洞无物。再如把本志查清存世的乡人著作，包括一些难得的稿本和抄本，也可选编成《天津丛书》，以保存文化遗产；或从中选取有价值的诗文，像清道光间人梅成栋和郭师泰那样，分辑成延续至民国间的全新《津门诗抄》和《天津文抄》，并编著一部详尽的《天津文学史》，以彰显天津不仅是现代化商业都会，更是座名副其实的历史文化名城。

　　本《天津艺文志》是天津乡人著述的知见书目。"知"是根据相关书目记载，知道历史上确曾有过其人其书，有的还留有内容提要，有的则佚失不存了。"见"是笔者见读过的，或者知其尚存世；有的虽在稽核项里说"未见"，那只是笔者尚未见到之意，不等于该书已失传，尤其是那些曾刊行于世的，须待查访下落（笔者编此书时，尚未见《中国古籍总目》出版，故未得参考）。凡笔者所曾见读过的，或有馆藏目录著录，则先注明在天津的藏书单位；天津没有的，再注明外地的藏书单位（选择一、二说明书存，不全列），以便读者就近查阅。因此从某种意义上讲，本书又具有联合目录性质。其中北京图书馆即指今中国国家图书馆，当初编此书时尚未改名，故仍其旧。

另外，本书后附有《天津地区氏族家谱目录》和《所见清代津人朱卷目录》两种。这些由家族或个人出资印行的非卖品，从前并不为人重视，今天看来却是很有价值的档案资料。如人们曾误以为天津水西庄查氏是从浙江海宁迁来的，但经查阅民国三十年（1941）递修成的《宛平查氏支谱》，得知"北查"并非"族出南查"，而是从江西临川北上的；他们和海宁"南查"是同宗不同祖，均始迁自安徽休宁。又如近代中国出了个文化名人李叔同，有人根据他曾以"平湖监生"之名参加过清光绪二十八年（1902）的浙江乡试，就说他是浙江平湖人。这次我从天津图书馆发现了一份李叔同父亲李世珍写于清同治四年（1865）的会试朱卷，上面明确宣示其曾祖母周氏是清康乾间天津诗人周焯的曾孙女，自己是"直隶天津府天津县府学附生"，既非寄籍，也非冒籍；到李叔同出生前已历经五代，"世居天津县镇海门外河东三甲"，也就是今天的"李叔同故居"附近。故而无论"祖籍"或"原籍"，只能说明李叔同是天津人。以上资料的获得和问题的突破，都显示了本《天津艺文志》的功能和作用。

　　本《天津艺文志》，原只"止于 1949 年中华人民共和国成立，个别的延至中华人民共和国成立后，即有著作在此前出版者"，以为［民国］《天津县新志艺文》的续编。但考虑到本书既是为纪念天津设卫建城六百年而作；且在《前言》里已说明："除原居民和久已入籍者外，对那些晚年定居天津并在此繁衍生息的后人都应视作是天津人。"因此本着不为生人立传的原则，同时又为全面反映作者的一生成就，就在本书出版尚无眉目之际，我又陆续增补了一些在中华人民共和国成立以前已有著作传世，而卒于外地的天津人，以及卒于天津的原外省籍人的新著，或由后人整理结集出版的旧作。不过此类著作因系中华人民共和国成立后出版，各大图书馆都有收藏，所以内容提要和藏书单位等就从略了，只是在介绍作者时注明其原籍，这样也就不妨碍作者原籍的修志部门重复收录，算是"双重籍贯"吧。

　　至于有些在本书出版前卒于天津的专家学者和教授，他们中有的在中华人民共和国成立以前就有著作了，但因是中华人民共和国成立后才来天津，故暂未按天津人算；有的虽原籍天津或在以前就来天津，因其成集著作而非单篇论文在中华人民共和国成立后才有，所以也未收入本书。倒是如金梁、姚灵犀和方显庭等人，虽然他们都不是天津人，既非生于天津，也未卒于天津，只因他们的著述大都是长期寄籍天津时完成的，故作特例收录。另外，本书在编著时，行政上除天津县改作天津市区外，其他所属各郊县尚未撤县改区，故仍用旧县名，是以说明之。

　　本《天津艺文志》初稿写定后，曾打印了几份"征求意见稿"，分送一些专家和同仁以征求订正和补充意见的。后来又增加了新内容，打印了几份供市社科规划项目专家组鉴定的"送审稿"。因此这就有了不同版本流向了社会，但都是非正式的。最近，我因翻阅清人华长卿著《津门选举录》，见其卷尾附抄有天津《著述》书目71种，较原［民国］《天津县新志艺文》又多出若干种，所以在这次正式出版前，我又给补上了。如此除家谱和朱卷外，本《天津艺文志》共收录天津作者720馀位，著作3200多种，比较全面地反映了天津的文化积淀，但仍恐有错漏。好在承前启后继往开来是中国修史修志的优良传统，所以本书中那些不尽人意处或未尽事宜（包括一些作者的生平简历和生卒年考证），以及有漏录的作者和著述，特别是《中国古籍总目》所载天津乡人著述的藏书单位等，就有待来者补正了。

　　感谢天津师范大学图书馆和学校科研处为本书申报天津社会科学规划专项并获得部分资助所作的努力；感谢市社科规划项目专家组的评审肯定。感谢天津图书馆历史文献部的同行为我编写此书所提供的方便，王永华同志曾两次为本书的打印稿编制了四角号码辅以汉语拼音和笔画检字的综合索引（这次正式出版，责编根据新页码，重新编定为作者和书名的笔画索引）。刘尚恒先生不仅通读了本书初稿，提出了补正意见，还为本书题写了热情洋溢的贺词，这是对我的鼓励和鞭策，试步原韵以致谢：

　　　　留名非本意，乡贤遍津门。

　　　　文脉底蕴厚，多元移民城。

　　　　欲工先利器，治学度金针。

　　　　一卷艺文志，方便读书人。

　　本来，我想该书如能出版，要请来新夏先生写篇序的。因为来先生生前十分看重和关注这本书的出版，曾撰文在报上呼吁："希望我们的出版家关注一下，用你们畅销书的馀沥，促成其事，出些有价值、高品位的长销书吧！"但未待成为现实，先生已以九十二高龄驾鹤西去。今我征得来先生家属焦静宜老师的同意，谨将他的那篇《为天津艺文志呼吁》一文作为本书的"代序"，想必先生地下有知，也会感到欣慰的。

　　再次感谢国家图书馆出版社领导的大力支持和编辑先生的辛勤劳动。同时也要感谢书法家韩嘉祥先生为本书题写了书名，谢谢！

2016 年 7 月 10 日高洪钧写于天津陋室